Das neue Kochbuch durchs Jahr

Das neue Kochbuch durchs Jahr

Stiftung Warentest in Zusammenarbeit mit dem
Verein für Konsumenteninformation, Österreich

Karin Iden

Die Deutsche Nationalbibliothek verzeichnet diese Publikation in der Deutschen Nationalbibliografie; detaillierte bibliografische Daten sind im Internet über http://dnb.d-nb.de abrufbar.

Unveränderter Nachdruck der 2. Auflage 2008

ISBN 978-3-86851-027-0

Inhalt

Zu diesem Buch

Essen und Trinken sind lebensnotwendig. Allein mit der Nahrung bekommt unser Körper alle Nährstoffe, die er braucht. Wer auf die richtige Ernährung achtet, hat die besten Chancen, bis ins hohe Alter gesund und fit zu bleiben.

Essen und Trinken sind aber mehr als nur die Aufnahme von Nährstoffen. Wir können uns dabei wohl fühlen, Freude empfinden, Stress abbauen und den Alltag vergessen. Und wer sich Zeit zum Essen nimmt und es gemeinsam mit der Familie oder Freunden genießt, lebt gesünder.

Gute Ernährung hat nichts mit Askese zu tun, sondern mit Fantasie und Genuss. Je abwechslungsreicher gekocht wird, desto geringer ist das Risiko, dass wichtige Stoffe in der Nahrung fehlen.

Für die vielfältige, gesunde Küche sind jahreszeitlich angebotene Produkte ideal. Dabei können Sie die Angebote vom heimischen Markt oder aus dem Garten ebenso nutzen wie die der europäischen Nachbargärten. Alle Früchte der Saison sind natürlich gereift und enthalten mehr Aromastoffe als manches weit gereiste Obst oder Gemüse.

Damit die Aromastoffe, Vitamine und Mineralstoffe auch erhalten bleiben, sollten Sie schonend mit den Lebensmitteln umgehen: bei der Lagerung, beim Vorbereiten und beim Kochen. Wie einfach das ist, erfahren Sie in diesem Buch der STIFTUNG WARENTEST, das in Zusammenarbeit mit dem österreichischen Verein für Konsumenteninformation entstanden ist.

Da es sich an Leserinnen und Leser in Deutschland und Österreich wendet, werden Sie vielleicht hin und wieder auf Begriffe stoßen, die Ihnen nicht so geläufig sind. Im Zweifelsfall leistet das Lebensmittel-Wörterbuch auf Seite 366 Übersetzungshilfe.

Die Rezepte

Damit Sie saisongerecht mit frischen Zutaten kochen können, haben wir den Rezeptteil dieses Buches nach den Jahreszeiten geordnet. Zucchini gibt es beispielsweise vorwiegend im Sommer, Kürbis im Herbst. Also sind die Zucchini-Gerichte samt den Informationen zu Nährwerten und Besonderheiten dieser Frucht im Sommer untergebracht, die zu Kürbis im Herbst. Das ausführliche Verzeichnis der Rezepte auf Seite 372 hilft Ihnen, diese und die zugehörigen Warenkunden leicht zu finden.

Die Vielzahl der Rezepte ermöglicht die Zusammenstellung eines individuellen Speiseplans. Die Auswahl reicht vom erfrischenden Getränk über Vorspeisen bis hin zum Hauptgericht. Dabei werden auch Lebensmittel verwendet, die nach längerer Zeit ihre Renaissance in der modernen Küche erleben, wie Pastinaken, Topinambur oder Steckrüben (Kohlrüben).

- Die Rezepte sind in der Regel für 4 Portionen berechnet. Ausnahmen sind zum Beispiel Kuchen, Torten und Quiches; hier werden die Nährwerte stückweise angegeben.
- Die Mengenangaben für Obst und Gemüse beziehen sich immer auf ungeputzte Rohware.
- Für jedes Rezept sind die erforderlichen Vor-, Zubereitungs- und Backzeiten angegeben. Zur Vorbereitungszeit sind alle Arbeiten gerechnet, die dem eigentlichen Kochvorgang vorangehen, also Putzen, Waschen, Zerkleinern. Die Zubereitungszeit bezieht sich auf die Dauer des Kochvorgangs beziehungsweise des Backens. Es handelt sich stets um Zirka-Werte.
- Alle Rezepte enthalten Nährwertangaben, einigen Rezepten sind Beilagenempfehlungen zu entnehmen.

Nun wünschen wir viel Spaß und guten Appetit!

Energie und Nährstoffe

Jeder Mensch muss essen und trinken, um lebenswichtige Organfunktionen aufrecht zu erhalten. Hunger und Durst erinnern uns daran.

Mit den Speisen nehmen wir verschiedene Substanzen auf, die

- dem Körper Energie liefern,
- als Baustoffe dem Wachstum und der Erhaltung von Körpersubstanzen dienen,
- wichtige Abläufe im Energie- und Stoffwechsel regeln sowie
- unser Immunsystem unterstützen.

Nährstoffe, das sind Eiweiß, Fett und Kohlenhydrate sowie Vitamine, Mineralstoffe und Spurenelemente. Die Energie, die unser Körper Tag und Nacht benötigt, liefern vor allem Eiweiß, Fett und Kohlenhydrate. Nach der Aufspaltung im Verdauungstrakt werden die Nährstoffe zu den einzelnen Körperzellen transportiert und dort abgebaut beziehungsweise verbrannt. Dabei entsteht Wärmeenergie.

Der Energiegehalt der Nährstoffe sowie der Energiebedarf des Menschen werden in Kilojoule (kJ) oder Kilokalorien (kcal) gemessen:

- 1 Kilokalorie = 4,184 Kilojoule
- 1 Kilojoule = 0,239 Kilokalorien

Eiweiß, Fett, Kohlenhydrate und andere energieliefernde Substanzen, wie Alkohol, organische Säure und Fruchtsäure, haben jeweils einen unterschiedlichen Energiegehalt:

- 1 g Eiweiß = 17 kJ (4 kcal)
- 1 g Fett = 37 kJ (9 kcal)
- 1 g Kohlenhydrate = 17 kJ (4 kcal)
- 1 g Alkohol = 30 kJ (7 kcal)

Der Energiebedarf

Der tägliche Gesamtenergiebedarf des Menschen setzt sich aus Grund- und Leistungsumsatz zusammen.

Der Grundumsatz ist die Energiemenge, die der Körper bei völliger Ruhe und gleich bleibender Umgebungstemperatur zur Aufrechterhaltung lebensnotwendiger Funktionen (Atmung, Kreislauf, Stoffwechsel) verbraucht. Der Grundumsatz hängt von verschiedenen Faktoren wie z. B. Geschlecht, Alter, Körpergröße, Klima, Gewicht und Stoffwechselsituation ab.

Der Leistungsumsatz richtet sich nach Dauer und Schwere der körperlichen Tätigkeit.

Richtwerte für die tägliche Energiezufuhr bei sitzender Tätigkeit

Alter	Männer kcal	Männer kJ	Frauen kcal	Frauen kJ
15 bis 18 Jahre	2 500	10 600	2 000	8 500
19 bis 24 Jahre	2 500	10 600	1 900	8 100
25 bis 50 Jahre	2 400	10 200	1 900	7 800
51 bis 64 Jahre	2 200	9 200	1 800	7 400
65 Jahre und älter	2 000	8 300	1 600	6 900

Die angegebenen Werte gelten für Erwachsene mit ausschließlich sitzender Tätigkeit (Leichtarbeiter). Für andere Berufsgruppen sind folgende Zuschläge erforderlich:

Überwiegend sitzende Tätigkeit: 200–400 kcal (840–1 680 kJ)
Überwiegend gehende Tätigkeit: 500–800 kcal (2 100–3 360 kJ)
Körperlich anstrengende Tätigkeit: 700–1 100 kcal (2 940–4 620 kJ)

Quelle: DGE, 2000.

Das richtige Körpergewicht

Als Richtlinie für die Ermittlung des Normalgewichts dient heute der Body-Mass-Index (BMI). Dieser errechnet sich: Körpergewicht (kg) dividiert durch das Quadrat der Körpergröße (m²).

Beispiel: Sie sind 1,64 groß und wiegen 63 kg.

$$\text{BMI} = \frac{63}{1{,}64\ \text{m} \times 1{,}64\ \text{m}\ (= 2{,}68)}$$

Das ergibt den BMI von 23,42.

Welcher BMI-Wert ist der Richtige?

Alter [1]	BMI Normal-gewichtsbereich	Wünschenswerter BMI Männer	Frauen
19 bis 24 Jahre	19–24	21,4	19,5
25 bis 34 Jahre	20–25	21,6	23,2
35 bis 44 Jahre	21–26	22,9	23,4
45 bis 54 Jahre	22–27	25,8	25,2
55 bis 64 Jahre	23–28	26,0	26,0
ab 65 Jahre	24–29	26,6	27,3

[1]) Für Kinder gelten andere Werte (→ Seite 19).
Quelle: National Research Council, 1989.

Eiweiß

Alle Lebensfunktionen sind abhängig von Eiweiß, auch Protein genannt, dem Baustoff aller Körperzellen, Muskeln, Organe, Enzyme und des Blutes. Eine regelmäßige Zufuhr von Eiweiß ist lebensnotwendig. Dabei kommt es nicht nur auf die Menge an, sondern auch auf die biologische Wertigkeit des Eiweiß. Diese gibt an, wie viel Gramm Körpereiweiß durch 100 g Nahrungsprotein aufgebaut werden kann.

Bei tierischem Eiweiß (Fleisch, Wurst, Käse, Eier) ist sie im Allgemeinen höher, dafür werden allerdings beim Verzehr von Fleisch auch häufig Begleitstoffe wie Fett, Purine und Cholesterin mit aufgenommen.

Eine Mischung aus tierischem (Milch, Milcherzeugnisse, Eier, Käse, Fleisch, Fisch) und pflanzlichem Eiweiß (Getreideerzeugnisse, Hülsenfrüchte – besonders Soja – Kartoffeln, Pilze, Nüsse) ist empfehlenswert. Durch die Kombination von Lebensmitteln aus den beiden Gruppen, beispielsweise Brot mit Fisch oder Käse, Kartoffeln mit Frischkäse oder Eiern lässt sich eine sehr hohe biologische Wertigkeit erzielen.

Die empfohlene Eiweißzufuhr beträgt für einen gesunden Erwachsenen mindestens 0,8 g Eiweiß pro Kilogramm Körpergewicht täglich. Das entspricht etwa 45 bis 60 g. Kinder, Jugendliche und Schwangere haben einen 10 bis 15 % höheren Eiweißbedarf, benötigen also etwa 0,9 g Eiweiß pro Kilogramm Körpergewicht.

Tipp

So kann sich die Eiweißzufuhr von 60 g pro Tag zusammensetzen:

- 5 Scheiben Vollkornbrot (225 g)
- ¼ l Milch, 1,5 % Fett
- 150 g Joghurt, 1,5 % Fett
- 200 g Kartoffeln, gekocht, ohne Schale
- 1 Ei
- 150 g Kabeljaufilet

Fett

Auch Fett wird vom Organismus benötigt und hat verschiedene Aufgaben. Es ist beispielsweise:

- Energielieferant. Es hat gut doppelt so viele Kalorien wie Eiweiß oder Kohlenhydrate (1 g Fett hat 9 kcal, 1 g Eiweiß oder Kohlenhydrate haben 4 kcal). Fett, das nicht unmittelbar zur Energiegewinnung herangezogen wird, speichert der Organismus als Körperfett. Die Folge ist Gewichtszunahme.
- Träger fettlöslicher Vitamine, nämlich Vitamin A, D, E und K. Diese können nur mithilfe von Fett im Organismus verwertet werden.
- Lieferant essentieller Fettsäuren, die der Körper nicht selbst herstellen kann.

- Träger für Geschmacks- und Aromastoffe. Fette sind für den angenehmen Geschmack mancher Speisen mit verantwortlich.

Die tägliche Fettzufuhr eines gesunden Erwachsenen sollte 60 bis 80 g, das entspricht 25 bis 30 % der empfohlenen Gesamtenergiezufuhr, nicht übersteigen. Zu viel Fett ist mit verantwortlich für Übergewicht, erhöhte Blutfettwerte und Herz-Kreislauf-Erkrankungen.

Es gibt gesättigte und ungesättigte Fettsäuren. Gesättigte Fettsäuren sind überwiegend in tierischen Lebensmitteln wie Butter, Schmalz, Wurstwaren, Fleisch, Käse enthalten, aber auch in pflanzlichen wie Kokos- oder Palmkernfett. Durch gesättigte Fettsäuren kann die Cholesterinkonzentration im Blut steigen.

Einfach und mehrfach ungesättigte Fettsäuren, z. B. Ölsäure (einfach ungesättigt), Linolsäure (mehrfach ungesättigt) und Omega-3-Fettsäuren haben hingegen eine gewisse cholesterinsenkende Wirkung und es wird ihnen eine positive Wirkung auf die Herzgesundheit zugeschrieben. Einige mehrfach ungesättigte Fettsäuren sind lebensnotwendig (essentiell) und können nicht selbst von unserem Körper hergestellt werden. Sie müssen mit der Nahrung aufgenommen werden. Linolsäure ist in einigen Pflanzenölen enthalten, z. B. in Distel-, Sonnenblumen-, Weizenkeim- und Maiskeimöl. Ölsäure findet sich in Olivenöl, Omega-3-Fettsäuren liefern fettreiche Seefische wie etwa Lachs oder Thunfisch und auch Rapsöl.

Gefährlich sind die „versteckten" Fette; sie machen viele Wurst- und Käsesorten, Gebäck und Schokolade unvermutet zu Kalorienbomben.

Tipp

Die tägliche Gesamtfettmenge sollte sich wie folgt verteilen:

- etwa 20 bis 30 g Fett als Brotaufstrich: Butter, Margarine.
- etwa 20 g Fett zur Zubereitung der Speisen: Pflanzenfett, z. B. Raps- oder Olivenöl.
- etwa 20 bis 30 g verstecktes Fett (z. B. in Fleisch, Wurst, Käse, Eiern, Back- und Süßwaren).

Kohlenhydrate

Die wichtigsten Energiequellen für Muskeln, Nerven- und Gehirnzellen sind die Kohlenhydrate. Sie sind in allen zucker- und stärkehaltigen Nahrungsmitteln enthalten.

Kohlenhydrate aus Zucker, Konfitüre, Honig, Süßigkeiten, Kuchen, weißem Mehl und zuckerhaltigen Getränken (Limonaden) werden besonders schnell in Energie umgewandelt. Ein Zuviel dieser Produkte verdrängt die mineral- und vitaminreichen Lebensmittel und zeigt sich innerhalb kurzer Zeit in Fettpölsterchen.

Ganz anders wirken ballaststoffreiche Lebensmittel. Solche so genannten komplexen Kohlenhydrate, z. B. aus Vollkornprodukten, Kartoffeln, Natur-Reis oder Gemüse bleiben länger im Körper. Man ist leistungsfähig, länger satt und isst weniger. Diese Lebensmittel, z. B. Vollkornbrot, regen auch zum gründlichen Kauen an, die Ballaststoffe sorgen für einen besseren Transport der Speisen im Darm und unterstützen damit unsere Verdauung.

Ballaststoffe

Ballaststoffe ist der Sammelbegriff für die unverdaulichen Bestandteile der pflanzlichen Lebensmittel, wie Faserstoffe, Gerüstsubstanz, Schalen oder Zellwände. Nahrungsmittel mit vielen unlöslichen Ballaststoffen machen länger satt, vergrößern die Nahrungsmenge im Darm und liefern keine Kalorien. Auch auf die Blutzuckerwerte haben Ballaststoffe einen positiven Einfluss. Dies ist besonders wichtig für Diabetiker. Sie helfen dem Darm bei seiner sehr wichtigen Arbeit. Ballaststoffreiche Nahrung soll außerdem vor Darmkrebs schützen.

Ballaststoffe sind in Vollkorngetreideprodukten, in Hülsenfrüchten, Kartoffeln, in Obst und Gemüse, Trockenfrüchten und Nüssen enthalten. Wenn Sie täglich reichlich Gemüse und Vollkornprodukte essen, kommen Sie auf die empfohlene Menge von 30 g Ballaststoffen.

Extra-Tipp

- Wer ballaststoffreich isst, sollte auch ausreichend viel trinken. Dann können die Ballaststoffe im Darm besser ausquellen.

Mineralstoffe – Aufgabe, Vorkommen, Bedarf

Kalium
Wichtig für Gewebespannung, Reizleitung, Austausch von Flüssigkeit im Gewebe, Aktivierung von Enzymen, Muskelfunktion.
Vorkommen: z. B. in Avocados, in allen Gemüsesorten, Hülsenfrüchten, Pilzen, Kartoffeln, Obst, Fleisch, Milch, Käse.
Geschätzter Bedarf: 2 000 mg.

Kalzium
Baustein für Zähne und Knochen, wichtig für Blutgerinnung, Muskelkontraktionen.
Vorkommen: z. B. in Milch und Milchprodukten, Hülsenfrüchten, Brokkoli, Fenchel, Grünkohl, Brot, kalziumreichem Mineralwasser.
Empfohlene Zufuhr: 1 000 mg.

Magnesium
Wichtig für Erregbarkeit der Muskulatur; Bestandteil von Enzymen.
Vorkommen: in den meisten Lebensmitteln wie Nüssen, Mandeln, Hefe, Kakao, Gemüse (Fenchel, Kohlrabi), Obst, z. B. Bananen.
Empfohlene Zufuhr: 300 mg (Frauen); 350 mg (Männer).

Natrium und Chlorid (Kochsalz)
Wichtig für Erhaltung der Gewebespannung, Regelung des Wasserhaushalts, Nerven- und Muskelfunktion; bildet mit Chlorid das Kochsalz.
Vorkommen: ausreichend in allen Lebensmitteln.
Geschätzter Bedarf: täglich 5 g Salz. Das ist aber schnell erreicht. Im Gegenteil: Es besteht eher die Gefahr einer Überversorgung. Sie kann bei Empfindlichen zu Bluthochdruck führen.

Phosphor
Wichtig für Skelett, Muskeln, Nerven, Energieverwertung; Bestandteil von Enzymen.
Vorkommen: z. B. in Milch, Käse, Hefe, Fleisch, Fisch, Ei, Getreide, Hülsenfrüchten, Kartoffeln, Brot, Obst, Gemüse.
Empfohlene Zufuhr: 700 mg. Doch Vorsicht! Bei Vorlieben für Schmelzkäse, Wurst oder cremige Süßigkeiten kann dieser Wert rasch überschritten werden.

Spurenelemente – Aufgabe, Vorkommen, Bedarf

Chrom
Wichtige Funktion im Kohlenhydratstoffwechsel.
Vorkommen: z. B. in Fleischprodukten, Bierhefe, Käse, Vollkornprodukten.
Geschätzter Bedarf: 30 bis 100 µg*).

Eisen
Wichtig für Blutbildung, Sauerstofftransport; Baustein des roten Blutfarbstoffes.
Vorkommen: z. B. in Leber, Fleisch, Eigelb, Haferflocken, Vollkornprodukten, Gemüse (Brokkoli, Fenchel, Feldsalat, Mangold, Spinat, Schwarzwurzeln), weniger in Obst.
Empfohlene Zufuhr: 15 mg (Frauen); 10 mg (Männer).

Fluorid
Festigt die Knochen, härtet den Zahnschmelz, beugt Karies vor.
Vorkommen: z. B. in Fisch, Getreide, Walnüssen, schwarzem Tee.
Geschätzter Bedarf: 3,1 mg (Frauen); 3,8 mg (Männer).

Jod
Bestandteil der Schilddrüsenhormone, damit Einfluss auf Energieumsatz, Wachstum.
Vorkommen: z. B. in Seefisch, Garnelen, Muscheln, Ei, Erdnüssen, jodiertem Salz und damit hergestellten Lebensmitteln (Brot, Wurst, Käse, Fertiggerichte), Innereien.
Empfohlene Zufuhr: 180 bis 200 µg (Deutschland und Österreich); 150 µg (Schweiz).

Kupfer
Wichtig für Blutbildung, Aufbau der Knochensubstanz.
Vorkommen: z. B. in Sonnenblumenkernen, Käse, Buchweizen, Hirse, Sesamsamen, Hagebutten, Zuckererbsen.
Geschätzter Bedarf: 1,5 mg (Frauen); 1 mg (Männer).

Mangan
Wichtig für Aufbau und Erhalt von Knochen und Bindegewebe; Bestandteil vieler Enzyme.
Vorkommen: z. B. in Tee, Vollkornprodukten, Walnüssen, Sojabohnen.
Geschätzter Bedarf: 5 mg (Frauen); 2 mg (Männer).

Molybdän
Bestandteil mehrerer Enzyme.
Vorkommen: z. B. in Milchprodukten, Getreide.
Geschätzter Bedarf: 50 bis 100 µg.

Selen
Sorgt für Schutz vor zellschädigenden Substanzen (oxidationshemmende Wirkung).
Vorkommen: z. B. in Leber, Fisch, Fleisch, Nüssen, Hülsenfrüchten, Getreideprodukten, Pilzen.
Geschätzter Bedarf: 30 bis 70 µg.

Zink
Wichtig für das Immunsystem; Bestandteil zahlreicher Enzyme.
Vorkommen: z. B. in Fleisch, Fisch, Schalentieren, Eiern, Milch, Käse, Vollkornprodukten.
Empfohlene Zufuhr: 7 mg (Frauen); 10 mg (Männer).

*) 1 µg = 1 Millionstel Gramm

Wasser

Wasser ist ein Hauptbestandteil unseres Körpers (Anteil je nach Alter und Geschlecht zwischen 50 und 60 %). Wasser hat verschiedene Funktionen:

- Es ist Bestandteil und Baustein der Zellen.
- Es löst die Nährstoffe aus der Nahrung und transportiert sie mit dem Blut in alle Organe und Zellen.
- Es hilft Abbauprodukte, die beim Stoffwechsel entstehen, auszuscheiden.
- Es hilft bei der Regulierung des Wärmehaushalts (Schwitzen).
- Es sorgt für die Quellung und Fortbewegung des Speisebreis im Darm.

Wir benötigen pro Tag etwa 2 bis 2,5 Liter Wasser. Diese bekommt der Körper durch Getränke und flüssige Speisen sowie wasserhaltige Nahrungsmittel, z. B. Obst und Gemüse.

Etwa die Hälfte der Flüssigkeitsmenge stammt aus der festen Nahrung, der Rest sollte aus Getränken kommen.

Bei sommerlichen Temperaturen, körperlicher Beanspruchung sowie in der Schwangerschaft und Stillzeit steigt der Flüssigkeitsbedarf.

Viele Menschen, besonders ältere, trinken zu wenig. Es ist daher wichtig, bewusst auf die Flüssigkeitszufuhr zu achten. Zu wenig Wasser kann zu schwerwiegenden Folgen wie Bluteindickung und Kreislaufversagen führen.

Mineralstoffe und Spurenelemente

Mineralstoffe und Spurenelemente sind unter anderem als Bau- und Reglerstoffe wichtig für das Wachstum und für Stoffwechselfunktionen. Sie müssen täglich in ausreichender Menge zugeführt werden.

Eine Übersicht zu den wichtigsten Mineralstoffen und Spurenelementen finden Sie auf Seite 12.

Vitamine

Vitamine werden zur Ausübung und zur Aufrechterhaltung vieler Körperfunktionen benötigt und müssen in ausreichender Menge mit der Nahrung zugeführt werden. Ein Mangel führt zu gesundheitlichen Störungen, z. B. Müdigkeit, Konzentrationsschwäche oder zu geringer Widerstandsfähigkeit gegen Infektionen. Kranke, Genesende, Heranwachsende, Schwangere und Stillende haben einen höheren Vitaminbedarf.

Die Vitamine werden unterteilt in fettlösliche und wasserlösliche. Eine Übersicht zu den wichtigsten Vitaminen finden Sie auf Seite 14.

Fettlösliche Vitamine – Funktion, Vorkommen, Bedarf

Vitamin A (Provitamin A, Beta-Karotin)
Wichtig für Sehkraft, Haut, Wachstum, Stoffwechsel.
Vorkommen: z. B. in Leber, Lebertran, Hering, Butter, Milch, Käse, Eigelb, Gemüse (speziell: Karotten, Spinat, Grünkohl, Mangold, Kürbis, Tomaten, Paprikaschoten), Petersilie, Aprikosen (Marillen), Mandeln, Pistazien.
Empfohlene Zufuhr: 0,8 mg (Frauen); 1 mg (Männer).

Vitamin D
Wichtig für Knochen- und Knorpelbildung, Kalzium- und Phosphatstoffwechsel.
Vorkommen: z. B. in fettreichem Fisch (Hering, Makrele), Lebertran, Butter, Leber, Eigelb, Pilzen.
Empfohlene Zufuhr: 5 µg*).
Besonderheit: Vitamin D wird bei Tageslicht in der Haut selbst gebildet.

Vitamin E
Wichtig für den Fettstoffwechsel; schützt andere Vitamine, Fette und Zellbestandteile vor Abbau und Zerstörung.
Vorkommen: z. B. in Maiskeimöl, Sonnenblumenöl, Distelöl, Sojaprodukten, Weizenkeimen, Haselnüssen, Mandeln, Hülsenfrüchten, Mais, Fenchelkraut, Schwarzwurzeln, Grünkohl, Butterschmalz, Fisch, Eigelb.
Geschätzter Bedarf: 12 mg (Frauen); 14 mg (Männer).

Vitamin K
Wichtig für die Blutgerinnung.
Vorkommen: z. B. in grünem Blattgemüse, Kartoffeln, Tomaten, Erdbeeren, Hagebutten, Fleisch, Ei, Milch.
Geschätzter Bedarf: 65 µg (Frauen); 80 µg (Männer).

*) 1 µg = 1 Millionstel Gramm

Wasserlösliche Vitamine – Funktion, Vorkommen, Bedarf

Vitamin B_1
Wichtig für den Energie- und Kohlenhydratstoffwechsel, die Erhaltung von Nervengewebe und Herzmuskel.
Vorkommen: z. B. in Fleisch (besonders Schwein), Innereien (Leber), Vollkornprodukten, ungeschältem Reis, Nüssen, Milch, Hülsenfrüchten, Kartoffeln, Hefe (Germ).
Empfohlene Zufuhr: 1,0 mg (Frauen); 1,2 mg (Männer).

Vitamin B_2
Wichtige Aufgaben im Energie- und Eiweißstoffwechsel.
Vorkommen: z. B. in Hefe, Innereien, Milch, Käse, Vollkornbrot, Getreide, Ei, Brokkoli, Grünkohl, Petersilie, Spargel, Spinat, Pilzen, Obst.
Empfohlene Zufuhr: 1,2 mg (Frauen); 1,4 mg (Männer).

Vitamin B_6
Beteiligt am Eiweißstoffwechsel sowie an der Blutbildung.
Vorkommen: z. B. in Hefe (Germ), Hühner- und Schweinefleisch, Fisch, Eigelb, Getreideprodukten, Kartoffeln, grünen Bohnen, Kohl, Linsen, Feldsalat, Bananen, Weizenkeimen, Käse.
Empfohlene Zufuhr: 1,2 mg (Frauen); 1,5 mg (Männer).

Vitamin B_{12}
Wichtig für Blutbildung, Eiweißstoffwechsel, Zentralnervensystem.
Vorkommen: vorwiegend in tierischen Lebensmitteln wie Fleisch, Fisch, Innereien (Leber), Milchprodukten, Ei sowie in pflanzlichen Lebensmitteln, die einer Gärung unterworfen sind (Sauerkraut, Bier), und in Hefe (Germ).
Empfohlene Zufuhr: 3 µg.

Vitamin C
Wichtig für Abwehrkräfte, Bildung von Bindegewebe, Wundheilung, Narbenbildung, Schutz vor Nitrosaminen.
Vorkommen: z. B. in Kiwis, schwarzen Johannisbeeren, Hagebutten, Sanddorn, Erdbeeren, Stachelbeeren, Paprikaschoten, Kartoffeln, grünem Gemüse, Kohl, Kräutern, Zitrusfrüchten.
Empfohlene Zufuhr: 100 mg.

Biotin
Beteiligt am Eiweiß-, Fett- und Kohlenhydratstoffwechsel.
Vorkommen: z. B. in Eigelb, Haferflocken, Sojabohnen, Linsen, Nüssen, Blumenkohl, Champignons.
Geschätzter Bedarf: 30 bis 60 µg.

Folsäure (Folat)
Wichtig für die Zellteilung und -neubildung. In Schwangerschaft und Stillzeit braucht der Körper mehr Folsäure (600 µg täglich).
Vorkommen: z. B. in Hefe, grünem Gemüse (Brokkoli, Erbsen, Fenchel, Spinat, Kohlarten), Salat, Kartoffeln, Erdbeeren, Mandeln, Nüssen, Weizenkeimen, Vollkornprodukten, Leber, Eier, Milch, Milchprodukten.
Empfohlene Zufuhr: 400 µg.

Niacin
Beteiligt am Auf- und Abbau von Eiweiß, Fetten und Kohlenhydraten.
Vorkommen: z. B. in Fleisch, Wurst, Lachs, Makrele, Pilzen, Erbsen, Erdnüssen, ungeschältem Reis, Graupen, Vollkornbrot, Hefe (Germ), Melone, Pfirsich, Trockenobst.
Empfohlene Zufuhr: 13 mg (Frauen); 16 mg (Männer).

Pantothensäure
Wichtig für den Endabbau von Eiweiß, Kohlenhydraten und Fetten.
Vorkommen: fast in allen Lebensmitteln, vor allem in Leber, Muskelfleisch, Fisch, Milch, Vollkornprodukten, Hülsenfrüchten.
Empfohlene Zufuhr: 6 mg.

Alle Angaben für gesunde Erwachsene im Alter von 25 bis 50 Jahren.

Gemüse und Obst – 5-mal am Tag

Dass Obst und Gemüse vitamin- und ballaststoffreich und daher gesund sind, ist nichts Neues. Aber erst in letzter Zeit hat die Wissenschaft entdeckt, dass bestimmte pflanzliche Substanzen darüber hinaus eine zentrale Rolle bei der Vorbeugung vor Krankheiten (z. B. Krebs) spielen. Dabei geht es vor allem um die so genannten sekundären Pflanzenstoffe.

In den Vereinigten Staaten wird deshalb seit den 90er-Jahren vom National Cancer Institut das „5-a-day-Prinzip" propagiert. „5-a-day", das heißt 5-mal am Tag Obst und Gemüse essen. In den USA war diese Kampagne so erfolgreich, dass die Darmkrebserkrankungen zurückgegangen sind.

„5-mal am Tag" ist nun auch das Motto bei uns. Fünf Portionen Obst und Gemüse, das sind insgesamt 600 bis 800 g. Hierzulande lag der tägliche Obst- und Gemüseverzehr bis vor kurzem durchschnittlich bei 120 bis 200 g, also weit unter dem Ziel. Unsere südeuropäischen Nachbarn hingegen, insbesondere Italiener, Griechen und Türken, kommen mit ihrer abwechslungsreichen Kost bereits auf die empfohlene Menge. Entsprechend seltener erkranken sie an Darmkrebs oder erleiden sie einen Herzinfarkt.

Dem Ziel etwas näher

Eine neue Umfrage ergab: Etwa 15 % der Verbraucher essen so viel Obst und Gemüse wie empfohlen – nämlich fünf Portionen. Durchschnittlich kamen Frauen auf 3,2 Portionen und Männer auf etwa 2,8 Portionen, das sind etwa 300 beziehungsweise 350 g. Das zeigt zwar, dass der Gemüse- und Obstverzehr zugenommen hat, aber noch nicht genug.

Vorbeugen ist besser als heilen

Reichlich Gemüse und Obst am Tag verringern nicht nur die Krebsgefahr, sondern verhelfen insgesamt zu einem stabileren Immunsystem. Das mindert das Risiko, an Zivilisationskrankheiten wie Gicht, Rheuma, Bluthochdruck und Diabetes zu erkranken.

Radikalen den Kampf ansagen

In punkto Vorbeugung besonders interessant sind die so genannten Antioxidantien. Dazu gehören die

Tipp

Langzeituntersuchungen ergaben: Wer wenig Fleisch isst, aber reichlich Gemüse, den Alkoholgenuss einschränkt und nicht raucht, lebt im Schnitt um fünf Jahre länger und natürlich sehr viel gesünder.

zellschützenden Vitamine A, C, und E sowie das Provitamin A (Beta-Karotin). Diese Vitamine fangen im Körper „freie Radikale“ ab. Das sind kleine sauerstoffhaltige Partikel, die sich äußerst aggressiv auf lebende Zellen stürzen. Freie Radikale sind an der Entstehung vieler Krankheiten von Arteriosklerose bis Krebs beteiligt.

Sekundäre Pflanzenstoffe schützen und stärken

Sekundäre Pflanzenstoffe, das klingt recht kompliziert, aber dahinter verbergen sich ganz einfach natürliche Geschmacks-, Duft- und Farbstoffe sowie pflanzeneigene Enzyme. Die Pflanze bildet diese Stoffe, um sich vor natürlichen Feinden wie Insekten, Bakterien und Pilzen zu schützen. Wissenschaftliche Studien haben ergeben, dass sekundäre Pflanzenstoffe auch im menschlichen Körper viele Schutzwirkungen entwickeln. Die bekanntesten Vertreter dieser Pflanzenstoffe sind: Karotinoide, Flavonoide, Glucosinolate, Phytosterine, Saponine, Enzyminhibitoren, Terpene, Phytoöstrogene, Sulfide und Polyphenole.

Etwas anschaulicher: Zu den sekundären Pflanzenstoffen zählen z. B. die roten, grünen und gelben Farbstoffe in der Paprika, die Duftstoffe in Kräutern und der Stoff in der Zwiebel, der uns die Tränen in die Augen treibt. Sie stärken das Immunsystem, wehren Zellveränderungen ab und helfen, den Blutdruck sowie den Cholesterin- und Blutzuckerspiegel zu regulieren.

Eine besonders hohe Schutzwirkung wird verschiedenen Substanzen in Paprika, Tomaten, Kohlsorten, Zwiebeln, Hülsenfrüchten und Zitrusfrüchten zugeschrieben.

5 am Tag – so einfach geht das!

Vitaminpräparate oder Nahrungsergänzungsmittel können Obst und Gemüse nicht ersetzen. Empfohlen werden

- etwa drei Portionen Gemüse (insgesamt 300 bis 400 g), davon etwa die Hälfte roh und
- mindestens zwei Portionen Obst (250 bis 300 g).

Ein Glas reiner Frucht- oder Gemüsesaft kann eine Portion Obst oder Gemüse ersetzen. Aber nur eine – sonst ist der Ballaststoffanteil zu gering. Insgesamt gilt: Etwa zwei Drittel der täglichen Nahrungsmenge sollten aus Obst, Gemüse, Getreideprodukten, Kartoffeln und Hülsenfrüchten zusammengesetzt sein.

Dies zu erreichen, ist gar nicht so schwer:

Obst kann bereits zum Frühstück im Müsli schmecken. Als Zwischenmahlzeit praktisch sind vor allem Äpfel und Bananen, geeignet, je nach Jahreszeit, sind auch Aprikosen, Birnen, Pflaumen, Weintrauben, Kirschen oder Beerenfrüchte. Und mit Obst lassen sich viele leckere Gerichte und Desserts zubereiten. Die Dosenananas ist dabei nicht tabu, und Trockenfrüchte zählen mit.

Auch Gemüse lässt sich gut zwischendurch knabbern: Karotten, Cherrytomaten, Paprika, Gurke, Radieschen, Kohlrabi sind schon bei Kindern Favoriten. Die warme Hauptmahlzeit am besten immer mit einer Gemüsebeilage oder einer Gemüsesuppe ergänzen. Dazu sollte es möglichst einmal am Tag auch ein Salat sein.

Auch das verbessert die Bilanz

- **Tiefkühlgemüse:** In ihm sind meist genauso viele wertvolle Pflanzenstoffe wie in frischem Gemüse. Manchmal, da es reif und ganz frisch geerntet eingefroren wird, sogar mehr als in Gemüse, das im Laden schon ein paar Tage lagert.
- **Konserven:** Hin und wieder lohnt sich auch der Griff zur Konserve. Insbesondere Tomaten oder Sauerkraut aus der Dose sind nicht zwangsläufig schlechter als frisches Gemüse. Das gleiche gilt für Hülsenfrüchte wie Bohnen oder Kichererbsen.
- **Fastfood:** Auch eine Tiefkühlpizza, die mit viel Gemüse aufgepeppt wird, kann wertvolle Inhaltsstoffe liefern. Zum Belegen eignen sich z. B. Tomaten, Zwiebeln und Tiefkühlspinat.
- **Getränke:** Es sollte in der Regel schon 100-prozentiger Saft sein, kein Nektar – Ausnahme: Johannisbeernektar. Ein Glas mit 200 ml zählt als eine Portion.

5 am Tag – ganz griffig

Fünf Portionen = 5-mal eine „Hand voll". Verwenden Sie als Maßeinheit zur Bestimmung Ihrer Portionsgröße Ihre eigene Hand. Daraus ergeben sich dem Alter angepasste und benötigte Mengen. Kleine Hände fassen weniger als große.

Bioaktive Substanzen von A bis Z

Enzyminhibitoren
Verdauungshemmende Stoffe in Hülsenfrüchten und Getreide; sie beugen Krebs vor.

Flavonoide
Viele davon sind Pflanzenfarbstoffe. Einige von ihnen wirken krebsvorbeugend, antimikrobiell und antioxidativ. Flavonoide stecken in vielen Pflanzen, unter anderem in Brokkoli, Rotkohl (Rotkraut), Kirschen, Orangen, Tomaten – und in Rotwein.

Glycosinolate
Diese Scharf- und Aromastoffe finden sich in allen Kohlsorten. Sie schützen vor freien Radikalen und Krankheitserregern.

Karotinoide
Etwa 6 000 verschiedene Karotinarten sind bekannt. Das Beta-Karotin, eine Vorstufe des Vitamin A, wirkt krebsvorbeugend und antioxidativ, das heißt, es hemmt im Organismus freie Radikale, zellschädigende sauerstoffhaltige Partikel. Karotinreich sind die meisten gelbfleischigen Fruchtsorten, wie Aprikosen und Mangos. Auch in Gemüsesorten wie Möhren und in grünem Blattgemüse, wie Mangold, Spinat, Grünkohl ist Karotin enthalten.

Phenolsäuren
Sie kommen in fast allen Pflanzen vor, überwiegend in den Randschichten frisch geernteter, nicht erhitzter Produkte. Sie wirken krebsverhütend, antimikrobiell und antioxidativ. Die besten Lieferanten sind Grünkohl, Weizen, Radieschen und Weißkohl (Weißkraut).

Phytoöstrogene
Hormonähnliche Verbindungen in Soja, kaltgepressten Pflanzenölen und Nüssen. Beugen bestimmten Krebsarten vor.

Phytosterine
Cholesterinähnliche Verbindungen in kaltgepressten Pflanzenölen und Nüssen. Sie wirken krebsvorbeugend und helfen, den Cholesterinspiegel zu senken. Sie stecken vor allem in fettreichen Pflanzenteilen, insbesondere in Sonnenblumenkernen, Sesamsaaten, nativem Sojaöl.

Saponine
Bitterstoffe in Sojabohnen, Erbsen, Bohnen, Spinat. Sie wirken krebsvorbeugend, senken den Cholesterinspiegel und bekämpfen Bakterien, Viren, Pilze.

Sulfide
Scharfstoffe und Aromastoffe in Lauchgewächsen, Knoblauch und Zwiebeln. Sie wirken antibakteriell, hemmen die Blutgerinnung und helfen das Cholesterin sowie das Thrombose-, Infarkt- und Krebsrisiko zu senken.

Terpene
Aroma- und Duftstoffe in vielen Kräutern und Gewürzen, z. B. im Menthol der Pfefferminzpflanze, im Kümmel und im Zitrusöl oder in Limonen. Auch Terpene haben eine krebsvorbeugende Wirkung.

Gesunde Ernährung für Kinder

Fernsehapparat und Computer prägen viele unserer Kinder und Jugendlichen. Nicht wenige sitzen täglich stundenlang vor dem Bildschirm. Häufig fehlt ihnen Bewegung, vor allem an der frischen Luft. Die Folge: Jedes dritte Kind, jeder fünfte Jugendliche hat laut Weltgesundheitsorganisation (WHO) in unseren Breiten massives Übergewicht. Wenn Kinder zu dick werden, helfen Änderungen von Ess- und Freizeitgewohnheiten am besten.

Das Forschungsinstitut für Kinderernährung in Dortmund hat Richtlinien für die Ernährung von Kindern und Jugendlichen erarbeitet, die den Bedarf an allen Nährstoffen, die sie für Wachstum, Entwicklung und Gesundheit benötigen, decken. Diese Empfehlungen sollen auch dazu beitragen, den so genannten Zivilisationskrankheiten im Erwachsenenalter vorzubeugen. Zu diesen zählen z. B. Herz-Kreislauf-Erkrankungen, Bluthochdruck, Osteoporose und Gicht.

Faustregeln

Kinder essen anders als Erwachsene. Sie haben häufig bestimmte Vorlieben, an denen sich eine Zeitlang kaum rütteln lässt. Diese Erfahrung machen fast alle Eltern. Kinder können zudem weniger auf Vorrat essen. Ihre Energievorräte sind schneller erschöpft. Daher brauchen sie mehrere kleine Mahlzeiten am Tag. Und: Kinder haben Phasen, in denen sie ganz viel essen, dann essen sie mit einem Mal wieder wenig. Das muss Eltern aber in aller Regel nicht beunruhigen.

Wichtig ist vor allem, ein paar Faustregeln zu beherzigen:

- reichlich kalorienfreie Getränke
- regelmäßig Milch trinken
- viel Obst, Gemüse, Kartoffeln
- mit Fett und Zucker knausern.

Und: Eine warme Mahlzeit am Tag sollte es sein. Ob am Mittag oder am Abend, ist nicht von Bedeutung.

Wenn es Eltern gelingt, diese Regeln umzusetzen und dazu noch das Gewicht ihres Kindes im Normalbereich liegt (→ Grafik, Seite 19), brauchen sie sich keine weiteren Sorgen zu machen.

Die Mahlzeiten für eine optimale Mischkost

Insgesamt werden fünf Mahlzeiten am Tag empfohlen: Neben der warmen Hauptmahlzeit zwei kalte Hauptmahlzeiten, z. B. Frühstück und Abendessen, und zwei Zwischenmahlzeiten.

Die warme Hauptmahlzeit

Eine warme Hauptmahlzeit ist wichtig, denn warme Mahlzeiten bieten im Speiseplan eine größere Abwechslung. Viele Gemüsesorten, wie beispielsweise Kartoffeln oder Bohnen, sind roh gar nicht zum Verzehr geeignet, andere, wie Karotten, verwertet der Körper besser, wenn sie gekocht sind. Deshalb können warme Mahlzeiten nicht ohne weiteres ersetzt werden.

Für diese warmen Mahlzeiten wird empfohlen:

- Viel Gemüse, entweder gekocht oder als Rohkost, auf den Tisch bringen.
- Häufiger Kartoffeln als Reis oder Nudeln servieren.
- Die Fleischportion vergleichsweise klein halten: Zwei- bis dreimal pro Woche eine Fleischbeilage reicht.

Gut wäre einmal in der Woche Seefisch, denn dieser enthält viele wichtige Nährstoffe (Jod, Vitamin D, Omega-3-Fettsäuren). Fischstäbchen sind besser als gar kein Fisch.

Die kalten Hauptmahlzeiten (z. B. Frühstück und Abendessen)

Die beiden kalten Hauptmahlzeiten bestehen vor allem aus Brot (möglichst Vollkornbrot) oder Müsli sowie Milch oder Milchprodukten, Obst oder Gemüserohkost. Z. B. Brot, sparsam mit Butter oder Margarine bestrichen und mit Wurst oder Käse belegt, ein Glas Milch und etwas Gemüse zum Knabbern oder ein Müsli mit Milch oder Joghurt und Obst. Gegen 2 bis 3 Eier in der Woche (je nach Alter) ist nichts einzuwenden.

Zwei Zwischenmahlzeiten pro Tag

Die zwei Zwischenmahlzeiten (in der Regel das Pausenfrühstück und die Nachmittagsmahlzeit) sollten möglichst nicht aus Fertigsnacks bestehen, sondern aus Brot, ergänzt durch Rohkost oder Obst. Es kann auch Joghurt – möglichst mit frischen Früchten – oder Quark (Topfen) sein. Ab und an sind auch Süßigkeiten erlaubt.

Flüssigkeit ist wichtig

Zu jeder Mahlzeit und zwischen den Mahlzeiten sollten Kinder, ebenso wie Erwachsene, viel trinken, am besten Wasser, ungesüßten Tee oder stark verdünnte Säfte. Kinder nehmen häufig zu wenig Flüssigkeit zu sich und müssen ans Trinken erinnert werden. Mit 2 Jahren benötigen sie beispielsweise 700 ml Getränke am Tag, mit 4 Jahren 800 ml und mit 13 Jahren bereits knapp 1 ½ Liter.

Das richtige Gewicht

Der Kinderarzt kann mithilfe des Body-Mass-Index speziell für Kinder und Jugendliche (BMI für Erwachsene, → Seite 10) ausrechnen, ob ihr Gewicht im normalen Bereich liegt, sie zu viel oder zu wenig wiegen. Bei Kindern variiert der „zulässige" BMI-Bereich aber je nach Alter, und die Berechnung ist daher etwas komplizierter. Die nebenstehende Grafik dient der ersten, übersichtlichen Orientierung. Alles was eingefärbt ist, liegt „im grünen Bereich". Wenn Ihr Kind also 1,25 Meter groß ist, darf es zwischen 22 und 30 Kilogramm wiegen. Falls Sie befürchten, dass Ihr Kind zu dick ist, sollten Sie mit Ihrem Kinderarzt sprechen.

Bewegung gehört unbedingt dazu

Viel Bewegung ist ebenso wichtig wie gesunde Ernährung. Daher:

- Begrenzen Sie die Zeiten vor dem Fernsehgerät oder dem Computer.
- Ein Kind braucht die Möglichkeit, sich im Freien auszutoben und sollte am besten noch einen Sportverein besuchen. Denn gemeinsam macht Bewegung noch mal so viel Spaß.
- Und: lieber zu Fuß gehen oder mit dem Fahrrad fahren als bei der kürzesten Strecke gleich ins Auto oder in den Bus steigen.

Gewichtsverteilung bei Kindern

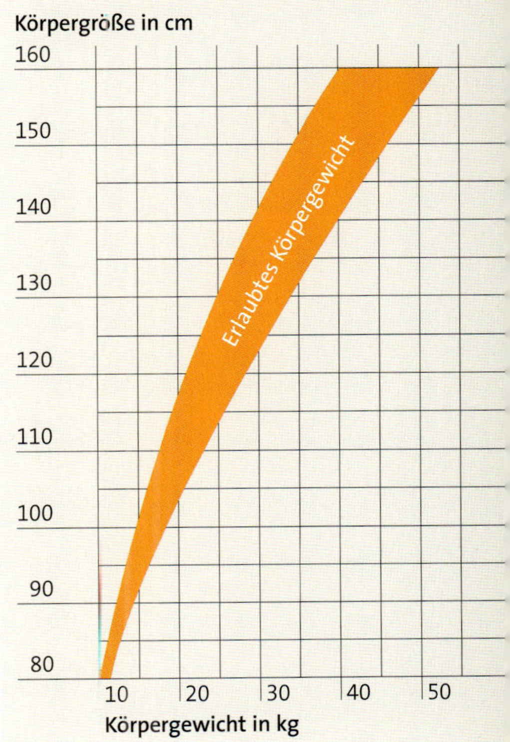

Das schmeckt mir nicht!

Leider sind bei Kindern ausgeprägte Vorlieben für Gemüse oder gar Fisch selten. Viele wären glücklich, wenn sie jeden Tag Nudeln ohne Soße oder Pommes frites essen könnten. Ge- und Verbote sind in solchen Fällen wenig hilfreich. Vielmehr ist Fantasie gefragt.

Die Sinne essen mit

Versuchen Sie über die Sinne das Interesse an Lebensmitteln und ihrer Vielfalt zu wecken:

- Lassen Sie Kinder probieren, wie unterschiedlich z. B. Obst und Gemüse sich anfühlen.
- Ohne Duft gibt es kein Geschmackserlebnis. Zerreiben Sie beispielsweise ein bisschen frischen Basilikum, Majoran oder Thymian, frische Minze oder Pimpernelle zwischen den Fingern und schnuppern Sie mit Kindern daran.
- Geben Sie etwas, das interessant schmeckt, auf einen Löffel. Ein „Blindekuh-Spiel“ beim Geschmacks-Raten macht Kindern Spaß: Daran riechen und den Bissen langsam auf der Zunge zergehen lassen. So lernen sie bewusst, verschiedene Geschmacksrichtungen zu unterscheiden.
- Bringen Sie Farbe ins Essen, denn Farbe sorgt für optische Reize. Gerade Kinder essen mit den Augen.

Keine Lust auf Obst und Gemüse?

Hier ein paar Vorschläge, wie Sie kleinen Obst- und Gemüsemuffeln das für ihr Wohlergehen so unverzichtbare „Grünzeug“ schmackhafter machen können.

- Bringen Sie rohes Gemüse zum Knabbern auf den Tisch, in Stäbchenform, Röschen, Schnipseln, Scheiben; dazu verschiedene Dips. Das so geschnittene Gemüse kann auch im Kindergarten oder in der Schule ein Begleiter sein.
- Als bunter Cocktail aus dem Mixer wird Gemüse häufig akzeptiert. Besonders, wenn Kinder selbst bestimmen dürfen, was hineinkommt.
- Den meisten Kindern macht es Spaß, gegarte oder gegrillte Maiskolben, die mit etwas Butter bestrichen sind, abzunagen.
- Mit Gemüsepüree und Möhren oder Brokkoli, mit Kräutern oder Paprika kommt Farbe in das Kartoffelpüree.
- Gegartes und püriertes Suppengemüse als Grundlage für z. B. Nudelsaucen.
- Belegen Sie Pizza mit Gemüse, z. B. mit Oliven als Augen, kleiner Tomate als Nase und Paprikastreifen als Mund.
- Schneiden Sie Käse wie jungen Gouda oder Edamer in etwa ½ cm dicke Scheiben und stecken Sie mit kleinen Spießen Radieschen, schmale Tomatenspalten oder Gurkenscheiben darauf.
- Bereiten Sie mit Kindern aus selbst ausgewähltem beliebigem Obst einen Fruchtsalat. Oder lassen Sie Kinder auch das Obst für das morgendliche Müsli am Abend selbst auswählen.
- Wraps, in denen sich Gemüse versteckt, kommen bei Kindern oft besser an als Gemüse pur. Unser Rezept (→ Seite 170) können Sie ganz nach den jeweiligen Vorlieben variieren.
- Ein Milchshake, mit Obst gemixt, wird meist freudig begrüßt. Geeignet sind z. B. Bananen, Erdbeeren und Himbeeren. Hier lässt sich auch gut tiefgekühltes Obst verwenden.

Gibt es Kinderlebensmittel?

In der Werbung werden oft so genannte Kinderlebensmittel angepriesen. Im Laden fallen sie durch ihre kindgerechte Aufmachung ins Auge. Doch für die Gesundheit von Kindern sind spezielle Kinderprodukte in der Regel überflüssig.

Oft wird der Zusatz „mit Vollkorn“ oder „mit Honig und Milch“ besonders herausgestellt. Der Getreideanteil in einem Müsliriegel ist aber meist nur sehr gering. Eine Scheibe Vollkornbrot leistet bessere Dienste.

Auch die Angabe „mit Traubenzucker“ oder „mit Honig“ bedeutet nicht automatisch, dass das Produkt besser für ein Kind ist als eines, in dem normaler Haushaltszucker verwendet wurde. Produkte, die „mit Kalzium“ angereichert sind, wie bestimmte Säfte, sind ebenfalls nicht nötig. Denn Milchprodukte sind immer kalziumreich. Und Milch, Joghurt und Co. sollten ohnehin regelmäßig auf dem Speiseplan stehen.

Grundrezepte

Grundbrühen

Brühen, auch Fonds oder, in Österreich, klare Suppen genannt, sind zur Herstellung vieler Suppen und Saucen oder als Zugabe für Gemüse wichtig. Sie sind zwar selbst gekocht zeitaufwendiger, bilden aber ein intensives geschmackliches Fundament.

Wird die Brühe als Basisbrühe verwendet, sollte sie möglichst nicht gesalzen werden. Durch das Reduzieren stiege der Salzgehalt zu stark an. Eine gut gekochte Brühe ist sehr konzentriert und hilft Salz zu sparen.

Für Rinderkraftbrühen wird frisch durchgedrehtes mageres Rinderhackfleisch (Faschiertes), zum Klären von Wildkraftbrühe fettarmes Wildfleisch (Schulter, Hals) und für Fischkraftbrühe Fischfilet (z. B. vom Seelachs oder Schellfisch) verwendet. Hinzu kommen Eiweiß (Eiklar) und Gemüse.

Nach der Zubereitung müssen Kraftbrühen völlig klar sein; nur dann entfalten sie ihren optimalen Geschmack.

Gemüsebrühe Nr. 1

Zutaten

für 1 ½ l

- *1 mittelgroße Zwiebel*
- *1 Knoblauchzehe*
- *1 Bund Suppengrün*
- *200 g Staudensellerie*
- *1 Fenchelknolle (200 g)*
- *200 g Karotten*
- *2 mittelgroße Fleischtomaten*
- *2–3 getrocknete Pilze (z. B. Maronen/Maronenröhrlinge)*
- *1 EL Margarine*
- *1 Bund glatte Petersilie*
- *1 Zweig Thymian*
- *1 Lorbeerblatt*
- *1 Nelke*
- *6 schwarze Pfefferkörner*
- *2 l Wasser*
- *eventuell Meersalz*

Extra-Tipp

Die Gemüse sollten ungeschält in den Topf, da sich in den Schalen viele Geschmacks- und Mineralstoffe befinden.

Zubereitung

- Zwiebel und Knoblauchzehe ungeschält vierteln. Suppengrün, Fenchelknolle und Karotten putzen, gründlich waschen und ungeschält in Stücke schneiden. Die Tomaten abspülen, vierteln, die Stengelansätze entfernen. Die Pilze gründlich waschen, in etwa ⅛ l warmem Wasser einweichen.
- Die Margarine in einem Topf erhitzen, Zwiebel, Knoblauchzehe und das Gemüse darin anbraten. Pilze mit der Flüssigkeit, Petersilie, Kräutern und Gewürzen zugeben. Mit Wasser auffüllen.
- Bei starker Hitze aufkochen, die Temperatur reduzieren und bei mittlerer Hitze etwa 30 Minuten zugedeckt köcheln lassen.
- Die Brühe durch ein feines Sieb in einen Topf gießen, Gemüse mit dem Löffelrücken im Sieb ausdrücken, dann wegwerfen. Die Brühe je nach Verwendung mit Meersalz abschmecken.
- Eventuell in kleineren Portionen einfrieren und bei Bedarf aufgetaut verwenden. Im Kühlschrank hält sich die Brühe 2 Tage.

Vorbereitungszeit
15 Minuten

Zubereitungszeit
30 Minuten

Nährwert pro ¼ l
etwa
1 g Eiweiß
1 g Fett
54 kJ/13 kcal

Gemüsebrühe Nr. 2

Zutaten
für 1 ¼ l

- *1 Zwiebel*
- *3 Karotten*
- *500 g Staudensellerie*
- *120 g Knollensellerie (Zeller)*
- *1 kleine Stange Lauch*
- *1 Petersilienwurzel*
- *2 l Wasser*
- *1 Knoblauchzehe*
- *3 Liebstöckelblätter*
- *eventuell Meersalz*

Zubereitung

- Die Zwiebel mit Schale halbieren. Restliches Gemüse putzen, gründlich waschen, klein schneiden.
- Die Schnittfläche der Zwiebel ohne Fett in einem breiten Topf bräunen. Die anderen Gemüse zufügen, kurz wenden. Mit Wasser bedecken und zugedeckt bei mittlerer Hitze 20 bis 30 Minuten kochen lassen.
- Inzwischen die Knoblauchzehe schälen, nach 15 Minuten Kochzeit mit den Liebstöckelblättern zufügen.
- Die Brühe durch ein mit einem feuchten Tuch ausgelegtes Sieb gießen (das Gemüse nicht durchdrücken) und je nach Verwendung salzen.

Vorbereitungszeit
15 Minuten

Zubereitungszeit
45 Minuten

Nährwert pro ¼ l
etwa
0,2 g Kohlenhydrate
4,2 kJ/1 kcal

Extra-Tipps

- Sie können auch 2 bis 3 Wirsingkohlblätter hinzufügen.
- Statt mit Wasser können Sie das Gemüse auch mit Kartoffel- oder Nudelwasser oder mit dem Dünstfond von Gemüse oder Pilzen, z. B. von Champignons, auffüllen.

Rinderbrühe

Zutaten
für 2 l

- *500 g Suppenfleisch mit Knochen (z. B. Beinscheibe, Brust, Hoch- oder Querrippe bzw. in Österreich vorderer und hinterer Wadschinken)*
- *700 g Rinderknochen*
- *2 ½ l Wasser*
- *1 Bund Suppengrün*
- *1 Zwiebel*
- *1 Tomate*
- *Pfeffer, frisch gemahlen*
- *eventuell Salz*

Zubereitung

- Fleisch und Knochen waschen. Mit kaltem Wasser aufsetzen und aufkochen. Bei kleiner Flamme offen 2 bis 3 Stunden köcheln lassen, eventuell abschäumen.
- Inzwischen das Suppengrün putzen, waschen und klein schneiden. Die ungeschälte Zwiebel und Tomate waschen, vierteln und nach 60 Minuten in die Brühe geben.
- Nach der Kochzeit das Fleisch und die Knochen herausnehmen. Brühe durch ein feines, mit einem feuchten Tuch ausgelegtes Sieb gießen. Das Gemüse, das im Sieb zurückbleibt, wegwerfen. Das Fleisch eventuell gewürfelt als Einlage oder anderweitig verwenden. Die Brühe je nach Verwendung mit Salz und Pfeffer würzen.

Vorbereitungszeit
5 Minuten

Zubereitungszeit
2–3 Stunden

Nährwert pro ¼ l
etwa
1 g Eiweiß
1 g Fett
54 kJ/13 kcal

Extra-Tipps

- Auf diese Weise können Sie auch Kalbs- oder Lammbrühe (-suppe) zubereiten.
- Brühe darf nie kochen, sondern nur sanft köcheln.
- Aufzuwärmende Brühe nur erhitzen, ohne sie aufzukochen.
- Damit die Brühe nicht trüb wird, den Schaum vorsichtig und gründlich abheben. Kein kaltes Wasser nachgießen.
- Für eine klare Bouillon die Brühe erkalten lassen und das erstarrte Fett abheben. Brühe durch ein feines Sieb geben, erneut erhitzen und mit entsprechenden Einlagen (Kräutern, Gemüse) anrichten.

Rinderkraftbrühe

Zutaten

für 1 l

- *1 kleine Stange Lauch (nur das Weiße)*
- *100 g Knollensellerie (Zeller)*
- *1 Karotte*
- *1 Zwiebel*
- *2 Stiele glatte Petersilie*
- *1 mittelgroße Tomate*
- *5 weiße Pfefferkörner, grob geschrotet*
- *125 g Beefsteakhack (Tartar)*
- *1 Eiweiß (Eiklar)*
- *gut 1 ½ l entfettete Rinderbrühe (→ Seite 22), kalt*
- *Salz*
- *weißer Pfeffer, frisch gemahlen*

Zubereitung

- Das Gemüse putzen und waschen. Zusammen mit der geschälten Zwiebel und den Petersilienblättern durchdrehen (Fleischwolf). Die Masse mit dem Beefsteakhack und dem Eiweiß in einem großen Topf vermischen.
- Die kalte Rinderbrühe zugießen, alles gut vermischen. Unter Rühren aufkochen, damit sich das Eiweiß nicht am Topfboden absetzt.
- Mit einem Schaumlöffel den Schaum von der Flüssigkeit abheben. Die Hitze reduzieren. 25 Minuten zugedeckt bei kleiner Hitze ziehen lassen.
- Die Brühe durch ein mit einem feinen feuchten Tuch ausgelegtes Sieb gießen.
- Die Kraftbrühe je nach Verwendung mit wenig Salz und Pfeffer abschmecken.
- Die Brühe wird umso intensiver, je mehr Beefsteakhackfleisch (Tartar) zugefügt wird.

Extra-Tipps

- Zum Auslegen des Siebes sollten Sie ein Mull- oder Seihtuch, leicht angefeuchtet, verwenden. Wenn Sie kein feines Tuch haben, können Sie auch eine Kaffeefiltertüte nehmen.
- Noch vorhandene Fettaugen lassen sich nach dem Abkühlen der Kraftbrühe mit Küchenpapier (oder der Ecke eines Löschblatts) entfernen.

Vorbereitungszeit

10 Minuten

Zubereitungszeit

25 Minuten

Nährwert pro ¼ l

etwa
1 g Eiweiß
1 g Fett
54 kJ/13 kcal

Geflügelbrühe

Zutaten

für 2 l

- *1 Suppenhuhn (1,5 kg)*
- *gut 2 ½ l Wasser*
- *1 Karotte*
- *1 kleine Stange Lauch (nur das Weiße)*
- *150 g Knollensellerie (Zeller)*
- *1 Petersilienwurzel*
- *1 Knoblauchzehe*
- *2 Stiele glatte Petersilie*
- *1 Zweig Thymian*
- *1 kleines Lorbeerblatt*
- *5 weiße Pfefferkörner, grob zerdrückt*
- *weißer Pfeffer, frisch gemahlen*
- *eventuell Salz*

Zubereitung

- Das Suppenhuhn gründlich waschen, die Fettdrüse (Sterzel, Bürzel) entfernen. Das Huhn in einen Topf mit reichlich Wasser geben. Aufkochen lassen, 5 Minuten kochen. Dann das Wasser abgießen, das Huhn unter fließendem Wasser abspülen.
- Das Huhn erneut in einen Topf geben, mit 2 ½ l kaltem Wasser auffüllen. Aufkochen lassen, und bei kleiner Hitze offen etwa 2 ½ Stunden ziehen lassen.
- Inzwischen das Gemüse putzen, waschen und klein schneiden; die Knoblauchzehe schälen, die Petersilienstiele waschen. Nach einer Stunde Gemüse, Petersilienstiele, Knoblauchzehe, Thymian und Lorbeerblatt zum Huhn geben.
- Nach der Garzeit das Huhn aus der Brühe nehmen. Die Brühe durch ein feines, mit einem feuchten Tuch ausgelegtes Sieb gießen. Das Huhn von Haut und Knochen befreien. Das Fleisch in mundgerechte Stücke schneiden, entweder als Einlage oder anderweitig verwenden. Je nach Verwendung die Brühe mit Salz und Pfeffer abschmecken.

Vorbereitungszeit

10 Minuten

Zubereitungszeit

150 Minuten

Nährwert pro ¼ l

etwa
1 g Eiweiß
4 g Fett
167 kJ/40 kcal

Extra-Tipps

- Kräftiger wird die Brühe, wenn Sie ein Stück Suppenfleisch zum Huhn geben und mitkochen.
- Für einen Hühnereintopf geben Sie das Gemüse entweder geschnitten 30 Minuten vor Ende der Garzeit zum Huhn oder garen es separat in einem zweiten Topf mit Brühe (kann Instantbrühe sein).

Fischbrühe

Zutaten

für 2 l

- *2 kg Fischgräten, möglichst von Plattfischen (Scholle, Steinbutt, Seezunge)*
- *120 g Knollensellerie (Zeller)*
- *100 g Lauch (nur das Weiße)*
- *1 kleine Fenchelknolle (mit Grün)*
- *1 Zwiebel*
- *2 Knoblauchzehen*
- *2 EL Pflanzenöl*
- *½ l trockener Weißwein*
- *2 l Wasser*
- *1 kleines Lorbeerblatt*
- *1 Nelke, zerdrückt*
- *1 TL weiße Pfefferkörner, zerdrückt*
- *weißer Pfeffer, frisch gemahlen*
- *eventuell Salz*

Zubereitung

- Die Fischgräten mit der Küchenschere in Stücke schneiden.
- Das Gemüse putzen, waschen, in feine Würfel schneiden. Zwiebel und Knoblauchzehe schälen und ebenfalls würfeln.
- Das Öl in einem Topf erhitzen, Gemüse- und Zwiebelwürfel darin unter Wenden anbraten. Mit dem Weißwein und dem Wasser aufgießen, aufkochen, abschäumen, die Gewürze und Fischgräten zufügen und bei kleiner Hitze offen etwa 30 Minuten ziehen lassen.
- Nach dem Ziehen die Fischbrühe durch ein feines, mit einem feuchten Tuch ausgelegtes Sieb gießen. Je nach Verwendung mit Salz und Pfeffer abschmecken.

Vorbereitungszeit

10 Minuten

Zubereitungszeit

30 Minuten

Nährwert pro ¼ l

etwa
1 g Eiweiß
2 g Fett
92 kJ/22 kcal

Extra-Tipps

- Die Fischbrühe nicht zu lange kochen, sonst wird sie leimig.
- Kochen Sie Fischbrühe am besten in einem hohen Topf; Sie benötigen dann weniger Wasser zum Auffüllen, und die Brühe schmeckt kräftiger.
- Ein feines Aroma bekommt Fischbrühe, wenn Sie etwa 100 g geputzte und blättrig geschnittene Champignons hinzugeben.
- Sie sollten keine rotfleischigen Fische (z. B. Lachs) verwenden; das färbt die Brühe dunkel.

Fischkraftbrühe

Zutaten

für 1 l

- *250 bis 300 g Fischfilet (z. B. Seelachs, Schellfisch)*
- *1 kleine Stange Lauch (nur das Weiße)*
- *1 Petersilienwurzel*
- *1 Staudensellerie*
- *1 Knoblauchzehe*
- *1 Zweig Thymian oder 2 Stiele glatte Petersilie*
- *½ TL weiße Pfefferkörner, grob zerstoßen*
- *1 Eiweiß (Eiklar)*
- *1,2 l Fischbrühe (→ links), kalt*
- *weißer Pfeffer, frisch gemahlen*
- *eventuell Salz*

Zubereitung

- Das Fischfilet abspülen, trockentupfen und in fingerbreite Streifen schneiden.
- Das Gemüse putzen, waschen, trockentupfen. Mit der geschälten Knoblauchzehe, Thymian- oder Petersilienblättern, Pfefferkörnern und dem Eiweiß in einen Topf geben und verrühren.
- Die Fischbrühe angießen. Unter Rühren aufkochen, die Hitze reduzieren und nicht mehr rühren.
- Danach die Brühe noch 30 Minuten bei kleiner Hitze ziehen lassen, vom Herd nehmen, 5 Minuten ruhen lassen und durch ein mit einem feuchten Tuch ausgelegtes feines Sieb gießen. Je nach Verwendung mit Salz und Pfeffer würzen.

Vorbereitungszeit

10 Minuten

Zubereitungszeit

35 Minuten

Nährwert pro ¼ l

etwa
1 g Eiweiß
2 g Fett
92 kJ/22 kcal

Nudeln – hausgemacht

Zutaten

für 6 Portionen

- *300 g Weizenvollkornmehl*
- *100 g Hartweizengrieß*
- *½ TL Salz*
- *4 Eier (Kl. M)*
- *2 TL Pflanzenöl*
- *Mehl zum Ausrollen*

Zubereitung

- Das Mehl auf die Arbeitsfläche geben, in die Mitte eine Mulde drücken. Grieß, Eier, Salz und Öl hineingeben. Alles zu einer bröseligen Masse verarbeiten. Dann so lange kneten, bis der Teig geschmeidig ist.
- Zu einer Kugel formen, 30 Minuten in einer Plastiktüte oder unter einem feuchten, sauberen Geschirrtuch ruhen lassen.
- Den Teig in 3 bis 4 Teile schneiden.
- Je ein Stück Teig auf bemehlter Fläche mit dem Nudelholz unter starkem Druck dünn ausrollen. Restlichen Teig zugedeckt liegen lassen.
- **Grüne Nudeln:** 150 g tiefgefrorenen Spinat erhitzt, abgekühlt und gut ausgedrückt hinzufügen; statt 4 Eier nur 2 in den Teig kneten. Das Öl weglassen.
- **Kurkuma-Nudeln:** 4 gestrichene Teelöffel Kurkuma hinzufügen.
- **Rote Nudeln:** 3 Esslöffel Tomatenmark und 3 statt 4 Eier zufügen. Das Öl weglassen.

Nährwert pro Portion

etwa
12 g Eiweiß
7 g Fett
42 g Kohlenhydrate
6 g Ballaststoffe
1172 kJ/280 kcal

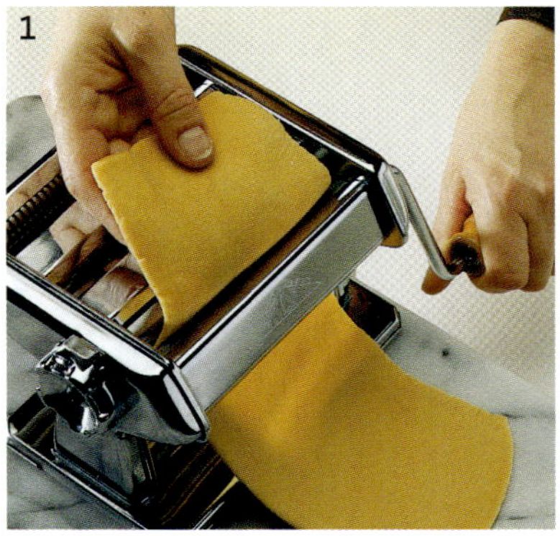

Mit der Nudelmaschine

- Mit der Nudelmaschine den Teigfladen erst auf großer Stufe der Walze durchdrehen, dann auf engere Stufe stellen (Abb. 1).
- Anschließend den Teigfladen durch die Messerrollen für Bandnudeln oder Spaghetti drehen (Abb. 2).

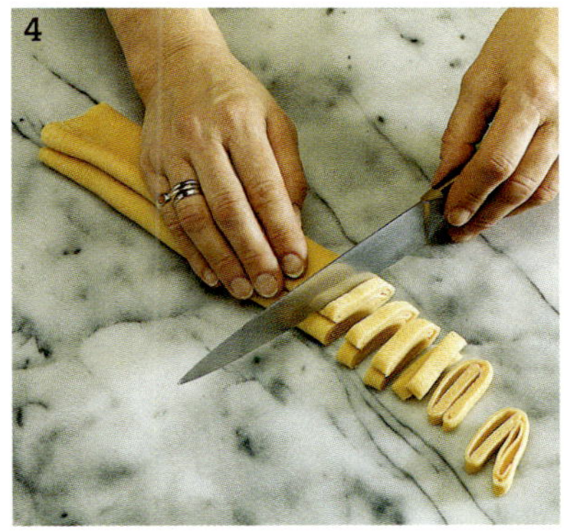

Mit der Hand

- Die Teigplatte dünn mit Mehl bestäuben, von beiden Seiten etwa 5 cm breit zur Mitte hin übereinander schlagen und zusammenfalten (Abb. 3).
- Den zusammengelegten Teig etwas antrocknen lassen, dann mit einem langen scharfen Messer in die gewünschten Streifen schneiden (Abb. 4).
- Die Streifen vorsichtig auf ein mit Mehl bestäubtes Geschirrtuch verteilen, dabei die Streifen etwas schütteln, damit sie sich voneinander lösen. So lange trocknen, bis die Nudeln hart sind. Dann wie gewohnt verwenden.

Frühling

Wildgemüse & Wildkräuter

Im Frühjahr sollten Sie sich an Wildgemüse wagen. Hierbei handelt es sich um Blätter, Sprossachsen, Wurzeln und Knollen sowie Blütenstände von Pflanzen, die roh oder gekocht gegessen werden können. Ob man von einem Wildgemüse oder einem Wildkraut spricht, hängt von der Menge der Verwendung ab. Entweder als Würze, dann ist es ein Wildkraut – z. B. als Einzelblätter für Salat – oder in größeren Mengen gedünstet, dann ist es ein Wildgemüse. Diese essbaren Wildpflanzen können auf Feuchtwiesen, an Wegrändern mit kargen oder humusreichen Böden, Ackerrainen, Brachäckern, Hecken, Zäunen, Gräben, Bach- und Waldrändern, aber auch in Gärten gesammelt werden.

Sie enthalten wichtige Mineralstoffe, Vitamine, besonders Vitamin C und Provitamin A (Beta-Karotin) sowie Aromastoffe, die appetitanregend sind. Durch den hohen Wassergehalt ist der Anteil an energieliefernden Bestandteilen wie Kohlenhydraten, Eiweiß und Fett recht gering. Die Ballaststoffe fördern die Verdauung.

Sammler: Achtung!

- Wenn Sie eine Pflanze nicht einwandfrei bestimmen können, lassen Sie die Finger davon, um Verwechslungen mit ungenießbaren und giftigen Pflanzen auszuschließen!
- Der Fundort sollte möglichst frei von Umweltschadstoffen sein. Besonders Wegränder befahrener Autostraßen meiden.
- Geben Sie die Pflänzchen beim Sammeln locker in einen Korb, nicht in einen Plastikbeutel. Zu Hause sorgsam verlesen und noch am selben Tag zubereiten.

So schmecken Wildgemüse – Wildkräuter

- als Salat, geputzte, abgespülte Blätter trockentupfen und klein schneiden. Mit einer Salatsauce aus Zitronensaft und Öl mischen.
- als Belag, klein geschnitten auf Butterbrot.
- als Beilage (Wildgemüse) zu gekochten Kartoffeln, mit Quark (Topfen) vermischt.
- als Zutat für klare oder pürierte Suppen.
- als Gemüse (Wildgemüse), wie Spinat zubereitet. Dabei können mehrere Wildpflanzen kombiniert werden.
- als Füllung für Eierkuchen (Palatschinken).

Löwenzahn

Wer dieses Wildgemüse einfach als Unkraut bezeichnet, weiß nicht, dass es schon bei den alten Kulturvölkern als Heilpflanze bekannt war. Im 17. Jahrhundert wurde aus den Löwenzahnblättern Salat bereitet, besonders in romanischen Ländern. Auch unsere Ur-Ur-Großmütter ernteten Löwenzahn und machten aus den Blüten Gelee oder „Sekt“, das heißt aromatisierten Schaumwein, und aus der Pfahlwurzel brannten sie Kaffee.

Der Löwenzahn wurde als Wildgemüse nun auch bei uns wiederentdeckt. Zu bevorzugen sind nur die Blätter, die ein ausgezeichnetes Gemüse oder einen wohlschmeckenden Salat ergeben. Sie sind lanzettenartig, in größe-

Kleine Wildpflanzenkunde

Engelwurz
Sie wächst auf feuchten Böden als würzig duftende Staude. Ihre Blätter haben die Größe von Rhabarberblättern. Die Blütenstiele werden bis zu 2,50 m hoch. Dort bilden sich kugelförmige Blütenköpfe. Früher stellte man aus den Blattstielen kandierte Süßigkeiten her. Aus den Stengeln kann unter Verwendung von Wein und Zucker ein Sorbet bereitet werden.

Fette Henne
Nicht nur der Pilz gleichen Namens, auch die Pflanze ist essbar. Im Februar erwacht sie mit rosenkohlgroßen Knospen aus dem Winterschlaf. Sie kann als Gemüse oder Rohkost zubereitet werden. Obwohl dickfleischig, ist Fette Henne äußerst zart und ähnelt in ihrem Geschmack der Salatgurke.

Franzosenkraut
Dieses Kraut trifft man speziell auf Kartoffeläckern. Die jungen Blätter und Stengelspitzen (Triebspitzen) eignen sich für Gemüse, Suppen oder Salate.

Gänseblümchen
Es steht auf jeder Wiese. Seine Blüten sind reich an Vitamin C, haben einen nussigen Geschmack und werden gern als Dekoration und zum Mitessen nicht nur auf Wildkräutersalate gestreut.

Giersch (Geißfuß)
Er wächst überall an Hecken, Zäunen, schattigen Wiesen- und Waldrändern. Interessant ist der Petersiliengeschmack, der bei älteren Pflanzen recht intensiv ist. Die jungen, halb entfalteten Grundblätter ergeben eine Zutat für Klöße, Suppen, Salate – in Verbindung mit Löwenzahn, Brennnessel, Sauerampfer oder Schafgarbe – und Gemüse.

Gundermann (Gundelrebe)
Dieses kleinblättrige Kraut sieht ähnlich aus wie Petersilie. Es wächst gern schattig und kann zu einem dichten Teppich werden. Gundermann schmeckt würzig bis harzig und eignet sich auch als Dekor für Kräutersalate.

Vogelmiere
Dies ist ein bei Gärtnern verhasstes Wildkraut, das auf Äckern, Brachland, unbebauten Flächen und in Gärten immer wiederkehrt. Es kann ohne die Wurzel mit anderen Wildgemüsen zu Suppe oder einer Gemüsebeilage verarbeitet werden.

Weiße Taubnessel
Sie ist unmittelbar an Gebüschen, Wegrändern, Zäunen, Hecken und Ufern zu finden. Junge Sprossen und Blätter eignen sich, gemischt mit Spinat und Brennnesseln, als Gemüse. Dafür gibt man Petersilienblätter zu, kocht alles auf, drückt es aus und verarbeitet es wie Spinat weiter.
Das Kochwasser sollte mitverwendet werden, eventuell zum Zubereiten einer Sauce oder für einen Drink.

Weißer Gänsefuß
Der Weiße Gänsefuß ist auch unter dem Namen Weiße Melde bekannt. Man findet ihn an Feld- und Wegrändern, auch an Zäunen und Mauern. Die jungen Blätter und Zweigspitzen können wie Spinat zu Suppen und Salat zubereitet werden. Im Frühjahr verwendet man die ganze Pflanze, später nur die Zweigspitzen.

Wiesenschaumkraut
Man trifft es im Frühjahr zu Tausenden auf feuchten Wiesen, die deshalb wie von Schaum bedeckt aussehen. Die jungen, zarten Blätter vor der Blüte und die jungen Stengelspitzen mit den Knospen können roh als Salat bereitet werden.

ren Abständen mehr oder weniger gezahnt und grasgrün, manchmal etwas rötlich getönt.

Aus den Wildbeständen des Löwenzahns wurden kräftige Pflanzen kultiviert. Dieser Kulturlöwenzahn hat eine volle Blattrosette mit breiteren Blättern, der Geschmack ist milder, nicht so bitter.

Seit vielen Jahren wird auch weißer Löwenzahn kultiviert. Die weiße oder blassgelbe Färbung erhält er durch Abdecken des Beetes – früher mit Erde, jetzt mit dunkler Folie. Dadurch werden die Bitterstoffe reduziert.

Küchen-Tipp

- Die noch fest geschlossenen Knospen lassen sich zu „falschen Kapern" verarbeiten: Dazu die Knospen mit Salz bestreuen und über Nacht zugedeckt ruhen lassen. Guten Wein- oder Kräuteressig aufkochen, darin die Knospen kurz aufwallen lassen. Den Essig abgießen, nochmals aufkochen und wieder über die Knospen gießen. In Schraubgläser füllen und 4 Wochen ruhen lassen.

Unerkannte Werte

Löwenzahnblättern wird eine harntreibende, krampflösende, blutreinigende und darmreinigende Wirkung zugesprochen.

In den grünen Blättern steckt viel Provitamin A (Beta-Karotin), Vitamin C und Vitamin E. Außerdem enthält Löwenzahn reichlich Kalzium und mehr Eisen als die meisten anderen Gemüsesorten. Besonders zu erwähnen ist der Bitterstoff Taraxacin, der ihm den angenehm würzig, herben bis zart bitteren Geschmack verleiht. 100 g Löwenzahn enthalten 189 kJ/45 kcal.

Einkauf und Aufbewahrung

Freiland-Löwenzahn wird hauptsächlich im Frühjahr geerntet. Im Winter wird gelblicher, gebleichter Löwenzahn aus der Treiberei angeboten.

Die Blätter möglichst frisch essen. In Papier eingewickelt, einem feuchten Handtuch eingeschlagen oder in einem aufgeblasenen, zugebundenen Frischhaltebeutel halten sich die Blätter 2 bis 3 Tage im Kühlschrank (Gemüsefach).

Weißer Löwenzahn sollte unbedingt eingewickelt gelagert werden, sonst verliert er die weiße Farbe und wird grün. Egal, ob grün oder weiß: Tritt an der Schnittstelle der weiße Saft heraus, ist Frische garantiert.

Allgemeine Zubereitung

Löwenzahn putzen, waschen, die dickeren Stielenden entfernen. Löwenzahn können Sie roh oder blanchiert als Salat bereiten. Zum Blanchieren die Blattenden und die zarteren Stiele kurz in kochendes Wasser tauchen, dann abschrecken und abtropfen lassen.

Wenn Sie den Löwenzahn als Gemüse verwenden, sollten Sie die Stiele in kurze Stücke schneiden und 5 Minuten vorab in Fett andünsten, dann die Blätter zufügen und weitere 2 Minuten garen.

So schmeckt Löwenzahn

- als Salat pur oder mit anderen Salatsorten, z. B. Spargel und Frühlingszwiebeln
- oder mit gedünsteten, gewürzten und abgekühlten Langustenschwänzen vermischt, in einer Essig-Öl-Sauce, mit einigen frischen zerdrückten Himbeeren verfeinert
- oder mit einer Essig-Öl-Sauce, vielen Kräutern, ausgelassenen Speckstreifchen und Croûtons von Brotwürfeln
- oder mit einer würzigen Joghurt-Sauce.
- fein geschnitten auf Brot oder gehackt mit Quark (Topfen) vermischt.
- als Beilage zu Rohkostplatten.
- als Zutat in Suppen und Eintöpfen.
- als Gemüse, wie Spinat zubereitet.
- als „Röhrlsalat" – so heißt er in Österreich als Salat, nicht als Pflanze. Dieser wird mit oder ohne Kartoffeln (Erdäpfel) und mit Essig und Öl, z. B. Kürbiskernöl, zubereitet.

Sauerampfer

Der Sauerampfer (Gartenampfer, Gemüseampfer) stammt aus einer großen weit verzweigten Familie, die seit Urzeiten in Europa und Asien beheimatet ist. Schon die alten Römer setzten Sauerampfer als Mittel gegen Verdauungsbeschwerden nach einem üppigen Gastmahl ein.

Wohlschmeckend, aber kaum erhältlich ist der rundblättrige Römische Ampfer (Rumex scutatus) mit leicht blaugrüner Farbe und der Englische Spinat (Rumex Patienria). Beides sind Kultursorten, die in England, Frankreich, Belgien und den Niederlanden angebaut werden. Bei uns tauchte das Kraut in der Küche meist nur als Zutat eines der sieben Kräuter in der Frankfurter Grünen Sauce auf.

Wenn Sie diesen Sauermacher finden möchten, sollten Sie naturbelassene feuchte Wiesen bis in den Juni nach ihm durchstreifen. Der wilde Sauerampfer ist mit seinen pfeilspitzartigen Blättern und den kantigen, rötlichen Stengeln nicht zu übersehen. Mittlerweile wird Sauerampfer auch mit unterschiedlichem Aussehen und etwas milderem Aroma angebaut.

Sauer macht lustig

Sauerampfer enthält Eisen, etwas Provitamin A (Beta-Karotin), Vitamin C sowie recht viel von der sauren Oxalsäure. Oxalsäure bildet mit Kalzium ein Oxalat, das Nierensteine und Kalziummangelerscheinungen verursachen kann. Da jedoch von Sauerampfer nur kleinste Mengen auf den Teller kommen, ist eigentlich nichts zu befürchten. 100 g Sauerampfer enthalten 105 kJ/25 kcal.

Einkauf und Aufbewahrung

Sauerampfer ist Wildgemüse und Küchenkraut zugleich. Die Blätter sollten frisch, jung, zart und hellgrün sein. Von März bis in den November wird er bundweise verkauft. Die zarten, jungen Blättchen des wilden Sauerampfers können Sie bis in den Juni, dem Zeitpunkt der Blüte, sammeln.

Frische Blätter halten sich in ein feuchtes Tuch gewickelt im Kühlschrank (Gemüsefach) 1 bis 2 Tage.

Allgemeine Zubereitung

Sauerampfer verlesen, gründlich waschen, trockenschwenken. Eventuell die Stielenden abschneiden, größere Sauerampferblätter kurz blanchieren, abtupfen und mit den anderen Blättern klein schneiden.

So schmeckt Sauerampfer

- roh, kombiniert mit anderen Blattsalaten (Feld- und Endiviensalat) oder Wildpflanzen wie Löwenzahn, Brunnenkresse, Vogelmiere und Gänseblümchen.
- als Zutat der Frankfurter Grünen Sauce (außerdem mindestens sieben frische Kräuter: Dill, Estragon, Kerbel, Liebstöckel, Petersilie, Pimpinelle, Schnittlauch) oder als Sauerampfersauce zu pochiertem Lachs.
- als Gemüse (vorher in Salzwasser blanchieren, abtropfen, klein hacken) pur oder zusammen mit Spinat oder Mangold, gedünstet oder in einer hellen Sauce. Passt als Beilage zu Fleisch-, Fisch- und Eiergerichten.
- als säuerliches Kraut für Suppen, Geflügelbrühe, Mayonnaisen, Kräuterquark (-topfen), Linsen, Tomaten und Gurken.
- als Füllung für Omeletts (Eierkuchen).

Küchen-Tipps

- Sauerampfer-Fans können auch durch Aussäen im Balkonkasten oder Garten in den sauren Genuss kommen. Vorsicht im Garten, denn wenn Sie ihn einmal ausgesät haben, werden Sie ihn nicht so schnell wieder los.
- Keine Panik: Sobald Sauerampfer erhitzt wird, färbt er sich braun. Der Würze tut das keinen Abbruch. Mit etwas Petersilie oder Spinat lässt sich die Farbe auffrischen. Trotzdem: Sauerampfer immer nur zum Schluss in die Suppe oder Sauce geben.
- Für Sauerampfer kein Gefäß aus Eisen verwenden. Das Gemüse wird schwarz und erhält einen unangenehmen metallischen Geschmack.

Löwenzahnsalat

Zutaten
für 4 Portionen
- *4 kleine Kartoffeln (Erdäpfel), 200 g*
- *1 Knoblauchzehe*
- *1 Fleischtomate*
- *250 g Löwenzahn*

Marinade
- *1 EL weißer Balsamessig*
- *1 TL körniger Senf*
- *½ TL Honig*
- *1 knappe Prise Salz*
- *Pfeffer, frisch gemahlen*
- *3 EL Pflanzenöl*

Außerdem
- *2 Eier (Kl. M), hart gekocht*
- *1 EL Butterschmalz*

Zubereitung
- Die Kartoffeln gründlich waschen und ungeschält in einem Topf in Salzwasser garen.
- Die Knoblauchzehe abziehen. Die Tomate abspülen, trockentupfen, vierteln, dabei die Stielansätze entfernen. Die Tomate entkernen. Die Tomatenstücke in dünne Streifen schneiden.
- Die Löwenzahnblätter verlesen, die dicken Stielenden entfernen, die Löwenzahnblätter von den Stielen zupfen, eventuell noch klein schneiden.
- Das Kartoffelwasser abgießen, Kartoffeln trockendämpfen, abkühlen lassen, pellen und würfeln.
- Balsamessig, körnigen Senf und Honig in einer Schüssel mischen, Salz und Pfeffer zufügen und so lange rühren, bis sich das Salz aufgelöst hat. Das Öl strahlförmig einrühren.
- Die hart gekochten Eier achteln oder würfeln.
- Das Butterschmalz in einer Pfanne erhitzen, die Kartoffeln und die Knoblauchzehe darin unter Wenden hellgelb anbraten. Lauwarm in eine Schüssel geben, die Tomatenstreifen zugeben, zwei Drittel der Marinade darüber gießen, alles mischen und die Löwenzahnblätter unterheben, die Eistücke auf dem Salat verteilen, restliche Marinade darüber träufeln.

Vorbereitungszeit
20 Minuten

Zubereitungszeit
10 Minuten

Nährwert pro Portion
etwa
6 g Eiweiß
13 g Fett
14 g Kohlenhydrate
3 g Ballaststoffe
835 kJ/200 kcal

Küchen-Tipps
- Statt der 3 Esslöffel Pflanzenöl: 2 Esslöffel Pflanzenöl und 1 Esslöffel Nuss- oder Kürbiskernöl.
- Löwenzahnblätter lassen sich durch Rukola austauschen. Statt Balsamessig schmeckt dazu auch Himbeeressig oder Weinessig.

Sauerampfer-Mousse mit neuen Kartoffeln

Zutaten
für 4 Portionen

Mousse
- *3 Blatt weiße Gelatine*
- *1 Bund Sauerampfer (etwa 80 g)*
- *400 g Dickmilch (Sauermilch), 3,5 % Fett*
- *200 g Schmant, 24 % Fett (ersatzweise Sauerrahm oder Crème fraîche)*
- *Salz*
- *Pfeffer, frisch gemahlen*
- *1 Prise Zucker*
- *2 Eier (Kl. M), hart gekocht*
- *2 EL Butter (20 g)*

Außerdem
- *1 kg junge Kartoffeln (Heurige)*

Extra-Tipps

- Die Sauerampfer-Mousse ist eine Alternative zu der guten alten Frankfurter Grünen Sauce, jedoch dicker in der Konsistenz. Wer mag, kann auch andere frische Frühlingskräuter in die Dickmilch-Schmant-Masse geben.
- Einen Versuch wert ist eine Sauerampfersuppe: Gemüsebrühe, süße Sahne oder Crème fraîche, Salz, Pfeffer, gehackter Sauerampfer. Bei milder Hitze nicht länger als 5 Minuten köcheln lassen.

Zubereitung
- Die Gelatineblätter in einem Gefäß mit kaltem Wasser einweichen.
- Den Sauerampfer verlesen, eventuell dicke Stiele abschneiden, die Blätter abbrausen, trockenschwenken und fein hacken. Dickmilch und Schmant in einer Schüssel verrühren, mit Salz, Pfeffer und Zucker abschmecken.
- Gelatine tropfnass bei milder Hitze in einem kleinen Topf auflösen. Von der Dickmilch-Schmant-Masse 4 Esslöffel abnehmen, mit der aufgelösten Gelatine vermischen und in die große Masse rühren.
- Die hart gekochten Eier fein hacken und mit dem Sauerampfer unter die Dickmilch-Schmant-Masse heben. Alles in eine Schüssel füllen und im Kühlschrank 3 Stunden fest werden lassen.
- Die Kartoffeln gründlich waschen und in der Schale in einem Topf mit leicht gesalzenem Wasser garen. Das Kartoffelwasser abgießen, Kartoffeln offen trockendämpfen und warm halten.
- Zum Servieren die Butter schmelzen und mit den Kartoffeln und der Sauerampfer-Mousse anrichten.

Vorbereitungszeit
10 Minuten

Zubereitungszeit
15 Minuten (ohne Kühlzeit)

Nährwert pro Portion
etwa
14 g Eiweiß
18 g Fett
47 g Kohlenhydrate
2,5 g Ballaststoffe
1 860 kJ/445 kcal

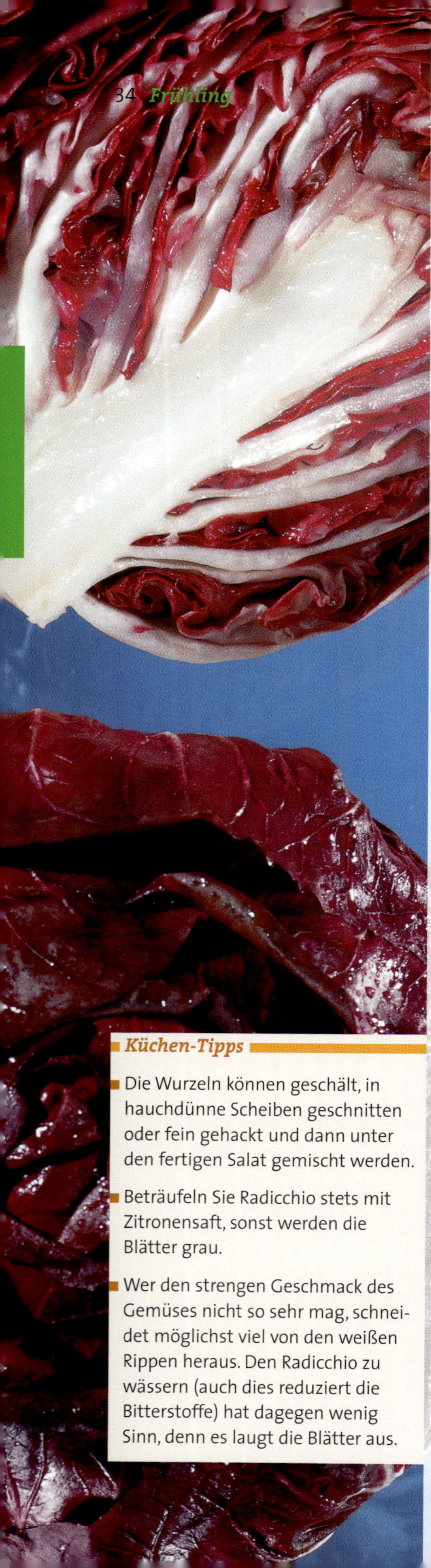

Radicchio, auch Radicchio Rosso, Rote Endivie und Roter Chicorée genannt, ist ein Verwandter von Chicorée und Endivie und gehört eigentlich nicht zu den Salatarten. Das Gemüse mit dem leicht bitteren Geschmack ist eine italienische Züchtung aus der Zichorienfamilie.

Die weinroten, violetten Köpfe mit ihren schneeweißen Blattadern wachsen hauptsächlich im milden Klima Italiens und Frankreichs; sie bereichern unseren Speisezettel seit etwa 20 Jahren. Der runde Kopf kann sowohl für Salate als auch für warme Zubereitungen, das heißt gedünstet, verwendet werden. Der schmalere, längliche Radicchio di Treviso ist eher für warme Zubereitungen geeignet.

Radicchio

Eisen und mehr

Die wichtigsten Inhaltsstoffe des Radicchio sind Eisen, Provitamin A (Beta-Karotin) und Vitamin C. Das für den Bittergeschmack verantwortliche Intybin ist mehr in den weißen Rippen als in den roten Blatt-Teilen enthalten. 100 g Radicchio haben 54 kJ/13 kcal.

Einkauf und Aufbewahrung

Radicchio wird mittlerweile ganzjährig angeboten. Freilandsaison ist in Deutschland von Mai bis Oktober. Geerntet wird er stets mit einem kleinen Wurzelende von 3 bis 5 cm. Radicchio sollte prall und frisch aussehen. Blätter mit welken, eventuell gelblichbraunen und fauligen Rändern deuten auf feuchte Überlagerung und schlechte Produktpflege hin.

Frischer Radicchio hält sich im Kühlschrank (Gemüsefach) etwa 4 bis 5 Tage.

Allgemeine Zubereitung

Die Köpfe waschen und trockentupfen. Die Blätter einzeln lösen und je nach Rezept weiterverwenden. Oder: Den Radicchio halbieren, dann vierteln oder achteln und den Strunk keilförmig herausschneiden. Den Radicchio anschließend quer in fingerbreite Streifen schneiden.

So schmeckt Radicchio

- als Salat, mit Blattsalatsorten (Kopf-, Feld-, Friséesalat) und/oder mit Früchten (Pfirsich, Aprikosen, Bananen) in einer Essig-Öl- oder Joghurtsauce (→ Seiten 49/50).
- als lauwarme Vorspeise, mit blättrig geschnittenen Champignons, Möhrenstreifen, weißen und roten Zwiebelringen und gebratener, in Streifen geschnittener Putenbrust in einer Essig-Öl-Sauce.
- als Suppe, gedünstet in Fett mit einer gewürfelten Kartoffel, mit Geflügelfond aufgegossen und passiert. Eventuell mit Sahne verfeinert.
- als Gemüsebeilage (Radicchio di Treviso), mit Zwiebelwürfeln in Olivenöl oder Butter gedünstet und mit schwarzem Pfeffer bestreut.

Küchen-Tipps

- Die Wurzeln können geschält, in hauchdünne Scheiben geschnitten oder fein gehackt und dann unter den fertigen Salat gemischt werden.
- Beträufeln Sie Radicchio stets mit Zitronensaft, sonst werden die Blätter grau.
- Wer den strengen Geschmack des Gemüses nicht so sehr mag, schneidet möglichst viel von den weißen Rippen heraus. Den Radicchio zu wässern (auch dies reduziert die Bitterstoffe) hat dagegen wenig Sinn, denn es laugt die Blätter aus.

Extra-Tipp

Besonders gut und sahnig wird die Sauce, wenn Sie statt Wasser und Milch 1 Becher Crème fraîche mit etwas Milch verrühren, erhitzen und den Käse darin schmelzen. Dann ist die Sauce dicker und gehaltvoller.

Radicchiogemüse mit Käsesauce

Zutaten

für 4 Portionen

- *800 g gleichmäßig kleine Radicchioköpfe*
- *Salz*
- *1 Prise Zucker*
- *etwas Pfeffer, frisch gemahlen*
- *Saft von 1 Zitrone*
- *2 Zwiebeln*
- *60 g magerer Speck*

Sauce

- *20 g Butter oder Margarine*
- *20 g Mehl*
- *⅛ l Wasser*
- *⅛ l Milch*
- *40 g herzhafter Käse (z. B. Gorgonzola, Appenzeller oder mittelalter Gouda)*
- *Salz*
- *Pfeffer, frisch gemahlen*
- *1 Prise Zucker*

Zubereitung

- Den Radicchio putzen, waschen, trockentupfen, halbieren, dabei den weißen Strunk herausschneiden. Radicchiohälften mit Salz, Zucker und Pfeffer bestreuen, mit Zitronensaft beträufeln.
- Die Zwiebeln abziehen und fein würfeln. Den Speck ebenfalls in sehr feine Würfel schneiden. Speck in einem großen, flachen Topf auslassen, Zwiebeln hinzugeben und zugedeckt dünsten.
- Den Radicchio mit der Schnittfläche in den Topf setzen und zugedeckt bei kleiner Hitze 4 bis 6 Minuten dünsten. Eventuell zwischendurch 1 Esslöffel Wasser zugeben.
- Für die Sauce Butter oder Margarine in einem Topf zerlassen, Mehl einstreuen und unter Rühren hell anschwitzen. Mit Wasser und Milch ablöschen. 5 Minuten kochen lassen. Dann den Käse in Stücke schneiden und darin zum Schmelzen bringen. Mit Salz, Pfeffer und Zucker abschmecken.
- Den Radicchio in eine vorgewärmte Schüssel geben und mit der Sauce begießen oder diese separat dazu reichen.

Vorbereitungszeit

15 Minuten

Zubereitungszeit

15 Minuten

Servierempfehlung

mit dünnen Scheiben gekochtem Schinken oder zu Schnitzel, natur gebraten, mit Kartoffelpüree

Nährwert pro Portion

ohne Beilage etwa
9 g Eiweiß
14 g Fett
14 g Kohlenhydrate
10 g Ballaststoffe
865 kJ/207 kcal

Würz-Tipp

Zu Radicchio passen sehr gut kräftige Gewürze wie Senf, Zwiebeln, Schnittlauch und Kerbel.

Die Heimat der Endivie reicht vom Mittelmeergebiet bis nach Zentralasien und Indien. Schon die alten Griechen und Römer verwendeten sie als Heilpflanze. Seit dem 14. Jahrhundert ist sie als Gemüsepflanze bekannt.

Genau genommen handelt es sich um eine veredelte Zuchtform der Zichorie. Und davon gibt es zwei Sorten: Die krause Endivie (Frisée) hat schmale hellgrüne bis gelbe Blätter, die farnförmig, unregelmäßig spitz auslaufen. Die glatte Endivie (Eskariol) bildet keinen „echten" Kopf, sondern eine große, eher flache Rosette. Die Blätter sind breit, derb, am Rand fast glatt, hin und wieder gezahnt, die Blattrippen sind stabil. Die Blätter beider Endiviensorten sind im Inneren des Kopfes gelblich, nach außen hin werden sie grün. Früher wurden die Blätter 2 bis 3 Wochen vor der Ernte zusammengebunden. Dadurch waren die Innenblätter vor Licht geschützt und blieben schön hell und zart. Neue Sorten sind selbst bleichend.

Endivie

Als Appetitanreger geeignet

Die Endivie weist einen hohen Gehalt an Mineralstoffen und Vitaminen auf: Kalium, Kalzium und Eisen sowie Provitamin A, Folsäure, die Vitamine B_2 und B_6. Bedeutsam ist der appetitanregende Bitterstoff Intybin, der in den äußeren Blättern sitzt. Er regt den Gallenfluss an und sorgt dafür, dass fettreiche Gerichte besser verdaut werden. Außerdem wirkt der Bitterstoff leicht harntreibend. Durch ihn erhält die Endivie den angenehmen würzig-herzhaften Bittergeschmack. 100 g Endivie enthalten 59 kJ/14 kcal.

Das sollten Sie wissen

Endiviensalat aus der herkömmlichen Landwirtschaft kann vor allem im Winter vermehrt Nitrate enthalten. Aber er weist deutlich weniger Nitrat auf als Kopfsalat (Häuptelsalat).

Einkauf und Aufbewahrung

Endivie ist ganzjährig im Angebot. Die Ernte- und Angebotszeit aus heimischem Freilandanbau reicht praktisch von Mitte des Jahres bis in den Dezember hinein; im Frühjahr wird Endivie im Unterglasanbau kultiviert. Importe kommen im Winter aus Italien, Spanien und Frankreich; im Frühjahr aus niederländischen Treibhäusern. Die Endivie, Eskariol und Frisée, sollte möglichst ein großes helles Herzteil haben; die äußeren Blätter sollten gekräuselt und fest beim Frisée oder glatt, fest, knackig, glänzend und grün beim Eskariol sein. Für beide Sorten sind ein Qualitätszeichen: außen frei von braunen Spitzen, trockene Blätter und feste Köpfe.

Endiviensalat sollte möglichst am Einkaufstag verzehrt werden. Ansonsten verträgt gute Qualität, in ein feuchtes Handtuch gewickelt, im Kühlschrank (Gemüsefach) 2 bis 3 Tage Lagerung. Große Köpfe können auch halbiert und gut verpackt aufbewahrt werden.

Allgemeine Zubereitung

Endivie (Eskariol und Frisée) putzen, das heißt die äußeren festen Blätter entfernen.

Für Salat: Die übrigen Blätter vom Strunk lösen, die Blätter waschen, trockenschwenken und in sehr feine Streifen schneiden.

Für Gemüse (Eskariol), gedünstet: Die Köpfe vierteln oder achteln, in Salzwasser kurz blanchieren, in Eiswasser abschrecken, sehr gut abtropfen und im Ganzen oder in breite Streifen geschnitten zugedeckt in Butter dünsten.

So schmeckt Endivie

roh als Salat

- mit pikanter Salatsauce und vielen Kräutern.
- als fruchtige Variante mit Obst (Orangen, Mandarinen, Äpfeln, Ananas oder/und Birnen), Nüssen oder Kernen (Sonnenblumen- oder Kürbiskernen).
- mit 1 bis 2 Obstsorten und Käsewürfeln (z. B. Cheddar) oder zarten Kaninchenrückenstreifen oder Fischfilet, wie z. B. Seezunge, Scholle, Zander.
- in Kombination mit anderen Salaten, wie Chicorée, Radicchio, Feldsalat oder Rukola.

als Gemüse (Eskariol)

- pur in Butter gedünstet und/oder in mit Butter geschwenkten Semmelbröseln.

als pürierte Suppe

- streifig geschnitten in Eintöpfen.
- mit Käse überbacken.

Würz-Tipp

- Eine Salatsauce für Endiviensalat kann klar und mit vielen Kräutern, Kapern, gehackten Eiern oder Sardellenfilets zubereitet sein, aber auch eine Joghurt-Kräuter-Sauce ist passend.

Endivien-Rotkraut-Salat

Zutaten
für 4 Portionen

Salat
- *300 g Rotkohl (Rotkraut)*
- *200 g Endivie (Eskariol oder Frisée)*

Sauce
- *½ TL Salz*
- *2 TL Ahornsirup*
- *je 1 Messerspitze Macispulver (gemahlene Muskatblüte) und gemahlenen Fenchelsamen*
- *2 EL Zitronensaft*
- *2 EL frischen Meerrettich (Kren), ersatzweise aus dem Glas*
- *2 EL Joghurt, 3,5 % Fett*
- *6 EL Schlagsahne (Schlagobers)*

Zubereitung
- Den Rotkohl waschen, trockentupfen und vierteln oder achteln. Das Strunkende keilförmig entfernen. Die Kohlstücke quer in dünne Streifen schneiden oder fein hobeln.
- Endivie putzen, abbrausen, trockentupfen, vierteln oder halbieren und quer in dünne Streifen schneiden. Mit den Rotkrautstreifen mischen.
- Für die Sauce das Salz mit Ahornsirup, Macispulver, Fenchel, Zitronensaft, geriebenem Meerrettich und Joghurt verrühren.
- Die Sahne steif schlagen, vorsichtig mit der Sauce mischen und unter den Salat heben. Sofort servieren.

Extra-Tipps

- Für Salat die inneren Teile des Eskariol verwenden, die äußeren Blätter können Sie als Gemüse dünsten.
- Statt des Endiviensalats kann auch anderer Salat verwendet werden, z. B. Radicchio oder Chicorée.

Vorbereitungszeit
15 Minuten

Zubereitungszeit
15 Minuten

Beilageempfehlung
Haferbrot, geröstet mit etwas Butter

Nährwert pro Portion
ohne Beilage etwa
2 g Eiweiß
5 g Fett
6 g Kohlenhydrate
5 g Ballaststoffe
340 kJ/82 kcal

Endiviensalat mit Apfel-Meerrettich-Sahne

Zutaten
für 4 Portionen

Sauce
- *2 säuerliche Äpfel*
- *2 TL Zitronensaft*
- *75 g frischen Meerrettich (Kren), ersatzweise 2 EL aus dem Glas*
- *100 ml Schlagsahne (Schlagobers)*

Salat
- *400 g Endivie (Eskariol oder Frisée)*
- *2 EL Haselnusskerne*
- *je 3 Stiele Zitronenmelisse, Pimpernelle und Liebstöckel*

Zubereitung
- Für die Sauce die Äpfel waschen, trockentupfen. Mit der Schale reiben und mit dem Zitronensaft mischen. Die Meerrettichwurzel putzen, waschen, schaben und sehr fein über die Äpfel reiben.
- Die Sahne steif schlagen und unter die Äpfel und den Meerrettich heben.
- Vom Endiviensalat das Strunkende abschneiden, welke Blätter entfernen. Die Blätter von der Staude abtrennen, abbrausen, trockenschleudern und die Blätter in schmale Streifen schneiden.
- Die Haselnüsse in einer Pfanne ohne Fett goldgelb rösten, bis sie duften, dann herausnehmen und hacken.
- Die Kräuter abbrausen, trockenschleudern und fein hacken. Die Nüsse mit den Kräutern mischen und unter den Salat heben. Die Apfel-Meerrettich-Sahne darüber geben.

Extra-Tipp

- Endivie kann durch Eisbergsalat oder andere Salatsorten ersetzt werden.

Vorbereitungszeit
15 Minuten

Zubereitungszeit
10 Minuten

Beilageempfehlung
frisches Baguette oder Haferbrot

Nährwert pro Portion
ohne Beilage etwa
3 g Eiweiß
11 g Fett
10 g Kohlenhydrate
4 g Ballaststoffe
670 kJ/160 kcal

Rauke oder Rukola ist eine uralte Kulturpflanze aus dem Mittelmeerraum. Sie wurde schon von den Römern wegen ihres bitter-würzigen Aromas und der Heilkraft, die sie den Samen zuschrieben, geschätzt. Aus Italien oder Frankreich importiert, gibt es das Pflänzchen nun auch bei uns. Anfangs war es recht bitter und wurde nur stengelweise als Würzzutat verwendet. Heute haben die Blätter einen nicht mehr so ganz bitteren Geschmack und lassen sich insgesamt als Salat zubereiten.

Rukola – auch Ölrauke, Ruke, Rugola, Rucke oder Senfkohl genannt – hat fiederteilige Blätter, die an Löwenzahn, Rettich oder Speiserüben erinnern. Der Geschmack der jungen Blätter, die etwa 10 bis 15 cm lang sind, ist angenehm frisch und leicht scharf. Größere, ältere Blätter schmecken bitter und sind zäh.

Rauke
Rukola

Verstärkung für die Abwehr

Rukola hat einen hohen Gehalt an Senfölen und aromatischen Bitterstoffen, die eine bakterientötende und die Abwehrkräfte stärkende Wirkung haben. Sie ist besonders reich an Vitamin C und enthält viele Mineralstoffe und organische Säuren, die appetitanregend wirken.

Je nach Jahreszeit, Boden und Anbaumethoden kann Rauke aber auch einen recht hohen Nitratgehalt aufweisen und sollte daher nicht kiloweise verzehrt werden. 100 g enthalten 151 kJ/36 kcal.

Einkauf und Aufbewahrung

Rauke gibt es praktisch immer und überall und wird meist bundweise oder in Plastikschalen angeboten. Die Blätter müssen knackig sein und die Spitzen dürfen nicht schlaff herunterhängen. Rauke lässt sich aus Samen im Treibhaus, im Freien oder im Balkonkasten selbst ziehen. Nach 4 bis 5 Wochen kann geerntet werden. Die Pflanze ist dann etwa 15 bis 20 cm hoch.

Raukeblätter können Sie ungewaschen in einem aufgeblasenen, verschlossenen Frischhaltebeutel im Kühlschrank (Seitentür) 1 bis 2 Tage aufbewahren.

Allgemeine Zubereitung

Für Salatzubereitungen die zarten Blätter waschen und eventuell im Ganzen hacken; bei größeren Blättern den Stiel entfernen. Für warme Gemüsebeilagen abbrausen und 5 bis 8 Minuten (eventuell in Fett und mit Zwiebelwürfelchen) zugedeckt dünsten.

Küchen-Tipps

- Die scharfen Samen können wie Senfkörner verwendet werden.
- Gekocht verliert Rauke leicht an Aroma, weil sich die enthaltenen Senföle beim Erwärmen verflüchtigen. Rohe gehackte Rauke daher unter fertigen Risotto oder gekochte Hirse heben und mit geriebenem Parmesan oder Pecorino bestreuen.

So schmeckt Rauke

Der eigenwillige Geschmack von Rukola verleiht Salaten – auch in Kombination mit anderen Salatsorten – eine besondere Note. Junge Blätter sind ähnlich wie Kresse zu verwenden:

- als Würze für Mayonnaise und zu Quark (Topfen).
- als Salat in einer Essig-Öl-Sauce, mit grob geriebenem Parmesan oder in Kombination mit anderen Salatsorten (Lollo rosso, Batavia, Eichblatt oder Endivie).
- als Suppe, püriert und mit Sahne (Obers) verfeinert.
- auf Pizza.
- als Gemüse, eventuell mit Spinat oder Kopfsalat (Häuptelsalat), leicht gedünstet, zu Fleisch oder Fisch.
- als sättigendes Gericht kombiniert mit Nüssen, Äpfeln, Karotten, Kartoffeln, Reis, Hirse, Bulgur oder Nudeln.

Rukola-Salat mit Pecorino

Zutaten

für 4 Portionen

- *150 g Rukola (Rauke)*

Salatsauce

- *2 TL Honig*
- *1 Prise Salz*
- *Pfeffer, frisch gemahlen*
- *1–2 EL Balsamessig*
- *1 EL Nussöl (z. B. Walnussöl)*

Außerdem

- *80 g vollfetter Pecorino-Käse*
- *25 g Walnusskerne, grob gehackt*

Extra-Tipp

Salatsaucen immer gut abschmecken; nachträgliches Würzen macht den Salat durch zusätzliches Umrühren unansehnlich.

Zubereitung

- Die Raukeblätter abbrausen, trockenschwenken. Dickere Stengel entfernen, größere Blätter eventuell halbieren.
- Honig, etwas Salz und Pfeffer, Balsamessig und Nussöl verrühren.
- Die Raukeblätter mit der Salatsauce mischen. Zum Servieren den Pecorino grob reiben oder mit einem Käsehobel fein hobeln und über den Salat verteilen. Mit den Walnüssen bestreuen.

Vorbereitungszeit
10 Minuten

Zubereitungszeit
5 Minuten

Beilageempfehlung
knuspriges Baguette

Nährwert pro Portion
ohne Beilage etwa
8 g Eiweiß
10 g Fett
3 g Kohlenhydrate
1 g Ballaststoffe
585 kJ/140 kcal

Extra-Tipps

- Statt Rauke können Sie für den Salat auch Löwenzahn, Brunnenkresse, Radicchio oder Chicorée verwenden.
- Auch der Mozzarella ist austauschbar: Pecorino oder Emmentaler kommen als Alternative infrage.

Kartoffelsalat mit Rukola und Mozzarella

Zutaten

für 4 Portionen

- *1 kg Kartoffeln (vorwiegend fest kochend)*
- *Salz*
- *75 g Rukola (Rauke)*
- *125 g Mozzarella*
- *1 rote Zwiebel*
- *1 Knoblauchzehe*
- *¼ l kalte Gemüsebrühe (klare Gemüsesuppe)*
- *Pfeffer, frisch gemahlen*
- *1–2 EL Essig (z. B. Balsamessig)*
- *4 EL Olivenöl, kaltgepresst*

Zubereitung

- Die Kartoffeln mit Schale in einem Topf mit leicht gesalzenem Wasser garen.
- Die Rauke abbrausen, trockenschleudern, dicke Rippen entfernen, größere Blätter eventuell halbieren.
- Mozzarella erst in Scheiben, dann in Streifen schneiden.
- Zwiebel und Knoblauchzehe abziehen. Zwiebel sehr fein würfeln. Knoblauchzehe durchpressen. Beides in der Gemüsebrühe mit Pfeffer, Essig und Öl verrühren.
- Die Kartoffeln abgießen, vorsichtig trockendämpfen und lauwarm schälen. 2 Kartoffeln noch heiß mit der Gabel oder dem Pürierstab zerkleinern und mit der Salatsauce verrühren. Restliche Kartoffeln in feine Scheiben schneiden und warm stellen.
- Kartoffelscheiben, Käse und Raukeblätter auf einem großen Teller abwechselnd und schuppenartig verteilen. Mit Salatsauce übergießen und lauwarm anrichten.

Vorbereitungszeit
15 Minuten

Zubereitungszeit
10 Minuten

Beilageempfehlung
hauchdünn geschnittene italienische Mortadellascheiben und Baguette

Nährwert pro Portion
ohne Beilage etwa
12 g Eiweiß
16 g Fett
34 g Kohlenhydrate
6 g Ballaststoffe
1 375 kJ/330 kcal

Der Chicorée ist der zweite Austrieb der Zichorienpflanze (aus der auch Kaffee-Ersatz hergestellt wird). Diese Zufallsentdeckung im Jahre 1870 führte zuerst in Belgien zur gezielten Züchtung. Die Zichorienpflanze wird erst einmal ausgesät. Ihre Blätter lassen sich später als Viehfutter verwenden. Anschließend werden die Wurzeln ausgegraben und in so genannten „Treibereien“, abgeschirmt vor Tageslicht, ausgepflanzt. Innerhalb von 25 Tagen entwickelt sich der blassgelbe Trieb zu einem länglich-ovalen, festen Blattkopf. Chicorée ist knackig und hat einen zarten, bitteren Geschmack.

Chicorée

Eine bittere Erkenntnis

Der Bitterstoff Intybin liefert den typischen Geschmack des Chicorées und regt die Verdauung an. Das Gemüse ist reich an Vitamin A, Folsäure und Vitamin C und besonders natrium- und kalorienarm. 100 g enthalten 65 kJ/15 kcal.

Einkauf und Aufbewahrung

Chicorée wird ganzjährig angeboten, hauptsächlich aber in den Monaten November bis April. Dann ist er auch besonders preisgünstig. Bedeutende Anbauflächen sind in Frankreich, Belgien und den Niederlanden.

Die Stauden sollten fest geschlossen, die Blätter weiß und ohne gelbe Spitzen sein. Grüne Verfärbung deutet auf falsche Lagerung und zu viel Bitterstoff hin; braune, faulige Flecken sind ein Zeichen von Überlagerung. Als Neuzüchtung: roter Chicorée (eine Kreuzung aus Radicchio und Chicorée). Beide Chicoréesorten schmecken kräftig-herzhaft. Durch Züchten wurde das Strunkende weitgehend entbittert. Frischer, zarter Chicorée kann vollständig verwertet werden.

Chicorée lagert gern kühl, luftig und dunkel; Licht lässt die Blätter ergrünen und macht sie bitterer. In Papier verpackt hält sich Chicorée im Kühlschrank (Gemüsefach) bis zu 1 Woche.

Allgemeine Zubereitung

Wurzelende etwa 1 cm dick abschneiden. Eventuell den 2 cm langen Keil am Wurzelende entfernen. Für Salate den Chicorée in dünne Streifen schneiden; zum Dünsten der Länge nach halbieren oder auch in breite Streifen schneiden.

So schmeckt Chicorée

- als Salat mit Obst (Orangen, Mandarinen, Äpfeln, Weintrauben) und Nüssen. Dazu eine Zitronen-Öl- oder eine Joghurt-Sahne(Obers)-Sauce, vermischt mit einer Hand voll gehackter Kräuter. Sehr gut: Mit Radicchio, Löwenzahn oder Rukola kombiniert.
- als Dip mit verschiedenen pikanten, kalten Saucen (z. B. mit Meerrettich oder Senf abgeschmeckt).
- als Gemüse (nur weißer Chicorée). Entweder gedünstet und mit in Butter gerösteten Semmelbröseln bestreut oder mit Käse überbacken oder geschmort mit Tomaten, Paprikaschoten, Champignons und roten Zwiebeln.

Küchen-Tipps

- Bereiten Sie Chicorée nicht in gusseisernen Gefäßen zu; das Gemüse wird sonst schwarz.
- Um die Braunfärbung von gedünsteten Chicoréeblättern zu vermeiden, einige Tropfen Zitronensaft auf die Blätter träufeln.
- Für manche Rezepte sind die Chicoréestauden einfach zu fest. In diesen Fällen den Chicorée im Ganzen auf einem Sieb kurz mit kochendem Wasser überbrühen und dann mit kaltem Wasser abschrecken.

Würz-Tipp

- Curry, Ingwer und Kardamom vertragen sich besonders gut mit Chicorée.

Chicorée mit Gorgonzolasauce

Zutaten
für 4 Portionen
- *1 kg kleine Chicoréestauden*
- *1 EL Butter oder Margarine*
- *5 EL Gemüsebrühe (klare Gemüsesuppe)*
- *1 Prise Zucker*
- *Salz*
- *Pfeffer, frisch gemahlen*

Gorgonzolasauce
- *½ Tasse Milch*
- *2 TL Butter oder Margarine*
- *1 TL Mehl*
- *125 g Gorgonzola, zerbröckelt*
- *etwas Muskatnuss, gerieben*

Zubereitung
- Die Chicoréestauden waschen und der Länge nach halbieren, den Keil herausschneiden.
- Einen großen flachen Topf oder eine große Pfanne mit Butter oder Margarine einfetten. Die Chicoréehälften mit der Schnittfläche nach unten hineinlegen, Gemüsebrühe zugießen. Mit Zucker, Salz und Pfeffer bestreuen. Zugedeckt 10 Minuten bissfest garen.
- Dann die Chicoréestauden herausnehmen, gut abtropfen lassen und in einer Porzellanschale zugedeckt warm stellen.
- Die restliche Flüssigkeit mit der Milch erhitzen. Butter oder Margarine mit dem Mehl verkneten und die Butter-Mehl-Kugel in die Flüssigkeit geben. 5 Minuten kochen lassen, dann den zerbröckelten Gorgonzola einrühren. Mit einem Hauch Muskatnuss abschmecken. Nicht mehr kochen lassen.

Vorbereitungszeit
10 Minuten

Zubereitungszeit
20 Minuten

Beilageempfehlung
luftgetrockneter oder gekochter Schinken und Baguette oder Graubrot (Mischbrot)

Nährwert pro Portion
ohne Beilage etwa
6 g Eiweiß
18 g Fett
7 g Kohlenhydrate
3 g Ballaststoffe
915 kJ/220 kcal

Extra-Tipps
- Dieses Gericht schmeckt auch überbacken hervorragend. Dazu die Chicoréestauden, wie im Rezept beschrieben, in Gemüsebrühe vorgaren, in einer feuerfesten ovalen Form verteilen, die Sauce darüber gießen und für 2 bis 5 Minuten unter den vorgeheizten Grill stellen.
- Wer den relativ kräftigen Gorgonzolageschmack nicht mag, kann auch einen milden Butterkäse oder unterschiedliche milde Käsereste verwenden.

Saucen für Salate

Zum Genuss wird ein Salat durch Salatmarinade oder Salatsauce (Dressing). Sie sorgen auch dafür, dass die fettlöslichen Vitamine vom Körper wesentlich besser aufgenommen werden.

Eine Salatsauce sollte den Geschmack des Salates zum Ausdruck bringen, nicht überdecken.

Salatmarinade ist eine klare Mischung aus Essig, Gewürzen, Öl und Kräutern. Sie ist für die Zubereitung von Blattsalaten gut geeignet. Man spricht auch von einer Essig-Öl-Marinade oder der klassischen Vinaigrette aus Frankreich.

Salatsauce (Dressing) ist die Bezeichnung für eine Sauce, die mit Essig, Öl, Mayonnaise, Sahne, Schmant, Crème fraîche, saurer Sahne (Sauerrahm) oder Joghurt zubereitet wird.

Salatmarinade (Essig-Öl-Marinade)

Hierfür werden die verschiedensten miteinander harmonierenden Essige (z. B. Apfel-, Wein-, Kräuteressig) mit Öl (z. B. Raps-, Maiskeim- oder Olivenöl von bester Qualität) verrührt. Es werden meist 3 Teile Essig und 5 Teile Öl verwendet. Das sind für 4 Portionen beispielsweise 3 Esslöffel Essig und 5 Esslöffel Öl.

Die Grundlage lässt sich vielfach abwandeln:

- mit Knoblauch: pro Esslöffel Essig 1 kleine zerdrückte Knoblauchzehe.
- mit Kräutern: gehackte Kräuter nach Geschmack, wie z. B. Petersilie, Schnittlauch, Kerbel, Estragon, Basilikum, Pimpinelle.
- mit scharfem Senf: Menge nach Geschmack, lässt sich schön schaumig rühren und bindet gut.
- mit frischen Kräutern, Zwiebeln, Kapern, Gewürzgurken, Sardellenfilets, hart gekochtem Eiweiß – alles sehr fein gehackt –, gewürzt mit Salz, Pfeffer und nach Bedarf mit einer Prise Zucker, mit hart gekochtem, gehacktem Eigelb und Essig verrühren, mit Öl vermischen und unter die vorbereiteten Zutaten geben. Hierbei handelt es sich um die Sauce Vinaigrette.

Salatsaucen (Dressings)

Klassische Salatsaucen (Dressing ist die ursprüngliche amerikanische Bezeichnung) sind American Dressing, French Dressing und Italian Dressing.

Die Grundlage von American Dressing ist Sahne, von French Dressing Essig und Öl (wie bei einer Vinaigrette) und von Italian Dressing Gorgonzola-Käse.

Diese Dressings sind relativ fetthaltig. Sie werden daher heute seltener verwendet oder nach Geschmack und Fantasie abgewandelt.

Dips

Dips sind kalte, dickflüssige und cremige Saucen, in die z. B. mundgerecht geschnittenes rohes Gemüse, wie Karotten, Chicorée oder Staudensellerie, getaucht (gedippt) werden kann.

Küchen-Tipps

- Soll die Salatsauce milder schmecken, kann ein Teil des Essigs durch Wasser, abgekühltes Gemüsekochwasser, Brühe oder Saft (für süße Salate) ersetzt werden.
- Neutraler Essig (z. B. Kräuteressig) und neutrales Öl, z. B. Rapsöl, bieten mehr Möglichkeiten, den Geschmack zu verändern.
- Damit sie sich gut vermischen, sollten alle Zutaten die gleiche Temperatur haben.
- Bis kurz vor dem Anrichten sollten Salatsaucen getrennt vom Salat gekühlt werden. Auf Vorrat bereitete Salatmarinaden und -saucen (Dressings) halten sich im Kühlschrank, im Schraubglas fest verschlossen mindestens 1 Woche, mit Kräutern zubereitete Salatsaucen mindestens 3 Tage.

Essig

Essig ist ein wesentlicher Bestandteil bei der Zubereitung von Marinaden, Salatsaucen und Dips. Der Säuregehalt von Essig beträgt 5 %, höchstens 15 %. Je nach Sorte enthält er mehr oder weniger Mineralstoffe und Spurenelemente. Je aromatischer und milder der Essig schmeckt, desto länger ist er gereift.

Es gibt eine Reihe unterschiedlicher Essigsorten. Welche man verwendet, ist reine Geschmackssache. Auf jeden Fall vor dem Würzen kosten.

Für Salatsaucen, Marinaden und Dips eignen sich Essigsorten mit einer feinen Säure.

Aceto balsamico (Balsamessig)

Aceto balsamico di Modena ist ein italienischer Spitzenessig. Qualitätsprodukte wurden mindestens 6 Jahre in alten Holzfässern gelagert.

Kaum jemand kann es sich jedoch leisten, das sündhaft teuere Original, das mit dem Wörtchen „tradizionale" versehen ist, zu verwenden. Aber auch die erschwinglichen Nachahmerprodukte bereichern die Essigpalette durch ihre süßsaure Würze. Balsamessig gibt nicht nur Salaten das gewisse Etwas. Auch Fleischgerichten, Eintöpfen, Gemüsebeilagen und sogar Früchten verleiht er eine besondere Note. Neben dem dunklen Balsamessig wird auch weißer angeboten, der noch etwas süßlicher schmeckt.

Essig in Österreich

In Österreich gibt es eine grundsätzliche grobe Unterscheidung in:

- **Gärungsessig** (wenn die Essigsäure durch doppelte Fermentation entstanden ist – Weinessig, Obstweinessig, Tresteressig, Weingeistessig) und
- **Säureessig** (durch Verdünnen von konzentrierter Essigsäure mit Trinkwasser, enthält keine Fermentationsprodukte wie Gluconsäure, Zitronensäure, etc.)

Branntweinessig

Dieser auch als Tafel- , Weingeist- oder Speiseessig bezeichnete Essig wird aus Branntwein gewonnen, der aus den Grundprodukten Kartoffeln, Zuckerrüben oder Weizen hergestellt ist. Es gibt ihn auch in diversen Geschmacksrichtungen, beispielsweise mit Zitrone oder Himbeeren.

Estragonessig

Ein Weinessig (oder Branntweinessig), dem frische Estragonblätter zugesetzt sind. Ihn kann man z. B. auch gut für die Zubereitung von Sauce Béarnaise verwenden.

Himbeeressig

Rot- oder Weißweinessig (auch Branntweinessig) mit Himbeeren oder Himbeersaft. Harmoniert zu Salaten in Kombination mit Geflügel.

Kräuteressig

Dieser Essig kann aus Tafelessig (also Branntweinessig) oder aus Weißweinessig, mit Zusatz von Kräutern unterschiedlicher Zusammenstellung hergestellt sein. Er ist gut geeignet für Salatsaucen und zum Abschmecken von Gemüsegerichten.

Obstessig

Das Aroma von Obstessig entspricht der jeweiligen Fruchtsorte. Die Anteile der Fruchtsäuren prägen den Geschmack. Am verbreitetsten ist Apfelessig.

Rot- und Weißweinessig

Ein guter Rot- oder Weißwein ergibt auch einen guten Essig. Er muss zu 100 % aus Rot- bzw. Weißwein bestehen. Weißweinessig eignet sich für Salatsaucen, Marinaden und zum Abschmecken von hellen Saucen. Rotweinessig ergibt kräftigere Salatsaucen und bietet sich sowohl zum Marinieren roter Fleischsorten (Wild, Rindfleisch) als auch zum Abschmecken von Rotkohl (Rotkraut), Roter Bete (Rote Rüben) und Chutneys an.

Wein-Branntwein-Essig

Dies ist der gebräuchlichste Essig. Er besteht zu ¼ aus Weinessig und ¾ aus Branntweinessig.

Speiseöl

Speiseöle gibt es inzwischen in den unterschiedlichsten Preislagen und Geschmacksrichtungen vom neutralen Tafelöl bis hin zum feinsten kaltgepressten Nussöl. Angeboten werden Sorten, die aus einer Pflanzenart hergestellt und solche, die aus unterschiedlichen Pflanzenölen gemischt sind. Trägt das Öl einen bestimmten Pflanzennamen, so muss es aus dem reinen, nicht vermischten Öl dieser Pflanze bestehen.

Kürbiskernöl

Dieses Öl wird aus gerösteten Kernen einer besonderen Kürbissorte gewonnen und ist eine Spezialität aus der Steiermark. Es besitzt ein kräftiges Nussaroma und ist dunkelgrün. Geeignet ist es besonders für Salatsaucen und zum Beträufeln von Gemüsezubereitungen. Hier ergänzen sich Gesundheit und Genuss, denn Kürbiskernöl enthält ungesättigte Fettsäuren und Vitamine. Es sollte nicht erhitzt werden.

Maiskeimöl

Ein sehr bekanntes Öl, das aus dem fettreichen Keim des Maiskorns gewonnen wird. Das Öl wird durch Pressen und Extrahieren aus den Keimen gelöst, danach raffiniert. Das Ergebnis: ein gelbes Öl mit neutralem Geschmack, das sich zur Herstellung von Margarine eignet. Maiskeimöl ist sehr wertvoll, denn es enthält bis zu 85 % ungesättigte Fettsäuren, davon sind über die Hälfte mehrfach ungesättigte Fettsäuren. Auch der Gehalt an Vitamin E ist nennenswert. Maiskeimöl ist zum Braten, Kochen, Dünsten und Backen sowie für Salatsaucen geeignet.

Olivenöl

Mit Olivenöl ist es ähnlich wie mit Wein: Je sorgfältiger die Früchte behandelt werden, desto besser ist das Ergebnis. Die Unterschiede in Qualität und Preis sind groß. Olivenöl hat viele gute Eigenschaften. Es enthält bis zu 80 % Ölsäure, eine einfach ungesättigte Fettsäure, die den Cholesterinspiegel positiv beeinflusst.

Rapsöl

Dieses Öl ist ebenso wie Olivenöl reich an einfach ungesättigten Fettsäuren, enthält aber auch etwa 30 % mehrfach ungesättigte Fettsäuren, darunter eine wichtige Omega-3-Fettsäure. Es ist daher besonders gesund. Der Geschmack des raffinierten Öls ist neutral. Etwa 80 % des in Deutschland produzierten Rapsöls gelangt als Speiseöl in den Handel oder wird zu anderen Lebensmitteln, vor allem zu Margarine, weiterverarbeitet.

Sesamöl
Das Öl wird aus den Samen der Sesampflanze durch Pressen und Extrahieren gewonnen. Es ist hellgelb oder dunkel bernsteinfarben, geruchlos und hat einen angenehmen intensiven Geschmack. Es wird gern für asiatische Speisen verwendet und ist relativ teuer.

Sojaöl
Dieses Öl ist, wie alle pflanzlichen Öle, cholesterinfrei und ebenso wie Raps- und Maiskeimöl mit 64 % reich an mehrfach ungesättigten Fettsäuren. Diese mehrfach ungesättigten Fettsäuren und dazu das enthaltene Vitamin E sind für den Organismus unentbehrlich. Außerdem besitzt Sojaöl 56 % Linol- und 8 % Linolensäure. Sein absolut neutraler Geschmack – ideal für Salate und Gemüse – macht es zu einem universellen Speiseöl. Es eignet sich auch sehr gut zum Kochen, Braten und Backen.

Sonnenblumenöl
Die ölhaltigen Sonnenblumenkerne werden kaltgepresst und extrahiert; das Öl wird naturrein oder raffiniert angeboten. Es weist einen hohen Vitamin-E- und Linolsäuregehalt auf und wird zur Herstellung von Margarine verwendet. Sonnenblumenöl eignet sich zum Kochen, Backen und für Salatsaucen. Kaltgepresstes Sonnenblumenöl sollte nicht zu hoch erhitzt werden, damit die wertvollen Bestandteile erhalten bleiben.

Walnussöl
Dieses Öl wird durch Kaltpressung aus gut ausgereiften Walnusskernen gewonnen. Es enthält bis zu 70 % mehrfach ungesättigte Fettsäuren. Sein ausgeprägter Walnussgeschmack kann sich in Salaten entfalten. Wem der Geschmack zu intensiv ist, kann das Öl für Salatsaucen mit neutralem Pflanzenöl wie Raps- oder Maiskeimöl vermischen.

Aufbewahren von Fetten und Ölen

- Speisefette sind leicht verderbliche Lebensmittel und müssen vor Wärme, Licht, Luftsauerstoff und Fremdgeruch geschützt werden, also kühl, dunkel und gut verschlossen lagern. Kaltgepresste, nicht raffinierte Öle sollten möglichst im Kühlschrank aufbewahrt werden.
- Angebrochene Ölbehälter sollten immer gut verschlossen sein und zügig verbraucht werden (ansonsten in kleinere Behälter umfüllen). Helle Glasbehälter können Sie mit Papier oder Alufolie abdunkeln.

Klassische Salatmarinade

Zutaten
für 4 Portionen
- *3 EL Weinessig (oder Zitronensaft)*
- *Salz*
- *1 winzige Prise Zucker*
- *Pfeffer, frisch gemahlen*
- *5 EL Pflanzenöl (z. B. Rapsöl)*

Küchen-Tipp

- Für eine Salatportion rechnet man etwa 100 bis 150 g Gemüse oder 75 bis 100 g Blattsalat.

Zubereitung
- Den Essig in eine Schüssel geben, Salz, Zucker und Pfeffer zufügen und so lange rühren, bis sich Salz und Zucker gelöst haben.
- Dann langsam in einem Strahl das Öl einrühren. Je nach Geschmack beliebige weitere Zutaten zufügen.

Vorbereitungszeit
5 Minuten

Zubereitungszeit
5 Minuten

Nährwert pro Portion
etwa
0 g Eiweiß
12,5 g Fett
0 g Kohlenhydrate
0 g Ballaststoffe
481 kJ/115 kcal

Extra-Tipps

- Knoblauchliebhaber können die Salatschüssel vorher mit einer geschälten und halbierten Knoblauchzehe ausreiben.
- Mit folgenden Zutaten kann diese klassische Salatmarinade wahlweise verändert werden:
- 2 gekochten, gehackten Eiern
- 2 EL gehackten Kapern
- 1 TL feinem Senf (mit dem Essig verrührt, bevor das Öl an die Sauce kommt)
- 1 TL Sojasauce und etwas Ingwerpulver
- 2 EL frischem, gehacktem Koriander
- 1 TL geriebenem Meerrettich (Kren)
- 2 EL abgezogenen, gewürfelten Tomaten
- 1 EL gehackten Zwiebeln oder Schalotten
- 2–3 EL gehackten Kräutern (eine oder mehrere Sorten)
- 2 zerdrückten Sardellenfilets

Joghurt-Salatsauce

Zutaten
für 4 Portionen
- *150 g Joghurt, 1,5 % Fett*
- *Salz*
- *1 winzige Prise Zucker*
- *Pfeffer, frisch gemahlen*
- *1 EL Zitronensaft oder Weißweinessig*
- *2 EL Pflanzenöl (z. B. Rapsöl)*

Zubereitung
- Den Joghurt in eine Schüssel geben und die Gewürze zufügen.
- Zitronensaft oder Weißweinessig zugießen, alles gut verrühren und das Öl langsam in einem Strahl einrühren.

Extra-Tipp

Statt Joghurt können Sie auch Dickmilch (Sauermilch), saure Sahne (Sauerrahm) oder alle drei Sorten verwenden. Dann ist die Sauce allerdings fett- und kalorienreicher.

Vorbereitungszeit
5 Minuten

Zubereitungszeit
5 Minuten

Nährwert pro Portion
etwa
2 g Eiweiß
6 g Fett
2 g Kohlenhydrate
0 g Ballaststoffe
250 kJ/60 kcal

Senfsauce

Zutaten
für 4 Portionen
- *1 Schalotte*
- *2 EL Weißweinessig*
- *Salz*
- *Pfeffer, frisch gemahlen*
- *1 Prise Zucker*
- *1 EL Dijon-Senf*
- *5 EL Olivenöl*

Zubereitung
- Die Schalotte abziehen und fein würfeln. Mit dem Weißweinessig, Salz, Pfeffer und Zucker in eine Schüssel geben und so lange rühren, bis sich Salz und Zucker gelöst haben.
- Den Dijon-Senf unterschlagen und das Olivenöl in einem Strahl zugießen und einrühren.

Extra-Tipp

Hierzu schmeckt auch der Dijon-Senf mit Honig.

Vorbereitungszeit
5 Minuten

Zubereitungszeit
5 Minuten

Nährwert pro Portion
etwa
0 g Eiweiß
12 g Fett
0,5 g Kohlenhydrate
0 g Ballaststoffe
493 kJ/118 kcal

Salatmarinade mit Chili

Zutaten
für 4 Portionen
- *1 kleine getrocknete Chilischote*
- *3 EL weißer Balsamessig*
- *etwas Salz*
- *1 TL Honig*
- *3 EL Pflanzenöl (z. B. Rapsöl)*
- *2 EL Nuss-, Kürbiskern- oder Traubenkernöl*

Zubereitung
- Die Chilischote entstielen, zerreiben und mit Balsamessig, Salz und Honig in einer Schüssel verrühren.
- Erst das Pflanzenöl, dann das Nuss-, Kürbiskern- oder Traubenkernöl tropfenweise zugeben und einrühren.

Vorbereitungszeit
5 Minuten

Zubereitungszeit
5 Minuten

Nährwert pro Portion
etwa
0 g Eiweiß
12 g Fett
0,5 g Kohlenhydrate
0 g Ballaststoffe
493 kJ/118 kcal

Seine Heimat ist Südosteuropa. Mittlerweile wird Kerbel in ganz Europa, vor allem aber in Frankreich und Belgien, angebaut. Kerbel ist ein petersilienähnliches Kraut mit dünn gestreiften Stengeln und doppelt bis vierfach gefiederten, fein gegliederten, hellgrün glänzenden, angenehm anisartig duftenden Blättern. In Bayern ist es z. B. als Hauptzutat für eine Fastensuppe am Gründonnerstag sehr beliebt.

Kerbel

Die inneren Werte

Kerbel enthält Kalzium, Eisen, Zink, Provitamin A und Vitamin C.

Einkauf und Aufbewahrung

Kerbel ist das ganze Jahr über erhältlich. Von März bis Oktober stammt er aus dem Freiland, danach aus dem Gewächshaus. Es gibt ihn bund- und grammweise. Da die Blätter leicht welken, sind die angebotenen Töpfchen günstiger. Bei geschnittener Ware sollten die Zweige und Blätter noch glänzend hellgrün sein. Topfware wenig von unten gießen, ab und an mit Wasser besprühen.

Lose Stiele können in einer aufgeblasenen und zugebundenen Plastiktüte oder in einem dicht schließenden Plastikbehälter im Gemüsefach des Kühlschranks maximal 2 bis 3 Tage gelagert werden. Getrockneter Kerbel hat kaum Aroma und Farbe.

Allgemeine Zubereitung

Kerbel verlesen, kurz abbrausen, trockenschleudern. Die Blätter von den Stielen zupfen, mit einem scharfen Messer oder Wiegemesser grob oder fein schneiden. Niemals mit dem Messer drücken oder quetschen.

So schmeckt Kerbel

- pur als Suppe oder in Kartoffelsuppe oder anderen pürierten Suppen.
- in hellen Saucen zu Fisch und Krustentieren.
- zu Gemüse, z. B. jungen Karotten oder Spargel, kurz vor dem Anrichten bestreuen.
- zu neuen Kartoffeln, in Butter geschwenkt.
- in Sorbets.

Küchen-Tipps

- Wie alle Kräuter sollte Kerbel von Hand geschnitten werden; maschinell zerkleinerte Kräuter verlieren ihr Aroma schnell.
- Geben Sie Kerbelblättchen immer zum Schluss an die Speisen. Das Mitkochen verursacht einen bitteren Geschmack.
- Eingefroren verliert das Kraut an Aroma.

Kerbel-Palatschinken

Zutaten
für 4 Portionen

Teig
- *2 Eier (Kl. M)*
- *½ l Milch*
- *250 g Weizenvollkornmehl*
- *1 Prise Salz*
- *4–10 EL Wasser*

Zum Braten
- *1 EL Butterschmalz*

Füllung
- *50 g Kerbel*
- *200 g Schmant oder Crème fraîche*
- *1 Prise Salz*
- *Pfeffer, frisch gemahlen*

Zubereitung
- Für den Teig die Eier und etwas Milch verrühren. Mehl, Salz, restliche Milch und das Wasser zugeben. Zugedeckt etwa 30 bis 45 Minuten quellen lassen.
- Mit dem Butterschmalz eine beschichtete Bratpfanne einpinseln. Den Teig portionsweise mit einem kleinen Schöpflöffel in die Pfanne geben. Etwa 8 bis 10 Palatschinken (Eierkuchen) beidseitig darin backen. Die Palatschinken im Backofen warm halten.
- Inzwischen den Kerbel für die Füllung kurz abbrausen, trockentupfen und fein schneiden. Schmant oder Crème fraîche mit Salz und Pfeffer würzen. Den Schmant mit dem Kerbel verrühren, auf den Eierkuchen verteilen, einrollen und auf vorgewärmten Tellern anrichten.

Extra-Tipps
- Mehl hat nicht immer das gleiche Quellvermögen. Um einen geschmeidigen Teig zu bekommen, sollten Sie daher je nachdem mehr oder weniger Wasser zugeben.
- Statt Schmant oder Crème fraîche können Sie auch Sauerrahm gemischt mit Mascarpone verwenden.

Vorbereitungszeit
10 Minuten
(ohne Quellzeit)

Zubereitungszeit
25 Minuten

Beilageempfehlung
gemischter Blattsalat

Nährwert pro Portion
ohne Beilage etwa
16 g Eiweiß
30 g Fett
45 g Kohlenhydrate
7 g Ballaststoffe
2 300 kJ/550 kcal

Milch, Joghurt & Co.

Milch und Milchprodukte wie Käse, Sahne, Crème fraîche oder Joghurt sind aus der warmen und kalten Küche nicht wegzudenken. Sie enthalten viele Nährstoffe, die für den Körper unverzichtbar sind: eine geballte Ladung an Mineralstoffen (Kalzium, Kalium, Zink, Magnesium und Jod), Eiweiß und Vitaminen (Vitamin B_1, B_2, Niacin, Vitamin B_6, B_{12}, Folsäure, Vitamin A und D).

Besonders für die Versorgung mit Kalzium, Kalium, Magnesium und Jod spielt Milch eine zentrale Rolle. Kalzium wird zum Aufbau der Zähne und Knochen benötigt. Kalziummangel kann zu Osteoporose, einem erhöhten Verlust an Knochenmasse, führen. Deshalb sollten täglich mindestens 250 ml Milch, Joghurt oder Ähnliches sowie drei Scheiben Käse verzehrt werden.

Milch & Co. sind aber nicht nur gesund. Sie lassen sich auch geschmacklich vielfältig variieren. Mit frischen Früchten, Kräutern, Gewürzen, Säften und Honig lässt sich aus „weißen Riesen" wie Buttermilch, Dickmilch, Joghurt oder Quark Köstliches zaubern.

Frischmilch

Sie wird durch Erhitzen (Pasteurisieren) weitgehend keimfrei und haltbarer gemacht. Vollmilch hat einen Fettgehalt von mindestens 3,5 %, fettarme (teilentrahmte) Milch von mindestens 1,5 und höchstens 1,8 % und entrahmte Milch (Magermilch) maximal 0,3 %. Vollmilch schmeckt pur und eignet sich bestens für Flammeries, Eis, Milchreis und Mehlspeisen.

Rohmilch und Vorzugsmilch

Rohmilch ist völlig unbehandelte, naturbelassene Milch mit einem natürlichen Fettgehalt von mindestens 3,5 %. Sie darf direkt vom Erzeuger an den Verbraucher verkauft werden, sofern bestimmte Kriterien erfüllt sind. Rohmilch kann pur getrunken werden. Sie ist aber aufgrund ihrer möglichen Keimbelastung nicht geeignet für Kinder, Schwangere und Kranke und sollte generell vor dem Verzehr abgekocht werden.

Vorzugsmilch ist Rohmilch, die gereinigt, verpackt und gekühlt in Supermärkten und Reformhäusern angeboten wird. Da sie recht anfällig für Bakterien und Keime ist, muss sie innerhalb von 24 Stunden verkauft werden. Für Säuglinge, Kleinkinder und Immungeschwächte sollte sie abgekocht werden.

In Österreich liefern die Molkereien nur pasteurisierte Milch aus.

H-Milch

Das „H" steht für haltbar. Vollmilch (oder auch entrahmte, fettarme Milch) wird für Sekunden auf 85° C und höher erhitzt und somit keimfrei gemacht. Sie ist ungekühlt lagerbar. Aber sobald die Packung geöffnet wurde, muss sie im Kühlschrank aufbewahrt werden. Sie ist dann nur noch begrenzt haltbar.

Wie fett ist Milch in Österreich?

- Extra-Vollmilch: 4,5 % Fett.
- Vollmilch: mindestens 3,6 oder 3,8 % (natürlicher) Fettgehalt.
- Halbfettmilch: 1,8 % Fett.
- Leichtmilch: 1 % Fett. Erhöhter Eiweißgehalt.
- Magermilch: entrahmt und nahezu fettfrei.

Buttermilch

Buttermilch bleibt bei der Herstellung von Butter übrig und enthält manchmal noch kleine Butterflöckchen. Durch ein spezielles Verfahren – unter anderem werden Milchsäurebakterien zugesetzt – wird sie trinkbar gemacht. Buttermilch ist wegen ihres hohen Nährstoffgehaltes bei nur 1 % Fett besonders wertvoll.

Kefir

Das ursprünglich aus dem Kaukasus stammende Getränk ist ebenfalls ein Sauermilchprodukt. Kefir reift mit speziellen Kulturen (Symbiose aus Hefen und speziellen Bakterien) zu einem etwas prickelnden, kohlensäure- und leicht alkoholhaltigen (mindestens 0,05 % Ethanol) Milchgetränk. Der geringe Alkoholgehalt bleibt nur 18 bis 20 Sekunden im Blut und ist völlig unbedenklich. Wegen der Kohlensäurebildung können bei Becherpackungen die Deckel leicht gewölbt sein. Das ist also kein Zeichen von Verderb.

Dickmilch (Sauermilch)

Sie entsteht, wenn der pasteurisierten Milch spezielle Milchsäurebakterien zugesetzt werden. Je nach Fettgehalt der Ausgangsmilch ist die Sauer- oder Dickmilch fettarm, entrahmt oder hat 3,5 (3,6) % Fett. Besonders köstlich ist Sahne-Dickmilch mit 10 % Fett.

Nach dem gleichen Prinzip wie Dickmilch werden auch die Sauermilchprodukte Joghurt, Schweden- und Acidophilusmilch hergestellt.

Joghurt

Joghurt ist eines der ältesten Nahrungsmittel. Mit (Mineral-)Wasser verdünnt gehört es zu den beliebtesten Erfrischungsgetränken des Vorderen und Mittleren Orients. Im Gegensatz zur natürlich gesäuerten Milch muss Milch für die Herstellung von Joghurt stets mit speziellen Bakterienkulturen geimpft werden. Um wilde Säurebakterien fernzuhalten, wird die Milch vorher auf 95° C erhitzt (pasteurisiert) und nach wenigen Minuten auf 42 bis 45° C abgekühlt. Wie bei der Milch auch, gibt es verschiedene Fettstufen von mager (0,3 %) bis zu Sahnejoghurt (Rahmjoghurt) mit 10 %. Für Fruchtjoghurt werden Früchte oder Fruchtzubereitungen untergemischt; für ballaststoffreiche Joghurts Getreidekörner oder Inulin. Für den probiotischen Joghurt verwenden Molkereien unter anderem den Lactobacillus acidophilus und bifidus. Diese Sorten enthalten mehr rechtsdrehende, L (+), als linksdrehende, D (–) Milchsäure und werden als „Joghurt, mild“ angeboten. Joghurt hat eine günstige Wirkung auf die Darmflora.

Sahne (Obers/Schlagobers)

Ab einem Fettgehalt von 30 % darf sich süße, ungesäuerte Sahne „Schlagsahne“ nennen. Sie schmeckt flüssig gut und gibt geschlagen diversen Speisen die richtige luftige Konsistenz. In der herzhaften Küche bindet sie Saucen und Suppen. Für die Vorratshaltung gibt es auch H-Sahne, die ultrahocherhitzt und daher lange haltbar ist. Sie können sich aber auch einen Vorrat anlegen, indem Sie Sahne, die Sie nicht verbraucht haben, z. B. in Eiskugelbeuteln einfrieren.

Saure Sahne (Sauerrahm)

Sie hat eine joghurtähnliche Konsistenz, die sie durch Säuern mit speziellen Milchsäurebakterien bekommt. Saure Sahne hat nur 10 % Fett. Sie ist kalorienärmer als süße Sahne, aber beim Kochen nur bedingt einsetzbar, weil sie beim Erhitzen gerinnt. Dem lässt sich vorbeugen, wenn man sie mit 1 bis 2 Esslöffeln heißer Sauce oder Suppe vermischt, bevor man sie kurz vor dem Erhitzen einrührt. Für Salatsaucen und zum Anreichern von Quarkspeisen ist saure Sahne gut geeignet.

Schmant

Dieses aus Ostpreußen stammende Produkt ist ebenfalls gesäuerte Sahne. Mit 20 bis 29 % Fett ist Schmant zwischen saurer Sahne und Crème fraîche einzuordnen. Überwiegend wird Schmant mit 24 % Fett angeboten. Wegen dieses höheren Fettgehalts gerinnt Schmant nicht beim Erhitzen. Dennoch sollte er vor dem Einrühren verquirlt werden. Schmant wird auch als H-Produkt, also ultrahocherhitzt hergestellt.

Crème fraîche

Diese aus der feinen Küche nicht mehr wegzudenkende mildgesäuerte Sahne hat einen Fettgehalt von 30 bis 40 % und flockt daher beim Kochen nicht aus.

Crème double

Crème double ist süße Sahne mit einem besonders hohen Fettgehalt (mindestens 40 %). Sie ist von löffelfester Konsistenz und eignet sich zum Verfeinern von pikanten Gerichten ebenso wie von Süßspeisen und Früchten.

Quark (Topfen)

Quark (Topfen) ist ein Übergangsprodukt von der Sauermilch zum Käse. Magere Sauermilch wird mit Milchsäure-Bakterien „dickgelegt" (wie für Sauermilch).

Speisequark gibt es sowohl pur als auch als Quarkmischung mit Kräutern, Zwiebeln oder Früchten und ist in drei Fettstufen erhältlich: Magerquark enthält unter 10 %, halbfetter Quark hat 20 % und Sahnequark 40 % Fett. In Österreich gibt es darüber hinaus noch 10-prozentigen Topfen sowie Bröseltopfen. Schichtkäse wird ebenfalls aus Quark hergestellt und ist vom Brotaufstrich bis zum Kuchenbacken vielseitig verwendbar.

Frischkäse

Dazu gehören alle Käse, die nicht reifen müssen und sofort in den Handel kommen, so z. B. Quark (Topfen), Schichtkäse und streichfähiger Frischkäse. Für die Frischkäseproduktion wird entrahmte Milch (Kuh oder Ziege) verwendet und durch Zugabe von Sahne auf die entsprechende Fettstufe gebracht. Die Palette reicht hier vom Mager- bis zum Doppelrahmfrischkäse in verschiedenen Sorten. Frischkäse sind z. B. auch Ricotta, Mascarpone und Feta. Rahmfrischkäse muss mindestens 50 % Fett i. Tr. enthalten, Doppelrahmfrischkäse hat sogar 60 bis 70 % Fett i. Tr. Beide Sorten schmecken leicht säuerlich. Sie enthalten zwar etwas Salz, sind aber dennoch auch für süße Speisen geeignet.

Was bedeutet „Fett i. Tr."?

I. Tr. heißt „in Trockenmasse". Der Hintergrund: Während der Käsereifung verdunstet ein Teil des Wassers, sodass ein Käse im Laufe seiner Entwicklung an Gewicht verliert und fester wird. Das Gewicht der Trockenmasse verändert sich dagegen während der Käsereifung kaum. Deswegen geben die Hersteller den Fettgehalt einer Käsesorte in Prozent der Trockenmasse an.

Der absolute Fettgehalt im Käse ist geringer als der in der Trockenmasse. Als Faustregel zur Errechnung des realen Fettgehalts gilt:

- Frischkäse Fett i. Tr. × 0,3
- Weichkäse Fett i. Tr. × 0,4
- Schnittkäse Fett. i. Tr. × 0,5
- Hartkäse Fett i. Tr. × 0,6

Polarsonne *Dickmilch-Orangen-Getränk*

Zutaten
für 4 Portionen
- *½ l Dickmilch (Sauermilch), 3,5 % Fett*
- *Saft von 8 Orangen (etwa ½ l)*
- *1 EL Honig*

Zubereitung
- Die Dickmilch in eine Schüssel geben, den Honig zufügen; mit dem Schneebesen verrühren. Den ausgepressten Orangensaft einrühren. Kühl anrichten.

Vorbereitungszeit
10 Minuten

Zubereitungszeit
5 Minuten

Nährwert pro Portion
etwa
4 g Eiweiß
4 g Fett
18 g Kohlenhydrate
540 kJ/130 kcal

Gletscher-Shake *Pfefferminz-Milchgetränk*

Zutaten
für 4 Portionen
- *1 Bund frische Pfefferminze*
- *½ l Wasser*
- *1 TL Honig*
- *½ l Milch, 3,5 % Fett*

Extra-Tipp

Dazu kann Vanilleeis serviert werden.

Zubereitung
- Die frische Minze gut abbrausen und trockenschleudern. Mit kochendem Wasser überbrühen, 15 Minuten ziehen lassen. Die Minzestiele herausnehmen. Flüssigkeit mit Honig süßen und mit der Milch vermischen.

Vorbereitungszeit
5 Minuten

Zubereitungszeit
20 Minuten

Nährwert pro Portion
etwa
4 g Eiweiß
4 g Fett
8 g Kohlenhydrate
0 g Ballaststoffe
455 kJ/110 kcal

Morgenröte *Erdbeer-Buttermilch-Drink*

Zutaten
für 4 Portionen
- *200 g Erdbeeren*
- *25 g Honig*
- *½ l Buttermilch*
- *½ l Milch, 3,5 % Fett*

Zubereitung
- Die Erdbeeren putzen, waschen, trockentupfen, die Blütenansätze entfernen. Den Honig zu den Erdbeeren geben und pürieren. Buttermilch und Milch einrühren.

Vorbereitungszeit
5 Minuten

Zubereitungszeit
5 Minuten

Nährwert pro Portion
etwa
9 g Eiweiß
5 g Fett
28 g Kohlenhydrate
1 g Ballaststoffe
830 kJ/200 kcal

Extra-Tipps

- Aus Buttermilch lässt sich auch Deftiges zubereiten, so z. B. Buttermilchplinsen mit Speck: 500 ml Buttermilch, 5 Eier (Kl. M), 400 g Mehl und etwas Salz verrühren. Den Teig portionsweise in eine beschichtete Pfanne geben, mit Speckstreifen belegen, sobald sich ein fester Rand zeigt, den Teigfladen umdrehen und zu Plinsen (Eierkuchen/Palatschinken) fertig goldgelb backen.
- Eine schlankere Variante: reichlich frische Kräuter statt Speck verwenden.

Joghurt-Apfel-Sauce

Zutaten
für 4 Portionen

- *2 TL frische Minze, fein geschnitten*
- *1 kleiner Apfel (z. B. Roter Boskop, Cox Orange)*
- *200 g milder Joghurt, 3,5 % Fett*
- *Salz*
- *Pfeffer, frisch gemahlen*
- *1 EL Olivenöl*

Extra-Tipps

- Wenn möglich, 2 Stunden vor dem Servieren zubereiten, sodass sich die frische Minze gut entfalten kann.
- Sie können statt des Apfels auch frische geschälte Salatgurke verwenden.

Zubereitung

- Die Minze abbrausen, trockentupfen und die Blätter fein schneiden. Den Apfel schälen, vierteln, das Kerngehäuse entfernen und die Apfelstücke fein würfeln.
- Zusammen mit dem Joghurt und der Minze verquirlen. Mit Salz und Pfeffer würzen. Das Olivenöl erst vor dem Servieren unterrühren. Eventuell noch einmal abschmecken.

Vorbereitungszeit
10 Minuten

Zubereitungszeit
5 Minuten

Servierempfehlung
zu gebratenem Fisch und Fleisch oder zu Gemüse, z. B. Zucchini oder gebratenen Auberginenscheiben (Melanzanischeiben)

Nährwert pro Portion
ohne Beilage etwa
2 g Eiweiß
5 g Fett
4 g Kohlenhydrate
0,3 g Ballaststoffe
300 kJ/72 kcal

Joghurt-Honig-Sauce

Zutaten
für 4 Portionen

- *200 g Joghurt, 3,5 % Fett*
- *1 ½ TL Honig*
- *100 g Nüsse, gerieben*
- *1 Prise Cayennepfeffer*

Extra-Tipps

- Für diese Sauce lassen sich verschiedene Nusssorten kombinieren.
- Sie können die Nusskerne auch fein hacken.

Zubereitung

- Den Joghurt in eine Schüssel geben und verquirlen. Die Nüsse und den Honig unter den Joghurt rühren. Mit Cayennepfeffer würzen.

Vorbereitungszeit
5 Minuten

Zubereitungszeit
5 Minuten

Servierempfehlung
zu gebratenem Fisch, als Dip, als Salatsauce zu gemischtem Salat und zu allem Kurzgebratenen oder zu jungen, in der Schale gekochten Kartoffeln (Heurigen)

Nährwert pro Portion
ohne Beilage etwa
5 g Eiweiß
20 g Fett
8 g Kohlenhydrate
2 g Ballaststoffe
970 kJ/232 kcal

Joghurt-Mousse

Zutaten
für 6–8 Portionen

Fruchtpüree
- *250 g Erd- oder Himbeeren*
- *25 g Puderzucker (Staubzucker)*

Mousse
- *5 Blatt weiße Gelatine*
- *½ Vanillestange (Vanilleschote)*
- *50 g Puderzucker*
- *500 g milder Joghurt, 3,5 % Fett*
- *1–2 TL Zitronensaft*
- *250 ml Schlagsahne (Schlagobers)*

Zum Garnieren
- *3 Stiele Zitronenmelisse oder frische Minze*

Zubereitung
- Die Erd- oder Himbeeren putzen, waschen, trockentupfen. Die Früchte in eine Schüssel geben und mit Zucker bestäuben. Zugedeckt beiseite stellen.
- Für die Mousse die Gelatine in kaltem Wasser etwa 10 Minuten einweichen.
- Vanillestange längs halbieren, das Mark herauskratzen und mit Zucker, Joghurt und Zitronensaft verrühren.
- Die Gelatineblätter ausdrücken und tropfnass in einem kleinen Topf im heißen Wasserbad auflösen. Mit etwas Joghurt verrühren. Den restlichen Joghurt unterrühren. In einer Porzellanschüssel für 10 bis 20 Minuten in den Kühlschrank stellen.
- Inzwischen die Schlagsahne steif schlagen. Sobald die Joghurtmasse beginnt fest zu werden, die Schlagsahne vorsichtig unterheben. Erneut in den Kühlschrank stellen.
- Währenddessen die Früchte mit dem Pürierstab zerkleinern und durch ein feines Sieb streichen.
- Zum Servieren das Fruchtpüree auf 6 bis 8 flache Teller verteilen. Von der Joghurt-Mousse mit einem in warmes Wasser getauchten Esslöffel jeweils 2 Portionen abstechen und vorsichtig auf den Fruchtspiegel setzen.
- Mit abgespülten und trockengetupften Zitronenmelisse- oder Minzblättchen garnieren.

Vorbereitungszeit
20 Minuten
(ohne Einweichzeit)

Zubereitungszeit
20 Minuten (ohne Kühlzeit)

Nährwert pro Portion
etwa (in Klammern bei 8 Portionen)
5 (4) g Eiweiß
16 (12) g Fett
21 (16) g Kohlenhydrate
1,3 (1) g Ballaststoffe
1095 (820) kJ/260 (196) kcal

Extra-Tipps
- Die restliche Vanillestange (längs halbiert) in ein Glas mit etwa 100 g Zucker stecken; so ist selbst gemachter Vanillezucker vorrätig.
- Für dieses Dessert sollte milder, also Joghurt mit vorwiegend rechtsdrehender Milchsäure verwendet werden.

Topfentascherln – pikant

Zutaten
für 4 Portionen
- *300 g tiefgefrorener Blätterteig*
- *Mehl zum Bestäuben*

Füllung
- *500 g Magerquark (Magertopfen)*
- *30 g Grieß oder Speisestärke*
- *Salz*
- *Pfeffer, frisch gemahlen*
- *eventuell 1 kleine Knoblauchzehe*

Außerdem
- *1 Eiweiß und 1 Eigelb zum Bestreichen*
- *Backpapier*

Zubereitung
- Vier tiefgefrorene Blätterteigplatten aus der Packung nehmen und antauen lassen.
- Den Backofen auf 200° C (Umluft 180° C, Gas Stufe 3 ½) vorheizen.
- Inzwischen Magerquark und Grieß (oder Speisestärke) verrühren. Mit Salz, Pfeffer und eventuell der zerdrückten Knoblauchzehe würzen und pikant abschmecken.
- Die Teigblätter der Länge nach halbieren und auf bemehlter Fläche auf die doppelte Größe ausrollen.
- Die Füllung auf eine dreieckige Hälfte der Teigplatte geben, dabei seitlich etwa ½ cm Abstand zum Rand lassen. Den Rand mit Eiweiß bestreichen und die leere dreieckige Teigfläche über die Füllung klappen. Die Ränder gut zusammendrücken. Eigelb und Wasser verrühren und die Oberfläche damit bestreichen. 10 Minuten ruhen lassen.
- Die Taschen auf ein mit Wasser befeuchtetes und mit Backpapier ausgelegtes Backblech setzen. Im vorgeheizten Backofen, 2. Schiene von unten, 15 bis 20 Minuten backen. Herausnehmen und sofort servieren.

Vorbereitungszeit
10 Minuten (ohne Auftauzeit)

Zubereitungszeit
10 Minuten

Backzeit
15–20 Minuten

Servierempfehlung
als kleiner Imbiss oder als Abendessen mit einer Tomatensuppe als Vorspeise

Nährwert pro Portion
ohne Beilage etwa
21 g Eiweiß
22 g Fett
30 g Kohlenhydrate
1 777 kJ/413 kcal

Extra-Tipps
- Achten Sie beim Bestreichen mit Eigelb darauf, dass nichts am Rand herunterläuft, sonst verklebt der Blätterteig und geht an dieser Stelle nicht auf.
- Statt dieser würzigen kann auch eine süße Füllung zubereitet werden. Dazu den Quark mit etwas Zucker, abgeriebener Zitronenschale und Rosinen verrühren.

Zutaten
für 4 Portionen
- *400 g gemischter Blattsalat (z. B. Mesclum, bestehend aus Radicchio, Rukola, Eichenblatt-, Feldsalat)*
- *30 g getrocknete Tomaten (in Öl eingelegt)*
- *3 EL Oliven- oder Nussöl*
- *3 EL Balsamessig*
- *Salz*
- *Pfeffer, frisch gemahlen*
- *4 Scheiben Baguettebrot*
- *4 kleine Ziegenfrischkäse (160 g)*

Extra-Tipps

- An den Salat können Sie auch reichlich gehackte provencalische Kräuter, wie z. B. Majoran, Thymian, Basilikum, Rosmarin – frisch oder getrocknet – und etwas Knoblauch geben.
- Statt getrockneter Tomaten schmecken auch gehackte Walnüsse sehr gut.

Ziegenfrischkäse – gratiniert

Zubereitung
- Den Salat abbrausen, trockenschwenken und in mundgerechte Stücke zupfen. Die getrockneten Tomaten (das Öl abtropfen lassen und auffangen) in feine Streifen schneiden.
- Den Backofen auf 200° C (Umluft 180° C, Gas Stufe 3 ½) vorheizen.
- Das abgetropfte Tomatenöl, das Oliven- oder Nussöl, Essig, Salz und Pfeffer in einer Schüssel verrühren und mit den Salatblättern und den Tomatenstreifen mischen.
- Die Baguettescheiben leicht toasten oder in einer etwas gefetteten beschichteten Bratpfanne beidseitig rösten.
- Die gerösteten Baguettescheiben auf ein mit Backpapier ausgelegtes Backblech legen und jeweils einen Ziegenkäse darauf setzen. Das Backblech in den vorgeheizten Backofen, mittlere Schiene, setzen und etwa 6 Minuten bräunen. Oder unter den vorgeheizten Grill schieben und nur 3 Minuten übergrillen.
- Die überbackenen Ziegenkäse auf den Toastbrotscheiben auf Teller setzen und den Salat dazu anrichten.

Vorbereitungszeit
10 Minuten

Zubereitungszeit
5 Minuten

Backzeit/Grillzeit
6 Minuten/3 Minuten

Servierempfehlung
als kleiner Imbiss am Abend

Nährwert pro Portion
etwa
8 g Eiweiß
18 g Fett
9 g Kohlenhydrate
2 g Ballaststoffe
1 030 kJ/240 kcal

Die Heimat des Spinats ist vermutlich Mittelasien. Man nimmt an, dass Araber die Pflanzen im 16. Jahrhundert über Spanien nach Europa brachten. Heute wird Spinat weltweit angebaut.

Er unterscheidet sich nach dem Aussaattermin: Winterspinat ist gröber als Frühjahrs- und Sommerspinat. Außerdem unterscheidet man je nach Ernteverfahren zwischen Blattspinat, also einzelnen von Hand geernteten Blättern, und Wurzelspinat. Bei diesem werden Spezialmaschinen eingesetzt; die ganze Rosette sowie die Wurzeln bleiben intakt.

Spinat

Und er ist doch gesund ...

Spinat galt im Volksmund einst als halbe Apotheke. Auch wenn er längst nicht so viel Eisen enthält, wie lange Zeit irrtümlich angenommen, ist er trotzdem gesund. Der Eisengehalt des frischen Spinats beträgt 3 bis 4 mg pro 100 g. Zudem verfügt er über die lebenswichtigen Mineralstoffe Kalium, Kalzium, Magnesium, sowie Provitamin A (Beta-Karotin), B-Vitamine, Vitamin K, Niacin, Folsäure und Vitamin C – je nach Sorte und Jahreszeit 40 bis 155 mg pro 100 g. Das Gemüse ist kalorienarm: 100 g Spinat haben 64 kJ/15 kcal.

Das sollten Sie wissen

Leider speichert Spinat Nitrat aus dem Boden. Das Entfernen der Stengel und Blattrippen senkt den Nitratgehalt. Damit sich das Nitrat nicht in gesundheitsgefährdendes Nitrit umwandelt, darf gekochter Spinat nicht lange warmgehalten werden. Aus Spinat bereitete Speisen sollte man bis zum Wiedererwärmen unbedingt im Kühlschrank aufbewahren.

Spinat enthält darüber hinaus überdurchschnittlich viel Oxalsäure. Sie blockiert die Kalziumaufnahme. Das kann eine Extraportion aus Milch oder Milchprodukten wieder ausgleichen.

Einkauf und Aufbewahrung

Saison für Winterspinat ist von Ende März bis Mai, für Sommerspinat von September bis November. In der übrigen Zeit ist Spinat aus dem Gewächshaus erhältlich. Für eilige Köche gibt es Spinat auch aus der Tiefkühltruhe: gehackt (passiert), als Blattspinat und als fertige Zubereitung, jeweils als portionierbare Stücke (Minis).

Bevorzugen Sie Freiland-Spinat, da dieser dank der Sonneneinstrahlung weniger Nitrat als der Gewächshaus-Spinat enthält. Spinatblätter und -stiele sollten grün und knackig sein.

Sommerspinat vorsichtig waschen, gut trockenschleudern, in einen Frischhaltebeutel geben, zubinden. So kann er im Kühlschrank (Gemüsefach) für einen Tag aufbewahrt werden. Der derbere Winterspinat kann – ebenso verpackt – 2 bis 3 Tage kühl lagern. Während der Lagerung sinkt der Vitamingehalt beträchtlich.

Allgemeine Zubereitung

Den Spinat verlesen (bei derberen Sorten Würzelchen und feste Rippen entfernen), die Blätter gründlich waschen. Tropfnass in einen Topf geben und bei kleiner Hitze zugedeckt zusammenfallen lassen. Je nach Geschmack würzen. Für den festeren Winterspinat empfiehlt sich Blanchieren. Das macht ihn zarter und milder.

So schmeckt Spinat

Winterspinat eignet sich als Gemüse, Sommerspinat schmeckt auch als Salat. Ansonsten bietet sich Spinat an:

- als Salat, mit kleinen Scheiben gekochter Kartoffeln, Kirschtomatenhälften, Thunfischstücken (in Öl eingelegt), mit einer Essig-Öl-Kräuter-Salatsauce oder als Salat, mit abgezogenen Tomatenstückchen und Champignonscheiben in einer Essig-Öl-Sauce.
- als kalte Vorspeise, gedünstet in Olivenöl und mit Knoblauch gewürzt.
- als warme Vorspeise: Austernpilze oder Champignons anbraten; eventuell mit einem Spritzer Aceto balsamico ablöschen und die Spinatblätter kurz in der Pfanne wenden. Mit den Pilzen anrichten.
- als Beilage, gedünstet zu Eiern in jeglicher Zubereitung oder zu gegrilltem oder gebratenem Fleisch (besonders Lamm, Kalb oder Geflügel). Aber auch zu pochiertem oder gebratenem Fisch, z. B. Lachs.
- als Beilage zu gekochtem Rindfleisch und Erdäpfelschmarren – einem Klassiker der österreichischen Küche.
- als warme Gemüsebeilage mit gewürfelten Tomaten und Champignons.
- als Füllung für Lasagne und Ravioli.
- als Belag für pikante Torten (Quiches), z. B. die italienische Ostertorte (Torta pasqualina).

Küchen-Tipps

- Für Füllungen den Spinat sehr gut abtropfen lassen, eventuell ausdrücken.
- Der grobe Winterspinat sollte für Füllungen nach dem Blanchieren und Trockentupfen gehackt werden. Dazu legen Sie die Blätter übereinander und zerschneiden sie grob mit einem scharfen Messer.

Würz-Tipps

- Klassisch deutsch: Muskatnuss, Pfeffer und Salz. Eventuell mit Sahne binden.
- Italienisch: Olivenöl, Knoblauch, Zitronensaft. Zum Servieren nach Belieben mit geriebenem Parmesan bestreuen.
- Österreichisch: passiert, mit wenig Einbrenne (Mehlschwitze) gebunden, gewürzt mit Salz, Pfeffer, zerdrücktem Knoblauch und geriebener Muskatnuss.

Spinattorte

Zutaten
für 4–6 Portionen

Quark-Öl-Teig
- *150 g Vollkornmehl*
- *½ Päckchen Backpulver*
- *75 g Magerquark (Magertopfen)*
- *6 EL Milch*
- *1 Prise Salz*
- *3 EL Pflanzenöl*

Belag
- *1 kg Spinat oder 600 g tiefgefrorener Blattspinat*
- *2 mittelgroße Zwiebeln*
- *1 Knoblauchzehe*
- *1 ½ EL Butter oder Margarine*
- *2 Eier (Kl. M)*
- *100 ml Milch*
- *Salz*
- *Pfeffer, frisch gemahlen*
- *Muskatnuss, gerieben*
- *100 g Gorgonzola-Mascarpone-Frischkäse*

Außerdem
- *Mehl zum Ausrollen*
- *etwas Butter oder Margarine für die Form*

Zubereitung
- Für den Teig Mehl und Backpulver in einer Schüssel mischen. Magerquark, Milch, Salz und Pflanzenöl darüber geben und mit dem Handrührgerät (Knethaken) zuerst auf niedriger Schaltstufe vermischen. Dann mit den Händen zu einem glatten Teig verarbeiten. Den Teig auf einer wenig bemehlten Fläche ausrollen. Die leicht gefettete Springform (26 cm Durchmesser) damit auslegen und einen Rand etwa 4 cm hochziehen oder Teigstreifen schneiden und andrücken.
- Den Spinat verlesen (bei derberen Sorten Wurzeln und feste Rippen entfernen), die Blätter gründlich waschen und grob hacken. Tiefgefrorenen Blattspinat nach Packungsempfehlung auftauen und abtropfen lassen.
- Den Backofen auf 170° C (Umluft 150° C, Gas Stufe 2) vorheizen.
- Zwiebeln und Knoblauchzehe abziehen. Zwiebeln sehr fein hacken, Knoblauchzehe zerdrücken.
- Butter oder Margarine in einem Topf erhitzen, die Zwiebelwürfel und den Knoblauch darin andünsten, den Spinat hinzufügen und zugedeckt etwa 1 Minute dünsten. Einmal wenden, dann abkühlen lassen.
- Eier und Milch verquirlen, unter den Spinat heben und mit Salz, Pfeffer und Muskatnuss würzen. Alles auf den Tortenboden geben. Den Käse zerbröckeln und auf dem Belag verteilen.
- Die Springform in den vorgeheizten Backofen, 2. Schiene von unten, setzen und 20 bis 25 Minuten backen.

Vorbereitungszeit
20 Minuten

Zubereitungszeit
10 Minuten

Backzeit
20–25 Minuten

Servierempfehlung
Salat, z. B. Radicchio oder Chicorée, mit Orangenspalten als Vorspeise, oder ein Obstsalat aus frischen Früchten mit Vanillequark (Vanille-Topfencreme) als Abschluss

Nährwert pro Portion
ohne Beilage etwa (in Klammern bei 6 Portionen)
17 (12) g Eiweiß
25 (16) g Fett
33 (22) g Kohlenhydrate
10 (6) g Ballaststoffe
1 883 (1 255) kJ/444 (305) kcal

Extra-Tipps

- Durch zusätzliche Vitamin-C-Gaben in Form von Salat oder frischem Obst kann das Eisen aus dem Spinat und dem Getreide (Vollkornmehl) besser genutzt werden.
- Sie können auch die doppelte Menge Teig zubereiten, eine zweite Springform damit auslegen und den Boden im Backofen in der halben Backzeit backen. Dann den Teig in der Form einfrieren. Bei Bedarf unaufgetaut mit einem pikanten Belag belegen und im vorgeheizten Backofen fertig backen. Dann wird nur die Hälfte der Backzeit benötigt.

Zutaten
für 4 Portionen
- *1 kg Spinat*

Käsesauce
- *2 mittelgroße Zwiebeln*
- *1–2 Knoblauchzehen*
- *2 EL Butter oder Margarine*
- *300 ml fettarme Milch*
- *1 TL Mehl*
- *1 TL Butter*
- *100 g mittelalter Gouda, gerieben*
- *1 Prise Meersalz*
- *Pfeffer, frisch gemahlen*
- *Muskatnuss, gerieben*

Tagliatelle
- *3 l Wasser*
- *3 TL Salz*
- *400 g Tagliatelle (flache, breite Bandnudeln, zu Nestern geformt)*

Zum Bestreuen
- *30 g Parmesan, frisch gerieben*

Tagliatelle mit Blattspinat

Zubereitung
- Den Spinat verlesen (bei derberen Sorten Würzelchen und feste Rippen entfernen), die Blätter gründlich waschen und grob hacken.
- Zwiebeln und Knoblauch abziehen und fein würfeln. Knoblauch durchpressen.
- Butter oder Margarine in einem Topf erhitzen, Zwiebelwürfel und Knoblauch darin andünsten. Spinat zugeben. Mit heißer Milch aufgießen. Mehl und Fett zu einer Kugel verkneten, zum Spinat geben und kurz kochen lassen. Den geriebenen Gouda unterheben. Mit Salz, Pfeffer und Muskat abschmecken. Ohne Deckel warm stellen; sonst wird das Gericht durch das Kondenswasser wieder dünn.
- Das gesalzene Wasser aufkochen, die Nudeln hineingeben und 8 Minuten al dente (bissfest) garen. Die Nudeln abgießen und auf einem Sieb gut abtropfen lassen.
- Die Spinatmasse auf den Nudeln anrichten. Den geriebenen Parmesan darüber streuen.

Vorbereitungszeit
10 Minuten

Zubereitungszeit
20 Minuten

Beilageempfehlung
knuspriges Baguette und gedünsteter Lachs

Nährwert pro Portion
ohne Beilage etwa
27 g Eiweiß
18 g Fett
80 g Kohlenhydrate
7 g Ballaststoffe
2 440 kJ/585 kcal

Spinatknödel – mediterran

Vorbereitungszeit
10 Minuten

Zubereitungszeit
25 Minuten

Nährwert pro Portion
etwa
20 g Eiweiß
20 g Fett
22 g Kohlenhydrate
3 g Ballaststoffe
1465 kJ/350 kcal

Zutaten
für 4 Portionen

- *600 g Spinat*
- *2 kleine Knoblauchzehen*
- *125 g Feta-Käse*
- *2 Eier (Kl. M)*
- *120–140 g Mehl*
- *Salz*
- *Pfeffer, frisch gemahlen*
- *40 g Butter*
- *60 g magerer Schinkenspeck*
- *2 EL Parmesan, gehobelt*

Zubereitung

- Den Spinat verlesen und waschen. Bei derberen Sorten Würzelchen und feste Rippen entfernen. Tropfnass in einen Topf geben und bei kleiner Hitze zugedeckt zusammenfallen lassen.
- Die Knoblauchzehen abziehen und zerdrücken. Den Feta klein krümeln.
- Den Spinat auf ein Sieb geben, abtropfen lassen, mit den Händen gut ausdrücken, auf einem Brett mit dem Messer fein hacken und in eine Schüssel geben. Feta, Knoblauch, Eier und die Hälfte des Mehls zufügen, mischen und mit Salz und Pfeffer würzig abschmecken.
- In einem Topf 1 ½ Liter Wasser und 2 Teelöffel Salz aufkochen lassen.
- Inzwischen mit bemehlten Händen aus jeweils 1 Esslöffel Spinat-Käse-Masse 12 Knödel formen. Sie sollten rundherum mehlig-trocken sein. Die Knödel (eventuell in zwei Portionen) in das kochende Wasser geben. Bei kleiner Hitze 8 bis 10 Minuten ziehen lassen.
- Inzwischen den Schinkenspeck in Streifen schneiden, Butter erhitzen und die Schinkenstreifen darin unter Wenden sanft wärmen, damit sie nicht hart werden.
- Sobald die Knödel an die Oberfläche steigen, sind sie gar. Mit dem Schaumlöffel herausheben und abtropfen lassen.
- Zum Anrichten die Schinkenspeckstreifen über die Knödel geben, mit Parmesan bestreuen.

Extra-Tipps

- Statt frischem Spinat eignet sich auch tiefgefrorener Blattspinat. 400 g Spinat in einem Topf zugedeckt ohne Flüssigkeitszugabe langsam auftauen; danach Spinat abtropfen lassen und eventuell ausdrücken.
- Wer es fleischlos mag, lässt den Schinken weg. Dafür Butter in einer Pfanne zerlassen; frische Salbeiblätter, ganz oder grob geschnitten, dazugeben, wenden und über die Knödel geben.

Artischocken

Die Artischocke, ein Distelgewächs, galt bereits um 500 v. Chr. in Ägypten und später im christlichen Rom als Leckerbissen. Im 15. Jahrhundert breitete sich der Anbau bis nach England aus. Bis zum Ende des 18. Jahrhunderts waren Artischocken vorwiegend dem Adel vorbehalten. Heute wächst die Pflanze im gesamten Mittelmeerraum sowohl auf Plantagen als auch in Vorgärten.

Die Blütenköpfe, die sich während der Sommermonate bilden, sind das eigentliche Gemüse. Man erntet sie im Knospenstadium. Gegessen werden der Blütenkorbboden sowie die fleischigen unteren Enden der schuppigen Hüllblätter.

Wenig Fett und viele Mineralstoffe

Artischocken enthalten so gut wie kein Fett, aber 11 g Ballaststoffe pro 100 g, darüber hinaus Vitamin B1 und vor allem Mineralstoffe und Spurenelemente wie Kalium, Magnesium und Eisen. Außerdem finden sich in der Artischocke Flavonoide (pflanzliche Farbstoffe), die eine antimikrobielle und antioxidative Wirkung haben. Der herb-milde bis leicht bittere Geschmack wird durch den Bitterstoff Cynarin verursacht. 100 g Artischocken haben 91 kJ/22 kcal.

Einkauf und Aufbewahrung

Die bei uns angebotenen Artischocken stammen vorwiegend aus Frankreich, Italien und Spanien. Aber auch aus Israel, Marokko und Ägypten werden sie importiert, und wir können uns aufgrund der unterschiedlichen Erntezeiten ganzjährig über das Gemüse freuen.

Zu den bekanntesten Sorten gehören die ergiebigen und schmackhaften großköpfigen, grünen Artischocken aus Frankreich, die „Camus de Bretagne". Sie wiegen zwischen 350 und 500 g und haben fleischige, runde Blätter und einen dicken Boden (Mai bis November).

Die kleinen bis mittelgroßen Artischocken, z. B. die „Petits Violets" (Lila Artischocken), haben eine längliche Form und ein Gewicht von 70 bis 250 g. Bei den kleineren Exemplaren ist das Heu manchmal weich genug für den Verzehr. Der untere Teil der Blätter und das Stielinnere sind zart und können ebenfalls mitgegessen werden (Juni bis Oktober). Aus Italien kommen vor allem mittelgroße Artischocken: die kugelförmigen „Romaneschi", die zylindrisch geformten „Catanesi" und die rötlich gefärbten „Violetti di Toscana" (Juli bis November).

Aus Südfrankreich und Italien kommen die Mini-Artischocken (etwa 35 g), mit violetten, spitzen Blättern. Sie werden geerntet, bevor sie das Heu entwickelt haben, und sind so zart, dass man sie nach dem Putzen roh oder nur kurz gegart im Ganzen essen kann.

Zu den kleinen Sorten aus Spanien gehört die „Tudelas". Sie sind grün oder violett und länglich und wiegen zwischen 30 und 50 g (Oktober bis Mai).

Ob groß oder klein – die Artischockenblüten sollten prall und unverletzt sein, die Blätter keine braunen Spitzen aufweisen. Artischockenböden gibt es auch als Konserve und eingelegt, teilweise von sehr guter Qualität.

Im Kühlschrank (Gemüsefach) halten sich Artischocken, in einem großen Frischhaltebeutel, zugebunden bis zu zwei Wochen.

Allgemeine Zubereitung

- Artischocken können gekocht und manche auch geschmort werden. Von großen Artischocken das Stielende abschneiden. Die Blattspitzen mit einer Schere kürzen. Die Schuppenblätter leicht auseinander biegen und unter fließendem Wasser abspülen. Etwas Zitronensaft auf die Schnittstellen träufeln. In einem sehr großen Topf mit reichlich gesalzenem Wasser (mit etwas Zucker und Zitronensaft) portionsweise etwa 30 bis 45 Minuten, je nach Alter, Größe und Sorte, garen. Garprobe: Ein mittleres Schuppenblatt muss sich ohne Widerstand herausziehen lassen.
- Die kleinen Artischocken schmecken in Öl gebraten und können im Ganzen gegessen werden. Dazu: die Artischocken waschen, die Stiele glatt abschneiden. Die Artischocken mit einem scharfen Messer um ein Drittel stutzen (**1**). Die harten Hüllblätter rund um den Stiel abzupfen. Danach die holzigen Teile am Blütenstiel vom Bodenrand zum Stielende hin abschneiden (**2**). Das gelingt am besten mit einem scharfen Küchenmesser mit leicht gebogener Klinge (Pariermesser). Das Heu mithilfe eines Kugelausstechers oder Tee- oder Esslöffels entfernen. Je nach Rezept die Artischockenherzen vorher halbieren (**3**). Jedes vorbereitete Artischockenherz sofort in Zitronenwasser legen, um starkes Verfärben zu verhindern. Pro Liter Wasser rechnet man 1 bis 2 Esslöffel Zitronensaft.

1

2

3

So schmecken Artischocken

- mit kalten Saucen auf Essig-Öl- oder Mayonnaise-Basis, aber auch mit Joghurt oder Crème fraîche (große Artischocken).
- als kalte Vorspeise – die gegarten Herzen abgekühlt und in Essig-Öl-Sauce mariniert (große und mittelgroße Artischocken).
- als Salat (kleine und mittelgroße Artischocken) mit Radieschen, Salatgurke und Blattsalat (z. B. Radicchio) oder von geachtelten Böden großer Artischocken, zusammen mit Garnelen oder gekochten Kartoffeln in Essig-Öl-Sauce mit vielen Kräutern.
- als Suppe, püriert, mit Sahne (Obers) oder Joghurt verfeinert, oder die gegarten Artischockenböden als Einlage (große Artischocken).
- als Eintopf (Artischockenböden) mit Muscheln (Venusmuscheln).
- als Beilage – die Herzen erhitzt, gefüllt, oder belegt mit in Speck und Zwiebel gedünsteten, gewürfelten Tomaten und Champignons oder pur mit geriebenem Käse bestreut und kurz überbacken (große und mittelgroße Artischocken).
- als Gemüsepfanne mit anderen Gemüsesorten (Tomaten, Paprika, Fenchel) geschmort (mittelgroße und kleine Artischocken).

Küchen-Tipps

- Artischocken nicht in Gefäßen aus Aluminium zubereiten. Darin werden sie grauschwarz.
- Artischocken enthalten einen Saft, der Hände und Arbeitsgeräte braun färbt. Spülen Sie daher helle Bretter vorher kalt ab und reinigen Sie diese sofort nach Ende der Arbeiten. Am besten Gummihandschuhe tragen.

Artischocken mit drei Saucen

Zutaten

für 4 Portionen

- *4–8 Artischocken (je etwa 450 g)*
- *Saft von 1 Zitrone*
- *Salz*
- *Zucker*

Tomatensauce

- *1 Zweig Basilikum*
- *30 g getrocknete, eingelegte Tomaten*
- *1 TL Öl von den getrockneten Tomaten*
- *Salz*
- *Pfeffer, frisch gemahlen*
- *½–¾ Tasse Gemüsebrühe (klare Gemüsesuppe)*
- *40 g Hartkäse, gerieben (z. B. spanischer Manchego)*

Avocadosauce

- *1 Avocado*
- *½ kleine Banane*
- *150 g Joghurt*
- *Saft von ½ Zitrone*
- *Salz*
- *Pfeffer, frisch gemahlen*

Curry-Joghurt-Sauce

- *2 TL Butter*
- *1 gehäufter TL Curry*
- *150 g Joghurt, 3,5 % Fett*
- *15 g Walnüsse, fein gehackt*
- *Salz*
- *Pfeffer, frisch gemahlen*

Zubereitung

- Die Artischocken waschen. Alle Schnittflächen mit Zitronensaft beträufeln. In kochendes, gesalzenes, mit Zitronensaft und Zucker gewürztes Wasser geben. Je nach Größe der Artischocken 30 bis 45 Minuten kochen lassen.
- Inzwischen für die Tomatensauce die Basilikumblätter abbrausen, trockenschleudern und fein schneiden. Tomaten in kleine Stücke schneiden, mit dem Öl, den Gewürzen und der Hälfte der Brühe in einer Schüssel mit dem Pürierstab zerkleinern. Restliche Brühe und Käse unterrühren.
- Für die Avocadosauce die Avocado halbieren, den Stein entfernen und die Hälften schälen. Die Banane schälen, klein schneiden. Alles zusammen mit Joghurt, Zitronensaft und Gewürzen in einer Schüssel mit dem Pürierstab zerkleinern.
- Für die Curry-Joghurt-Sauce die Butter in einem Topf zerlassen, den Curry einrühren; abkühlen lassen und mit Joghurt, Nüssen und Gewürzen verrühren.
- Die Artischocken herausnehmen, gut abtropfen lassen.
- Jeweils eine Artischocke auf einen Teller setzen. Jeder nimmt sich etwas Sauce, zupft die Blättchen heraus, dippt damit die Sauce und isst den unteren fleischigen Teil des Blattes. Wenn alle Blätter abgezupft sind, das Heu mit dem Löffel entfernen. Den Artischockenboden mit Messer und Gabel zerschneiden und die Stückchen ebenfalls in die Sauce dippen.

Vorbereitungszeit
10 Minuten

Zubereitungszeit
10 Minuten

Kochzeit
30–45 Minuten

Nährwert pro Portion
etwa
10 g Eiweiß
24 g Fett
15 g Kohlenhydrate
19 g Ballaststoffe
1 480 kJ/355 kcal

Extra-Tipp

- Möglichst große Teller nehmen, denn Artischocken brauchen Platz. Einen zusätzlichen Teller für die herausgezupften Blätter auf den Tisch stellen.

Artischockenpfanne

Zutaten

für 4 Portionen

- *8 lila Artischocken (Petits Violets, je 70 g)*
- *1 l Wasser*
- *Saft von 1 Zitrone*
- *2 Knoblauchzehen*
- *1 Zweig Thymian*
- *70 ml Olivenöl*
- *Salz*
- *Pfeffer, frisch gemahlen*
- *100 ml Wasser*
- *8 kleine Lauchzwiebeln*
- *2 Tomaten*
- *80 g Parmesan, gerieben*
- *1 Bund Basilikum*

Zubereitung

- Die Artischocken waschen, die Stiele abschneiden. Die Artischocken um ein Drittel stutzen. Die Hüllblätter rund um den Stiel abzupfen. Alle holzigen Teile am Blütenstiel vom Bodenrand zum Stielende hin abschneiden. Die Artischocken halbieren. Das Heu entfernen. Jedes vorbereitete Artischockenherz sofort in das mit 2 Esslöffeln Zitronensaft vermischte Wasser legen.
- Die Knoblauchzehen abziehen und würfeln. Thymian waschen, trockenschwenken, die Blättchen abzupfen.
- Das Olivenöl in einem Topf erhitzen, die abgetropften Artischocken darin rundherum anbraten. Knoblauch und Thymian zufügen, mit Salz und Pfeffer würzen, restlichen Zitronensaft und Wasser zugießen. Zugedeckt bei mittlerer Hitze 10 Minuten dünsten.
- Inzwischen die Lauchzwiebeln waschen und in 4 cm lange Stücke schneiden. Die Tomaten obenauf kreuzweise einritzen, mit kochendem Wasser begießen, herausnehmen, häuten und vierteln und die Stengelansätze entfernen. Die Tomatenviertel halbieren.
- Die Tomaten- und Zwiebelstücke zufügen und noch 5 Minuten bei kleiner Hitze schmoren lassen. Basilikum waschen und trockenschwenken. Zum Anrichten den Parmesan darüber streuen und mit Basilikum garnieren.

Vorbereitungszeit

15 Minuten

Zubereitungszeit

20 Minuten

Nährwert pro Portion

etwa
10 g Eiweiß
23 g Fett
4 g Kohlenhydrate
8 g Ballaststoffe
1145 kJ/274 kcal

Das grüne Gemüse kennt man in China schon seit 4000 Jahren. Seit rund 150 Jahren ist Rhabarber auch bei uns verbreitet. Ursprünglich wurde der „medizinische Rhabarber" (der Speiserhabarber ist eine Abart davon) gegen Darmträgheit und Pest eingesetzt. Noch heute wird die Wurzel zur Herstellung von Abführmitteln genutzt.

Für heiße Tage

Rhabarber ist sehr erfrischend. Der säuerliche Geschmack beruht vor allem auf seinem Gehalt an Oxalsäure (Kleesäure) sowie Zitronen- und Apfelsäure. Daneben enthält er Fruchtzucker, Stärke, Pektine, Kalium und Eisen. Pro 100 g hat er nur 75 kJ/18 kcal.

Rhabarber

Das sollten Sie wissen

Oxalsäure bildet mit Kalzium ein Oxalat, das Nierensteine und Kalziummangelerscheinungen verursachen kann. In Maßen genossen ist Rhabarber allerdings unbedenklich. Wer an Diabetes, Nieren- oder Gallenproblemen, Rheuma oder Gicht leidet, sollte seinen Arzt befragen. Milch oder andere kalziumreiche Lebensmittel können den Kalziummangel ausgleichen. Die Oxalsäure kann vermindert werden, wenn mit dem Kochwasser auf 100 g Rhabarber eine Messerspitze Kalziumcarbonat (Schlemmkreide aus der Apotheke) zugefügt wird. Übrigens: Rote Rhabarberstangen enthalten weniger Oxalsäure als grüne.

Einkauf und Aufbewahrung

Freilandrhabarber wird von Anfang April bis Ende Juni angeboten. Treibhausware ist von Dezember bis April erhältlich.

Es gibt verschiedene Rhabarbersorten:

- grünstieligen mit grünem Fleisch und hohem Säuregehalt,
- rotstieligen mit grünlichem Fleisch und herber Säure,
- rotstieligen mit rotem Fleisch und zartem Himbeeraroma.

Die Stangen sollten knackig sein, die Schnittstellen saftig.

Rhabarber sollte nicht lange lagern. Frisch in ein feuchtes Tuch gewickelt, hält er sich im Kühlschrank (Gemüsefach) etwa 3 Tage.

Allgemeine Zubereitung

Verzehren Sie Rhabarber nie roh. Die Stangen waschen, wenn nötig abziehen, und in Stücke schneiden. Stielenden und Blattansatz entfernen. (Die Blätter sind nicht essbar!) Die Stangen in kochendem Wasser kurz blanchieren, das Wasser wegschütten. Für Kompott Rhabarber in etwas Wasser und Zucker etwa 3 bis 6 Minuten dünsten.

Küchen-Tipps

- Durch Zugabe von Zitronensaft oder Wein mildert sich die Eigensäure. Das klingt paradox. Die Erklärung: Diese Säuren binden die Säure des Rhabarbers.
- Rhabarber lässt sich roh und ungeschält, aber auch als Kompott einfrieren.
- Kurzes Blanchieren von Rhabarberstücken reduziert den Gehalt an Oxalsäure und hilft, Zucker zu sparen.
- Keine Aluminium-Gefäße zum Rhabarberkochen verwenden: Die Töpfe verfärben sich, und der Rhabarber bekommt einen unangenehmen Nebengeschmack. Gut geeignet sind Emaille- und Edelstahltöpfe.

So schmeckt Rhabarber

- in Kompott, Konfitüre, Kaltschalen, Fruchtmus.
- in Füllungen von Strudel.
- als Belag von Torten.
- in selbst gemachtem Eis.
- als Saft und Rhabarberwein.

Für alle Zubereitungen können weitere Früchte ergänzt werden, z. B. Erd- und Himbeeren oder Orangen. Auch getrocknete Aprikosen (Marillen) und Backpflaumen (Dörrzwetschken) passen dazu und können, leicht zerschnitten, in der Flüssigkeit des Kompotts langsam aufquellen. Die Süße der Trockenfrüchte vermischt sich gut mit dem Rhabarber und das spart auch Zucker.

Rhabarberquark

Zutaten

für 4 Portionen

- *250 g Rhabarber*
- *50 g Puderzucker (Staubzucker)*
- *250 g Speisequark (Topfen), 40 % Fett*
- *1 Messerspitze Zimt*
- *50 ml Mineralwasser*
- *etwa 25 g Amaretti (kleine Bittermandel-Makronen)*

Zubereitung

- Den Rhabarber waschen und wenn nötig abziehen. Stielenden und Blattansatz entfernen. Alle Stangen in 1 cm lange Stücke schneiden. Wenn sie dick sind, vorher längs halbieren.
- Die Rhabarberstücke in einen nicht zu großen Topf geben, mit der Hälfte des Zuckers bestreuen. 20 Minuten zugedeckt ziehen lassen, damit sich Flüssigkeit bildet. Zwischendurch wenden.
- Den Rhabarber in dem Topf bei mittlerer Hitze zugedeckt etwa 3 Minuten vorsichtig garen. Die Stücke sollten nicht zerfallen.
- Den Quark mit dem restlichen Zucker, Zimt und Mineralwasser mischen und mit dem Handrührgerät (Schneebesen) aufschlagen.
- Das abgekühlte Rhabarberkompott und die Quarkmasse schichtweise in eine Glasschüssel oder Glaskelche geben. Zum Anrichten mit den Amaretti garnieren.

Vorbereitungszeit

10 Minuten
(ohne Durchziehzeit)

Zubereitungszeit

5 Minuten

Nährwert pro Portion

etwa
7 g Eiweiß
8 g Fett
19 g Kohlenhydrate
2 g Ballaststoffe
670 kJ/160 kcal

Rhabarber-Auflauf

Vorbereitungszeit
15 Minuten

Zubereitungszeit
15–20 Minuten

Backzeit
30–35 Minuten

Nährwert pro Portion
etwa
8 g Eiweiß
9 g Fett
27 g Kohlenhydrate
4 g Ballaststoffe
932 kJ/222 kcal

Zutaten
für 4 Portionen
- *300 g Rhabarber*
- *1 EL Butter*
- *5 Vollkornzwiebäcke*
- *1–2 EL Kokosraspeln*
- *¼ l Milch*
- *2 Eier (Kl. M), getrennt*
- *4 gehäufte EL Zucker oder Honig*

Zubereitung
- Rhabarber putzen, waschen, wenn nötig abziehen, und die Stiele in etwa 1 bis 2 cm große Stücke schneiden.
- Den Backofen auf 170° C (Umluft 150° C, Gas Stufe 2) vorheizen.
- Eine rechteckige, feuerfeste Form mit etwas Butter ausstreichen.
- Den Zwieback mit der restlichen Butter bestreichen, in die Auflaufform setzen und mit Kokosraspeln bestreuen. Die Rhabarberstücke darauf verteilen.
- Milch, Eigelb und 1 ½ Esslöffel Zucker verquirlen und über den Rhabarber verteilen.
- Im vorgeheizten Backofen, mittlere Schiene, etwa 20 Minuten backen.
- Eiweiß schaumig schlagen, den restlichen Zucker einrieseln lassen und weiterschlagen, bis sich der Zucker aufgelöst hat und die Masse schnittfest ist.
- Die Eiweißmasse auf dem Auflauf verteilen und nochmals bei 150° C (Umluft 130° C, Gas Stufe 1) 10 bis 15 Minuten backen. Sofort anrichten.

Extra-Tipps
- Statt der Kokosraspeln können Sie auch gemahlene Mandeln, Wal- oder Haselnüsse verwenden.
- Auch, wenn anstelle von weißem Zucker brauner verwendet wird, bekommt der Auflauf eine leicht nussige Note.
- Rhabarber, den Sie Ende Mai, Anfang Juni kaufen, ist trockener und zäher. Sie sollten ihn daher für dieses Gericht zunächst kurz blanchieren und dann abgetropft in die Auflaufform geben.

Lämmer gehören zu den wenigen Schlachttieren, die heute noch frei auf Weiden aufwachsen – jedenfalls in Deutschland, Österreich und Frankreich. Von Lamm darf nur in den ersten zwölf Lebensmonaten die Rede sein, danach handelt es sich um ein Schaf oder einen Hammel. Lammfleisch ist besonders zart, würzig und feinfaserig.

Lamm

Einkauf und Aufbewahrung

Gutes Lammfleisch ist leicht marmoriert und hat einen dünnen, gleichmäßigen Fettrand.

Auch die Herkunft bestimmt Güte und Aroma: Ein Salzwiesenlamm nimmt die intensiven Aromen der meeresnahen Vegetation auf. Ergebnis: Das Fleisch hat ein kräftig-würziges Aroma und ist quasi „vorgesalzen“. Heidschnucken schmecken herb, ein wenig nach Wild. Schottische Lämmer sind im Vergleich zu ihren deutschen Artgenossen schwach im Aroma.

Übrigens: Rückstände aus Tierarzneimitteln sind im Vergleich zu anderen Fleischsorten aus der Massentierhaltung kaum zu befürchten.

Frisches Lammfleisch nach dem Einkauf in eine Porzellanschüssel legen und zugedeckt bis zu drei Tagen im Kühlschrank aufbewahren.

Küchen-Tipps

- Wenn das Fleisch von einer pergamentartigen Haut umgeben ist, sollte diese besser abgezogen werden. Sie beeinträchtigt das Aroma.
- Lamm muss bei niedrigen Temperaturen langsam gebraten werden, damit das Fett allmählich herausschmilzt. Es wird dann vom Fond abgeschöpft. Das Fleisch bleibt saftig.
- Bei Eintöpfen lässt sich das Fett mit hineingetauchten Eiswürfeln entfernen. Das erstarrte Lammfett bleibt sofort am Eis haften.
- Lamm sollte stets heiß serviert werden.

Das ist dran am Lamm

Die Aufteilung des Lamms ist relativ einfach, denn das Lamm wird in nur sechs Teilstücke zerlegt.

1. Nacken

- Andere Bezeichnungen: Hals, Halskotelett, Kamm.
- Geeignet zum Kochen, Braten, Schmoren.
- Verwendung: Suppen, Eintöpfe (Irish Stew), Lammbraten, Ragout, Currys, Lammhack (Faschiertes).

2. Brust

- Andere Bezeichnungen: Bruststpitze, Spitzbrust.
- Geeignet zum Kochen, Braten, Schmoren.
- Verwendung: gekochte oder gefüllte Lammbrust, Suppen, Frikassee, Eintöpfe, Ragout, Lammhack.

3. Schulter

- Andere Bezeichnungen: Bug, Blatt.
- Geeignet zum Kochen, Braten, Schmoren, Grillen.
- Verwendung: Suppen, Eintöpfe, Frikassee, Lammbraten im Stück, Rollbraten (ausgelöst), gefüllte Lammschulter, Gulasch, Fleischspieße, Lammhack.

4. Rücken (mit Filet)

- Der Rücken wird unterteilt in Kotelett und Lendenkotelett (hinteres Stück).
- Andere Bezeichnungen: Kotelettstück, Karree (Karree ist der im Rückgrat geteilte Rücken), Nierstück (hinteres Stück), Lammsattel (beide Nierstücke zusammen in einem Stück). Ausgelöster Lammrücken wird auch Lammlachs genannt.
- Geeignet zum Braten, Kurzbraten, Grillen, Schmoren.
- Verwendung: 2–3 cm dicke Steaks, auch Chops genannt, aus dem Rücken geschnitten. Sie sind etwa 100 bis 150 g schwer.

5. Bauch

- Andere Bezeichnungen: Dünnung, Flanke (in der Schweiz auch Brust, da zur Brust hin geschnitten).
- Geeignet zum Kochen, Schmoren.
- Verwendung: Eintöpfe, Ragouts, gefüllter Rollbraten.

6. Keule

- Andere Bezeichnungen: Schlegel, Schlegel mit Schlussbraten, Pistel, Gigot.
- Geeignet zum Braten, Kurzbraten, Grillen, Schmoren.
- Verwendung: verschiedene Braten im Stück, Lammkeule, Steaks, Lammspieße, Gulasch.

Lamm tranchieren

Rücken

- Mit einem scharfen Messer beidseitig senkrecht entlang des Rückgrats einschneiden, dann die beiden Fleischstränge in schräge Scheiben schneiden und wieder auf dem Knochen zusammensetzen.

Keule

- Scheiben parallel zum Knochen schneiden, wobei man den Knochen am besten senkrecht stellt.

Würz-Tipp

- Würzen ist zwar reine Geschmackssache, aber auf Knoblauch sollten Sie bei Lamm auf keinen Fall verzichten. Außerdem passen Thymian, allein oder mit Rosmarin gemischt, und Minze (very British). Curry passt gut zu Lammragout. Da Lämmer gern Liebstöckel fressen, darf auch damit gewürzt werden. Majoran eignet sich ebenfalls, aber nur solo.

Lammfleisch mit Aprikosen

Zutaten
für 4 Portionen
- *400 g ausgelöster Lammrücken*
- *Salz*
- *Pfeffer, frisch gemahlen*
- *1 EL Mehl*
- *2–3 Schalotten*
- *150 g getrocknete Aprikosen (Marillen)*
- *2 EL Pflanzenöl*
- *150 ml Rotwein oder Lammfond (aus dem Glas)*
- *150 ml Orangensaft*
- *5 EL Schlagsahne (Schlagobers)*

Zubereitung
- Das Lammfleisch abspülen und sehr gut trockentupfen. Das Fleisch in 2 × 2 cm große Würfel schneiden und mit Salz und Pfeffer würzen, rundherum in Mehl wenden.
- Die Schalotten abziehen und sehr fein würfeln. Die Aprikosen abspülen, trockentupfen, in feine Streifen schneiden und beiseite stellen.
- Das Öl in einem Topf erhitzen, die Fleischwürfel darin rundherum anbraten, die Schalottenwürfel darüber streuen, andünsten und mit Rotwein oder Lammfond ablöschen.
- Die Aprikosen unterheben und 1 Minute offen garen. Den Orangensaft zugießen und weitere 2 Minuten zugedeckt garen.
- Vor dem Servieren die Schlagsahne einrühren und noch einmal abschmecken.

Vorbereitungszeit
10 Minuten

Zubereitungszeit
15 Minuten

Beilageempfehlung
breite Bandnudeln und Blattsalat mit einer Essig-Öl-Marinade

Nährwert pro Portion
ohne Beilagen etwa
24 g Eiweiß
15 g Fett
27 g Kohlenhydrate
4 g Ballaststoffe
1 445 kJ/346 kcal

Extra-Tipps

- Wenn Sie für Gäste größere Mengen zubereiten, sollten Sie die Fleischwürfel portionsweise anbraten, damit sie alle rundherum bräunen können.
- Für ein Lammragout können Sie auch preiswerteres Fleisch aus der Schulter nehmen. Dann beträgt die Garzeit allerdings etwa 35 bis 40 Minuten. Damit dieses festere Fleisch wirklich zart wird, können Sie es über Nacht in eine Marinade aus Buttermilch oder Rotwein einlegen.
- Orientalisch wird das Gericht, wenn Sie je nach Geschmack mit etwa ½ bis 1 Teelöffel Zimt zusätzlich würzen. Auch Pinienkerne passen gut. Statt Rotwein verwenden Sie einen nicht zu trockenen Weißwein oder nur Brühe.
- Einen mediterranen Anstrich bekommt das Gericht, wenn Sie reichlich Zwiebeln, Paprika und Tomaten zum Fleisch geben und mit Knoblauch, Tomatenmark und Thymian würzen. Statt Rotwein können Sie Weißwein angießen. Die getrockneten Aprikosen entfallen dann.
- Deftig wird ein Lammgericht mit grünen Bohnen, Kartoffeln, Möhren, Kohl, Kümmel und Petersilie. Als Flüssigkeit passt dann am besten Lammfond, Gemüse- oder Fleischbrühe.

Lammrücken mit Zimt und Kokosreis

Zutaten
für 4 Portionen

Kokosreis
- *200 g Reis*
- *1 Messerspitze Safran*
- *gut ½ l heiße Gemüsebrühe (klare Gemüsesuppe)*
- *2 EL Kokosflocken*

Lammrücken
- *2 Zwiebeln*
- *2 Knoblauchzehen*
- *300 g ausgelöster Lammrücken*
- *1 ½ EL Butterschmalz*
- *Salz*
- *Pfeffer, frisch gemahlen*
- *1 gehäufter TL Zimt*
- *Paprika edelsüß*
- *Chilipulver*
- *Salz*
- *100 ml Orangensaft*
- *1 TL Crème fraîche*

Zubereitung
- Den Reis und den Safran in einen Topf mit heißer Gemüsebrühe geben und aufkochen lassen. Den Topf verschließen und 25 Minuten bei kleinster Hitze ausquellen lassen. Für Basmati-Reis ist die Quellzeit kürzer.
- Die Kokosflocken in einer Pfanne ohne Fett unter Wenden hell bräunen. Kokosflocken unter den Reis heben, sobald die Flüssigkeit aufgesogen ist.
- Inzwischen die Zwiebeln und Knoblauchzehen abziehen. Die Zwiebeln fein würfeln, die Knoblauchzehen zerdrücken.
- Den Lammrücken abspülen und gut trockentupfen. Butterschmalz in einem kleinen Bräter oder einer Pfanne erhitzen, Lammrücken darin rundherum anbraten. Salzen und pfeffern. Die Hitze reduzieren, Zwiebelwürfel und Knoblauch zufügen, 5 Minuten braten, die Gewürze zufügen. Bei mittlerer Hitze weitere 5 bis 7 Minuten braten.
- Das Fleisch herausnehmen, in Alufolie gewickelt warm halten. Den Bratensatz in der Pfanne mit Orangensaft ablöschen und etwas köcheln lassen.
- Das Fleisch in fingerdicke Scheiben schneiden, auf einer vorgewärmten Platte anrichten; den Fleischsaft aus der Folie in die Sauce gießen, 5 Minuten einkochen lassen und Crème fraîche einrühren.
- Sauce und Reis separat servieren.

Vorbereitungszeit
15 Minuten

Zubereitungszeit
25 Minuten

Nährwert pro Portion
etwa
21 g Eiweiß
11 g Fett
44 g Kohlenhydrate
3 g Ballaststoffe
1 461 kJ/350 kcal

Extra-Tipps
- Statt des ausgelösten Lammrückens können Sie auch Lammkoteletts verwenden; auch kleine Bratlinge (Laibchen) aus Lammhack schmecken sehr gut mit dieser Sauce, falls etwas übrig bleibt, und dem Reis.
- Ob das Fleisch innen rosa ist, lässt sich durch eine Fingerprobe feststellen: Es muss noch elastisch sein.
- Aromastarke exotische Gewürze wirken anregend auf die Magen- und Darmtätigkeit. Außerdem helfen sie, Salz zu sparen.

Erbsen gehören zu den ältesten kultivierten Nutzpflanzen. Die ersten Funde datieren aus der Zeit um 7000 v. Chr. Die Gartenerbse stammt von einer Wildform ab, deren Heimat das östliche Mittelmeer, Vorder- oder Mittelasien sein soll. Obwohl Erbsen-Rezepte bereits in Aufzeichnungen europäischer Klöster aus dem 12. Jahrhundert zu finden sind, eroberte die Erbse erst 500 Jahre später die (bürgerlichen) Küchen Europas. Im Jahre 1433 soll in England per Gerichtsbeschluss entschieden worden sein, dass für den Verzehr von Erbsen zumindest der Titel eines Barons erforderlich ist. Und Ludwig XIV. war so begeistert von diesem Gemüse, dass er Teile des Louvre-Parks in einen Erbsengarten umfunktionieren ließ.

Erbsen

Es gibt mindestens 80 verschiedene Erbsensorten. Die bei uns bevorzugte Markerbse mit kleinen, runzeligen, fast eckigen Körnern, schmeckt recht süß und lieblich.

Die Palerbse mit dem glatten, kugeligen Samenkorn in hartschaliger, grüner, mit zäher Innenhaut (nicht genießbar) versehener Hülse ist nur süß, solange sie noch ganz jung ist. Später wird sie mehlig, weil sich Fruchtzucker in Stärke umwandelt.

Bei Zuckerschoten (Kaiserschoten), in Österreich junge Zuckererbsen genannt, schmeckt nicht die Erbse, sondern die Schote. Die Schoten werden geerntet, solange die Samen noch klein und wenig ausgereift sind. Sie werden im Ganzen gegessen und schmecken süß und zart, weil die Schalen innen noch keine Pergamenthaut entwickelt haben.

Wohlbehütete Eiweißlieferanten

Erbsen sind das eiweißreichste Gartengemüse (in 100 g Erbsen stecken etwa 5,8 g biologisch hochwertiges Eiweiß). Sie liefern etwa dreimal so viel Ballaststoffe wie Spargel und sind reich an den Mineralstoffen Kalium, Magnesium und Eisen. Außerdem enthalten: Vitamin B_1, B_2, Niacin, Folsäure (in Erbsenschoten). Dieser pflanzliche Eiweißträger wird am besten mit fettarmen Milchprodukten und Fischgerichten ergänzt. Erbsen sind äußerst nitratarm und, da sie in Schoten wachsen, wenig von Luftschadstoffen belastet. 100 g Erbsen enthalten 293 kJ/70 kcal.

Einkauf und Aufbewahrung

Frische heimische Erbsen und Zuckerschoten gibt es von Ende Mai bis Anfang August. In der übrigen Zeit werden Importe aus Frankreich und Italien angeboten. Die Auswahl an Tiefkühlware und Konserven ist groß.

Markerbsen sollten knackig, grün und feucht aussehen und keine gelben Flecken haben. Die Schote frischer Palerbsen sieht glänzend aus; die Konturen der Erbsensamen sollten nicht erkennbar sein. Achten Sie auch darauf, dass der Blütenansatz nicht gelblich und welk ist. 1 kg Erbsenschoten ergeben etwa 300 g (2 Portionen) Erbsen. Zuckerschoten dürfen keine fleckigen oder angefaulten Stellen haben. Je kleiner sie sind, umso zarter schmecken sie.

Erbsen sowie Zuckerschoten sollten nicht lange aufbewahrt werden. Sie reifen nach dem Pflücken noch nach. Der Geschmack ist dann herb. Einzelne Erbsen oder auch Schoten können in ein feuchtes Tuch gewickelt im Kühlschrank (Gemüsefach) höchstens 1 bis 2 Tage gelagert werden. Erbsen eignen sich zum Tiefgefrieren, sofern man ein preiswertes, größeres Angebot bekommt. Zuckerschoten sind einfach zu zart und sollten immer frisch gegessen werden.

Allgemeine Zubereitung

Erbsen: Erbsenschoten auslösen, die Erbsen waschen, abtropfen und in wenig Salzwasser 8 bis 15 Minuten im geschlossenen Topf garen.

Zuckerschoten: Zuckerschoten waschen, Blütenansatz abknipsen und gegebenenfalls entgegen der Krümmungslinie abfädeln. Zuckerschoten tropfnass 4 bis 6 Minuten mit 1 Prise Zucker und 1 Teelöffel Butter garen. Dabei den Topf ebenfalls geschlossen halten.

So schmecken Erbsen

- als Suppe, in heißer Brühe püriert; verfeinert mit Sahne oder Crème fraîche. Obenauf Kerbel- oder Minzblättchen. Auch Krabben oder Räucherlachs- oder Thunfischstreifen passen als Einlage.
- als Salat mit anderen Gemüsesorten wie Karotten, Champignons, Spargel sowie mit Reis, Nudeln, jungen Kartoffeln oder mit Krabben in einer Essig-Öl-Sauce oder einer leichten Joghurtsauce mit vielen Kräutern.
- als Gemüsebeilage mit Spargel, Kohlrabi, Karotten und Champignons.
- als warme Beilage zu Fleisch, Fisch oder Geflügel, mit jungen Kartoffeln.

Beliebt sind Zuckerschoten in der asiatischen Küche. In wenig Öl werden zuerst Bambussprossen, Sojakeimlinge, Lauchringe und Pilze pfannengerührt beziehungsweise leicht angebraten. Mit Sojasauce gewürzt, ergibt diese Mischung eine herzhafte Gemüsepfanne. Die rohen Zuckerschoten immer zuletzt unter das gegarte Gemüse heben.

Würz-Tipp

- Passende Kräuter sind Petersilie, Basilikum, Minze, Kerbel, Kresse und Estragon.

Küchen-Tipp

- Für die Zubereitung von Salaten geben Sie Erbsen und Zuckerschoten nach dem Blanchieren sofort in kaltes Wasser (mit Eiswürfeln); so behalten sie ihre schöne grüne Farbe.

Zutaten

für 4 Portionen

- *500 g Zuckerschoten (junge Zuckererbsen)*
- *½ Zuckermelone (z. B. Charentais)*

Salatsauce

- *2–3 EL Obst- oder Himbeeressig*
- *Salz*
- *Pfeffer, frisch gemahlen*
- *2 EL Pflanzenöl*

Zum Garnieren

- *30 g ungeschälte Mandeln*
- *½ Bund Schnittlauch*

Außerdem

- *Eiswürfel*

Extra-Tipps

- Tiefgefrorene Schoten sollten nur etwa 1 Minute in kochendem Wasser ziehen, danach sofort ins Eiswasser geben.
- Statt ganzer Mandeln können Sie auch Mandelblättchen verwenden.
- Anstelle von Schnittlauch schmeckt auch frischer Kerbel sehr gut.

Junger Zuckererbsensalat

Zubereitung

- Die Zuckerschoten waschen, die Enden jeweils abschneiden. Falls nötig, die Fäden abziehen. Die Schoten in kochendem Salzwasser etwa 3 Minuten ziehen lassen, dann herausnehmen und in einer mit kaltem Wasser und Eiswürfeln gefüllten Schüssel abschrecken, herausnehmen und gut abtropfen lassen.
- Die halbe Melone entkernen, längs dritteln und das Fruchtfleisch von den Schalen lösen. Die Stücke in feine Streifen schneiden. Die abgekühlten Zuckerschoten mit den Melonenstücken auf einem großen Teller anrichten.
- Für die Salatsauce Essig, Salz, Pfeffer und Öl verrühren und über die Salatzutaten träufeln.
- Die Mandeln abspülen, trockentupfen und in dünne Scheiben schneiden.
- Den Schnittlauch abspülen, trockenschwenken und in feine Röllchen schneiden. Den Salat mit Mandeln und Schnittlauch bestreuen.

Vorbereitungszeit
15 Minuten

Zubereitungszeit
10 Minuten

Beilageempfehlung
knuspriges Baguette oder Knäckebrot

Nährwert pro Portion
ohne Beilage etwa
6 g Eiweiß
9 g Fett
21 g Kohlenhydrate
7 g Ballaststoffe
815 kJ/195 kcal

Erbsensalat mit Spargel

Zutaten
für 4 Portionen
- *500 g Erbsenschoten*
- *200 g Zuckerschoten (junge Zuckererbsen)*
- *250 g grüner Spargel*
- *Salz*
- *1 mittelgroßer Apfel (z. B. Boskop)*

Salatmarinade
- *2–3 EL Kräuteressig*
- *1 Prise Zucker*
- *1 TL grüne Pfefferkörner, grob zerdrückt*
- *2–3 EL Pflanzenöl*

Außerdem
- *Eiswürfel*
- *4–6 Blätter Römersalat (Kochsalat)*
- *40 g Schmant oder Crème fraîche*
- *4 Stiele Zitronenmelisse oder 2 Stiele frische Minze*

Extra-Tipp

Die mundgerechten Römersalatblätter können auch mit den Zuckerschoten, Erbsen und dem grünen Spargel gemischt werden.

Zubereitung
- Erbsen aus den Schoten auslösen, waschen, abtropfen lassen. Die Zuckerschoten ebenfalls waschen und trockentupfen. Von den Zuckerschoten jeweils die Enden abschneiden.
- Den Spargel abspülen, trockentupfen, die unteren Enden abschneiden. Die Stiele schräg in etwa 3 cm lange Stücke schneiden.
- Erbsen, Zuckerschoten und Spargelstücke in leicht gesalzenem, kochendem Wasser etwa ½ Minute ziehen lassen; dann mit einem Schaumlöffel herausnehmen und kurz in einer Schüssel mit Eiswasser abschrecken.
- Den Apfel abspülen, trockentupfen und vierteln. Das Kerngehäuse entfernen und die Apfelstücke in feine Streifen oder Scheiben schneiden. Alle Salatzutaten in einer Schüssel mischen.
- Für die Salatsauce Kräuteressig, Zucker, Salz, zerdrückte grüne Pfefferkörner und Öl verrühren und mit den Salatzutaten mischen.
- Römersalatblätter und die Kräuter kurz abbrausen und trockenschleudern. Salatblätter in mundgerechte Stücke teilen und vier Teller damit auslegen. Die Salatzutaten darauf anrichten, obenauf einen Klecks Schmant oder Crème fraîche setzen und mit Zitronenmelisse oder frischen Minzeblättern garnieren.

Vorbereitungszeit
15 Minuten

Zubereitungszeit
20 Minuten

Beilageempfehlung
geröstete Baguettescheiben

Nährwert pro Portion
ohne Beilage etwa
7 g Eiweiß
9 g Fett
16 g Kohlenhydrate
5 g Ballaststoffe
790 kJ/190 kcal

Spargel ist ein uraltes Edelgemüse. Bereits im alten Griechenland und Rom wurde der grüne Spargel wegen seines Geschmacks und der ihm zugeschriebenen Heilwirkungen, vor allem bei Gicht und Nierenleiden, geschätzt. Der weiße Spargel wird erst seit Ende des 19. Jahrhunderts kultiviert.

Die unterschiedlichen Farben des Spargels sind anbaubedingt. Spargel bleibt weiß, wenn er völlig von Erde bedeckt ist und aus Hügelbeeten gestochen wird. Sobald er seinen Kopf weiter herausstreckt, verfärbt er sich durch Einwirkung des Lichtes von rosa bis violett und schließlich grün. Der grüne Spargel wächst oberirdisch auf flachen Beeten. Er ist geschmacksintensiver als weißer Spargel und schmeckt herzhaft-nussig.

Spargel

Von wegen „Spargeltarzan"

Spargel hat einiges zu bieten: jeweils 2 % Eiweiß, Kalium, Eisen, Provitamin A (Beta-Karotin) sowie Vitamin E, B_1, B_2, B_6 und C. Er wirkt entwässernd und regt aufgrund seiner Ballaststoffe die Verdauung an. Mit durchschnittlich 71 kJ/17 kcal pro 100 g ist Spargel, wie die meisten Gemüse, kalorienarm.

Grüner Spargel hat einen höheren Gehalt an Mineralstoffen, Vitamin C, Karotinoiden und B-Vitaminen als weißer.

Das sollten Sie wissen

Die Schalen sollten nicht zum Trinken und für den Sud ausgekocht werden, denn sie können mit schädlichen Rückständen (z. B. Nitrat) aus dem Boden belastet sein. Alle, die zu hohen Harnsäurewerten neigen, sollten Spargel nur in Maßen genießen: Der Puringehalt liegt mit rund 30 mg auf 100 g Spargel recht hoch.

Einkauf und Aufbewahrung

Heimischer Spargel hat von April/Mai bis Ende Juni Saison. In der übrigen Zeit ist Ware aus Frankreich, Spanien, den Niederlanden, Griechenland, Italien, Südafrika, Argentinien, Polen, Ungarn und Chile erhältlich.

So sollte der Spargel aussehen: seidig glänzende Schale, geschlossene weiße Köpfe, frische Schnittstellen, keine Braunfärbung, gerade gewachsene Stangen, nicht gespalten oder hohl. Frischer, weißer Spargel „klingt" beim Aneinanderklopfen oder „quietscht" beim Aneinanderreiben. Bläulich-violett gefärbter Spargel kommt meist aus Frankreich, Italien und Spanien. Grüner Spargel sollte prall aussehen und an den Enden nicht holzig und eingetrocknet sein. Pro Person können Sie mit 250 bis 500 g rechnen.

Frischer ungeschälter Spargel hält sich, in ein feuchtes Tuch gewickelt, im Kühlschrank (Gemüsefach) höchstens 4 Tage. Er kann unblanchiert eingefroren werden. Gefrorenen Spargel geben Sie direkt in das kochende Wasser.

Allgemeine Zubereitung

Spargel stangenweise abspülen, auf keinen Fall im Wasser liegen lassen.

Weißer Spargel: Mit dem Sparschäler dünn am Kopf beginnen; unten dicker schälen. Holziges Ende abschneiden. Spargel gebündelt (500 g), in Wasser, etwas Zitronensaft, je 1 Prise Salz und Zucker 12 bis 18 Minuten (je nach Dicke der Stangen) leicht garen. Manchmal reicht es auch, den Spargel nach kurzem Aufkochen 15 Minuten ziehen zu lassen.

Grüner Spargel: Er ist zarter; manche Sorten müssen nur am unteren Ende geschält werden, andere überhaupt nicht. Die Garzeit beträgt 8 bis 10 Minuten (ebenfalls je nach Dicke).

So schmeckt Spargel

- als Salat, roh oder gekocht.
- als Vorspeise, roh mit einer Vinaigrette beträufelt.
- als Einlage für Suppen oder Ragouts, mit Geflügel oder Kalbfleischknödelchen.
- als Beilage mit zerlassener Butter oder Sauce hollandaise zu Schinken, Kalbsteak, gedünstetem Fisch und Krustentieren, z. B. Riesengarnelen oder auch Hummer, Rührei (Eierspeise) oder mit neuen Kartoffeln (Heurigen).
- als Gemüse klassisch, mit zerlassener Butter oder in vegetarischen Terrinen mit anderen Gemüsesorten, z. B. jungen Karotten, Brokkoli, Blumenkohl (Karfiol), Kohlrabi.

Wildspargel

Wildspargel sieht wie grüner, dünner Spargel aus, ist aber nicht mit diesem verwandt. Er wächst im Mai auf feuchten Laubwaldböden. Mittlerweile gibt es auch – ein Widerspruch in sich – kultivierten Wildspargel aus Frankreich und Italien.

Küchen-Tipps

- Alle Spargelsorten können roh gegessen werden, vorausgesetzt sie sind frisch.
- Essen Sie möglichst immer etwas leicht Fetthaltiges zu Spargel, um die Verwertung der fettlöslichen Vitamine A und E zu verbessern.

Spargelsalat

Zutaten
für 4 Portionen
- *1 kg Spargel (weißer und grüner gemischt)*
- *1 Bund Frühlingszwiebeln*
- *1–2 EL Pflanzenöl*
- *1 EL Honig*
- *1 TL mittelscharfer Senf*
- *2 EL Zitronensaft*
- *1 Bund Dill*
- *Salz*
- *Pfeffer, frisch gemahlen*

Extra-Tipp

Wer den Spargel weicher mag, kann ihn weitere 3 Minuten garen.

Zubereitung
- Den Spargel putzen, waschen, trockentupfen und die holzigen Enden entfernen. Den weißen Spargel schälen. Die Spargelstangen in etwa 5 cm lange Stücke schneiden. Die Spargelköpfe beiseite legen.
- Die Frühlingszwiebeln putzen, waschen, trockentupfen. Die dunkelgrünen Spitzen und Wurzelenden abschneiden. Je nach Größe die Frühlingszwiebeln längs halbieren. Den weißen Teil in feine Scheiben schneiden. Den grünen Teil zur Hälfte anderweitig verwenden.
- Das Pflanzenöl in einer großen Pfanne erhitzen, Honig darin schmelzen lassen. Die Spargelstücke (nicht die Köpfe) zugeben und 2 bis 3 Minuten bei mittlerer Hitze unter Wenden anbraten, die weißen Frühlingszwiebelstücke zufügen und weitere 2 Minuten dünsten.
- Senf, Zitronensaft, die Hälfte der grünen Frühlingszwiebelstücke und die Spargelköpfe zufügen, mit Salz und Pfeffer würzen und noch 1 bis 2 Minuten, je nach Dicke der Spargelstücke, zugedeckt fertig garen. Der Spargel sollte noch bissfest sein.

Vorbereitungszeit
10 Minuten

Zubereitungszeit
15 Minuten

Servierempfehlung
lauwarm oder auch kalt mit knusprigem Baguette, hauchdünn geschnittenem rohem (Parma-)Schinken oder Garnelen.

Nährwert pro Portion
etwa
3 g Eiweiß
4 g Fett
12 g Kohlenhydrate
4 g Ballaststoffe
430 kJ/103 kcal

Grüner-Spargel-Risotto

Zutaten

für 4 Portionen

- *500 g grüner Spargel*
- *3/4 l Gemüsebrühe (klare Gemüsesuppe)*
- *250 g Rundkornreis (Avorio oder Arborio)*
- *1 Zwiebel*
- *2 EL Pflanzenöl*
- *10 g Butter*
- *50 g Parmesan, frisch gerieben*

Zubereitung

- Den Spargel putzen, waschen und trockentupfen. Die holzigen unteren Enden abschneiden. Den Rest in Stücke schneiden, die Köpfe etwa 5 cm lang schräg abschneiden.
- In einem Topf 1/4 l Gemüsebrühe erhitzen. Den Spargel darin bei mittlerer Hitze zugedeckt etwa 5 bis 8 Minuten garen. Die Hälfte des Spargels (mit den Spargelspitzen) herausnehmen und warm stellen. Restlichen Spargel mit der Flüssigkeit in dem Topf pürieren.
- Den Reis waschen und gut abtropfen lassen.
- Die Zwiebel schälen und sehr fein schneiden. In einem Topf Pflanzenöl erhitzen, die Zwiebel darin unter Wenden glasig werden lassen.
- Den Reis hinzugeben und unter ständigem Rühren 2 Minuten glasig werden lassen. Gut 1/2 l Gemüsebrühe nach und nach zugießen und den Reis unter ständigem Rühren quellen lassen. Wenn alle Flüssigkeit aufgesogen ist, den pürierten Spargel dazugeben. Den Risotto unter Rühren bei kleinster Hitze ausquellen lassen. Er sollte weich, aber bissfest sein.
- Zum Schluss die Butter unterrühren und die Spargelstücke unterheben. Den geriebenen Parmesan (etwas zum Garnieren übrig lassen) unter den Risotto mischen, kurz durchziehen lassen.
- Zum Anrichten den Risotto mit den Spargelköpfen garnieren. Restlichen Parmesan darüber streuen und sofort servieren.

Extra-Tipps

- Echt italienisch ist das Rezept, wenn statt Avorio-Reis (eine Parboiled-Variante) geschliffene Rundkornsorten wie Vialone, Carnaroli oder Arborio-Reis genommen werden. Diese Sorten kochen eher breiig. Die Kochzeit des Risottos ist bei Arborio etwas länger als bei Vialone oder Carnaroli.
- Sehr gut schmeckt der Risotto, wenn Sie den glasig gedünsteten Reis mit 1/4 l trockenem Weißwein ablöschen, unter Rühren verdampfen lassen und dann nach und nach die restliche 1/4 l Brühe und zum Schluss den pürierten Spargel zugeben.
- Sehr wichtig: den Reis ständig gut umrühren und erst dann Flüssigkeit zugießen, wenn die bereits zugegebene Brühe aufgesogen ist.

Vorbereitungszeit

20 Minuten

Zubereitungszeit

40 Minuten

Nährwert pro Portion

etwa
10 g Eiweiß
10 g Fett
51 g Kohlenhydrate
3 g Ballaststoffe
1 486 kJ/359 kcal

Die Heimat des Knoblauchs, auch Knofel, Knufloch, Knobel oder Chnöbli genannt, liegt wahrscheinlich in Asien. Fest steht, dass ihn schon die Sumerer (5000 v. Chr.), die alten Babylonier, Griechen und Römer kannten. Sie alle nutzten ihn sowohl für medizinische als auch für kulinarische Zwecke.

Heute befindet sich das größte Anbaugebiet in Kalifornien. Weitere Anbaugebiete liegen in Spanien, Ägypten, Frankreich, Italien und China.

Knoblauch

Die Knoblauchknolle – weiß oder rosa – besteht aus mehreren Zehen, die jeweils in ein zartes Häutchen eingeschlossen sind. Die Knolle selbst ist von einem Hüllblatt umgeben.

Mehr als nur ein Stinker

Wunderdinge traute man dem Knoblauch seit eh und je zu, z. B. sollte er die Fruchtbarkeit erhöhen und ewig jung halten. Auch gegen Sommersprossen, Gelbsucht und bei Knochenbrüchen versprach man sich bis ins Mittelalter hinein Hilfe. Tatsächlich liefert Knoblauch Kalium, Vitamin B_1, B_6, Vitamin K, Niacin, etwa 14 mg Vitamin C pro 100 g sowie Selen. Verursacher des typischen Duftes ist das schwefelhaltige ätherische Öl Allicin. Regelmäßig genossen soll „Knofel" einen blutdrucksenkenden Effekt haben und möglicherweise die Durchblutung der Herzkranzgefäße verbessern. Außerdem soll er zur Senkung der Cholesterinwerte beitragen. Auch antimikrobielle Eigenschaften werden ihm zugeschrieben.

Einkauf und Aufbewahrung

Knoblauch gibt es ganzjährig zu kaufen. Frisch ist er ab Mai im Handel. Dann sind die Zehen saftig, zart und von nicht so ausgeprägter Schärfe.

Knoblauch gibt es lose, in Bündeln und in Zöpfen. Kaufen Sie ihn am besten nur stückweise. Die Zehen der Knolle sollten prall sein und keinen grünen Keim oder braune Flächen haben. Intensiver Geruch deutet auf verletztes Fruchtfleisch hin. Als Alternative zu den Knollen kommen Knoblauchgras, -pulver, -salz (Mischung aus $\frac{2}{3}$ Salz und $\frac{1}{3}$ Knoblauchpulver), -essenz, -saft und -öl infrage. Geräucherte Knoblauchzehen gibt es im Winter. Diese Knollen sind nicht keimfähig und halten sich entsprechend lange.

Frische Knollen halten sich im Kühlschrank (Gemüsefach) bis zu 2 Wochen, getrocknete Ware bis zu 7 Monaten; sie sollte luftig und trocken lagern. Mehrere Knollen am besten am dürren Laub zusammenbinden und aufhängen. Späte Sorten sind besser lagerfähig als frühe.

Allgemeine Zubereitung

Knoblauchzehe von der Knolle abtrennen und häuten. Jeder Knoblauch-Fan hat seine eigene Ansicht zum Zerkleinern dieser „duften" Zehen: Entweder mit dem Küchenmesser klein schneiden, eventuell mit etwas Salz bestreuen, dann rutschen sie nicht weg, und mit dem Schaft eines breiten Messers zer-

Küchen-Tipps

- Wenn Knoblauch in Fett (am besten harmoniert Olivenöl) angebraten wird, sollte dies langsam geschehen, denn Knoblauch verbrennt leicht und wird unangenehm bitter. Am besten bei kleiner Hitze anbraten, herausnehmen und später wieder mit den anderen Zutaten mischen.
- Knoblauch darf mitgekocht werden; er verliert die Schärfe und bekommt ein angenehmes Aroma.
- Soll es nur ein Hauch sein, dann reiben Sie Töpfe, Schüsseln oder Teller mit einer geschälten Zehe aus.
- Knoblauch muss nach dem Schälen oder Zerkleinern sofort weiterverarbeitet werden und sollte nicht zu lange an der Luft liegen bleiben.
- Verwenden Sie keine Zehen mit „grüner Seele" (Keim im Zeheninnern). Sie sind bitter und scharf.

drücken oder die grob geschnittenen Stücke im Mörser zerdrücken. Letzte Variante: die Knoblauchpresse. Auf keinen Fall im Mixer zerkleinern – dann wird er bitter.

So schmeckt Knoblauch

Zum Aromatisieren von:

- Suppen und Eintöpfen.
- kurz gebratenem Fleisch und Hackfleisch (Faschiertem).
- Fischgerichten und Meerestieren, wie z. B. Garnelen oder Muscheln.
- Gemüse und Salaten.
- kalten Saucen, z. B. Aioli (für Gemüse und Meerestiere), Pesto (für Spaghetti und Gemüse), griechische Knoblauchsauce (für Salate und Gemüse), Rouille (für französische Fischsuppe).
- Kräuterbutter.
- Nudelgerichten.
- geröstetem Brot.

Dies vertreibt den Knoblauchduft

- 1 Glas frische Milch oder Kaffee trinken.
- 1 Apfel oder frische Petersilie essen.
- 1 bis 2 Gewürznelken oder frische, in Essig eingelegte, geschälte Ingwerscheiben kauen.

Bärlauch

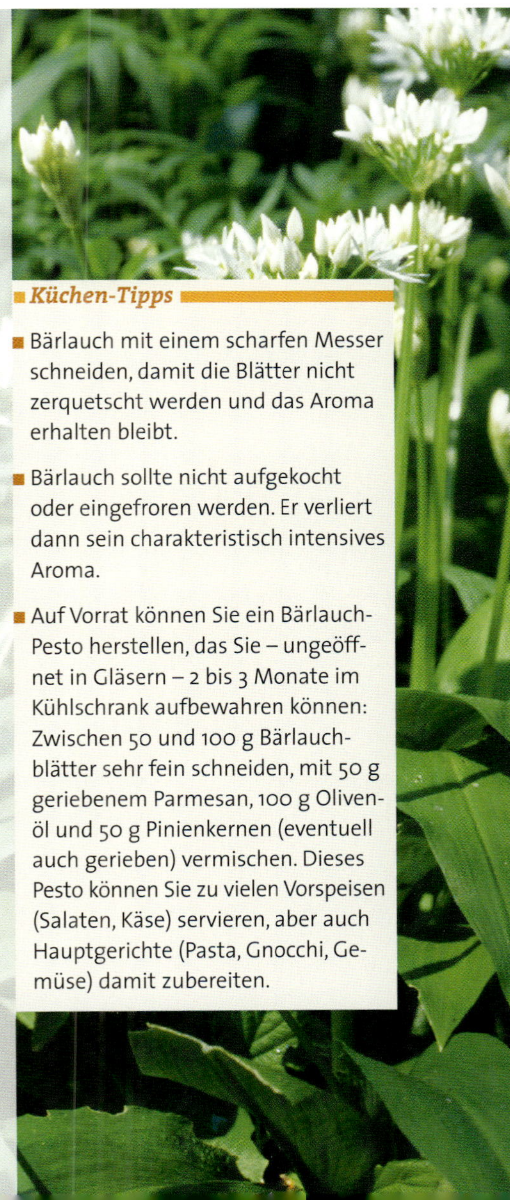

Dieses wild wachsende Kraut ist ein Verwandter des Knoblauchs. Bärlauch wird auch wilder Knoblauch, Hexenzwiebel, Waldknoblauch, Rams, Rämschele oder Zigeunerlauch genannt. Er soll seinen Namen von den alten Germanen haben und könnte die erste Nahrung der Bären nach dem Winterschlaf gewesen sein.

Bärlauch findet man überall in Europa dort, wo er sich wohl fühlt, nämlich nur in feuchten, schattigen, humusreichen Laubwäldern. Er wächst nicht pflänzchenweise, sondern in großen Feldern und ist an seinem Duft schon von Ferne zu erkennen. Die zwei grundständigen 15 bis 30 cm langen hellgrünen Blätter ähneln äußerlich dem giftigen Maiglöckchen. Im Zweifel die Blätter zwischen den Fingern verreiben und daran riechen.

Bärlauch werden die gleichen gesundheitsfördernden Eigenschaften wie Knoblauch zugeschrieben. Vom Geschmack her ist Bärlauch milder. Dass er keine unangenehmen Ausdünstungen hinterlässt, ist ein Gerücht.

Bärlauchblätter werden im Frühjahr vor der Blütezeit (Mai) hauptsächlich auf Märkten verkauft. Frische Blätter halten sich in einem aufgeblasenen und zugebundenen Frischhaltebeutel im Kühlschrank (Gemüsefach) 1 bis 2 Tage.

So schmeckt Bärlauch

- als Salat kombiniert mit anderen Blattsalaten in einer Essig-Öl-Marinade.
- als Gewürz zu Fisch-, Fleisch-, oder Geflügelgerichten oder auch zu Kräuterquark (-topfen) oder mit Butter verrührt.
- als Suppe, püriert, mit Sahne (Obers) aufgeschlagen.
- als Püree oder Pesto (mit Kürbiskernen und Kürbiskernöl).
- gedünstet als Gemüse, in Verbindung mit anderen Gemüsesorten, wie Kartoffeln, Möhren, Kohlrabi.
- fein geschnitten auf einem frischen, mit Butter bestrichenen Bauernbrot.

Küchen-Tipps

- Bärlauch mit einem scharfen Messer schneiden, damit die Blätter nicht zerquetscht werden und das Aroma erhalten bleibt.
- Bärlauch sollte nicht aufgekocht oder eingefroren werden. Er verliert dann sein charakteristisch intensives Aroma.
- Auf Vorrat können Sie ein Bärlauch-Pesto herstellen, das Sie – ungeöffnet in Gläsern – 2 bis 3 Monate im Kühlschrank aufbewahren können: Zwischen 50 und 100 g Bärlauchblätter sehr fein schneiden, mit 50 g geriebenem Parmesan, 100 g Olivenöl und 50 g Pinienkernen (eventuell auch gerieben) vermischen. Dieses Pesto können Sie zu vielen Vorspeisen (Salaten, Käse) servieren, aber auch Hauptgerichte (Pasta, Gnocchi, Gemüse) damit zubereiten.

Knoblauchhähnchen

Zutaten
für 4 Portionen
- *1 Hähnchen, etwa 1 kg, oder 8 Hähnchenunterkeulen (Hühnerkeulen)*
- *Salz*
- *Pfeffer, frisch gemahlen*
- *3 EL Olivenöl*
- *2–3 Staudensellerie*
- *3 Knoblauchknollen (etwa 40 Zehen)*
- *1 Bund glatte Petersilie*
- *3 Stiele Oregano*
- *1 unbehandelte Zitrone*
- *½ Tasse trockenen Weißwein (z. B. Riesling aus dem Rheingau)*
- *etwas Cayennepfeffer oder 1 Spritzer Tabascosauce*

Zubereitung
- Den Backofen auf 170° C (Umluft 150° C, Gas Stufe 2) vorheizen.
- Das Hähnchen abspülen, trockentupfen und in 8 Teile schneiden. Mit wenig Salz und reichlich Pfeffer einreiben, mit 2 Esslöffel Olivenöl bestreichen.
- Den Staudensellerie putzen, waschen, trockentupfen und in 2 cm lange Stücke schneiden.
- Die Hähnchenteile in einen Bräter setzen, den Staudensellerie und die einzelnen ungeschälten Knoblauchzehen zufügen.
- Petersilie und Oregano abbrausen, trockentupfen und die Blätter fein hacken.
- Die Zitrone mit dem Zestenreißer abziehen oder sehr dünn schälen und die Schale in feinste Streifen schneiden; die Zitrone halbieren und den Saft auspressen. Saft, Zitronenschale, Weißwein, Cayennepfeffer und Tabascosauce sowie die gehackten Kräuter über dem Geflügel verteilen. Restliches Öl darüber träufeln.
- Das Geflügel zugedeckt im vorgeheizten Backofen, untere Schiene, 25 bis 30 Minuten schmoren lassen.
- Den Deckel abnehmen, die Temperatur auf 220° C (Umluft 200° C, Gas Stufe 4 ½) erhöhen und weitere 15 Minuten braten.

Vorbereitungszeit
20 Minuten

Zubereitungszeit (Backzeit)
40–45 Minuten

Beilageempfehlung
Baguettescheiben, eventuell unter dem Grill gebräunt

Nährwert pro Portion
ohne Beilage etwa
39 g Eiweiß
12,5 g Fett
8 g Kohlenhydrate
1 g Ballaststoffe
1380 kJ/331 kcal

Extra-Tipps
- Wenn der Bräter keinen Deckel hat, kann man ihn auch mit Alufolie verschließen.
- Zusätzlich können Sie in den letzten 20 Minuten die Scheiben einer unbehandelten Zitrone auf dem Geflügel verteilen.

Knoblauch – gebacken

Zutaten
für 4 Portionen
- *4 frische Knoblauchknollen*
- *1 EL Pflanzenöl*

Dip
- *je 1 Bund Petersilie, Dill und Schnittlauch*
- *100 g Speisequark (Topfen), 40 % Fett*
- *100 g Crème fraîche*
- *Salz*
- *Pfeffer, frisch gemahlen*

Zubereitung
- Den Backofen auf 200° C (Umluft 180° C, Gas Stufe 3 ½) vorheizen.
- Die Knoblauchknollen putzen; Wurzeln, lose Schale und Spitzen abschneiden.
- Eine feuerfeste Form mit etwas Öl ausstreichen, jede Knolle ringsum mit Öl bestreichen und in die Form setzen.
- Die Form in den vorgeheizten Backofen, 2. Schiene von unten, setzen und 15 Minuten backen. Die Knollen sind gar, wenn die einzelnen Zehen sich leicht aus der Schale drücken lassen.
- Inzwischen für den Dip die Kräuter abbrausen, trockenschwenken, die Blätter von den Stielen zupfen und fein hacken. Den Schnittlauch fein schneiden. Speisequark, Crème fraîche, die gehackten Kräuter verrühren und mit Salz und Pfeffer würzen.
- Die Knollen zusammen mit dem Dip servieren. Beim Essen lassen sich die einzelnen Zehen leicht aus der Schale lösen – sie schmecken butterweich und sehr mild.

Vorbereitungszeit
10 Minuten

Zubereitungszeit (Backzeit)
15 Minuten

Servierempfehlung
als Vorspeise oder als Beilage zu Kaninchenbraten oder kurz gebratenem Fleisch, z. B. Lammfilet

Nährwert pro Portion
etwa
8 g Eiweiß
12 g Fett
20 g Kohlenhydrate
3 g Ballaststoffe
940 kJ/225 kcal

Schnittknoblauch

Diese schmalen, wie breitere Grashalme aussehenden Blätter sind eine Kreuzung aus Knoblauch und Schnittlauch. Durch den zunehmenden Einfluss der asiatischen Küche gewinnt Schnittknoblauch bei uns immer mehr an Bedeutung. Der Geschmack ist scharf, etwas nach Lauch und Knoblauch. Leider gibt es Schnittknoblauch bisher nur in Spezialgeschäften, also guten Gemüsegeschäften und Asia-Läden. Deshalb: Schnittknoblauch im Balkonkasten oder Blumentopf selbst ziehen. Er braucht viel Licht und Feuchtigkeit und mag die Nähe von Petersilie nicht. Sobald Schnittknoblauch geerntet ist, verliert er schnell an Frische und Aroma – auch bei kühler Lagerung.

Schnittknoblauch passt zu asiatischen Gerichten, z. B. Geflügel, Fisch oder Schalentieren, aber auch für Gemüse, wie Zucchini und Kartoffeln oder auch zu Pilzen.

Extra-Tipps

- Alternative: Eine gefettete Knolle in einer mikrowellengeeigneten Form in die Mikrowelle stellen und etwa 1 Minute bei 600 Watt (3 bis 4 Minuten bei 400 Watt) garen.
- In der Haut gebraten schmeckt Knoblauch nicht nur als Beilage, sondern auch als Paste sehr gut.

Zutaten
für 4 Portionen

- *1 Zwiebel*
- *2 EL Pflanzenöl*
- *300 g Rundkornreis (Avorio)*
- *900 ml heiße Gemüsebrühe*
- *400 g Ricotta-Käse*
- *Salz*
- *Pfeffer, frisch gemahlen*
- *50 g Bärlauch*

Bärlauch-Risotto

Zubereitung

- Die Zwiebel abziehen und sehr fein würfeln. Pflanzenöl in einem breiten Topf erhitzen und die Zwiebelwürfel darin glasig dünsten. Den Reis waschen, gut abtropfen lassen, zufügen und unter Rühren glasig werden lassen. Mit ¼ l Gemüsebrühe auffüllen und bei geringer Hitze und leichtem Rühren weitere 2 Minuten glasig garen. Dabei verdampft die Flüssigkeit.
- Erneut ¼ l Brühe zugießen, mit einem Holzlöffel leicht rühren und die Flüssigkeit wiederum verdampfen lassen. Danach die restliche Brühe zugießen und den Reis 25 Minuten bei kleinster Hitze ausquellen lassen. Der Risotto sollte leicht cremig sein.
- Die Bärlauchblätter verlesen, lange oder kräftige Stiele entfernen, die Blätter abbrausen, trockenschwenken und fein schneiden.
- Die geschnittenen Bärlauchblätter mit dem Ricotta verrühren und vor dem Servieren unter den Risotto heben.

Vorbereitungszeit
5 Minuten

Zubereitungszeit
30 Minuten

Nährwert pro Portion
etwa
16 g Eiweiß
23 g Fett
58 g Kohlenhydrate
3 g Ballaststoffe
2 140 kJ/513 kcal

Bereits seit über 600 Jahren freuen sich Jahr für Jahr viele Feinschmecker auf den Monat Juni. Dann gibt es den Matjes aus der neuen Fangsaison als besondere Delikatesse. Als Matjes bezeichnet man den jungen, noch nicht geschlechtsreifen Hering, der weder Milch noch Rogen hat. Im Frühjahr ist er im besten Ernährungszustand, das heißt, ordentlich fett gefressen, mit einem Fettgehalt zwischen 15 und 20 %, teilweise bis zu 25 %.

Matjes

Ab Mitte Mai fahren die Kutter hinaus auf die Nordsee, um die nun „reifen" Heringe zu fangen.

Diese werden gekehlt, das heißt, die Eingeweide werden durch einen Schnitt, der an der Bauchseite zwischen den Kiemen (der „Kehle") angesetzt wird, entfernt – bis auf einen Teil der Bauchspeicheldrüse (Pankreas). Die ausgenommenen Heringe werden einige Tage in Fässern in eine leichte Salzlake eingelegt, in der sie durch fischeigene Enzyme aus der Bauchspeicheldrüse enzymatisch reifen. Anschließend wird der gereifte Matjes vorsichtig gehäutet.

Um im Hering eventuell vorhandene Fadenwürmer (Nematoden) sicher abzutöten, wird er einmal tiefgefroren. Dies ist innerhalb der EU gesetzlich vorgeschrieben. Das Frosten der Heringe kann direkt nach dem Fang (vor dem Kehlen) geschehen, bevorzugt aber werden die bereits gekehlten Matjes in der Lake während der Reifung tiefgefroren. Das ergibt die schönere Qualität und hat den Vorteil, dass man zu jedem beliebigen Zeitpunkt auftauen und den Matjes zu Ende reifen lassen kann und so einen „taufrisch gereiften" Matjes erhält.

Beugt dem Herzinfarkt vor

Matjes hat einen hohen Anteil an wertvollen ungesättigten Fettsäuren, insbesondere Omega-3-Fettsäuren. Diese Omega-3-Fettsäuren in fettreichen Meeresfischen, wie eben Hering oder auch Lachs und Makrele, sind besonders günstig für die Herzgesundheit und helfen, einem Herzinfarkt vorzubeugen. Matjes enthält außerdem Eiweiß, Magnesium, Eisen, Jod und die Vitamine D und E. 100 g Matjes haben 842 kJ/201 kcal.

Einkauf und Aufbewahrung

Matjes hat im Juni und Juli Saison. Zu diesem Zeitpunkt schmeckt er am allerbesten. Guter Matjes ist innen zartrosa. Sein Fleisch ist zart und fest, marzipanfarben. Die Außenseite ist silbrig und glänzend.

Matjes wird naturell, als Doppelfilet und als einzelnes Filet, geräuchert, als Gabelbissen oder Matjessalat angeboten.

Frische Matjes sollten am Einkaufstag, spätestens einen Tag danach zubereitet und gegessen werden. Bis dahin zugedeckt in einem Porzellangefäß im Kühlschrank aufbewahren.

Allgemeine Zubereitung

Frischer junger Matjes wird nicht gewässert. Gut gekühlt, auf Eiswürfeln, anrichten.

So schmeckt Matjes

- auf Vollkornbrot, mit oder ohne Butter, mit Zwiebelringen gekrönt.
- mit dampfenden gekochten Kartoffeln und Crème fraîche.
- mit zarten grünen Bohnen (→ Seite 175), ausgelassenem durchwachsenem Speck und neuen Kartoffeln.
- mit verschiedenen Dips, beispielsweise auf Joghurt-Basis mit Kräutern oder Radieschen oder mit Apfel-Meerrettich (Kren) oder Mango-Curry oder Senf-Estragon.
- eingelegt in Burgunderwein oder Rotweinessig und Gewürzen.
- als Salat mit Roten Beten (Roten Rüben), Apfel, Zwiebeln und Gewürzgurke oder indisch mit Sahnesauce, exotisch abgeschmeckt.
- als Häppchen, aufgerollt auf Apfelscheiben, mit Preiselbeeren.

Küchen-Tipp

Zum Schneiden von Matjes am besten ein Kunststoffbrett verwenden. Sollte es doch ein Holzbrett sein, spülen Sie es gleich vor und nach Gebrauch mit kaltem Wasser gründlich ab, damit es den Geruch nicht annimmt.

Matjestartar

Zutaten

für 4 Portionen

- *4 Doppelmatjesfilets (400 g)*
- *1 dünne Salatgurke (300 g)*
- *1 Apfel (150 g)*
- *1 kleine rote Zwiebel*
- *1 Bund Dill*
- *1–2 EL Weißwein- oder Apfelessig*
- *Salz*
- *Pfeffer, frisch gemahlen*
- *1 Prise Zucker*
- *1 EL Pflanzenöl*
- *4 EL (ca. 60 g) Schmant, 20 % Fett (ersatzweise Sauerrahm oder Crème fraîche)*
- *2 gehäufte EL Preiselbeeren (60 g)*
- *einige Salatblätter*

Zubereitung

- Die Matjesfilets trockentupfen und sehr fein würfeln.
- Die Salatgurke waschen, trockentupfen. Zwei Drittel der Salatgurke in 2 bis 3 cm dicke Scheiben schneiden und beiseite legen.
- Für das Tartar 100 g Salatgurke dünn schälen, längs halbieren oder vierteln, die Kerne entfernen. Die Gurkenstücke fein würfeln. Den Apfel waschen, vierteln, das Kerngehäuse entfernen und die Apfelstücke ebenfalls sehr fein würfeln. Die Zwiebel abziehen und fein schneiden.
- Den Dill abbrausen, trockenschwenken, die Stiele abzupfen (einige zum Garnieren beiseite legen), restlichen Dill fein schneiden.
- Weißwein- oder Apfelessig, Salz, Pfeffer und Zucker in einem Gefäß verrühren,
- Pflanzenöl zugeben und so lange rühren, bis sich Salz und Zucker aufgelöst haben. Dill unterheben.
- Das Tartar auf die Gurkenscheiben setzen. Schmant und Preiselbeeren darauf verteilen, mit Dillspitzchen garnieren.
- Die Salatblätter abbrausen, trockenschleudern, etwas zerpflücken und zu dem Tartar anrichten.

Vorbereitungszeit
15 Minuten

Zubereitungszeit
10 Minuten

Beilageempfehlung
neue Kartoffeln, dünn geschnittenes Vollkornbrot oder Pumpernickel und ein Blattsalat mit Frühlingskräutern

Nährwert pro Portion
ohne Beilage etwa
18 g Eiweiß
20 g Fett
15 g Kohlenhydrate
1,5 g Ballaststoffe
1 530 kJ/366 kcal

Würz-Tipp

- Mit etwas geriebenem Meerrettich (Kren) aus dem Glas und klein geschnittenen Roten Beten (Roten Rüben) können Sie das Tartar variieren. Statt der frischen Salatgurke können Sie auch ganz traditionell auf die saure Gurke zurückgreifen.

Extra-Tipps

- Statt auf Gurkenscheiben kann das Tartar auch auf Vollkornbrottalern angerichtet werden.
- Für Matjestartar kann man sehr gut auch „Heringsfilet nach Matjesart" verwenden. So gekennzeichnete Heringe müssen nicht im Frühjahr vor der Geschlechtsreife gefangen werden. Sie enthalten meist weniger Fett als echte Matjes und sind fester im Fleisch.

Bulgur wird vorwiegend im Mittleren Osten, in Nordafrika und im Mittelmeerraum verwendet. Er wird aus Hartweizen hergestellt. Aus den geschroteten und vorgekochten Weizenkörnern lässt sich eine nahrhafte und abwechslungsreiche Beilage zubereiten.

Bulgur wird im Vergleich zu Couscous gröber gemahlen und ist noch als zerbrochenes Weizenkorn (Grütze) erkennbar. Für die industrielle Verarbeitung von Bulgur werden die Körner in heißem Wasser 1 bis 3 Stunden eingeweicht, damit sie quellen und etwa 45 % Feuchtigkeit aufnehmen. Dann werden sie in möglichst wenig Wasser gekocht, getrocknet, von der Außenschicht befreit und grob zerkleinert.

Bulgur

Reich an Kohlenhydraten

Der samt Keim geschrotete Hartweizen liefert viele Vitamine und Mineralstoffe, insbesondere Eisen, und hat einen hohen Anteil an Kohlenhydraten. Ein sehr gesundes Essen erhalten Sie, wenn Sie Salate und gedünstetes Gemüse mit Bulgurkörnern ergänzen. 100 g Bulgur enthalten 1 413 kJ/316 kcal.

Einkauf und Aufbewahrung

Bulgur bekommt man abgepackt in transparenten Plastikbeuteln zu 500 g in Reformhäusern, Bioläden und großen, gutsortierten Supermärkten mit „Bioecke“. Gelegentlich wird er auch lose angeboten.

Bulgur ist recht lange haltbar. Luftig und trocken lässt er sich problemlos bis zu 9 Monate lagern. Achten Sie auf das Mindesthaltbarkeitsdatum.

Allgemeine Zubereitung

4 Tassen Wasser und eine Prise Salz in einem Topf aufkochen. 2 Tassen Bulgur einstreuen, aufkochen lassen und 10 Minuten zugedeckt köcheln lassen. Dann ist das Wasser aufgenommen. Bulgur mit zwei Gabeln leicht auflockern.

So schmeckt Bulgur

- als Hauptgericht, zubereitet wie Pilaw.
- in Eintöpfen und Suppen.
- als süßes und würziges Gericht.
- im Salat (→ z. B. Petersiliensalat, Seite 246).

Bulgur-Pilaw mit Joghurt

Zutaten
für 4 Portionen
- *2 Zwiebeln*
- *2 kleine, frische Chilischoten*
- *3 EL Pflanzenöl*
- *250 g Bulgur*
- *½ l Gemüsebrühe (klare Gemüsesuppe)*
- *400 g Tomaten*

Joghurtsauce
- *3–4 EL glatte Petersilie, gehackt*
- *2 Stiele frische Minze*
- *1 Knoblauchzehe*
- *200 g Joghurt*
- *Salz*

Zubereitung
- Die Zwiebeln schälen und fein schneiden. Die Chilischoten halbieren, den Stielansatz und die Kerne entfernen. Die Chilischotenhälften in feine Streifen schneiden.
- Das Öl in einem flachen Topf erhitzen, die Zwiebelwürfel darin andünsten, die Chilischotenstreifen zugeben, umrühren, Bulgur einstreuen und alles unter Wenden 5 Minuten anbraten.
- Mit der Gemüsebrühe aufgießen, 3 Minuten kochen lassen. Den Topf beiseite stellen und ohne Hitze 10 bis 15 Minuten zugedeckt quellen lassen, bis die gesamte Flüssigkeit aufgesogen ist.
- Inzwischen die Tomaten obenauf kreuzweise einritzen, mit kochendem Wasser übergießen und häuten. Die Tomaten vierteln, Stengelansätze und Kerne entfernen. Die Tomatenstücke würfeln und unter den Bulgur heben. Nochmals kurz erhitzen.
- Für die Sauce Petersilie und Minze abbrausen, trockenschleudern und fein hacken. Die Knoblauchzehe schälen und zerdrücken. Mit den Kräutern unter den Joghurt rühren. Mit wenig Salz abschmecken.

Vorbereitungszeit
10 Minuten

Zubereitungszeit
20 Minuten

Beilageempfehlung
Feldsalat (Vogerlsalat) mit blättrig geschnittenen Champignons in einer Essig-Öl-Sauce

Nährwert pro Portion
ohne Beilage etwa
8 g Eiweiß
10 g Fett
50 g Kohlenhydrate
7 g Ballaststoffe
1340 kJ/320 kcal

Extra-Tipps
- Sie können statt Bulgur auch Naturreis verwenden.
- Dieses Bulgur-Gericht schmeckt auch kalt sehr gut.
- Wenn Sie Chilischoten verwenden, dürfen Sie keinesfalls mit den Fingern an die Augen oder Nase kommen. Die Schärfe ist so aggressiv, dass die Schleimhäute sofort anschwellen und unangenehm brennen.

Tofu wurde zwar in China erfunden, doch die Japaner gaben dem Bohnenquark (Bohnenkäse) seinen Namen: „To“ (Bohne) und „Fu“ (gerinnen). Die weiße bis leicht beigefarbene Masse, die eher an Eierstich als an Quark (Topfen) erinnert, war hierzulande lange Zeit nur Kennern der fernöstlichen Küche ein Begriff. Inzwischen findet Tofu auch bei uns viele Liebhaber, denn er ist kalorienarm und gesund. Und er ist eine hervorragende Alternative für alle, die auf Fleisch verzichten oder ihren Fleischverzehr einschränken möchten. Tofu wird aus Sojabohnen hergestellt, die zuerst eingeweicht, dann püriert und mit Wasser gekocht werden. Dabei entsteht Sojamilch. Durch Zusatz von Gerinnungsmitteln, Kalziumsulfat, Kalziumchlorid, Zitronensaft oder Essig, flockt das Eiweiß aus der Milch aus. Es entsteht eine quarkähnliche Masse, die in Formen gepresst wird.

Tofu

Kalorienarm und eiweißreich

Tofu zählt zu den eiweißreichsten pflanzlichen Nahrungsmitteln. 250 g Tofu decken ein Drittel unseres täglichen Eiweißbedarfs. Wenn Tofu mit Getreide in einer Mahlzeit kombiniert wird, erhöht sich der für unseren Körper verwertbare Eiweißgehalt. Mit 5 % enthält er sehr wenig Fett. Äußerst günstig ist der Gehalt an mehrfach ungesättigten Fettsäuren. Weitere wichtige Inhaltsstoffe sind Mineralstoffe, insbesondere Eisen, Kalium und Magnesium sowie B-Vitamine und Vitamin E. Der Kohlenhydratgehalt beträgt nur 2 g pro 100 g. Wird Tofu als Milch-Ersatzprodukt verwendet, ist zu beachten, dass er kaum Kalzium und kein Vitamin D enthält. Tofu sollte am besten mit ballaststoffreichem Gemüse kombiniert werden. Mit 305 kJ/73 kcal pro 100 g ist er äußerst kalorienarm.

Einkauf und Aufbewahrung

Tofu gibt es in Reformhäusern, Naturkost- oder Asienläden und zunehmend auch in Supermärkten. Roh-Tofu ist in Folie mit aufgedrucktem Verfallsdatum verschweißt. Die Packungsgrößen liegen zwischen 250 g und 450 g.

Geräucherter Tofu ist mit Kräutern der Provence, Curry, grünem Pfeffer, Paprika oder Sprossen zubereitet.

In Asienläden begegnet man auch Seiden-Tofu. Er wird nach dem Gerinnen nicht gepresst, sondern kräftig durchgeschlagen. Die Konsistenz ähnelt der von Dickmilch (Sauermilch).

Angebrochener Tofu – ob frisch oder aus der Folienverpackung – hält sich mit Wasser bedeckt im Kühlschrank bis zu 1 Woche. Das Wasser muss jeden Tag erneuert werden.

Ein strenger Geruch ist noch kein Zeichen für verdorbene Ware. Schlecht ist Tofu erst, wenn er unangenehm sauer oder wie verdorbenes Fleisch riecht.

Im Gefrierbeutel oder in der Vakuumverpackung lässt sich Tofu einfrieren. Er wird dabei leicht bräunlich. Beim Auftauen nimmt er wieder seine natürliche Farbe an. Die Konsistenz ist etwas porös. Tofu kann bei Zimmertemperatur auftauen; danach ausdrücken.

Vor- und Zubereitung

Nach dem Öffnen der Packung die Flüssigkeit weggießen. Den Tofu kurz unter kaltem Wasser abspülen. Eventuell trockentupfen. Je nach Rezept in Scheiben, Würfel oder Stifte schneiden, mit der Gabel zerdrücken oder mit dem Pürierstab zerkleinern. Tofu nimmt im Ganzen nur langsam den Geschmack der Gewürze an. Deshalb stets geschnitten vor dem Braten oder Backen kräftig würzen.

Tofu schmeckt fast nach gar nichts. Das ist ein großer Vorteil: Er lässt sich süß und salzig, gekocht, gebraten, gegrillt, gedünstet oder auch mariniert zubereiten und auch zu Cremes, Saucen und Füllungen verarbeiten – die Kombinationsmöglichkeiten sind grenzenlos.

Marinieren

Tofu immer zugedeckt in einem Gefäß, möglichst über Nacht, marinieren. Geeignet für das Tofubad ist Sojasauce, aber auch eine Rot- oder Weißwein-Marinade mit Kräutern sorgt für Raffinesse.

Sojasauce

Der Ausgangsstoff für Sojasauce, das Würzmittel mit dem salzigen Geschmack und scharfen Aroma, sind ebenfalls ganze Sojabohnen. Sie werden mit Pilzkulturen beimpft und 2 bis 3 Tage bei 30 bis 35° C unter Belüftung bebrütet. Im nächsten Schritt wird das Produkt in Tanks mit Salzlake vermischt. Dann beginnt der wichtigste Teil der Herstellung, die graduelle Fermentation, die 6 bis 12 Monate benötigt. Zuerst erfolgt die Milchsäuregärung, später die alkoholische Gärung mittels Hefe. Am Schluss wird die Flüssigkeit abgepresst und bei 70 bis 80° C pasteurisiert.

Sojasauce gibt es in drei Geschmacksrichtungen: Helle Sojasauce ist mild und aromatisch und wird hauptsächlich für helles Fleisch und zartes Gemüse verwendet. Dunkle Sojasauce schmeckt kräftiger und süßlich; sie ist häufig mit Zuckercouleur gefärbt und für herzhafte Gerichte geeignet.

Süße Sojasauce findet vor allem in der indonesischen Küche Verwendung.

Glasnudelsalat mit Tofu

Zutaten
für 4 Portionen

Salat
- *6 getrocknete Mu-err-Pilze*
- *100 g Glasnudeln*
- *150 g Tofu*
- *2 EL helle Sojasauce*
- *30 g Erdnusskerne, ungesalzen*
- *2 EL Pflanzenöl*
- *4 Frühlingszwiebeln*
- *2 kleine Stangen Staudensellerie*
- *1 Bund Koriander*
- *2 rote oder grüne Chilischoten*

Marinade
- *4 EL Limetten- oder Zitronensaft*
- *4–5 EL helle Sojasauce*
- *1 Prise Zucker*

Zubereitung
- Die Pilze in ein Gefäß legen, mit einer Tasse kochendem Wasser übergießen und darin 20 Minuten quellen lassen. Die Glasnudeln in kochendes Wasser geben, 2 Minuten ziehen lassen und danach in 6 cm lange Stücke schneiden. Tofu zerkrümeln, in eine Schüssel geben und mit der Sojasauce begießen.
- Die Erdnüsse grob zerkleinern und in einer Pfanne mit etwas Öl anbraten. Tofu zufügen und unter Wenden 2 Minuten anbraten, rausnehmen und abkühlen lassen.
- Die Frühlingszwiebeln und Selleriestangen putzen und waschen. Die Frühlingszwiebeln in dünne Ringe, die Selleriestangen eventuell längs halbieren, in schmale Scheiben schneiden und mit den abgetropften Glasnudeln mischen.
- Den Koriander abbrausen, trockenschwenken und die Blätter klein schneiden.
- Die Chilischoten waschen, entstielen, längs halbieren, entkernen und in feine Streifen schneiden.
- Die Mu-err-Pilze abgießen, abtropfen lassen und in Streifen schneiden.
- Die Zutaten für die Salatsauce verrühren und mit allen Salatzutaten mischen, mindestens 30 Minuten durchziehen lassen.

Vorbereitungszeit
20 Minuten

Zubereitungszeit
10 Minuten

Beilageempfehlung
(für Asienfans)
ein Extraschüsselchen mit sehr scharfer Chilisauce, mit Koriander vermischt

Nährwert pro Portion
etwa
8 g Eiweiß
12 g Fett
23 g Kohlenhydrate
2 g Ballaststoffe
1 010 kJ/242 kcal

Extra-Tipps

- 50 g Erdnüsse in der Schale ergeben die angegebene Menge.
- Statt Tofu: 250 g zerkrümeltes Schweinemett ohne Öl in einer Pfanne anbraten, mit wenig Wasser aufgießen und die Flüssigkeit verdampfen lassen.
- Mu-err- oder Wolkenohrpilze bekommen Sie getrocknet im Asienladen.
- Glasnudeln, aus Mungobohnenmehl hergestellt, mit kochendem Wasser übergießen, dann können sie weiterverarbeitet werden. Wenn die Packung größer ist als im Rezept angegeben, können Sie mit einer kräftigen Küchenschere die entsprechende Menge abschneiden.
- Statt Sojasauce können Sie auch Fischsauce oder Austernsauce (dickflüssig, braun) oder vegetarische Austernsauce auf Basis von Shiitakepilzen verwenden. Diese bekommen Sie ebenfalls im Asienladen. Fischsauce wird aus Fisch- und Krabbenkonzentrat hergestellt. Mit ihr können fertig gekochte Speisen abgeschmeckt werden. Da die Fischsauce nicht ausgeprägt nach Fisch schmeckt, können Sie sie auch zum Würzen von Fleischgerichten einsetzen.
- Optimal ist Staudensellerie aus dem Asienladen – er ist kleiner und dünner.

Tofu-Kräuter-Aufstrich

Zutaten
für 4–6 Portionen
- *200 g Tofu*
- *½–1 EL Zitronensaft*
- *1 TL Pflanzenöl (z. B. Haselnussöl)*
- *1 Messerspitze Salz*
- *Pfeffer, frisch gemahlen*
- *je 2 Stiele Petersilie, Estragon und Dill*
- *½ Bund Schnittlauch oder 5 EL tiefgefrorener Schnittlauch*
- *eventuell etwas Wasser oder Milch*

Zubereitung
- Den Tofu mit dem Pürierstab zerkleinern. Zitronensaft und Öl einrühren, salzen, pfeffern und mit dem Handrührgerät cremig schlagen.
- Die Kräuter abbrausen, trockenschleudern, Petersilie und Estragon fein hacken, Dill und Schnittlauch fein schneiden. Die Kräuter unter die Tofumasse rühren, abschmecken.
- Je nach Konsistenz ein wenig Wasser oder Milch einrühren und nochmals mit Salz und Pfeffer abschmecken.

Vorbereitungszeit
10 Minuten

Zubereitungszeit
5 Minuten

Beilageempfehlung
knuspriges Baguette oder Sechskornbrot

Nährwert pro Portion
ohne Beilage etwa (in Klammern bei 6 Portionen)
4 (3) g Eiweiß
3 (2) g Fett
0,5 (0,3) g Kohlenhydrate
0,3 (0,1) g Ballaststoffe
200 (133) kJ/48 (32) kcal

Extra-Tipp

- 1 bis 2 zerdrückte Knoblauchzehen geben dem Aufstrich eine pikante Würze.

Sommer

Die Heimat der Kartoffel liegt ursprünglich in den Hochländern Südamerikas, den Anden. In Deutschland wurden die ersten Pflanzen als Zier- und Gartenpflanzen an der Wende vom 16. zum 17. Jahrhundert angebaut. Erst in der zweiten Hälfte des 18. Jahrhunderts erkannte man den Wert der Kartoffel als Nahrungsmittel. Um ihre Verbreitung in Deutschland hat sich Friedrich der Große verdient gemacht. Heute zählt sie neben Mehl und Reis zu den stärkereichen Grundnahrungsmitteln. Deutsche essen pro Jahr im Schnitt die stattliche Menge von etwa 67 kg, Österreicher von 53,8 kg. Der Name Kartoffel leitet sich übrigens vom italienischen Tartoufoli, zu deutsch Trüffel, ab.

Kartoffeln
Erdäpfel

Nahrhafte Knolle
Kartoffeln sättigen durch ihren relativ hohen Gehalt an komplexen Kohlenhydraten (Stärke) und Ballaststoffen anhaltend. Zudem steckt in ihnen besonders hochwertiges Eiweiß, Kalium, Magnesium, Vitamin C, B-Vitamine, wenig Natrium und kaum Fett. Wer seine Kartoffeln schält, muss einen Verlust an Mineralstoffen und Spurenelementen in Kauf nehmen, denn die Schale schützt die in der Kartoffel sitzenden wertvollen Stoffe. 100 g enthalten 284 kJ/68 kcal. Frühkartoffeln (Heurige) weniger.

Das sollten Sie wissen
Geschälte, zerkleinerte oder geriebene rohe Kartoffeln sollten nicht über längere Zeit an der Luft liegen. Melanin-Farbstoffe, die sich bilden und das Verfärben verursachen, zerstören Vitamin C. Vorsicht bei grünen Stellen; Sie sollten sie herausschneiden, denn in ihnen steckt schädliches Solanin. Kartoffeln sollten nicht über 175° C gebacken, frittiert oder gebraten werden. Sonst bildet sich Acrylamid, das im Verdacht steht, krebserregend zu sein.

Einkauf und Aufbewahrung
Kartoffeln gibt es ganzjährig. Jede Jahreszeit hat ihre eigene Kartoffelsorte. Speisefrühkartoffeln (Heurige) mit zarter Schale und feinem, frischem Geschmack gibt es von Juni bis Anfang August. Früher importierte Ware ist dagegen oft sehr wässerig im Geschmack.

Mittelfrühe Sorten sind ab Mitte August erhältlich und mittelspäte bis späte Kartoffeln ab Mitte September beziehungsweise ab Ende Oktober.

Kartoffeln mögen es am liebsten dunkel, luftig und kühl bei 3 bis 6° C. In einem Korb halten sie sich einige Wochen. Sie sollten nicht in ungelochten Plastikbeuteln aufbewahrt werden. Darin können sie nicht atmen, sie beginnen zu schwitzen und zu faulen. Die Knollen müssen von guter Qualität sein: sauber, unverletzte Schalen, keine fauligen oder grünen Stellen und keine Keimansätze. Zum Einkellern wählen Sie nur späte Sorten, die Mitte, Ende Oktober geerntet wurden. Frühkartoffeln sind nicht, mittelfrühe Speisekartoffeln nur begrenzt zur Bevorratung geeignet. Der „Vorratsberg" im Keller sollte nicht höher als 40 cm aufgeschüttet werden.

Küchen-Tipp

- Auf diese Art gekocht schmecken Kartoffeln ganz besonders gut: Den unteren Teil eines Topfes mit ⅛ l Wasser füllen und aufkochen. Gewaschene Kartoffeln (1 kg) in einen Dämpfeinsatz geben und in den Topf mit dem kochenden Wasser setzen. Zugedeckt bei mittlerer Hitze je nach Größe der Kartoffeln zwischen 15 und 25 Minuten garen.

Allgemeine Zubereitung

Vor dem Schälen unter fließend kaltem Wasser abbürsten, grüne Stellen und Keimansätze (bitteres, unverträgliches Alkaloid Solanin) entfernen. Im gut verschlossenen Topf mit wenig Wasser (⅛ l pro kg) und 1 Teelöffel Salz garen. Ankochen, bis eine Dampffahne sichtbar ist, dann 10 bis 15 Minuten weiterkochen, 5 bis 10 Minuten bei Nachwärme zu Ende garen. Kartoffelwasser abgießen, Kartoffeln offen trockendämpfen. Kartoffeln (für Salzkartoffeln) erst unmittelbar vor dem Garen dünn schälen und waschen, nicht im Wasser stehen lassen. Je kleiner die Kartoffel desto kürzer die Kochzeit. Weich sind sie, wenn man eine Nadel problemlos durchstechen kann.

So schmecken Kartoffeln

- als Beilage (Pell-, Salz-, Brüh- und Bratkartoffeln, Knödel, Backkartoffeln, Pommes frites, Püree, Kroketten).
- als eigenständiges Gericht (Aufläufe, Kartoffelgratin, Puffer, Rösti).
- in Suppen und Eintöpfen.
- in der Schale (Frühkartoffeln) mit Quark, Kräutern, Gemüse und Eiern angerichtet (→ Seite 33).
- gegrillt in Folie.
- in Salaten (mittelfrühe, mittelspäte und sehr späte fest kochende Kartoffelsorten).

Für jedes Gericht die geeignete Sorte

Kartoffeln in Deutschland

- fest kochende Sorten für Salat, Pell- (Schäl-) und Bratkartoffeln. Z. B. Hansa, Linda, Sieglinde, Forelle, Celia.
- vorwiegend fest kochende Sorten für Salz- und Pellkartoffeln, Salat und Püree. Z. B. Grata, Granola, Christa, Hela, Gloria, Grandifolia, Desiree, Solina, Samara, Libora, Bintje.
- mehlig kochende Sorten für Püree und Kartoffelklöße. Z. B. Irmgard, Likaria, Aula, Adretta.

Erdäpfel in Österreich

- fest kochend (speckig). Z. B. Sieglinde, Sigma, Julia (rotschalig), Linzer Delikatess, Nicola, Naglerner Kipfler.
- vorwiegend fest kochend. Z. B. Bintje, Christa, Linzer Rose (rotschalig), Linzer Frühe, Conny, Desiree (rotschalig), Jaerla, Sirtema, Ukama.
- mehlig kochend (mehlig). Z. B. Hermes, Ackersegen, Alma, Aula, Welsa, Erntestolz.

Kartoffelsorten aus aller Herren Länder

1 Juca (Zentralafrika)
2 Rote Süßkartoffel (Spanien)
3 Eddoe (Afrika)
4 Cilena (Deutschland)
5 Spunta (Zypern)
6 Arinda (Deutschland)
7 La Ratte (Frankreich)
8 Violette noir (Frankreich)
9 Roseval (Frankreich)

Kartoffelsalat à la Dorothee

Zutaten

für 4 Portionen

- *1 kg Kartoffeln (fest kochend)*
- *400 g Zwiebeln*
- *2–3 Knoblauchzehen*
- *1 Bund Staudensellerie (ca. 400 g)*
- *250 g kleine Äpfel (z. B. Boskop)*
- *100 g getrocknete Tomaten (in Öl eingelegt)*
- *1 Bund Basilikum*
- *4 EL Oliven- oder anderes Pflanzenöl*
- *1 Tasse trockener Weißwein oder Apfelsaft (125 ml)*
- *etwas Salz*
- *Pfeffer, frisch gemahlen*
- *1–2 EL Weißwein- oder Balsamessig*

Zubereitung

- Kartoffeln schälen, waschen und in etwa 1 cm große Würfel schneiden.
- Zwiebeln und Knoblauchzehen abziehen; Zwiebeln würfeln, Knoblauch in Scheiben schneiden.
- Staudensellerie waschen, das untere Stielende entfernen und die Stangen voneinander lösen. Eventuell äußere Stangen mit einem Sparschäler entfasern. Die Stangen in etwa 1 cm dicke Stücke schneiden.
- Die Äpfel waschen, vierteln, das Kerngehäuse entfernen; die Apfelstücke würfeln.
- Die Tomaten in feine Streifen schneiden. Das Basilikum abbrausen, trockenschwenken und die Blätter grob hacken.
- Das Öl in einer Pfanne erhitzen, die Zwiebeln, den Knoblauch und die Kartoffelwürfel darin unter Wenden glasig werden lassen, mit Wein oder Apfelsaft ablöschen und bei kleiner Hitze zugedeckt etwa 10 Minuten garen. Jetzt den Sellerie dazugeben und noch etwa 4 bis 5 Minuten bissfest weitergaren.
- Alle Zutaten mit den Kartoffelwürfeln mischen. Mit Salz, Pfeffer und Essig abschmecken.

Vorbereitungszeit
15 Minuten

Zubereitungszeit
15 Minuten

Beilageempfehlung
Würstchen, kleine Frikadellen (Fleischlaberln) oder Räucherfisch, z. B. Lachs, Heilbutt oder in kleine Streifen geschnittene Schillerlocken; auch warmer Ziegenkäse oder gehobelter Pecorino passen gut

Nährwert pro Portion
etwa
8 g Eiweiß
16 g Fett
49 g Kohlenhydrate
12 g Ballaststoffe
1 550 kJ/371 kcal

Extra-Tipps

- Sie können dieses Rezept auch mit in Streifchen geschnittenen, getrockneten Feigen und etwas geschälter, geriebener Ingwerwurzel probieren.
- Wenn Sie den Kartoffelsalat zu gebratenem Wild servieren, garen Sie die Kartoffelwürfel in Rot- oder Portwein. Das gibt dem Salat eine süß-pikante Note.
- Eine mediterrane Version: Würfeln Sie Zwiebeln und rote, grüne und gelbe Paprikaschoten. Lassen Sie das Gemüse eventuell kurz mit den Kartoffeln mitgaren. Zum Servieren eine abgezogene, in kleine Würfel geschnittene Fleischtomate, eine zerdrückte Knoblauchzehe und einige schwarze Oliven sowie einige Thymianblättchen unterheben.
- Eine Frühlingsvariante: Garen Sie die Kartoffelwürfel ohne weitere Zutaten im Wein und geben zum Schluss Pfeffer, Salz und jede Menge gehackte Kräuter oder auch nur Brunnenkresse hinzu.

Veras „Himmel und Erde“

Zutaten
für 4 Portionen
- *1 kg Kartoffeln, vorwiegend fest kochend*
- *½ Bund Oregano*
- *3 EL Pflanzenöl*
- *200 ml Wasser*
- *Salz*
- *800 g Äpfel (z. B. Roter Boskop oder Cox Orange)*
- *200 ml herber Cidre*
- *2 rote Zwiebeln*
- *300 g Schinkenknacker (Knacker)*

Vorbereitungszeit
20 Minuten

Zubereitungszeit
20 Minuten

Nährwert pro Portion
etwa
27 g Eiweiß
30 g Fett
56 g Kohlenhydrate
9 g Ballaststoffe
2 785 kJ/667 kcal

Zubereitung
- Die Kartoffeln schälen, waschen, in Scheiben schneiden. Oregano abbrausen, trockenschwenken, die Blätter abzupfen.
- In einem großen, flachen Topf oder einer großen Deckelpfanne 2 Esslöffel Pflanzenöl erhitzen, Kartoffelscheiben und Oregano zufügen und darin schwenken. Das Wasser angießen, salzen und bei mittlerer Hitze zugedeckt 12 bis 15 Minuten garen.
- Inzwischen die Äpfel waschen, vierteln, das Kerngehäuse entfernen und die Apfelstücke in Scheiben schneiden. Die Apfelscheiben auf den Kartoffeln verteilen und mit Cidre angießen. Weitere 3 bis 4 Minuten zugedeckt garen.
- Die Zwiebeln abziehen, in Scheiben schneiden. In einer Pfanne das restliche Pflanzenöl erhitzen, die Zwiebelscheiben zufügen und unter Wenden bräunen.
- Die Schinkenknacker in kochendes Wasser geben, darin erhitzen, herausnehmen und in Scheiben schneiden. Mit den Zwiebelringen zu den Apfel-Kartoffeln anrichten.

Extra-Tipps

- Statt Äpfel können Sie auch Birnen verwenden. Und statt mit Oregano würzen Sie mit Majoran, mit etwas Thymian, oder Sie bestreuen das Gericht vor dem Servieren mit einigen Blättchen Zitronenmelisse.
- Eine etwas scharfe Variante: statt Oregano gehackte Brunnenkresseblätter, gemischt mit Löwenzahn und Rukola zum Schluss unter das Gericht geben (nicht mitkochen).
- Kinder lieben Himmel und Erde; für sie sollten Sie auf die Kräuter und auf den Cidre verzichten. Dafür Apfelsaft verwenden und mit etwas Zucker und Zimt würzen.
- Im Rheinland ist dieses Gericht zuhause; hier wird die Kartoffel-Apfel-Mischung leicht gestampft und mit gebratener Blutwurst serviert. Auch mit gebratenen Zwiebelringen und ausgelassenem Speck ist dies ein schmackhaftes und preiswertes Essen.
- Wer es vegetarisch mag, lässt die Knacker weg und hobelt Parmesan hauchdünn über die Kartoffel-Apfel-Mischung.

Möhren
Karotten

Möhren (auch Mohrrüben, gelbe Rüben, Rüben, Rübli, Woddeln, Wurzeln) gehören zu unseren ältesten Gemüsesorten. Funde von Möhrensamen in Schweizer Pfahlbauten beweisen, dass sie schon in der Jungsteinzeit in Mitteleuropa angepflanzt wurden. Jahrhundertelang war die Möhre die meist gegessene Beilage.

Speisemöhren werden nach ihrer Form unterschieden in Möhren und Karotten.

Möhren sind länglich und walzen- bis kegelförmig. Karotten sind rundlich, kurz, gedrungen und laufen unten spitz zu – wie ein Kreisel. In einigen Regionen Deutschlands und in Österreich werden die Möhren auch Karotten genannt. Und um die Begriffsverwirrung komplett zu machen: Was in Deutschland Karotte heißt, nennt sich in Österreich Babykarotte.

Nach Anbau und Erntezeit teilt man die Möhrenfamilie in drei Gruppen:

- **Frühmöhren** (kleine Sorten) stammen aus dem Treibhaus oder wachsen im Freiland (meist Bundmöhren mit Grün). Sie haben einen hohen Zuckergehalt und saftiges Fruchtfleisch.
- **Sommermöhren** sind größer und schwerer als Frühmöhren. Sommer- und auch Herbstmöhren (aus dem frühen Herbst) werden in Deutschland meist als Waschmöhren verkauft. Sie sind maschinell gewaschen und verpackt.
- **Spät- und Dauermöhren** (auch Lagermöhren) sind groß. Sie werden maschinell gewaschen, und ohne Grün fertig verpackt. Lose Ware wird auch ungewaschen und nur von grobem Schmutz und Sand befreit angeboten. Sie werden im Handel auch als Sandmöhren bezeichnet.

Alle Sorten sind gelb- bis orangerot und schmecken dank des Fruchtzuckers süßlich. Möhren sollten saftig sein und eine nussige Note haben.

Gut für die Augen

Möhren gelten als ein besonders gesundes Gemüse. Unübertroffen ist ihr Gehalt an Beta-Karotin, einer Vorstufe des lebensnotwendigen Vitamin A. Bereits mit 200 g Möhren ist der Tagesbedarf eines Erwachsenen gedeckt. Außerdem enthalten Möhren reichlich Ballaststoffe, Kalium, Kalzium, Eisen, Vitamin K und Folsäure. Möhren sind besonders bekömmlich und als Schonkost geeignet. Dies liegt unter anderem an den Pektinen. Das sind Ballaststoffe, die im Verdauungstrakt schleimartig quellen und so die gereizte Magen- und Darmschleimhaut schützen. 100 g Möhren haben 113 kJ/27 kcal.

Das sollten Sie wissen
Ob roh oder gekocht, damit das Karotin ausreichend aufgenommen wird, sollten Möhren immer mit etwas Fett zubereitet werden. Das Provitamin A (Beta-Karotin) wird vom Organismus besser verwertet, wenn Sie das Gemüse für Rohkost fein raspeln.

Einkauf und Aufbewahrung
- Frühmöhren: von Ende Februar bis Mai erhältlich,
- Sommermöhren: von Juni bis September und
- Spät- und Dauer- oder Lagermöhren: von November bis März.

Bei Bundmöhren muss das Blattgrün frisch sein. In ungelochten Plastikbeuteln können Möhren nicht atmen. Sie müssen nach dem Kauf sofort heraus aus solchen Verpackungen, sonst beginnen sie zu schwitzen und zu faulen. Früh- oder Sommermöhren möglichst am Einkaufstag verwenden, ansonsten halten sie sich im Kühlschrank (Gemüsefach) 1 bis 2 Tage. Dicke Herbstmöhren, in Papier eingeschlagen, sind dunkel und luftig etwa eine Woche lagerfähig. Schneiden Sie das Grün ab; es entzieht ansonsten Feuchtigkeit, und die Möhren werden schlaff. Möhren können zwar roh eingefroren werden, besser ist es jedoch, die geschnittenen Stückchen vor dem Gefrieren kurz zu blanchieren.

Allgemeine Zubereitung
Kleine Möhren nur abbürsten und waschen. Je nach Größe im Ganzen verwenden oder grob schneiden. Ältere Exemplare waschen, schälen, schneiden. Von sehr dicken Möhren den inneren, hellgelben Strunk entfernen. Statt mit viel Wasser nur tropfnass und zugedeckt kurz bissfest dünsten.

So schmecken Möhren
- als Salat, geraspelt mit Zitronensaft und wenig Zucker oder Honig angemacht und eventuell mit Äpfeln, Nüssen, Orangen und Rosinen ergänzt.
- als Vorspeise, gedünstet in Weißwein und abgekühlt, in Kerbel geschwenkt.
- als Eintopf, mit Kartoffeln und anderen Gemüsesorten.
- als Suppe, in Brühe oder als Püreesuppe, verfeinert mit Sahne.
- als Gemüse, gedünstet oder glasiert, mit viel Petersilie, oder mit Curry gewürzt und mit Kokosraspeln oder Mandelblättchen bestreut.
- als Beilage, gekocht, püriert, mit Sahne verfeinert und als Auflauf (Flan) gebacken.
- als Konfitüre, mit Orangensaft.
- als Saft oder als Cocktail, püriert mit Zitronensaft oder mit Sahne beziehungsweise Joghurt.
- im Kuchen.

Küchen-Tipps
- Möhren brauchen meist wenig Salz. Eine Prise Zucker tut ihnen immer gut.
- Ein wenig Fett im Gemüse hebt den Geschmack und ist gut für die Vitaminaufnahme. Am besten Öl mit mehrfach ungesättigten Fettsäuren, etwa Oliven- oder Rapsöl.
- Mit einem Sparschäler oder mit einem Juliennereißer (in Haushaltsgeschäften erhältlich) kann man die Möhren in dünnen Streifen abziehen. Die Garzeit ist dann sehr kurz.
- Für eine Möhrensuppe die gedünsteten Möhren pürieren, mit Gemüsebrühe aufgießen, mit Orangensaft abschmecken. Orientalisch wird sie mit Ingwer und Zitronenmelisse oder mit Curry und etwas Zitronensaft. Zum Servieren Kokosflocken ohne Fett rösten und das Gericht damit bestreuen.

Würz-Tipp
- Statt Petersilie schmecken auch Kerbel, Basilikum, Estragon, Minze oder Koriander. Als Gewürze stehen Curry, Ingwer, Zimt oder Muskatnuss zur Auswahl.

Möhrenterrine

Zutaten
für 6 Portionen
- *2 Bund kleine Möhren (700 g)*
- *1 Knoblauchzehe*
- *200 g Brokkoliröschen*
- *2 EL Pflanzenöl*
- *2 EL Zitronensaft*
- *50 g Crème fraîche*
- *6 Eier (Kl. M)*
- *1 Prise Cumin (Kreuzkümmel)*
- *etwas Salz*
- *Pfeffer, frisch gemahlen*

Sauce
- *100 g Frischkäse*
- *150 g Joghurt*
- *je 5–6 Stiele Petersilie, Schnittlauch, Dill, Kerbel*

Extra-Tipps

- Wenn Sie Brokkolistiele übrig haben: Mit einem Sparschäler schälen, in Scheiben schneiden. Entweder kurz blanchieren und einfrieren oder in etwas Öl 10 Minuten dünsten, mit ¼ l Gemüsebrühe aufgießen, pürieren und mit Salz und Pfeffer würzen. Mit etwas Crème fraîche und Petersilie bestreut als kleine Suppe anrichten.
- Wenn Sie eine Königskuchenform mit oben überhängendem Backpapier auslegen, können Sie die Terrine problemlos aus der Form herausheben. Doch Achtung: Falten im Papier ergeben auch eine „faltige" Terrine.

Zubereitung
- Die Möhren vom Grün befreien. Kleine, zarte Stiele können Sie beiseite legen und für die Sauce verwenden. Die Möhren nur abbürsten, waschen, falls notwendig mit dem Sparschäler schälen; die Möhren in Stücke schneiden. Die Knoblauchzehe abziehen.
- Brokkoliröschen putzen, waschen, eventuell zerteilen und kurz in kochendem Salzwasser blanchieren, mit dem Schaumlöffel herausnehmen und sofort in Eiswasser abschrecken.
- Pflanzenöl in einem Topf erhitzen, die Möhrenstücke zugeben und zugedeckt 5 bis 8 Minuten dünsten.
- Den Backofen auf 160° C (Umluft 140° C, Gas Stufe 1 ½) vorheizen.
- Die Knoblauchzehe zu den Möhren geben und alles mit dem Pürierstab fein zerkleinern. Zitronensaft und Crème fraîche unterrühren.
- Die Eier nacheinander in eine Schüssel schlagen, verquirlen, unter die Möhrenmasse rühren und alles mit Cumin, Salz und Pfeffer abschmecken.
- Ein Drittel der Möhrenmasse in eine gefettete feuerfeste Pastetenform oder beschichtete Königskuchenform (für 1 l Inhalt) geben, obenauf glatt streichen und schichtweise Möhrenmasse und Brokkoliröschen in die Form geben. Mit der Möhrenmasse abschließen und die Form mit Alufolie fest verschließen.
- Die Form in den vorgeheizten Backofen, mittlere Schiene, setzen und etwa 75 Minuten garen.
- Inzwischen die Kräuter abspülen, trockenschwenken, die Blätter von den Stielen zupfen und fein hacken. Beiseite gelegtes Möhrengrün fein schneiden. Frischkäse, Joghurt, Kräuter und Möhrengrün verrühren und mit Salz und Pfeffer abschmecken.
- Die Form aus dem Backofen nehmen und erkalten lassen.
- Zum Servieren die Möhrenterrine vorsichtig stürzen, in gut fingerbreite Scheiben schneiden und mit der Frischkäsesauce servieren.

Vorbereitungszeit
15 Minuten

Zubereitungszeit
15 Minuten

Backzeit
75 Minuten

Servierempfehlung
als Vorspeise mit frischen Kräutern garniert oder als Teil eines kalten Buffets

Nährwert pro Portion
etwa
12 g Eiweiß
16 g Fett
8 g Kohlenhydrate
5 g Ballaststoffe
1 005 kJ/240 kcal

Glasierte Möhren

Zutaten
für 4 Portionen
- *2 Bund kleine Möhren, etwa 700 g*
- *1 EL Butter*
- *1 TL Honig*
- *etwas Salz*
- *1 Zweig glatte Petersilie*

Zubereitung
- Die Möhren vom Grün befreien, abbürsten, waschen; falls notwendig, mit dem Sparschäler schälen. Je nach Größe im Ganzen verwenden oder halbieren.
- Die Möhren mit einer ½ Tasse Wasser in einen Topf geben und zugedeckt bei kleiner Hitze etwa 10 Minuten, je nach Größe der Möhren, garen.
- Butter, Honig und eine Prise Salz in eine Pfanne geben und bei kleiner Hitze zerlassen. Die Möhren zufügen, darin schwenken, bis sie schön glänzen. Petersilienblätter waschen, klein zupfen und über die Möhren streuen.

Vorbereitungszeit
5 Minuten

Zubereitungszeit
15 Minuten

Beilageempfehlung
Kartoffelpüree und gebratene Lammrückenscheiben

Nährwert pro Portion
ohne Beilage etwa
1 g Eiweiß
4 g Fett
11 g Kohlenhydrate
4 g Ballaststoffe
344 kJ/82 kcal

Zutaten
(ergibt 12 Stücke)
- *500 g Möhren (Karotten)*
- *6 große Eier (Kl. L), getrennt*
- *125 g Zucker oder Honig*
- *abgeriebene Schale und Saft von 1 Zitrone (unbehandelt)*
- *200 g Kokosraspel*
- *75 g Weizenvollkornmehl (bei Verwendung von Honig etwas mehr)*
- *2 TL Backpulver*
- *100 g Haselnüsse, gemahlen*
- *1 Messerspitze Zimt*

Außerdem
- *Fett für die Form*

Karottentorte

Zubereitung
- Möhren putzen, waschen, schälen und grob reiben (bei der Küchenmaschine die mittlere Scheibe wählen).
- Den Backofen auf 170° C (Umluft 150° C, Gas Stufe 2) vorheizen.
- Eigelb, Zucker oder Honig und Zitronensaft mit dem Schneebesen weißcremig schlagen. Die geriebenen Möhren, Kokosraspeln, Mehl, Backpulver, Haselnüsse, Zimt sowie etwas Zitronenschale zufügen und alles gut mischen.
- Das Eiweiß schnittfest schlagen und unter die Teigmasse heben.
- Die Springform (24 bis 26 cm Durchmesser) einfetten, den Teig einfüllen. Im vorgeheizten Backofen, 2. Schiene von unten, etwa 55 Minuten backen.
- Nach dem Backen den Tortenrand mit einem spitzen Messer lockern. Den Springformrand lösen, die Torte auskühlen lassen.

Vorbereitungszeit
10 Minuten

Zubereitungszeit
10 Minuten

Backzeit
55 Minuten

Nährwert pro Stück
etwa
6 g Eiweiß
19 g Fett
19 g Kohlenhydrate
6 g Ballaststoffe
1 133 kJ/271 kcal

Extra-Tipps
- Der Teig kann auch in kleineren Formen gebacken und dann nach Belieben eingefroren werden.
- Dekorativ, jedoch um einige Kalorien reicher, ist der Kuchen, wenn Sie ihn mit Puderzucker (Staubzucker) bestäuben oder mit einer Glasur aus 200 g Puderzucker, mit 2 bis 3 Esslöffel heißer Flüssigkeit (Wasser oder Saft) verrührt, bestreichen.
- Marzipanmöhren zur Dekoration stellen Sie so her: 150 g Marzipanrohmasse und 50 g Puderzucker verkneten, mit 1 bis 2 Tropfen Rote-Bete-Saft (Rote-Rüben-Saft) einfärben und kleine Möhrchen formen.

Blumenkohl wurde vor etwa 2500 Jahren erstmals erwähnt. Seit 500 Jahren ist er in Nordeuropa zu Hause. Aus der Wildform wurde eine kultivierte Kohlblume, die heutzutage überall in Europa und Asien angebaut wird.

Blumenkohl wird auch Käsekohl, Karfiol, italienischer Kohl, Blütenkohl oder Traubenkohl genannt. Er gehört zu den wenigen Gemüsesorten, deren Blütenansätze gegessen werden können. Die Kohlblume ist der fleischig verdickte Blütenstand einer Kohlart. Ihr strahlendes Weiß beruhte früher unter anderem auf einem Trick der Anbauer: Die großen, grünen Hüllenblätter wurden über dem weißen Blütenstand zusammengeknickt oder -gebunden und verhinderten somit den Lichteinfall. So konnte sich kein Chlorophyll bilden, und der Kohl blieb weiß, statt sich gelblich zu verfärben.

Blumenkohl

Karfiol

Heute werden fast ausschließlich selbstdeckende Sorten angebaut, deren Blattstellung weiße „Blumen“ hervorbringt. In Frankreich und Italien schätzt man seit einiger Zeit bunten Blumenkohl. Diese hellgrünen und violetten Sorten gibt es inzwischen auch bei uns. Besonders interessant ist der hellgrüne Romanesco mit seinen minarettartigen Röschen. Die violetten Sorten färben sich beim Kochen ebenfalls grün. Farbige Blumkohlköpfe schmecken intensiver als weiße.

Reich an Vitaminen

Farbiger Blumenkohl ist nährstoffreicher als weißer. Der Gehalt an Vitamin C (70 bis 80 mg pro 100 g) ist höher. Blumenkohl ist reich an Vitamin K, Folsäure und Kalium. Der grüne Blumenkohl enthält besonders viel Beta-Karotin (Provitamin A). 100 g haben 97 kJ/23 kcal.

Das sollten Sie wissen

Der Lichteinfall bei Freilandblumenkohl bewirkt, dass sein Nitratgehalt besser abgebaut wird.

Einkauf und Aufbewahrung

Blumenkohl gibt es ganzjährig: von Mai bis Oktober aus heimischem Freilandanbau, in der übrigen Zeit als Importware.

Der Blumenkohlkopf sollte pralle Blumen mit einer gleichmäßigen Wölbung haben und fest, aber nicht hart sein. Achten Sie darauf, dass die grünen Blätter knackig sind und keine gelbliche Färbung haben. Die Enden der gestutzten Hüllblätter müssen saftig und der Geruch des Kohlstrunks angenehm sein. Lagert Blumenkohl zu lange, beginnt er unangenehm zu riechen. Daher sollte er höchstens 1 bis 2 Tage im Kühlschrank (Gemüsefach) aufbewahrt werden.

Allgemeine Zubereitung

Mit einem Messer das untere Ende des Blütenstandansatzes anschneiden. Die eng anliegenden grünen Hüllblätter abtrennen und die darunter liegenden kleinen hellgrünen Blätter entfernen.

Blumenkohl vor der Zubereitung gut waschen. Wird der Kohl im Ganzen gegart, den Strunk unten kreuzweise einritzen. Kürzer ist die Garzeit, wenn man die Röschen abgeteilt kocht. Dafür die Röschen vom Kopf lösen und auf einem Sieb unter fließendem Wasser abbrausen. Die Röschen und die klein geschnittenen Stiele oder den Kopf im Ganzen in gesalzenem Wasser zugedeckt garen.

So schmeckt Blumenkohl

- als Rohkost, gerieben.
- als Salat, die Röschen kurz gegart und lauwarm eingelegt in eine Essig-Öl-Sauce, eine Roquefort-Crème-fraîche-Sauce oder Schmantsauce mit körnigem Senf.
- als Suppe, gekocht und fein püriert.
- als Eintopf, mit anderen Gemüsesorten (Möhren, Erbsen, Brokkoli) kombiniert.
- als Gemüse, gekocht im Ganzen oder leicht vorgegart, dann mit Hackfleisch (Faschiertem) gefüllt und in einer feuerfesten Form überbacken.
- als Gemüse, die Röschen gedünstet, z. B. mit einer Senf- oder einer Curry-Butter-Sauce.
- als Gemüse, im Ganzen gekocht, mit Butter und Semmelbröseln oder gekochtem, gewürfeltem Ei und Petersilie vermischt.
- als vegetarisches Hauptgericht mit Käse oder Käsesauce überbacken.
- als Beilage, kleine Röschen durch Eierkuchenteig (Backteig) gezogen und frittiert.

Küchen-Tipps

- Damit der Blumenkohl weiß bleibt, Zitronensaft in das Kochwasser geben. Keine Aluminiumtöpfe verwenden: der Blumenkohl färbt sich sonst grau.
- Die zarten, eng anliegenden grünen Blättchen können mitverwendet werden; sie sind reich an Mineralstoffen und Vitaminen.

Blumenkohlsalat

Zutaten
für 4 Portionen
- *1 kleiner Blumenkohl (Karfiol), etwa 300 g*
- *Salz*
- *2 Orangen*

Salatsauce
- *125 g Joghurt, 3,5 % Fett*
- *Saft von ½ Zitrone*
- *1 kleines Stück Ingwerknolle, fein gerieben*
- *2 EL Pflanzenöl*

Zum Garnieren
- *20 g Pistazien, gehackt*

Zubereitung
- Vom Blumenkohl die Blätter und den Strunk entfernen. Die Röschen vom Kopf lösen und zusammen mit den Stielen gründlich waschen und abtropfen lassen. Die zarten Stiele in dünne Scheiben schneiden, die restlichen anderweitig verwenden.
- Die Orangen großzügig schälen, sodass auch die weiße Haut entfernt wird. Die Orangenspalten zwischen den Trennwänden mit einem scharfen Messer herausschneiden, klein schneiden und zu den Blumenkohlröschen geben.
- Für die Salatsauce Joghurt, Zitronensaft, Ingwer, Salz und Öl verrühren und über die Salatzutaten geben. Vorsichtig mischen.
- Zum Servieren den Salat mit gehackten Pistazien bestreut anrichten.

Vorbereitungszeit
20 Minuten

Zubereitungszeit
10 Minuten

Beilageempfehlung
Roggenbaguette

Nährwert pro Portion
ohne Beilage etwa
4 g Eiweiß
9 g Fett
11 g Kohlenhydrate
4 g Ballaststoffe
590 kJ/143 kcal

Extra-Tipps

- Wer mag, lässt die Trennhäutchen (Zellulose) an den Orangenfilets – das sind Ballaststoffe.
- Statt mit frischer Ingwerknolle kann auch mit 1 Messerspitze Ingwerpulver, mit Ingwerkonfitüre oder kandiertem eingelegtem Ingwer (fein gewürfelt) gewürzt werden.
- Eine Alternative zu gehackten Pistazien sind leicht geröstete Mandelblättchen, Kürbis- oder Sonnenblumenkerne oder Kokosraspeln.
- Der Joghurt kann durch Dickmilch (Sauermilch) ersetzt werden.
- Sollten einmal Blumenkohlreste übrig bleiben, kann daraus eine Suppe bereitet werden. Dazu die Reste nochmals zerteilen und in etwa 2 Tassen leicht gesalzener Milch zugedeckt 5 bis 8 Minuten garen. Blumenkohl mit einem Pürierstab fein zerkleinern, mit wenig Schlagsahne (oder fettarmer Milch) aufgießen. Mit Muskatnuss abschmecken.

Blumenkohl – orientalisch

Zutaten

für 4 Portionen

- *1 Blumenkohl (Karfiol), etwa 1500 g*
- *Salz*
- *etwas Essig*

Sauce

- *200 g Schmant, 24 % Fett, ersatzweise Crème fraîche*
- *½ TL Pflanzenöl*
- *2 TL Curry*
- *etwas Blumenkohl-Kochwasser*
- *Salz*
- *einige Minzeblätter*

Zubereitung

- Den Blumenkohl putzen, vorhandene Blätter abtrennen; den Blumenkohl in große Röschen teilen, den Strunk in grobe Stücke oder Scheiben schneiden und waschen.
- In einem Topf reichlich Salzwasser aufkochen lassen und die Blumenkohlröschen und die Strunkstücke bei mittlerer Hitze 10 bis 15 Minuten bissfest garen. Blumenkohlröschen und -stücke mit einem Schaumlöffel aus dem Wasser nehmen, sehr gut abtropfen lassen.
- Für die Sauce das Pflanzenöl in einer Pfanne leicht erhitzen, Curry einrühren. Schmant mit etwas Blumenkohl-Kochwasser verquirlen und die Curry-Fett-Mischung zugeben. Alles gut umrühren, mit Salz abschmecken.
- Minze abbrausen, trockenschwenken und die Blätter grob schneiden.
- Die Sauce über die leicht abgekühlten Blumenkohlröschen und -stücke geben, mit Minze bestreuen.

Vorbereitungszeit
10 Minuten

Zubereitungszeit
15 Minuten

Servierempfehlung
als sommerliches Mittagessen oder kalt für ein Buffet

Nährwert pro Portion
etwa
8 g Eiweiß
14 g Fett
8 g Kohlenhydrate
7 g Ballaststoffe
785 kJ/188 kcal

Alte ägyptische Wandgemälde und Inschriften aus verschiedenen Dynastien zeigen, dass Zwiebeln, neben Knoblauch und Rettich, eine große Rolle bei der Verpflegung von Sklaven im Rahmen des Pyramidenbaus spielten. Zudem stellten sie eine verbreitete Opfergabe dar.

Heute ist die Zwiebel, auch Bolle oder Zipolle genannt, neben Salz das wichtigste Gewürz. In den letzten 20 Jahren hat sich der Zwiebelkonsum verdreifacht. Ein Deutscher isst im Schnitt etwa 6,3 kg pro Jahr, ein Österreicher 9,7 kg.

Für jedes Gericht die richtige Zwiebel

- **Haushaltszwiebeln** (auch Küchen- oder Gewürzzwiebeln) sind die gängigsten. Sie sind in unterschiedlichen Größen in mattgelber bis bräunlicher Färbung zu haben und schmecken würzig und scharf.
- **Gemüsezwiebeln** sind besonders groß und schmecken milder. Sie sind für Salate und zum Füllen geeignet. Unter der hellbraunen Schale verbirgt sich weiches, saftiges Fleisch.

Zwiebeln

- **Weiße Zwiebeln** sind eine Variante der Haushaltszwiebel mit besonders zartem Aroma. Sie haben eine weiße Haut, weißes Fleisch und sind gut für Salate geeignet. Ursprungsland ist Italien.
- **Rote Zwiebeln**, meist ebenfalls aus Italien, haben eine dünne äußere Schale, die lackig und leuchtend rot bis bläulich-rot ist. Diese Färbung setzt sich im Innern der Zwiebel fort, sodass sie, in Ringe oder Würfel geschnitten, eine schöne Garnierung darstellt. Rote Zwiebeln schmecken mild-würzig bis süßlich.
- **Frühlingszwiebeln** (Lauchzwiebeln) sind nicht nur im Frühling, sondern fast ganzjährig auf dem Markt. Sie haben eine maximal 4 cm dicke Zwiebel und einen ca. 40 cm langen, grünen Schaft, sind besonders fein und werden mitsamt dem Grün als Gewürz und Gemüse verwendet.
- **Schalotten** haben, wie Knoblauch, mehrere kleine, oft kantige Zehen und sind umhüllt von einigen Schichten trockener, rötlich-brauner Schale, die platzt, sobald sie ausgewachsen sind. Schalotten schmecken feiner und aromatischer als Zwiebeln.
- **Perl- und Silberzwiebeln** sind die kleinsten und feinsten Speisezwiebeln. Sie werden vorwiegend zum Einlegen in Essig und Salz verwendet.

Gegen Husten und Heiserkeit

Seit jeher werden Zwiebeln nicht nur als Gewürz, sondern auch als Heilmittel gegen vielerlei Krankheiten geschätzt. Der charakteristische Zwiebelgeschmack und der würzige Geruch basieren auf dem Gehalt an Glucosinolaten. Dies sind jene Aromastoffe, die auch die Schleimhaut reizen und uns Tränen vergießen lassen. Den Glucosinolaten werden antimikrobielle

und krebsvorbeugende Wirkungen zugeschrieben. Zwiebelsaft in Form von Sirup mit Honig oder Zucker mildert Husten sowie Luftröhrenentzündungen. Zwiebeln wird auch nachgesagt, Grippe vorzubeugen und bei Insektenstichen zu helfen. An Nährstoffen enthält die Zwiebel in nennenswerten Mengen vor allem Kalium und Zink. Provitamin A (Beta-Karotin) ist vorwiegend in Frühlingszwiebeln enthalten.

Einkauf und Aufbewahrung

Je nach Aussaatzeit wird zwischen Winter- und Sommerzwiebeln unterschieden. Zwiebeln sind aber lange haltbar und haben daher rund ums Jahr Saison.

Angeboten werden sie lose oder abgepackt in Netzen mit unterschiedlicher Füllmenge. Zwiebeln müssen prall und trocken sein, dürfen sich nicht weich anfühlen und keine grünen Spitzen haben.

Am besten sind Zwiebeln kühl, trocken und locker – vorzugsweise in Körbchen oder Netzen – aufzubewahren. Sie sollten nicht in ungelochten Plastikbeuteln lagern; darin schwitzen und schimmeln sie. Faulige Exemplare müssen schnell aussortiert werden; eine einzige angefaulte Zwiebel kann alle anderen anstecken.

So schmecken Zwiebeln

- Haushaltszwiebeln: in Saucen, Suppen, Salaten, Eintöpfen, als Gemüsebeilage, in Chutneys.
- Gemüsezwiebeln: gefüllt mit Hackfleisch (Faschiertem) oder anderen Gemüsesorten, gegrillt, gebacken, geschmort und gekocht.
- Weiße Zwiebeln: fein gehackt oder gerieben in hellen oder kalten Saucen und Suppen.
- Rote Zwiebeln: in Salaten und Chutneys.
- Frühlingszwiebeln: roh und gedünstet, das Grün als Gewürz und Gemüse.
- Schalotten: zu Fisch, in feinen Saucen (Sauce hollandaise, Sauce béarnaise) oder eingelegt. Solo oder als Mixed Pickles für Beilagen oder Fondues, zum Aromatisieren von Weiß- und Rotweinessig.

Zwiebel würfeln

Zwiebel abziehen. Das Wurzelende nicht abschneiden, denn dort werden die einzelnen Segmente zusammengehalten. Stengelansatz großzügig abschneiden und die Zwiebel längs halbieren. Auf die Schnittfläche legen und der Länge nach in gleichmäßigen Abständen, bis etwa 1 cm vor dem Wurzelende, einschneiden. Jetzt quer, am Stielende beginnend, in gleichmäßigen Abständen durchschneiden.

Zum Heulen?

Tränen beim Zwiebelschälen sind kaum zu verhindern. Da Hitze die Schärfe mildert, stellte man sich beim Zwiebelschälen früher an den Kohlenherd. Ein zeitgemäßer Tipp für größere Mengen: Arbeiten Sie am offenen Fenster. Zwiebeln auf keinen Fall unter fließendem Wasser schälen, denn dabei gehen Nährstoffe verloren. Die Zwiebel aber vor dem Schneiden abspülen. Ebenfalls hilfreich ist es, beim Schneiden durch den Mund zu atmen.

Küchen-Tipps

- Zwiebeln nur mit einem scharfen Messer schneiden; nicht hacken oder in einem elektrischen Gerät (Zerhacker, Pürierstab) zerkleinern. Das macht sie bitter.
- Immer erst kurz vor Verwendung in Würfel oder Ringe schneiden. Gleichmäßiges Zerkleinern garantiert eine gleichmäßige Garzeit.
- Rohe Zwiebeln sofort mit der Salatsauce mischen, damit sie nicht braun und bitter werden.
- Für Salate, die länger durchziehen müssen oder bekömmlicher sein sollen, die Zwiebeln kurz blanchieren oder mit heißer Marinade (z. B. beim Kartoffelsalat) übergießen.
- Werden Zwiebeln in Fett geröstet, sollte das unter ständigem Wenden passieren, sonst werden sie zu braun und schmecken bitter. Achtung: In heißem Fett bräunen Zwiebeln nach. Wenn im Rezept „glasig dünsten“ steht, sollte dies stets bei kleiner bis mittlerer Hitze und mit geschlossenem Deckel erfolgen.

Karamellisierte Zwiebeln

Zutaten
für 4 Portionen
- *500 g Perlzwiebeln, Schalotten oder kleine Haushaltszwiebeln*
- *1 EL Pflanzenöl*
- *1–2 EL Honig*
- *2 EL hellen Balsamessig*
- *Salz*
- *Pfeffer, frisch gemahlen*

Zubereitung
- Die Zwiebeln mit kochendem Wasser übergießen (dann lassen sie sich besser abziehen), in ein Sieb geben und sehr gut abtropfen lassen.
- Pflanzenöl und Honig in einer Pfanne erhitzen, das Gemüse zugeben und darin bräunen, dabei leicht schwenken.
- Mit Balsamessig ablöschen, mit Salz und Pfeffer würzen und bei kleiner Hitze 10 bis 15 Minuten, je nach Größe der Zwiebeln, zugedeckt garen, bis sie dann weich und leicht gebräunt sind.

Extra-Tipp

Die karamellisierten Zwiebeln halten sich hervorragend in einem gut verschlossenen Glas im Kühlschrank für mehrere Wochen.

Vorbereitungszeit
10 Minuten

Zubereitungszeit
15 Minuten

Servierempfehlung
zu kurz gebratenem Fleisch, z. B. Lammsteaks oder -filet. Mit Parmaschinken oder auch zu Schnittkäse mit Baguette oder Sojaspezialitäten für ein kaltes Buffet; außerdem passen dazu Möhren, Maronen oder Knoblauchzehen – ebenfalls karamellisiert

Nährwert pro Portion
etwa
1 g Eiweiß
3 g Fett
10 g Kohlenhydrate
3 g Ballaststoffe
306 kJ/73 kcal

Frühlingszwiebel-Möhren-Pfanne

Zutaten
für 4 Portionen
- *4–6 Bund Frühlingszwiebeln (etwa 500 g geputzt)*
- *300 g junge Möhren (Karotten)*
- *300 g Putenschnitzel*
- *1 EL Speisestärke*
- *1 ½ EL Pflanzenöl*
- *6 EL Gemüsebrühe (klare Gemüsesuppe)*
- *1 Prise Salz*
- *½ TL Sesamöl*
- *einige Spritzer helle Sojasauce*
- *etwas Sambal Oelek*

Zubereitung
- Die Frühlingszwiebeln putzen, waschen. Die dunkelgrünen Spitzen und Wurzelenden entfernen, Zwiebeln in etwa 7 cm lange Stücke schneiden.
- Die Möhren putzen, waschen, schälen, längs vierteln und in 5 cm lange Stücke schneiden.
- Das Putenfleisch abspülen, trockentupfen und mit einem scharfen Messer quer zur Faser in dünne Streifen schneiden, leicht in Speisestärke wenden.
- Etwas Pflanzenöl im Wok erhitzen. Das Fleisch darin unter ständigem Rühren knusprig anbraten. Mit der Schaumkelle herausnehmen, warm stellen.
- Restliches Pflanzenöl zugeben, die Möhren bei starker Hitze schnell rühren, dabei leicht salzen, damit die Farbe erhalten bleibt. Dann die Frühlingszwiebeln und die Brühe zufügen. Unter ständigem Wenden garen. Das Fleisch wieder zugeben, das Sesamöl unterrühren. Mit Sojasauce und Sambal Oelek würzen.

Vorbereitungszeit
15 Minuten

Zubereitungszeit
8 Minuten

Beilageempfehlung
asiatischer Klebreis, asiatische Eiernudeln oder Baguette

Nährwert pro Portion
ohne Beilage etwa
21 g Eiweiß
6 g Fett
8 g Kohlenhydrate
3 g Ballaststoffe
715 kJ/185 kcal

Extra-Tipps

- Wichtig: Da nicht alle Zutaten die gleiche Garzeit haben, diese nacheinander in die Pfanne geben, beiseite stellen oder an den Pfannenrand schieben und erst zum Schluss bei starker Hitze unter raschem Rühren mischen. Das fertige Gericht sollte sofort serviert werden.
- Statt Sambal Oelek, der scharfen indonesischen Würzpaste, können Sie auch kleine rote oder grüne Peperoni, fein geschnitten oder im Mörser zerrieben, verwenden. Achtung: Nach der Verarbeitung sofort gründlich die Hände waschen. Gelangen die Finger versehentlich an die Augen, kann das Brennen noch lange sehr unangenehm sein.
- Sesamöl ist ein Würzöl aus gerösteten Sesamsamen. Es gibt chinesischen Speisen ein charakteristisches Aroma. Man verwendet es nur tropfenweise zum Abschmecken. Übrigens ist chinesisches Sesamöl nicht mit dem wertvollen Sesamöl zu verwechseln. Das wird aus Sesamsamen kalt gepresst und in Reformhäusern und Feinkostläden verkauft.
- Sollten Sie keinen Wok besitzen, funktioniert das Garen auch in einer großen Pfanne mit hohem Rand – am besten aus Gusseisen oder Edelstahl.

Frühlingszwiebeln – mariniert

Zutaten

für 4–6 Portionen

- *4 Bund Frühlingszwiebeln*
- *100 ml Gemüsebrühe, instant (klare Gemüsesuppe)*
- *1 Knoblauchzehe*
- *3 Stiele Estragon*
- *1 TL Honig*
- *2 EL Weißwein- oder Balsamessig*
- *2–3 EL Olivenöl*
- *Pfeffer, frisch gemahlen*

Extra-Tipp

Frühlingszwiebeln sind vielseitig verwendbar. Die grünen Teile können, wie Schnittlauch in Röllchen geschnitten, für Suppen, Saucen und Quark/Topfen- oder Eierspeisen verwendet werden.

Zubereitung

- Die Frühlingszwiebeln putzen und waschen. Die dunkelgrünen Spitzen und Wurzelenden abschneiden. Sehr lange Frühlingszwiebeln eventuell halbieren. Brühe erhitzen und die Frühlingszwiebeln darin 3 bis 5 Minuten zugedeckt garen, herausnehmen.
- Den Knoblauch abziehen und durchpressen; Estragon abbrausen, trockentupfen. Die Blätter von den Stielen zupfen, grob schneiden und mit dem ausgepressten Knoblauch mischen.
- Mit Honig und heißer Gemüsebrühe verrühren, Essig und Öl zugeben.
- Die Frühlingszwiebeln auf einer Platte anrichten, die Salatsauce darüber gießen. Zugedeckt durchziehen lassen. Zum Servieren mit frisch gemahlenem Pfeffer bestreuen.

Vorbereitungszeit
10 Minuten

Zubereitungszeit
15 Minuten

Servierempfehlung
Parmesan zum Bestreuen, frisches Baguette oder Graubrot

Nährwert pro Portion
etwa (in Klammern bei 6 Portionen)
2,5 (1,6) g Eiweiß
12 (8) g Fett
9 (6) g Kohlenhydrate
3 (2) g Ballaststoffe
690 (460) kJ/147 (110) kcal

Zwiebelpfanne mit Hähnchenbrust

Vorbereitungszeit
10 Minuten
(ohne Marinierzeit)

Zubereitungszeit
25 Minuten

Beilageempfehlung
in Kräutern geschwenkte Salzkartoffeln oder Petersilienreis

Nährwert pro Portion
ohne Beilage etwa
18 g Eiweiß
14 g Fett
9 g Kohlenhydrate
5 g Ballaststoffe
1 130 kJ/270 kcal

Zutaten
für 4 Portionen

- *400 g Hähnchenbrustfilet (Hühnerbrust)*
- *1 Bund glatte Petersilie*
- *4 EL Pflanzenöl*
- *etwas Chilipulver*
- *Sambal Oelek oder Tabascosauce*
- *1–2 Gemüsezwiebeln (600 g)*
- *1 EL Mehl*
- *2–3 EL Gemüsebrühe (klare Gemüsesuppe)*
- *Salz*
- *Pfeffer, frisch gemahlen*

Extra-Tipp

- Statt Gemüsebrühe können Sie auch Portwein (Ruby oder Tawny) verwenden.

Zubereitung

- Die Hähnchenbrustfilets in 3 bis 4 Teile schneiden. Die Petersilie abbrausen, trockenschleudern und grob hacken. Die Fleischstücke mit 1 Esslöffel Öl, etwas Petersilie, Chilipulver und Sambal Oelek einreiben. In einen Gefrierbeutel geben und zubinden. Im Kühlschrank etwa 15 Minuten marinieren lassen.
- Inzwischen die Zwiebeln abziehen und in Achtel schneiden.
- Die Hähnchenbrustfilets abtropfen lassen, in eine Schüssel geben, in Mehl wenden. Restliches Öl in einer Pfanne erhitzen, das Fleisch darin unter Wenden 3 bis 4 Minuten goldgelb braten. Herausnehmen und warm stellen.
- Die Zwiebeln in das Bratfett geben, wenden, mit Brühe ablöschen und bei mittlerer Hitze zugedeckt 15 Minuten schmoren lassen. Danach das Fleisch zufügen, vorsichtig wenden und mit Salz und Pfeffer würzen. Restliche Petersilie darüber streuen.

Backpflaumen-Spieße mit Pute und Zwiebeln

Zutaten

für 4 Portionen

- *300 g Putenbrust*
- *2 EL Sojasauce, hell*
- *4 EL Pflanzenöl*
- *1 TL Pfeffer, grob geschrotet*
- *abgeriebene Schale von ¼ Zitrone (unbehandelt)*
- *400 g Silberzwiebeln (Perlzwiebeln)*
- *35 Kurpflaumen (Dörrzwetschken), etwa 250 g*
- *Salz*
- *1 kleine Knoblauchzehe*

Außerdem

- *8 Spieße*
- *Eiswürfel*

Zubereitung

- Das Putenfleisch abspülen, trockentupfen und in daumenbreite Würfel schneiden.
- Aus Sojasauce, 2 Esslöffeln Öl, Pfeffer und Zitronenschale eine Marinade bereiten. Das Fleisch in der Marinade zugedeckt 1 Stunde ziehen lassen.
- Inzwischen die Zwiebeln abziehen und in kochendem Salzwasser etwa 2 bis 3 Minuten ziehen lassen, mit einer Schaumkelle herausnehmen und in einer Schüssel mit kaltem Wasser und Eiswürfeln abschrecken. Das Wasser abgießen und das Gemüse trockentupfen.
- Kurpflaumen abspülen und trockentupfen. 3 Pflaumen und 3 Perlzwiebeln für die Sauce beiseite legen.
- Die marinierten Fleischwürfel, restliche Backpflaumen und Silberzwiebeln abwechselnd auf 8 Spieße stecken, die Zutaten leicht salzen und mit der restlichen Marinade bestreichen.
- Die beiseite gelegten Pflaumen und Zwiebeln fein schneiden. Die Knoblauchzehe abziehen und zerdrücken.
- In einer Pfanne das restliche Öl erhitzen. Die Spieße darin bei mittlerer Hitze unter Wenden rundherum etwa 4 Minuten braten. Herausnehmen und warm stellen.
- Die Pflaumen-Zwiebel-Mischung in das Bratfett geben, mit Knoblauch würzen, unter Rühren etwas einkochen lassen, mit Salz abschmecken und zu den Spießen anrichten.

Vorbereitungszeit
15 Minuten
(ohne Marinierzeit)

Zubereitungszeit
15 Minuten

Beilageempfehlung
Sonnenblumen- oder Mehrkornbrot

Nährwert pro Portion
ohne Beilage etwa
21 g Eiweiß
11 g Fett
41 g Kohlenhydrate
9 g Ballaststoffe
1461 kJ/349 kcal

Extra-Tipps

- Statt der Silberzwiebeln können Sie auch kleine Haushaltszwiebeln, die nach dem Blanchieren halbiert werden, verwenden. Ebenso eignen sich Frühlingszwiebeln (nur das dicke weiße Ende).
- Sollten die Pflaumen zu trocken sein, vor Kochbeginn für etwa 20 Minuten zum Einweichen in lauwarmes Wasser geben; danach müssen die Früchte ausgedrückt werden.
- Statt Kurpflaumen lassen sich auch andere getrocknete Früchte, z. B. Aprikosen (Marillen), verwenden.

Spitzkohl ist ein enger Verwandter des Weißkohls (Weißkraut). Mit kleinen Unterschieden: Die Köpfe laufen nach oben hin kegelförmig zu. Die Blätter sind intensiver grün, und der Kopf ist nicht ganz so fest verschlossen. Er schmeckt zarter und aromatischer als Weißkohl, nicht so herb-kohlig. Die Garzeit ist kürzer.

Spitzkohl
Spitzkraut

Sommergemüse mit Vitamin C

Spitzkohl ist kalorienarm. Neben Magnesium und Kalzium enthält er Kalium, Eisen sowie Vitamin K, Folsäure und, wie alle Kohlsorten, biologisch aktive Pflanzenstoffe, denen eine krebsvorbeugende Wirkung zugeschrieben wird. Spitzkohl hat den höchsten Vitamin-C-Gehalt aller Kohlsorten. Eine Besonderheit ist der Gehalt an Ascorbigen, einer Vorstufe des Vitamin C. Während sich der Vitamin-C-Anteil bei allen anderen Gemüsen durch Garen reduziert, entsteht aus dem Ascorbigen des Spitzkohls erst durch das Kochen Vitamin C. Auch Ballaststoffe hat diese Kohlsorte reichlich. 100 g Spitzkohl enthalten 102 kJ/24 kcal.

Das sollten Sie wissen

Für Magen- und Darmkranke ist Spitzkohl weniger geeignet, denn er hat eine blähende Wirkung.

Küchen-Tipps

- Gehen Sie mit Gewürzen behutsam um, der milde Kohlgeschmack wird sonst überdeckt.
- Alle Weißkohlgerichte lassen sich auch mit Spitzkohl zubereiten.

Einkauf und Aufbewahrung

Spitzkohl schließt die Lücke, die durch das fehlende Angebot an Weißkohl in den Sommermonaten auftritt. Hauptanbaugebiete in Deutschland sind Dithmarschen, der Niederrhein, der Stuttgarter Raum, dort besonders Filderstadt. Daher auch der Name Filderkraut, das hauptsächlich zu Sauerkraut verarbeitet wird. In Österreich findet sich wegen der geringen Nachfrage nur etwas Streuanbau in Niederösterreich. Frühen Spitzkohl gibt es ab Ende März, Sommerspitzkohl von Juni bis August.

Die Köpfe sind unterschiedlich groß. Kleine Exemplare bringen etwa ½ kg, große bis zu 2 kg auf die Waage.

Spitzkohl ist teurer als Weißkohl und weniger lagerfähig. Etwa 2 bis 3 Tage kann er an einem kühlen Ort, je nach Größe im Ganzen oder halbiert, mit Frischhaltefolie umwickelt, auch im Gemüsefach (Kühlschrank) aufbewahrt werden. Nach längerer Lagerung werden die Blätter gelb.

Allgemeine Zubereitung

Den Strunk abschneiden, die äußeren Blätter ablösen, wenn sie gelblich sind, dann den Kohlkopf längs vierteln und den harten Mittelstrunk entfernen. Die Viertel im Ganzen garen oder quer in Streifen schneiden. Immer erst kurz vor dem Garen putzen und klein schneiden, andernfalls gehen wertvolle Inhaltstoffe verloren.

So schmeckt Spitzkohl

- als knackiger Rohkostsalat (z. B. mit Äpfeln, Orangen, Nüssen) mit einer Essig-Öl-Sauce und vielen Kräutern (Schnittlauch, Petersilie, Kerbel) oder geschnittenen Frühlingszwiebeln.
- als Gemüsebeilage: In Pflanzenfett, eventuell mit etwas klarer Brühe (Suppe), unter Wenden etwa 10 Minuten dünsten. Vor dem Anrichten gehackte Petersilie unterheben und nach Belieben mit etwas Sahne (Obers) oder Crème fraîche verfeinern.
- als Einlage für Suppen, in Brühe oder für Eintöpfe.

Spitzkraut mit Ziegenkäse

Zutaten

für 4 Portionen

- *1 kg Spitzkohl (Spitzkraut)*
- *1 ½ EL Margarine*
- *Salz*
- *150 g milder Ziegenfrischkäse*
- *2 EL Milch*
- *Pfeffer, frisch gemahlen*

Zubereitung

- Den Spitzkohl putzen, waschen und vierteln. Einen großen flachen Topf oder eine Pfanne mit Deckel mit der Hälfte der Margarine einfetten.
- Die Spitzkohlviertel tropfnass hineinsetzen und mit Salz bestreuen. Restliche Margarine auf den Kohl streichen. Zugedeckt bei kleiner Hitze 12 bis 15 Minuten bissfest garen.
- Inzwischen den Ziegenfrischkäse und die Milch verrühren.
- Den Kohl herausheben und auf einer vorgewärmten Platte anrichten. Den Fond mit dem Ziegenfrischkäse verrühren, mit frisch gemahlenem Pfeffer würzen und die Sauce über den Kohl geben.

Vorbereitungszeit
10 Minuten

Zubereitungszeit
20 Minuten

Beilageempfehlung
Naturreis oder frisch zubereitetes Kartoffelpüree

Nährwert pro Portion
ohne Beilage etwa
11 g Eiweiß
13 g Fett
12 g Kohlenhydrate
6 g Ballaststoffe
860 kJ/206 kcal

Im 18. Jahrhundert entstand in den Gärten von Versailles aus einer zufälligen Kreuzung der kleinen amerikanischen Scharlach-Erdbeere mit der großen Chile-Erdbeere jene großfruchtige Erdbeersorte, die wir heute vorrangig genießen. Insgesamt gibt es mittlerweile rund 1 000 Sorten, verschieden in Form, Farbe, Geschmack und Konsistenz – darunter frühe, mittelfrühe, mittelspäte und späte Sorten. Je später die Sorte, desto besser das Aroma.

Vitamin C gefällig?

Früher wurden die Früchte in der Naturheilkunde aufgrund der enthaltenen Salizylsäure als Mittel gegen Rheuma und Gicht hoch geschätzt. Wegen ihres Eisengehalts (1 mg pro 100 g) galten sie außerdem als wirksam gegen Blutarmut. Erdbeeren enthalten darüber hinaus Kalium, Fruchtsäuren, Folsäure sowie viel Vitamin C (62 mg pro 100 g). 100 g haben 138 kJ/33 kcal.

Erdbeeren

Das sollten Sie wissen

Manche Menschen sind gegen Erdbeeren allergisch und reagieren mit einem Bläschenausschlag (Nesselsucht), der aber meist ebenso rasch wieder verschwindet wie er auftritt.

Einkauf und Aufbewahrung

Von Mitte Mai bis Oktober sind Freilanderdbeeren zu bekommen. Hauptangebotszeit für heimische Erdbeeren sind die Monate Juni und Juli. Treibhausware ist bereits im März und April erhältlich. Im Winter und Frühjahr kommt die Importware zum Teil aus Übersee.

Kleine Erdbeeren sind oft viel schmackhafter (mit mehr Nährstoffgehalt) als große. Unversehrte Früchte mit grünen Kelchblättern und einem intensiven Duft signalisieren Frische. Erdbeeren müssen vorsichtig transportiert werden, da sie leicht Druckstellen bekommen.

Die Früchte sollten spätestens 2 Tage nach der Ernte verzehrt werden. Einwandfreie Erdbeeren lassen sich im Kühlschrank (Gemüsefach) zugedeckt maximal 2 Tage aufbewahren; sie nehmen leicht das Aroma anderer Lebensmittel an. Ihr feiner Geschmack leidet darunter.

Allgemeine Zubereitung

Die Früchte nur kurz in kaltes Wasser tauchen oder sanft abbrausen (Handdusche), abtropfen lassen und trockentupfen. Dann erst Stiele und Blütenansätze mit leichter Drehung entfernen.

So schmecken Erdbeeren

- am besten frisch, mit Milch, Sahne (Obers), Quark (Topfen) oder Eis.
- als Mark, Konfitüre, Gelee, Kuchen- und Tortenbelag, Speiseeis, Sirup, Saft, Likör und in Bowle.
- im Obstsalat mit Ananas, Orangen, Kiwis oder gedünstetem Rhabarber.
- mit grünen Salaten, Krabben oder Puten- und Hähnchenbrust.

Küchen-Tipps

- Erdbeeren – je nach Verwendung – erst kurz vor dem Servieren zuckern; sie ziehen sonst zu viel Saft.
- Erdbeeren sind zum Einfrieren geeignet. Dazu die Beeren gereinigt und sehr gut trockengetupft einzeln auf ein Tablett legen und gefrieren. Anschließend in ein Behältnis mit Deckel geben. Oder als Mark einfrieren: Die zerdrückten Erdbeeren ohne Zucker in Gefrierdosen füllen (etwa 3 cm Rand lassen) und in den Gefrierschrank stellen.
- Bei Früchten, die in Schalen verkauft werden, lohnt ein Blick auf die Unterseite. Saft, beginnender Schimmel oder Druckstellen sind hier eventuell sichtbar.

Extra-Tipps

- Wer es pikanter mag, rührt in die Salatsauce ¼ Teelöffel mittelscharfen Senf.
- Statt mit Balsamessig können Sie auch mit Himbeer- oder Estragonessig würzen.
- Besser nicht von soeben gekauften Erdbeeren (und allen anderen ungewaschenen Obst- und Gemüsesorten) naschen: An der Oberfläche bleiben Schadstoffe haften.

Erdbeer-Frisée-Salat mit Putenleber

Zutaten
für 4 Portionen
- *1 Kopf Frisée*
- *250 g Erdbeeren*
- *100 g Putenleber*
- *15–20 g Butter*
- *Pfeffer, frisch gemahlen*
- *Salz*

Salatsauce
- *1 Bund Estragon*
- *1–2 EL Balsamessig*
- *Salz*
- *Pfeffer, frisch gemahlen*
- *2 TL Öl*

Zubereitung
- Vom Frisée dicke, grüne Blätter entfernen, die übrigen Blätter vom Strunk lösen. Salatblätter abbrausen, trockenschleudern und in mundgerechte Stücke zupfen.
- Die Erdbeeren abbrausen, trockentupfen, die Stiele und Blütenansätze entfernen. Die Früchte halbieren oder vierteln.
- Die Putenleber in ihre natürlichen Hälften teilen, Häutchen entfernen, die Leberstücke trockentupfen und in Streifen schneiden. Die Butter in einer beschichteten Pfanne erhitzen, die Putenleber darin unter Wenden kurz anbraten, dann mit Pfeffer und wenig Salz würzen. Leber herausnehmen, warm stellen und den Bratfond beiseite stellen.
- Für die Salatsauce den Estragon abbrausen, trockenschleudern, die Blättchen abzupfen und eventuell grob schneiden. Essig, Salz, Pfeffer und Öl verrühren, die Estragonblättchen zufügen.
- Die Salatblätter auf Tellern anrichten. Die Erdbeeren und Putenleber darauf verteilen. Den Bratfond in die Salatsauce rühren und über den Salat geben.

Vorbereitungszeit
25 Minuten

Zubereitungszeit
10 Minuten

Beilageempfehlung
Baguette

Nährwert pro Portion
ohne Beilage etwa
6 g Eiweiß
8 g Fett
6 g Kohlenhydrate
2 g Ballaststoffe
526 kJ/126 kcal

Erdbeer-Tiramisu

Zutaten
für 4 Portionen
- *80 g Löffelbiskuit (Biskotten)*
- *100 ml Milch, 1,5 % Fett*
- *1 bis 2 EL Kakao (schwach entölt)*
- *2 TL Zucker*
- *500 g Erdbeeren*

Krokant
- *30 g Mandelblättchen*
- *2 EL Zucker*
- *15 g Butter*

Quarkmasse (Topfencreme)
- *300 g Speisequark (Topfen), 40 % Fett*
- *75 ml Milch, 1,5 % Fett*
- *1 Päckchen Vanillezucker*
- *1 EL Zucker*

Zubereitung
- Die Löffelbiskuits in eine flache, längliche Form (etwa 20 × 30 cm) geben. 100 ml Milch in einem kleinen Topf erhitzen, je 2 Teelöffel Kakao und Zucker darin verrühren und über die Biskuits träufeln.
- Die Erdbeeren abbrausen, abtropfen lassen, die Stiele und Blütenansätze entfernen, trockentupfen, jeweils in 3 bis 4 Scheiben schneiden und auf den Löffelbiskuits verteilen.
- Die Mandelblättchen, Zucker und 15 g Butter in eine Pfanne geben und bei kleiner Hitze unter Rühren leicht bräunen. Auf einen Teller geben, auskühlen lassen und über die Erdbeeren verteilen.
- Quark, Milch (75 ml), Vanillezucker und 1 Esslöffel Zucker verrühren, über dem Mandelkrokant verteilen und mit dem Rücken eines Esslöffels glatt streichen. Die Form vorsichtig mit Klarsichtfolie abdecken und 2 Stunden im Kühlschrank durchziehen lassen.
- Zum Servieren den restlichen Kakao in ein Sieb geben und das Erdbeer-Tiramisu damit bestäuben.

Vorbereitungszeit
25 Minuten

Zubereitungszeit
10 Minuten (ohne Kühlzeit)

Nährwert pro Portion
etwa 10 g Eiweiß
13 g Fett
27 g Kohlenhydrate
3 g Ballaststoffe
1150 kJ/275 kcal

Extra-Tipps
- Sie können zusätzlich etwas Espressopulver in die heiße Milch-Kakao-Mischung rühren.
- Sollten Sie keine Löffelbiskuits haben, können Sie auch Kekse, Zwieback oder einen Teil eines Biskuit-Tortenbodens verwenden.

Erdbeerkonfitüre

Zutaten
für 2 Gläser à 450 g
- *500 g Erdbeeren*
- *500 g Gelierzucker 1:1*
- *1 EL Zitronensaft*

Zubereitung
- Die Erdbeeren abbrausen, gut abtropfen. Stiele und Blütenansätze entfernen. Die Früchte in den Mixbecher der Küchenmaschine geben, Gelierzucker nach und nach einrieseln lassen und alles etwa 8 bis 10 Minuten pürieren oder mit einem Handrührgerät (Schneebesen) 20 bis 30 Minuten schlagen.
- Die Masse sofort in vorbereitete Einweck- oder Schraubgläser füllen und mit Deckeln verschließen. Diese roh gerührte Konfitüre bitte nur 2 bis 3 Wochen (im Kühlschrank) aufbewahren.

Vorbereitungszeit
15 Minuten

Zubereitungszeit
20 Minuten

Nährwert pro Portion (25 g)
etwa
0,1 g Eiweiß
0 g Fett
13 g Kohlenhydrate
0,2 g Ballaststoffe
225 kJ/54 kcal

Marmelade oder Konfitüre?

Im Zuge der Europäisierung der Begriffe und Warenqualitäten gibt es eine einheitliche Regelung für Obsterzeugnisse. Als Marmelade werden jetzt die Produkte bezeichnet, für die nur Zitrusfrüchte, wie z. B. Orangen, Zitronen oder Grapefruits, und keine anderen Früchte verwendet wurden. Konfitüre kann aus einer oder mehreren anderen Fruchtsorten zubereitet sein.

Extra-Tipps

- Sie können für die Konfitüre auch andere Früchte verwenden, beispielsweise Stachelbeeren, rote Johannisbeeren, Himbeeren oder nicht zu reife Pflaumen (Zwetschken).
- Wenn Sie die Rührzeit beim Pürieren von Fruchtbrei und Zucker unterschreiten, ist der Zucker nicht gelöst und die Konfitüre geliert nicht.
- Roh gerührte Konfitüren schmecken im Gegensatz zu den gekochten besonders fruchtig. Für diese Zubereitung sind frische, einwandfreie Früchte notwendig; sie sollten gut ausgereift und bei trockenem Wetter geerntet sein.
- Ausschlaggebend für die fruchtige Frische ist auch der Gelierzucker. Durch ihn bleibt die appetitliche Farbe etwas länger erhalten; mit normalem Haushaltszucker kann sich die Konfitüre nach einiger Zeit leicht bräunlich verfärben.
- Grundsätzlich sollten Sie roh gerührte Konfitüren nur für 2 bis 3 Wochen aufbewahren. Werden Früchte nicht roh verwendet, sondern mit Zucker eingekocht, sind sie mindestens 6 Monate, meist sogar länger als 1 Jahr lagerbar. Angebrochene Gläser gehören immer in den Kühlschrank.
- Nie mit dem Messer, mit dem zuvor die Butter gestrichen wurde, ins Konfitürenglas gehen. Es kommt sonst leicht zur Schimmelbildung; Mikroorganismen können sich schneller vermehren.

Erdbeer-Parfait

Zutaten
für 4 Portionen
- *125 g Erdbeeren*
- *2 Eigelb*
- *50 g Puderzucker (Staubzucker)*
- *125 ml Schlagsahne (Schlagobers)*

Zubereitung
- Die Erdbeeren abbrausen, gut trockentupfen, die Stiele und Blütenansätze entfernen. Früchte mit dem Pürierstab zerkleinern.
- Eigelb und Puderzucker in einer Schüssel weißcremig schlagen. Die pürierten Früchte unterrühren.
- Die Sahne sehr steif schlagen und vorsichtig mit der Frucht-Eigelb-Masse mischen.
- In eine mit Gefrierfolie ausgelegte Kastenform (16 cm lang) geben, obenauf glatt streichen und in das Gefriergerät stellen. 4 Stunden gefrieren lassen.
- Zum Anrichten die Form kurz in heißes Wasser tauchen, bis das Eis am Rande etwas antaut. Mit den am Rand überstehenden Enden der Gefrierfolie herausheben und auf ein Brett setzen, das Parfait in Scheiben schneiden und auf Tellern anrichten. Wenn die Form nicht mit Folie ausgeschlagen ist, eine Platte mit der Oberseite nach unten auf die Form legen und beides schnell wenden. Eventuell etwas rütteln, bis sich das Parfait löst. Das Parfait in fingerbreite Scheiben schneiden und anrichten.

Vorbereitungszeit
30 Minuten

Zubereitungszeit
15 Minuten
(ohne Gefrierzeit)

Servierempfehlung
mit kleinen frischen Minz- oder Zitronenmelisseblättchen und Waffelröllchen (Hohlhippen)

Nährwert pro Portion
etwa
3 g Eiweiß
13 g Fett
15 g Kohlenhydrate
1 g Ballaststoffe
815 kJ/200 kcal

Extra-Tipps

- Nehmen Sie keine Aluformen, die Fruchtsäure greift das Material an.
- Wenn Gefrierfolie verwendet wird, darauf achten, dass die Folie sehr glatt hineingelegt wird und am oberen Rand 2 bis 3 cm an allen Seiten überlappt. Zum Einfrieren nach außen klappen, damit die Folie auf dem Parfait nicht festfriert.
- Selbstverständlich können auch andere Früchte für ein Parfait verwendet werden, z. B. Himbeeren oder Brombeeren.
- Für ein Erdbeer-Parfait können Sie auch 450 bis 500 g tiefgefrorene Erdbeeren mit 100 g Zucker mischen, auftauen lassen und durch ein Sieb passieren. Eventuell etwas Zitronensaft unterrühren. 200 bis 250 ml Schlagsahne (Schlagobers) steif schlagen, unter die Erdbeermasse rühren, in eine größere Form füllen und etwa 4 Stunden gefrieren lassen. Dies ergibt die doppelte Menge des Rezepts mit den frischen Früchten.

Stachelbeeren
Agraseln

Ob von Heckenbeere, Krausbeere, Klosterbeere oder Agrasel die Rede ist, immer handelt es sich um die Stachelbeere. Sie wird in allen gemäßigten Klimazonen angebaut. Die kugeligen oder eiförmigen Beeren haben eine feine und feste Schale, die mal glatt, mal mehr oder weniger borstig behaart ist. Ihre Farbe variiert von weißlich-grün über goldgelb oder hellbraun bis rot. Je nach Sorte und Reifegrad schmecken die Beeren sauer oder süß. Übrigens: Reife Stachelbeeren haben den höchsten Zuckergehalt aller heimischen Beerenfrüchte.

Stachelbeeren werden als einzige Frucht auch unreif geerntet und verarbeitet; daher die längere Erntesaison. Die grün geernteten Beeren sind wesentlich kleiner als die voll ausgereiften Früchte, aber geschmacksintensiver und vielseitig weiterzuverarbeiten.

Gut für die Verdauung

Der säuerliche Geschmack von Stachelbeeren beruht auf ihrem Gehalt an Oxal-, Wein-, Apfel- und Zitronensäure. Sie sind reich an Vitamin C (20 bis 70 mg pro 100 g). Die Ballaststoffe in Schale und Kernen wirken sich positiv auf die Darmtätigkeit aus. Unreife grüne Stachelbeeren sind allerdings roh schwer verdaulich. 100 g enthalten 157 kJ/37 kcal.

Einkauf und Aufbewahrung

An Stachelbeeren kann man sich ungefähr von Ende Mai bis August erfreuen. Die Früchte sollten gleichmäßig groß und prall, die Härchen sowie die Blüten- und Stengelansätze nicht schlaff sein. Bei reifen Früchten ist die Schale dünn, durchscheinend und glatt. Leider werden Stachelbeeren heute selten ganz reif angeboten; sie würden den Transport nicht überstehen.

Grüne Beeren halten sich bis zu drei Wochen im Kühlschrank (Gemüsefach). Sie sind gefriergeeignet. Reife Stachelbeeren sollten zügig verbraucht werden.

Allgemeine Zubereitung

Die Früchte waschen, Stiele und Blütenansätze abknipsen und in wenig Wasser, gegebenenfalls unter Zusatz von Süßungsmitteln, etwa 10 bis 12 Minuten zugedeckt dünsten.

So schmecken Stachelbeeren

- als Grütze (Kaltschale), gekocht in Flüssigkeit (Wasser oder Apfelsaft), gesüßt nach Geschmack und warm oder kalt mit Vanillesauce.
- als Kompott, Konfitüre, Kuchen- und Tortenbelag.
- als Süßmost, Wein, Schnaps, Likör.
- als pikante süß-saure Sauce zu Kalbsbraten (eine Thüringer Spezialität).
- als Chutney zu Fleisch-, Fisch- und Eierspeise, eingekocht mit Ingwer, Rosinen, etwas Salz, Honig und vor allem viel Curry.

Küchen-Tipps

- Grüne Beeren müssen etwas stärker gesüßt werden.
- Stachelbeeren enthalten viel Pektin. Sie gelieren deshalb besonders gut.

Stachelbeer-Crumble

Zutaten
für 4 Portionen
- *500 g reife Stachelbeeren (Agraseln)*
- *100 g Butter*
- *150 g Zucker*
- *150 g Mehl*
- *1 Messerspitze Zimt*
- *abgeriebene Schale von ½ Zitrone oder Orange (unbehandelt)*

Vanillesauce
- *½ l Milch*
- *Mark von 1 Vanilleschote*
- *30 g Zucker*
- *1 EL Speisestärke*
- *100 g Magerquark (Magertopfen)*

Extra-Tipps
- Die Milch brennt nicht an, wenn Sie den Zucker in die kalte Milch streuen. Dann nicht umrühren, bis die Milch kocht.
- Feiner wird die Vanillesauce, wenn sie mit einem Eigelb legiert und das Eiweiß steif geschlagen untergehoben wird.
- Sie können den Stachelbeer-Crumble auch als kalte Süßspeise servieren und statt Vanillesauce gesüßte Schlagsahne reichen.
- Bei süßen Hauptgerichten ist es ernährungsphysiologisch sinnvoll, die Mahlzeit um einen weiteren, weniger kohlenhydratreichen Gang zu bereichern. So würde vor diesem Stachelbeer-Auflauf z. B. ein frischer Salat passen.
- Als Dessert reicht der Auflauf für 8 Portionen.

Zubereitung
- Den Backofen auf 200° C (Umluft 180° C, Gas Stufe 3 ½) vorheizen.
- Die Stachelbeeren putzen, waschen, trockentupfen. Die Auflaufform mit wenig Butter ausstreichen. Die Stachelbeeren darin verteilen und mit der Hälfte des Zuckers bestreuen.
- Die Form in den Backofen, mittlere Schiene, setzen und 15 Minuten backen.
- Inzwischen aus dem restlichen Fett, Mehl, Zucker, Zimt und Zitronenschale von Hand Streusel bereiten. Gleichmäßig über die Stachelbeeren verteilen. Das Ganze bei gleicher Temperatur im Backofen dann weitere 30 Minuten backen.
- Für die Sauce etwas von der Milch abnehmen. Die Vanilleschote längs halbieren und das Mark herauskratzen. Die Schote und das Mark in die restliche Milch geben. Den Zucker einstreuen und die Milch aufkochen. Die Vanilleschote herausnehmen.
- Die beiseite gestellte Milch und die Speisestärke verquirlen und in die heiße Milch rühren. Einmal aufkochen lassen. Von der Herdstelle nehmen, in ein flaches Gefäß gießen, unter Rühren abkühlen lassen. Den Quark einrühren.
- Die heißen Stachelbeeren sofort mit der Sauce servieren.

Vorbereitungszeit
10 Minuten

Zubereitungszeit
5 Minuten

Backzeit
45 Minuten

Nährwert pro Portion
etwa
11 g Eiweiß
27 g Fett
102 g Kohlenhydrate
6 g Ballaststoffe
2 565 kJ/614 kcal

Die Wildformen der Kirsche wurden vermutlich bereits von den Alemannen genossen. Die Heimat der kultivierten Kirsche liegt aber wohl in dem Gebiet zwischen Kaspischem und Schwarzem Meer (Kaukasus) und in Kleinasien. Der Erzählung nach soll der römische Feldherr und Feinschmecker Lukullus um 70 v. Chr. ein Kirschbäumchen von seinen Feldzügen von dort mit nach Rom gebracht haben. Heute wird der Anbau weltweit in gemäßigten Zonen betrieben. Rund 400 Kirschsorten sind bekannt. Man unterscheidet Süß- und Sauerkirschen.

Kirschen

- **Süßkirschen**: Beliebt sind die Knorpel- oder Knupperkirschen mit ihrem bissfesten, geschmackvollen, etwas säurereichen Fruchtfleisch. Sie sind buntscheckig, das heißt auf hellerem Grund rot bis tiefrot. Herzkirschen dagegen sind meist dunkelrot bis schwarz, weichfleischiger, milder und empfindlicher bei längerem Transport.
- **Sauerkirschen** (auch Weichseln) werden seltener als Frischobst verwendet. Der Anteil an Fruchtsäure ist höher. Die große runde Schattenmorelle ist die bekannteste Sorte.

Dunkle Kirschen sind wertvoller

Der Nährwert von Süß- oder Sauerkirschen ist ähnlich. Auf jeden Fall sind dunkle Früchte wertvoller. Kirschen enthalten Kalium, etwas Eisen und die Vitamine B_1, B_2, B_6 sowie Vitamin C, Folsäure und Niacin. In 100 g Süßkirschen stecken rund 250kJ/60 kcal, in Sauerkirschen rund 208 kJ/50 kcal.

Einkauf und Aufbewahrung

Ende Mai beginnt die Ernte. Hauptsaison ist im Juni und Juli.

Die Früchte müssen kräftig rot gefärbt sein. Je intensiver die Farbe, desto reifer und aromatischer die Frucht. Außerdem sollte die Frucht trocken, sauber und rundum glatt sein, das heißt keine rissige Haut haben. Kirschen nach dem Kauf möglichst umgehend essen oder weiterverarbeiten. Müssen sie länger stehen, dann auf einem Tablett ausbreiten und kühl stellen.

Allgemeine Zubereitung

Kirschen sollten erst gewaschen, dann entstielt und entsteint werden. Die Dünstzeit beträgt nur etwa 5 Minuten.

So schmecken Kirschen

- als Nektar, Konfitüre oder Gelee.
- als Kaltschale oder auch als warme Suppe.
- als Füllung oder Belag für Torten und Kuchen.
- als Dessert mit Cremes, Eis und eingelegt in Alkohol.
- als Sauce, auch in Verbindung mit Fleisch (z. B. Wild oder Geflügel).

Küchen-Tipps

- Kirschen harmonieren sehr gut mit Schokolade.
- Zum Entsteinen gibt es spezielle Kirschentsteiner.

Würz-Tipp

- Sauerkirschen (Weichseln) können Sie mit Zimt, Vanille, Zitronen- oder Orangenschale würzen. Außerdem passen Rum, Rot- oder Weißwein. Auch Mandeln und Marzipan sind geeignet.

Rote Grütze mit Kirschen und Beeren

Zutaten
für 8 Portionen
- *750 g frische Früchte (Sauerkirschen, Himbeeren, Brombeeren, Erdbeeren und Johannisbeeren/ Ribiseln)*
- *40 g Speisestärke*
- *½ l Kirsch- oder Johannisbeernektar*
- *50 g Zucker (je nach Süße des Nektars)*
- *1 TL Vanillezucker*

Zubereitung
- Die Früchte in kaltes Wasser tauchen und trockentupfen Erdbeeren, Himbeeren und Brombeeren von den Blütenansätzen befreien. Kirschen entstielen und entsteinen, Johannisbeeren von den Rispen streifen. Große Erdbeeren vierteln oder achteln. Alle Früchte mischen.
- Die Speisestärke mit 5 Esslöffeln Fruchtnektar verrühren. Restlichen Fruchtnektar aufkochen, den Zucker und Vanillezucker einrühren und darin auflösen. Mit der angerührten Speisestärke kurz aufkochen.
- Die vorbereiteten Früchte zufügen, umrühren und 1 Minute auf der ausgeschalteten Kochstelle ziehen lassen. Die Rote Grütze in eine Schüssel füllen, erkalten lassen und 3 Stunden im Kühlschrank kühlen.

Extra-Tipps
- Statt der Beeren können Sie auch nur Kirschen verwenden.
- Wer mag, fügt ein Glas Kirschwasser oder Rum (45 % Vol.) hinzu.
- Im Winter können Sie auch (die gleiche Menge) tiefgefrorenes Obst verwenden.

Vorbereitungszeit
25 Minuten

Zubereitungszeit
10 Minuten (ohne Kühlzeit)

Servierempfehlung
mit frischer Milch, flüssiger Schlagsahne (Schlagobers), Vanillesauce, Eiskrem oder Vanillequark (Vanilletopfen)

Nährwert pro Portion
etwa
1 g Eiweiß
0 g Fett
22 g Kohlenhydrate
3 g Ballaststoffe
390 kJ/94 kcal

Kirschtorte

Zutaten
für 12 Stücke
- *750 g Sauerkirschen (Weichseln)*

Teig
- *4 große Eier (Kl. L)*
- *175 g Zucker*
- *125 g feine Haferflocken (z. B. Schmelzflocken)*
- *125 g Weizenvollkornmehl (Type 1050)*
- *1 Päckchen Backpulver*

Belag
- *75 g Butter*
- *40 g Zucker*
- *50 g Mandelblättchen*

Zubereitung
- Die Kirschen waschen, entstielen, trockentupfen und entkernen.
- Den Backofen auf 200° C (Umluft 180° C, Gas Stufe 3 ½) vorheizen.
- Die Eier trennen. Eigelb und Zucker weißcremig schlagen. Das Eiweiß in einer Schüssel steif schlagen. Die Haferflocken mit dem Mehl und Backpulver mischen.
- Den Eischnee auf die Eigelb-Zucker-Masse geben, darüber das Haferflocken-Mehl-Gemisch und die entsteinten Kirschen verteilen. Alles großzügig und vorsichtig mit dem Rührlöffel (mit Loch) oder einer Gabel unterheben.
- Eine Springform (26 oder 28 cm Durchmesser) mit Backpapier auslegen und die Masse darauf verteilen. Die Butter in Flöckchen auf die Masse geben, Mandelblättchen und Zucker darüber streuen.
- Die Form in den vorgeheizten Backofen, untere Schiene, stellen und etwa 60 Minuten backen.
- Die Torte aus dem Backofen nehmen, auskühlen lassen. Den Springformrand lösen. Die Torte mit einem scharfen Messer in 12 Stücke schneiden.

Vorbereitungszeit
10 Minuten

Zubereitungszeit
5 Minuten

Backzeit
60 Minuten

Nährwert pro Stück
etwa
6 g Eiweiß
10 g Fett
32 g Kohlenhydrate
2 g Ballaststoffe
1 210 kJ/290 kcal

Extra-Tipps
- Eischnee wird besser steif, wenn das Eiweiß kalt ist, oder wenn man einige Tropfen Zitronensaft oder 1 Prise Salz zugibt.
- Statt Sauerkirschen können Sie auch andere säuerliche Beerenfrüchte, wie Johannis- oder Stachelbeeren oder auch Him- und Brombeeren verwenden.
- Im Winter dürfen es auch Tiefkühlfrüchte sein; diese allerdings erst auftauen und danach auf einem Sieb abtropfen lassen. Den Saft können Sie dann anderweitig verwenden.

Himbeeren

Himbeeren gehören, wie Erdbeeren auch, zu den Rosengewächsen und kommen heute wild in Europa und Asien sowie im nordöstlichen Nordamerika vor. Dort werden sie auch in Plantagen angebaut. Folgende Bezeichnungen sind ebenfalls gebräuchlich: Harnbeere, Honigbeere, Himpelbeere.

Die kleinen, flaumig behaarten Früchte sitzen auf einem zapfenförmigen Fruchtboden, von dem sie sich in reifem Zustand leicht lösen. Sie sind rund bis kegelförmig, rot, saftig, süß und von intensivem Aroma.

Allrounder

Himbeeren gehören zu den besonders wertvollen Früchten und haben einen hohen Anteil an Mineralstoffen wie Eisen und Magnesium. Sie enthalten außerdem Fruchtsäuren (hauptsächlich Zitronensäure), Vitamin C, Ballast- und Gerbstoffe. Die Kerne begünstigen die Verdauung. 100 g Himbeeren haben 140 kJ/33 kcal.

Einkauf und Aufbewahrung

Erntezeit ist von Ende Juni bis in den September. Haupterntezeit ist im Juli, dann schmecken sie auch am besten.

Himbeeren sollten prall, trocken und frei von Schimmel sein. Achten Sie beim Einkauf auf die Unterseite der Schale: Ist der Boden feucht, sind die unteren Früchte nicht mehr einwandfrei. Die Früchte nach dem Kauf ausbreiten, verlesen, kühl und dunkel aufbewahren.

Himbeeren sollten möglichst am Einkaufstag verzehrt werden. Sehr trockene Früchte können einen Tag mit Frischhaltefolie abgedeckt im Kühlschrank (Gemüsefach) lagern. Himbeeren sind sehr gut gefriergeeignet. Es gibt sie auch von guter Qualität bereits tiefgefroren zu kaufen.

Allgemeine Zubereitung

Die Früchte möglichst nicht waschen, sondern nur abtupfen, sonst gibt es Aroma-, Saft- und Formverlust. Wer die zarten Früchte trotzdem wegen möglicher Luftschadstoffe waschen möchte, sollte sie in ein Sieb geben und in eine Schüssel mit lauwarmem Wasser tauchen, rasch herausnehmen und gut abtropfen lassen. Auf keinen Fall unter einen fließenden Wasserstrahl halten.

So schmecken Himbeeren

- im Obstsalat, ergänzt mit Birnen, Bananen, Ananas, Erdbeeren, Johannisbeeren (Ribiseln), gedünstetem Rhabarber, Aprikosen (Marillen). Das Aroma wird durch Zitronensaft intensiver.
- als Sauce zu Kurzgebratenem.
- als Konfitüre (auch kombiniert mit den oben erwähnten Früchten).
- als Saft und Gelee.
- als Creme oder Eis, mit Sahne, Joghurt, Crème fraîche oder Quark (Topfen).
- als Himbeeressig: In ½ l Weinessig 500 g Himbeeren 2 bis 3 Wochen an einem warmen Ort (Fensterbrett) durchziehen lassen. Danach die Flüssigkeit in eine saubere Flasche filtern und die Himbeeren wieder dazugeben.

Himbeer-Sellerie-Salat

Zutaten
für 4 Portionen

Salatsauce
- *2 ½ EL Himbeeressig*
- *3 EL Raps- oder Sonnenblumenöl*
- *½ TL Honig*
- *Salz*
- *Pfeffer, frisch gemahlen*

Außerdem
- *250 g Staudensellerie*
- *1 Apfel (Cox Orange)*
- *200 g Himbeeren*
- *10 g Mandelstifte*

Zubereitung
- Für die Salatsauce Himbeeressig, Öl, Honig und Gewürze verrühren.
- Staudensellerie putzen, waschen, zarte Blättchen abtrennen und beiseite legen. Die dünnen Selleriestangen, schräg in feine Streifen schneiden. Eventuell dicke Selleriestangen längs halbieren; die dickeren Teile anderweitig verwenden.
- Den Apfel schälen, vierteln, das Kerngehäuse entfernen. Die Apfelviertel quer in dünne Scheiben schneiden. Mit den Selleriestückchen und der Salatsauce mischen.
- Die Himbeeren verlesen, abtupfen, nicht waschen, die Blütenansätze entfernen.
- Den Salat in eine flache Schüssel geben oder auf vier Teller verteilen. Mit den Himbeeren und Mandelstiften bestreut anrichten.

Vorbereitungszeit
15 Minuten

Zubereitungszeit
10 Minuten

Nährwert pro Portion
etwa
2 g Eiweiß
9 g Fett
10 g Kohlenhydrate
5 g Ballaststoffe
570 kJ/136 kcal

Extra-Tipp

- Dieses Rezept sollte nur mit frischen Himbeeren zubereitet werden; tiefgefrorene sind zu weich. Ansonsten ist es ratsam, die Selleriestücke kurz in kochendem Wasser zu blanchieren. Dann sind sie nicht ganz so hart und passen zu den weichen aufgetauten Früchten.

Himbeer-Buttermilch-Dessert

Zutaten

für 4 Portionen

- *5 Blatt weiße Gelatine*
- *500 ml Buttermilch*
- *3 EL Grenadine- oder Himbeersirup*
- *etwas Zitronensaft*
- *2 leicht gehäufte EL Zucker (30 g)*
- *150 g Himbeeren (frisch oder tiefgefroren)*

Zubereitung

- Die Gelatineblätter in kaltem Wasser einweichen.
- Währenddessen die Buttermilch und Grenadine- oder Himbeersirup, etwas Zitronensaft und Zucker in einer Schüssel verrühren.
- Die Gelatine ausdrücken und tropfnass in einem Topf im Wasserbad auflösen. Von der Buttermilchmischung etwa ⅓ in die aufgelöste Gelatine rühren, diese dann in die restliche Buttermilchmischung rühren. Die Mischung im Kühlschrank erkalten lassen.
- Inzwischen die Himbeeren verlesen, abtupfen, nicht waschen und die Blütenansätze entfernen. Tiefgefrorene Himbeeren auftauen lassen. Einige Himbeeren zum Garnieren beiseite legen.
- Sobald die Buttermilchmasse zu gelieren beginnt, mit dem Schneebesen kräftig aufschlagen.
- Einen Teil der Himbeeren in Dessertschalen füllen, die Buttermilchcreme darüber geben; erneut kalt stellen und fest werden lassen.
- Zum Servieren mit den beiseite gelegten Himbeeren garnieren.

Vorbereitungszeit
10 Minuten

Zubereitungszeit
10 Minuten (ohne Kühlzeit)

Nährwert pro Portion
etwa
6 g Eiweiß
1 g Fett
21 g Kohlenhydrate
2 g Ballaststoffe
490 kJ/120 g kcal

Extra-Tipps

- Sie können die Früchte, je nach Saison, variieren. Infrage kommen z. B. Erdbeeren, Johannisbeeren oder Brombeeren.
- In Suppentassen oder -tellern angerichtet, kann diese Speise auch als Vorsuppe, das heißt Kaltschale, für ein sommerliches Menü serviert werden. Für die Kaltschale verwenden Sie einfach 2 Blatt Gelatine weniger.

Zucchini heißen in Frankreich und England Courgettes und in Spanien Calabacinas. Die Cucurbita pepo, so der botanische Name der Kürbisverwandten, stammt aus Westindien und Mexiko. Spanische Seefahrer brachten sie von dort mit in ihre Heimat. Heute werden Zucchini auch bei uns angebaut, und so mancher Kleingärtner ist stolz auf besonders üppige Früchte.

Zucchini sind meist dunkelgrün und weiß gestreift oder gefleckt. Es gibt auch weiße, cremefarbene und gelbe Sorten. Roh schmecken Zucchini leicht nussig.

Zucchini

Delikate Blüten

Mit Blüte bekommt man Zucchini bei uns selten, allerdings werden in guten Gemüsegeschäften die Blüten separat angeboten. Die schöne gelbe Blüte schmeckt zart süßlich. Sie kann frittiert oder gefüllt werden (z. B. mit einer Farce aus Kräutern auf Frischkäse- oder Kalbfleischbasis).

Als Schlankheitskost geeignet

Zucchini sind ein kalorienarmes Gemüse: 100 g enthalten nur 79 kJ/19kcal. Sie sind zudem reich an Mineralstoffen, vor allem an Kalium, Magnesium sowie Eisen und enthalten die Vitamine B_1, K, Folsäure und Vitamin C.

Einkauf und Aufbewahrung

Zucchini gibt es das ganze Jahr über. Von heimischen Erzeugern kommen sie im Frühjahr aus Unterglasanbau, von Juli bis Oktober aus dem Freiland. Die übrige Zeit werden sie aus Frankreich und Italien importiert.

Zucchini sollten gerade oder leicht gebogen, etwa 15 bis 20 cm lang, mit kleinem Stielansatz sein, eine zarte, grüne Schale haben und zwischen 125 g und 250 g wiegen. In diesem Stadium schmecken sie am besten, das Fruchtfleisch ist hellgrün und knackig. Größere Exemplare sind innen oft schwammig und schmecken fade. Wenn die Schale weiße Sprenkel hat, ist dies ein Zeichen für Freilandware. Gleichmäßig tiefgrüne Zucchini kommen aus dem Gewächshaus. Sie sind nicht ganz so aromatisch.

Im Kühlschrank (Gemüsefach) halten sich Zucchini bis zu 1 Woche. Sie sollten nicht zusammen mit Obst gelagert werden, da sie äthylenempfindlich sind, also schneller verderben. Die ganzen Früchte sind nicht gefriergeeignet, püriert können sie jedoch bedenkenlos eingefroren werden.

Allgemeine Zubereitung

Von der Zucchini die Spitze und den Stielansatz entfernen. Anschließend in Scheiben, Stifte oder Würfel schneiden. Zum Aushöhlen mit einem Teelöffel die Kerne herausheben, diese können Sie später für die Füllung oder püriert als Sauce verwenden, wenn die Früchte nicht zu groß sind. Für Salate lassen sich Zucchini raspeln. Große Zucchini sollten geschält und entkernt werden.

Würz-Tipp

Zucchini vertragen starke Kräuter wie Basilikum, Liebstöckel, Thymian und Knoblauch.

So schmecken Zucchini

- als Salat, roh in feine Streifen oder dünne Scheiben geschnitten und in einer würzigen Marinade eingelegt (z. B. aus Obstessig, Öl, Sojasauce, Pfeffer, provenzalischen Kräutern, wenig Salz).
- als Suppe, püriert und mit Sahne (Obers) verfeinert.
- als Beilage, in Scheiben oder Stifte geschnitten, nur gedünstet, mit viel gehackter Petersilie oder mit Auberginen (Melanzani) und Tomaten (Paradeisern) als Ratatouille.
- als Hauptgericht mit Gemüse- oder Fleischfarce gefüllt, mit Käse bestreut und geschmort oder überbacken.
- als Chutney, süß-sauer gewürzt.

Eingelegte Zucchini

Zutaten

für 2–3 Gläser à 450 g

- *1 kg Zucchini*
- *2–4 Knoblauchzehen*
- *1 Stiel Basilikum*
- *3 Stiele glatte Petersilie*
- *2 Stiele Minze*

Sud

- *¾ l Weißweinessig*
- *150 g Zucker*
- *1 EL Salz*
- *1 TL schwarze Pfefferkörner*

Extra-Tipp

Der Sud kann auch mit folgenden Gewürzen variiert werden: 1 Teelöffel Koriander, 1 Teelöffel Fenchelsamen. Zusätzlich können je 1 Zweig Rosmarin und Thymian sowie 150 g geschälte kleine Schalotten mit den Zucchinischeiben eingeschichtet werden.

Zubereitung

- Die Zucchini putzen, waschen, trockentupfen, Spitze und Stielansatz entfernen. Die Früchte halbieren und quer in etwa 1 cm dicke Streifen schneiden. Die Knoblauchzehen abziehen, vierteln oder achteln.
- Die Kräuter abspülen, trockenschwenken, die Blätter von den Stielen zupfen und grob schneiden. Zusammen mit den Zucchinischeiben und den Knoblauchstückchen in zwei bis drei vorbereitete Schraubgläser schichten
- Für den Sud Essig, Zucker, Salz und Pfeffer in einem Topf aufkochen und rühren, bis sich der Zucker gelöst hat. Den Sud heiß über die Zucchinischeiben gießen. Die Gläser verschließen. Am nächsten Tag den Sud abgießen, erneut aufkochen und wieder über die Zucchini gießen. Dann die Gläser erneut verschließen. Die Zucchini sind etwa 6 Monate haltbar.

Vorbereitungszeit

20 Minuten

Zubereitungszeit

20 Minuten

Servierempfehlung

auf einem Vorspeisenteller, zusammen mit Schinken, Wurst und dünnen gerösteten Baguettescheiben

Nährwert pro 100 g

etwa
1 g Eiweiß
0 g Fett
2 g Kohlenhydrate
1 g Ballaststoffe
65 kJ/16 kcal

Gebackene Zucchini

Vorbereitungszeit
10 Minuten

Zubereitungszeit
5 Minuten

Backzeit
15 Minuten

Servierempfehlung
mit Baguette als Beilage zu pochiertem Fisch, zu jungen Pellkartoffeln (Heurigen) oder mit weiteren Gemüsesorten zu kurz gebratenem Fleisch

Nährwert pro Portion
etwa
2 g Eiweiß
6 g Fett
3 g Kohlenhydrate
2 g Ballaststoffe
310 kJ/74 kcal

Zutaten
für 4 Portionen

- *600 g kleine Zucchini*
- *2 Knoblauchzehen*
- *1 Zweig Thymian*
- *Salz*
- *2 EL Olivenöl*
- *Pfeffer, frisch gemahlen*

Zubereitung

- Die Zucchini putzen, waschen, Spitze und Stielansatz entfernen. Zucchini längs in ½ cm dicke Scheiben schneiden. Die Knoblauchzehen abziehen und in kleine Stifte schneiden. Thymian abbrausen und trockenschwenken, die Blättchen von den Zweigen zupfen.
- Den Backofen auf 200° C (Umluft 180° C, Gas Stufe 3 ½) vorheizen.
- In einem Bräter etwas Olivenöl erhitzen, die Zucchinischeiben darin beidseitig anbraten. Knoblauchstifte, Thymian, Salz und Pfeffer auf die Zucchinischeiben geben, mit restlichem Öl beträufeln und im vorgeheizten Backofen, mittlere Schiene, etwa 15 Minuten backen.
- Herausnehmen und sofort anrichten.

Zucchini-Gratin

Zutaten
für 4 Portionen
- *1 kleine Zwiebel*
- *250 g braune Champignons*
- *500 g Zucchini*
- *3 EL Pflanzenöl*
- *2 TL milder Curry*
- *Salz*
- *Pfeffer, frisch gemahlen*
- *2 EL Zitronensaft*
- *2 TL geriebener Meerrettich (Kren), eventuell aus dem Glas*
- *etwas abgeriebene Schale von 1 Zitrone (unbehandelt)*
- *150 g Feta-Käse*
- *4 Stiele Thymian*

Zubereitung
- Die Zwiebel abziehen und sehr fein schneiden. Die Champignons putzen, dunkle Flecke und die Stiele entfernen, die Pilze mit Haushaltspapier oder einem Pinsel abtupfen und in dünne Scheiben schneiden.
- Die Zucchini waschen, trockentupfen; nur die Spitze und den Stielansatz abschneiden. Je nach Dicke, längs halbieren und in ½ cm dicke Scheiben schneiden.
- Den Backofen auf 200° C (Umluft 180° C, Gas Stufe 3 ½) vorheizen.
- Das Pflanzenöl in einer großen Pfanne erhitzen und die Zwiebelwürfel darin andünsten. Curry einrühren und kurz mitdünsten.
- Die Zucchini- und Champignonscheiben zufügen, mehrmals wenden, mit Salz und Pfeffer würzen, mit Zitronensaft beträufeln und zugedeckt etwa 4 bis 5 Minuten garen. Meerrettich und abgeriebene Zitronenschale unterrühren.
- Alles in eine flache feuerfeste Form geben, den Feta-Käse darüber krümeln und die Form in den vorgeheizten Backofen, 2. Schiene von unten, setzen und 10 Minuten backen.
- Inzwischen Thymian abbrausen, trockenschwenken, die Blättchen von den Stielen abzupfen. Zum Servieren den Auflauf mit den frischen Thymianblättchen bestreuen.

Vorbereitungszeit
10 Minuten

Zubereitungszeit
10 Minuten

Backzeit
10 Minuten

Nährwert pro Portion
etwa
11 g Eiweiß
15 g Fett
5 g Kohlenhydrate
3 g Ballaststoffe
821 kJ/209 kcal

Extra-Tipp

Nach gleichem Rezept können Sie auch einen Salat zubereiten. Das Überbacken im Backofen entfällt. Eventuell zusätzlich 3 Esslöffel Zitronensaft und 2 Teelöffel Meerrettich, je nach Geschmack, zugeben. Dann sollten Sie statt Thymian 3 Esslöffel gehackte Petersilie verwenden.

Gefüllte Zucchini

Zutaten
für 4 Portionen
- *4–6 Zucchini (etwa 1 kg)*
- *Salz*
- *2 mittelgroße Zwiebeln oder Schalotten*
- *2 TL Butter oder Margarine*
- *200 g Crème fraîche*
- *Pfeffer, frisch gemahlen*
- *200 g Nordseekrabbenfleisch*
- *1 Bund Dill, geschnitten*
- *2 EL Parmesan, frisch gerieben*

Zubereitung
- Die Zucchini waschen, den Stielansatz abschneiden, die Zucchini der Länge nach halbieren. Das Fruchtfleisch bis ½ cm vom Rand mit der Spitze eines Teelöffels herauslösen und fein würfeln. Die Zucchinihälften in leicht gesalzenem Wasser, je nach Größe 8 bis 10 Minuten, ziehen lassen; sie sollten noch fest sein. Dann in eisgekühltem Wasser abschrecken, herausnehmen, trockentupfen und beiseite stellen.
- Den Backofen auf 200° C (Umluft 180° C, Gas Stufe 3 ½) vorheizen.
- Die Zwiebeln oder Schalotten abziehen und fein würfeln. Die Hälfte der Butter oder Margarine in einer Pfanne erhitzen, die Zwiebelwürfel zugedeckt darin glasig werden lassen. Das ausgelöste Zucchinifleisch zufügen und zugedeckt mitdünsten.
- Die Pfanne von der Kochstelle nehmen, Crème fraîche einrühren, mit wenig Salz und Pfeffer würzen. Etwas köcheln lassen. Die Krabben mit dem Dill unterheben. Die Zucchinihälften damit füllen. Mit Parmesan bestreuen. Restliche Fettflöckchen darauf setzen.
- Die Zucchinihälften in eine feuerfeste Auflaufform setzen. 4 Esslöffel Wasser in die Form geben. Im vorgeheizten Backofen, mittlere Schiene, etwa 5 bis 8 Minuten backen. Sofort servieren.

Vorbereitungszeit
15 Minuten

Zubereitungszeit
10–12 Minuten

Backzeit
5–8 Minuten

Beilageempfehlung
getoastete Baguettescheiben

Nährwert pro Portion
ohne Beilage etwa
16 g Eiweiß
20 g Fett
9 g Kohlenhydrate
4 g Ballaststoffe
1 210 kJ/296kcal

Zucchini-Champignon-Ragout

Extra-Tipp

Curry nicht zu lange anschwitzen und keinesfalls bräunen; das Gewürz wird sonst bitter.

Zutaten

für 4 Portionen

- *600 g mittelgroße Zucchini*
- *300 g Champignons*
- *3 Zwiebeln*
- *1 EL Pflanzenöl*
- *1–2 TL Curry*
- *Salz*
- *Pfeffer, frisch gemahlen*
- *100 ml Schlagsahne (Schlagobers)*
- *75 g Parmesan, gerieben*

Zubereitung

- Zucchini putzen, waschen, trockentupfen, Spitze und Stielansatz entfernen.
- Die Zucchini erst längs vierteln, dann in Scheiben schneiden. Champignons putzen, abtupfen, die Stielenden abschneiden. Die Pilze blättrig schneiden. Zwiebeln abziehen und fein würfeln.
- Pflanzenöl in einer Pfanne erhitzen, Zwiebelwürfel zugedeckt darin glasig werden lassen, Curry zufügen und unter Rühren kurz anschwitzen.
- Zucchinistücke portionsweise zugeben, dann die Champignonscheiben unterheben. Mit Salz und Pfeffer würzen. Unter vorsichtigem Wenden etwa 3 Minuten dünsten. Schlagsahne zugießen, umrühren. Noch 3 Minuten köcheln lassen.
- Den geriebenen Parmesan unterheben. Sofort servieren.

Vorbereitungszeit

20 Minuten

Zubereitungszeit

15 Minuten

Beilageempfehlung

knuspriges Baguette, Nudeln „al dente" oder Kartoffelpüree

Nährwert pro Portion

ohne Beilage etwa
12 g Eiweiß
16 g Fett
6 g Kohlenhydrate
4 g Ballaststoffe
940 kJ/226 kcal

Die Heimat der Gurken liegt an den Südhängen des Himalajas. Im Mittelalter gelangten sie nach Nordeuropa. Die ersten Gewächshauskulturen gab es in England im 19. Jahrhundert. Mittlerweile werden Gurken weltweit angebaut. In wärmeren Gegenden im Freiland, in kühleren Regionen unter Glas oder unter Folie. Anders als früher haben die neugezüchteten Gurkensorten keine bitteren Enden mehr.

Gurken

Schönheit inklusive

Gurken sind gesund und erfrischend. Sie bestehen zu 95 % aus Wasser. An Mineralstoffen bieten sie, wenn auch nicht in bedeutenden Mengen, Kalium, Kalzium und Eisen. Außerdem enthält Gurke Provitamin A (Beta-Karotin), Vitamin K und 11 mg Vitamin C pro 100 g. Gurkenscheiben auf dem Gesicht wirken erfrischend und hautreinigend. In 100 g Gurken stecken nur 54 kJ/13 kcal.

Einkauf und Aufbewahrung

Salat- oder Schlangengurken, die etwas kürzeren und dickeren Schälgurken und die Mini-Gurken, eine kleine Salatgurkenzüchtung, haben das ganze Jahr über Saison. Von Juli bis Oktober gibt es Freiland-, ansonsten Treibhausware. Die Früchte sollten eine glatte, gleichmäßig durchgefärbte Schale und feste Enden haben. Weiche oder gar faltige Stellen weisen auf zu lange Lagerung hin.

Im Spätsommer und Frühherbst gibt es Einlegegurken (in Österreich auch als Znaimer angeboten). Diese kurzen, dicken, walzenförmigen Gurken werden je nach Größe zu Gewürzgurken, Salz-, Zucker- oder Dillgurken verarbeitet. Auch Einlegegurken sollten eine kräftige grüne Färbung und eine unverletzte Schale haben.

Schmor- oder Gemüsegurken (in Österreich: Feldgurken) vom Freiland haben von Hochsommer bis Herbst Saison. Sie sind dick, prall, matt, dunkelgelb oder weiß gestreift. Gurken sollten möglichst frisch verwendet werden; sie können aber 2 bis 3 Tage im Kühlschrank (Gemüsefach) lagern.

Allgemeine Zubereitung

Salat- und Schlangengurken sind hauptsächlich für Salat, Schmorgurken (Feldgurken) zum Schmoren und Kochen, Einlegegurken (Znaimer) und Schälgurken zum Einlegen geeignet.

Gurken waschen. Von der Spitze zum Stielansatz hin die Schale mit einem Sparschäler entfernen. Sehr große Gurken vorher quer halbieren. Zum Schmoren benötigen Salatgurken 5 bis 7 Minuten, Schmorgurken etwa 10 bis 15 Minuten.

Der natürliche Feind der Gurke

Gurken wässern aus und verlieren an Kalium, sobald man sie salzt. Viele traditionelle Gerichte geben dennoch an, die Gurken zu salzen, Wasser ziehen zu lassen und anschließend auszudrücken. Derart behandelte Gurken sind schwerer verdaulich. Rohe Gurken möglichst immer erst kurz vor dem Servieren salzen oder mit Marinade mischen.

So kann man Gurken einlegen

- Cornichons: mit Pfeffer, Dilldolden, Lorbeer, Knoblauch und Zwiebeln.
- Gewürzgurken: mit Fenchelsamen, Dilldolden, Piment, Zwiebeln und klein geschnittenem frischem Meerrettich (Kren).
- Salzgurken: in einer Salzlake mit Dilldolden und Sauerkirschblättern (Weichselblättern).
- Senfgurken (aus Schälgurken): mit Aufguss aus Essig, Senfkörnern, Salz, Zucker und Kräutern.
- Süß-sauer mit Gewürzen, z. B. Ingwer.

Küchen-Tipps

- Schäl- und Senfgurken müssen geschält werden.
- Bei Schmorgurken die harten Kerne entfernen.
- Zwar enthalten die Gurken heute kaum Bitterstoffe, dennoch kann eine Probe nicht schaden: Vor dem Zubereiten die Spitze abschneiden und probieren.

Würz-Tipp

- Dill, Petersilie, Kerbel, Schnittlauch, Borretsch, Pimpernelle, Fenchel- oder Senfsamen machen als Beilage servierte Gurken würzig.

So schmecken Gurken

- als Salat, mit einer Essig-Öl- oder Sauerrahm-Sauce oder als Zutat im Kartoffelsalat.
- als Suppe, z. B. für andalusische Gazpacho oder für Tarator, eine kalte bulgarische Suppe.
- als Beilage, grob gewürfelt und gedünstet mit Knoblauch und Basilikum, Estragon, Weißwein und Sahne (Obers), oder mit ausgebratenem Speck, gebräunten Zwiebeln, etwas Essig und Zucker süß-sauer abgeschmeckt, oder solo geschmort in einer Senfsauce.
- als Beilage, geschmort mit anderen Gemüsearten wie Tomaten, Paprikaschoten, Auberginen (Melanzani), Zucchini und Pilzen.
- als Hauptgericht, zum Füllen mit anderen Gemüsezutaten oder mit gewürztem Hackfleisch (Faschiertem).
- in Tzatziki. Dafür wird ½ Salatgurke geschält und grob geraspelt, mit ½ Teelöffel Salz bestreut. 10 Minuten ziehen lassen. Danach etwa 600 bis 700 g griechischen Joghurt (oder ersatzweise bulgarischen Joghurt) mit den ausgedrückten Gurkenraspeln, 2–3 zerdrückten Knoblauchzehen, 1 Esslöffel Essig und 1 Esslöffel Olivenöl verrühren und mit Salz abschmecken.

Pikantes Joghurt-Gurken-Getränk

Zutaten

für 4 Portionen

- *200 g Salatgurke*
- *300 g Joghurt*
- *2 TL Kräuter, gehackt (Dill, Schnittlauch, Petersilie)*
- *Salz*
- *1 Prise Pfeffer, frisch gemahlen*

Zubereitung

- Die Salatgurke schälen, in Stücke schneiden, mit dem Pürierstab zerkleinern, Joghurt und Kräuter untermischen. Abschließend mit Salz und Pfeffer pikant abschmecken.

Vorbereitungszeit

10 Minuten

Zubereitungszeit

5 Minuten

Nährwert pro Portion

etwa
2 g Eiweiß
2 g Fett
4 g Kohlenhydrate
0,5 g Ballaststoffe
230 kJ/55 kcal

Kalte Gurkensuppe

Zutaten
Für 8 Portionen
- *3 Salatgurken (etwa 1700 g)*
- *½ l kalte, kräftige Gemüsebrühe (klare Gemüsesuppe)*
- *3 EL Zitronensaft*
- *1 Prise Pfeffer, frisch gemahlen*
- *1–2 Bund Dill*
- *150 g Crème fraîche oder Schmant*

Zubereitung
- Die Gurken schälen, Enden abschneiden, längs halbieren, entkernen und die Gurkenhälften in Stücke schneiden; einige dünne Scheiben für die Dekoration beiseite legen. Im Aufsatz der Küchenmaschine oder mit dem Pürierstab zerkleinern; dabei etwas Gemüsebrühe zugießen.
- Die restliche Brühe untermischen. Mit Zitronensaft und Pfeffer würzen.
- Den Dill abbrausen, trockenschwenken, fein schneiden und in die Suppe rühren. Kühl stellen.
- Die Crème fraîche erst verquirlen, dann unter die Suppe rühren.
- Die Suppe in gekühlte Suppentassen oder -teller geben. Mit den Gurkenscheiben garnieren.

Vorbereitungszeit
10 Minuten

Zubereitungszeit
15 Minuten

Beilageempfehlung
knuspriges Baguette in dünne Scheiben geschnitten, mit zerdrücktem Knoblauch bestrichen und kurz unter dem Grill gebräunt

Nährwert pro Portion
ohne Beilage etwa
2 g Eiweiß
5 g Fett
5 g Kohlenhydrate
2 g Ballaststoffe
280 kJ/67 kcal

Extra-Tipps
- Die Suppe mit in Streifen geschnittener Roter Bete (Roter Rübe) garnieren.
- Die Suppe ist auch heiß ein Genuss; dann jedoch den Dill und die Gurkenscheiben zum Schluss obenauf geben und in vorgewärmten Suppentassen oder -tellern anrichten.
- Für eine Gurkensuppe nach polnischer Art zusätzlich ein gekochtes, gehacktes Ei zum Servieren auf die Suppe streuen.

Gurke mit Viktoriabarsch

Zutaten
für 4 Portionen
- *600 g küchenfertiges Viktoriabarschfilet*
- *1 unbehandelte Zitrone*
- *200 g Frühlingszwiebeln*
- *1 große schlanke Salatgurke (600 g)*
- *2 EL Pflanzenöl*
- *1–2 EL körniger Senf*
- *1 Prise Salz*
- *6 EL Schlagsahne (Schlagobers)*

Extra-Tipp

Statt Viktoriabarsch können Sie auch jeden anderen Süßwasserfisch, wie z. B. Forellen, Zander oder Flussbarsch, oder auch Seefische, wie Seelachs und Kabeljau, verwenden.

Zubereitung
- Das Fischfilet waschen und trockentupfen. Die Zitrone abspülen, trockentupfen, dünn schälen und die Schale in feine Streifchen schneiden. Die Zitrone halbieren, den Saft auspressen und auf das Fischfilet träufeln. Die Zitronenschalenstreifchen ebenfalls auf dem Fischfilet verteilen.
- Die Frühlingszwiebeln putzen und waschen. Das Wurzelende entfernen. Den weißen und grünen Teil separat in etwa 2 cm lange Stücke schneiden.
- Die Gurke waschen, schälen und längs halbieren. Die Hälften entkernen. Die Kerne beiseite legen, die Gurkenhälften in 2 cm große Stücke schneiden.
- Das Öl in einem flachen, breiten Topf oder einer Pfanne erhitzen; die Gurkenkerne und die weißen Frühlingszwiebelstücke zufügen, unter Wenden anbraten und den Senf einrühren.
- Die Gurkenwürfel zufügen, wenden und mit Salz würzen.
- Das Fischfilet in möglichst gleichmäßige Portionsstücke schneiden, auf dem Gemüse verteilen und bei mittlerer Hitze 5 bis 6 Minuten mit Deckel garen.
- Die grünen Frühlingszwiebelstreifen vorsichtig unterheben und noch 1 Minute ziehen lassen. Die Sahne in das Gemüse rühren.
- Zum Servieren den Fisch mit dem Gemüse und der Sauce in vorgewärmten Tellern anrichten.

Vorbereitungszeit
15 Minuten

Zubereitungszeit
10 Minuten

Beilageempfehlung
mehlig gekochte Kartoffeln

Nährwert pro Portion
etwa
28 g Eiweiß
13 g Fett
6 g Kohlenhydrate
3 g Ballaststoffe
1 125 kJ/270 kcal

Kohlrabi

Würz-Tipp

- Kohlrabigemüse verträgt feine Würzung, z. B. mit weißem Pfeffer, Zitronensaft, einem Hauch Muskatnuss, einer Prise Zucker, gehackter Petersilie oder Kerbel, Dill sowie Estragon.

Wahrscheinlich stammt der Kohlrabi vom pompejanischen Kohl der Römer ab. Er wird auch Oberkohlrabi und Oberrübe genannt. In Deutschland wurde er im 16. Jahrhundert erstmals erwähnt. Die Kohlrabiknolle ist rund oder oval und kann, besonders im Spätsommer, bis zu 20 cm Durchmesser haben. Die Farbe variiert von weißlich, kräftig grün oder rötlich bis violettblau.

Mehr Nährwerte in den Blättern

Kohlrabi enthält Kalium, Kalzium, Magnesium, Eisen, Folsäure und etwa 63 mg Vitamin C pro 100 g. In den Blättern stecken weitaus mehr Nährstoffe als in der Knolle, insbesondere der Mineralstoff Phosphor und Karotinoide. 100 g Kohlrabi haben 102 kJ/24 kcal.

Einkauf und Aufbewahrung

Heimischer Kohlrabi wird von Anfang April bis Ende Mai (unter Glas) und von Anfang Mai bis November (Freiland) angeboten. Von Dezember bis Ende Mai gibt es Freilandware aus Italien. Treibhausware ist zarter, saftiger und hellgrün. Kohlrabi aus dem Freiland schmeckt etwas kräftiger.

Die Knollen, am besten 8 bis 9 cm im Durchmesser, sollten hell, fest, mit leicht glänzender Außenhaut und ohne rissige oder schorfige Stellen, die Herzblätter noch fest und frisch sein. Eine 8 cm dicke Knolle wiegt etwa 350 g. Für 4 Personen reichen 2 bis 3 Knollen als Gemüsebeilage.

Kohlrabi sind im Kühlschrank (Gemüsefach), ohne Blätter, etwa 2 bis 3 Tage haltbar. Die zarten Blätter separat in einem verschlossenen Frischhaltebeutel aufbewahren. Frühe Kohlrabi sind empfindlicher als späte Sorten. Kohlrabi kann man einfrieren, wenn er vorher blanchiert wurde.

Allgemeine Zubereitung

Die Blätter am Stiel direkt von der Knolle abschneiden, am oberen und unteren Ende der Knolle jeweils eine Scheibe entfernen. Die jungen, zarten Herzblätter beiseite legen und für gedünstetes Kohlrabigemüse, einen Eintopf oder eine Suppe, grob oder fein gehackt, zum Schluss unterheben.

Freilandkohlrabi wird immer geschält. Bei jungem Treibhauskohlrabi können Sie von der Wurzelseite her die Schale abziehen oder auch dünn schälen. Dann erst in Scheiben, Streifen oder Würfel schneiden.

Zum Füllen den Kohlrabi aushöhlen: Von oben 1 cm vom Rand rundherum mit einem spitzen Messer einschneiden. Dann das Innere mit einem Teelöffel oder Melonenausstecher aushöhlen.

So schmeckt Kohlrabi

- als Rohkost, mit einer Essig-Nussöl-Sauce oder mit Blattsalaten und gehackten Nüssen, dazu Joghurtsauce.
- als Beilage, geschmort oder glasiert, das heißt, klein geschnitten mit Zucker und etwas Butter leicht anbraten und mit etwas Wasser bedeckt und zugedeckt garen.
- als Gemüsebeilage, gedünstet mit wenig Butter und mit viel gehackter Petersilie bestreut, solo oder gemischt mit gedünsteten Möhren (Karotten), Erbsen und Spargel.
- als Hauptgericht, gefüllt mit einer Gemüsemischung oder mit Hackfleisch (Faschiertem).
- als Gratin, mit Karotten- und Kartoffelscheiben sowie einer hellen oder einer Käsesauce.

Panierte Kohlrabi

Zutaten

für 4 Portionen

- *4–6 Kohlrabi (etwa 800 g)*
- *125 ml Gemüsebrühe (klare Gemüsesuppe)*
- *Mehl zum Wenden*
- *1 kleines Ei (Kl. S)*
- *Salz*
- *Pfeffer, frisch gemahlen*
- *1 Hauch geriebene Muskatnuss*
- *50 g Vollkorn-Semmelbrösel*
- *50 g Parmesan, gerieben*
- *40 g Butterschmalz*

Extra-Tipp

Eine kalorienreichere Variante: Aus saurer Sahne (Sauerrahm), Eigelb und Gewürzen eine Sauce bereiten, diese auf das Gemüse geben und mit Semmelbröseln bestreut überbacken.

Zubereitung

- Die Kohlrabi schälen und in etwa ½ bis 1 cm dicke Scheiben schneiden. Die Gemüsebrühe erhitzen und die Scheiben darin zugedeckt etwa 8 Minuten bissfest garen. Herausnehmen, abkühlen lassen und sehr gut trockentupfen.
- Die Kohlrabischeiben zuerst in Mehl, dann in mit etwas Salz, Pfeffer und Muskat verquirltem Ei und schließlich in der Mischung aus Semmelbröseln und Parmesan wenden.
- Butterschmalz in einer Pfanne erhitzen und die Kohlrabischeiben darin von jeder Seite 4 Minuten braten.
- Die gebratenen Kohlrabischeiben sofort auf einer vorgewärmten Platte anrichten.

Vorbereitungszeit
20 Minuten

Zubereitungszeit
12 Minuten

Beilageempfehlung
junge Pellkartoffeln (Heurige) und eine Sauce aus Joghurt, Dickmilch (Sauermilch), mit etwas Crème fraîche verrührt, Gewürzen und reichlich gehackten Kräutern

Nährwert pro Portion
ohne Beilage etwa
12 g Eiweiß
13 g Fett
17 g Kohlenhydrate
3 g Ballaststoffe
980 kJ/234 kcal

Kohlrabi-Variationen

Zutaten
für 4 Portionen
- *1 kg Kohlrabi (2–3 Knollen)*
- *Salz*

Kohlrabi klassisch
- *20 g Butter*
- *2–3 EL Petersilie, gehackt*

Kohlrabi mit Frischkäse
- *20 g Butter*
- *150 g Frischkäse*
- *1 unbehandelte Zitrone*
- *Pfeffer, frisch gemahlen*
- *3–4 Stiele Zitronenmelisse, gehackt*

Kohlrabi mediterran
- *2 TL Olivenöl*
- *2 Knoblauchzehen, zerdrückt*
- *3–4 getrocknete Tomaten*
- *5–6 Basilikumblätter, gehackt*
- *150 g Mozzarella, gewürfelt*

Kohlrabi asiatisch
- *1 Paprikaschote, gelb oder rot*
- *150 g Brokkoli*
- *1 TL Pflanzenöl*
- *1 TL Curry*
- *100 g Kokosmilch (Dose)*
- *1–2 getrocknete Chilischoten*
- *1 TL Sesamöl*

Zubereitung
- Kohlrabi schälen, eventuell die kleinen Herzblätter beiseite legen, die Knollen erst in Scheiben, dann in Würfel, halbe Scheiben (2 bis 3 mm dick) oder Stifte schneiden.
- **Klassisch:** Butter in einem Topf leicht erhitzen, die Kohlrabistücke wenden, ganz wenig Wasser zugeben und zugedeckt bei kleiner Hitze 10 Minuten bissfest garen. Mit Salz und Pfeffer würzen. 5 Minuten vor Ende der Garzeit die Herzblätter grob schneiden und über das Gemüse streuen. Das Wasser, wenn es nicht verdunstet ist, abgießen und den Kohlrabi zum Anrichten mit gehackter Petersilie bestreuen.
- **Mit Frischkäse:** Den Kohlrabi in Butter andünsten und in nur wenig Salzwasser zugedeckt 10 Minuten garen. Von der Zitrone Schale in Streifen abhobeln. Den Frischkäse, einige Spritzer Zitronensaft und etwas Pfeffer verrühren und zum Kohlrabi geben. Noch 3 bis 5 Minuten köcheln lassen. Zitronenmelisse und Zitronenschale zum Kohlrabi geben.
- **Mediterran:** Knoblauch in Olivenöl andünsten, Kohlrabi zugeben und mit ganz wenig Wasser zugedeckt 10 Minuten dünsten. Die getrockneten Tomaten streifig schneiden, mit den Mozzarellawürfeln und dem Basilikum zum Kohlrabi geben.
- **Asiatisch:** Die Kohlrabi und Paprikaschote in Streifen schneiden. Brokkoliröschen vom Stiel abtrennen, Stiele in Streifen schneiden. Pflanzenöl erhitzen, Curry einrühren. Kohlrabi-, Paprika- und Brokkolistücke zufügen, Kokosmilch angießen, zugedeckt 8 Minuten dünsten. Zerkrümelte Chilischoten und Brokkoliröschen zufügen, salzen und weitere 5 Minuten dünsten. Zum Anrichten das Sesamöl darüber träufeln.

Vorbereitungszeit
5–10 Minuten
(je nach Variante)

Zubereitungszeit
10–15 Minuten
(je nach Variante)

Nährwert pro Portion
etwa

klassisch
2,5 g Eiweiß
4 g Fett
6 g Kohlenhydrate
3 g Ballaststoffe
305 kJ/73 kcal

mit Frischkäse
7 g Eiweiß
16 g Fett
7 g Kohlenhydrate
3 g Ballaststoffe
824 kJ/190 kcal

mediterran
10 g Eiweiß
11 g Fett
6 g Kohlenhydrate
3 g Ballaststoffe
670 kJ/160 kcal

asiatisch
4 g Eiweiß
3 g Fett
10 g Kohlenhydrate
4 g Ballaststoffe
368 kJ/88 kcal

Die Heimat des Pfirsichs ist China, wo er bereits im 3. Jahrtausend v. Chr. in verschiedenen Sorten angebaut wurde. Von dort aus gelangte er nach Persien und dann nach Rom. Die Römer gaben dem Pfirsich den lateinischen Namen Persicum malum, persischer Apfel.

Pfirsiche

Pfirsiche brauchen viel Sonne, was den Anbau hierzulande erschwert. Das heimische Angebot wird daher durch Importe aus Spanien, Italien, Griechenland und Frankreich ergänzt.

Der Pfirsich ist rundlich, mit einer mehr oder weniger deutlichen Längsfurche und einem vertieften Stielansatz. Die Schale ist seidig behaart und grünlichgelb oder, besonders auf der Sonnenseite der Frucht, kräftig gelb bis rot. Das Fruchtfleisch ist weißlich bis gelb, bei einigen Sorten auch rot, saftig, süß und sehr aromatisch. Bei früh geernteten Sorten lässt sich der Stein häufig recht schwer herauslösen.

Eine Pfirsich-Verwandte ist die Nektarine. Sie ist eine Kreuzung zwischen Pfirsich und Pflaume. Ihre Haut ist glatt, das Fruchtfleisch fester. Der Stein lässt sich gut entfernen.

Aber bitte mit Schale

Pfirsiche enthalten vor allem Kalium, Eisen und Vitamin C. Die meisten Vitamine und Aromastoffe sitzen unter der Schale, deshalb sollten Pfirsiche möglichst ungeschält gegessen werden. In 100 g Pfirsich stecken 161 kJ/39 kcal.

Einkauf und Aufbewahrung

Pfirsiche werden bereits Ende Mai, hauptsächlich aber von Juli bis September angeboten. Sie sind druckempfindlich und nur kurzfristig lagerfähig. Reife Früchte sollten am besten am Einkaufstag aufgegessen sein, ansonsten höchstens 2 Tage im Kühlschrank (Gemüsefach) aufbewahren.

Import-Früchte werden überwiegend fast unreif geerntet (bis auf die weißen Pfirsiche aus Frankreich), damit sie den Transport gut überstehen. Leider reifen sie nicht völlig nach und haben kein so bestechendes Aroma wie Früchte aus dem eigenen Garten.

Allgemeine Zubereitung

Pfirsiche waschen, trockentupfen. Für Spalten Pfirsiche mit einem scharfen Messer bis zum Stein in Segmente einschneiden. Stück für Stück herausheben.

Die Früchte lassen sich häuten, wenn Sie die Haut obenauf kreuzweise einritzen, die Pfirsiche kurz in kochendes Wasser tauchen, herausnehmen und kalt abschrecken. Die Haut abziehen.

Würz-Tipp

Vanillezucker, Zitronensaft, gehackte Nüsse, Pistazien, geröstete Pinienkerne. Auch Curry in Verbindung mit Geflügel- oder Lammfleisch ist eine aparte Kombination.

Küchen-Tipps

- Nehmen Sie Pfirsiche ½ Stunde vor dem Verzehr aus dem Kühlschrank (Gemüsefach), damit sie ihr volles Aroma entfalten können.
- Aufgeschnittene Pfirsiche sollten mit etwas Zitronensaft beträufelt werden; sie verfärben sich sonst bräunlich.

So schmecken Pfirsiche

- im Obstsalat.
- als Kompott, Konfitüre und Kaltschale.
- als Dessert, besonders weiße Pfirsiche, pochiert in Weißwein-Zucker-Mischung, angerichtet mit Minzblättchen und gehackten Pistazien.
- als Fruchteis oder „Pfirsich Melba" (Vanilleeiskugel, in Zuckersirup gedünstete Pfirsichhälften draufgesetzt, mit Himbeerpüree übergossen und mit Schlagsahnetupfen garniert).
- in Bowle und als „Kullerpfirsich" (Pfirsich häuten, rundherum einstechen und im Sektglas mit Sekt auffüllen).
- als Belag für Torten und Kleingebäck.
- als herzhafte Beilage zu Geflügel-, Kalb- oder Wildfleisch.

Pfirsich-Auflauf

Zutaten
für 4 Portionen
- *4 reife Pfirsiche*
- *etwas Butter zum Einfetten*
- *2 gehäufte EL Crème fraîche*
- *1 ½ TL Honig (z. B. Lindenblütenhonig)*
- *1 ½ EL Mandelblättchen*

Zubereitung
- Die Pfirsiche mit kochendem Wasser übergießen, kalt abschrecken, häuten, halbieren und den Stein entfernen.
- Den Backofen auf 170° C (Umluft 150° C, Gas Stufe 2) vorheizen.
- Eine feuerfeste Form mit wenig Butter einfetten und die Pfirsichhälften mit der Schnittfläche nach unten hineinsetzen.
- Crème fraîche und Honig verrühren und über die Pfirsiche verteilen. Mit Mandelblättchen bestreuen.
- In den vorgeheizten Backofen, 2. Schiene von unten, setzen und etwa 20 bis 30 Minuten garen. Zusätzlich eventuell in den letzten 5 Minuten den Grill einschalten.

Vorbereitungszeit
10 Minuten

Zubereitungszeit
5 Minuten

Backzeit
20–30 Minuten
(+ 5 Minuten Grillzeit)

Nährwert pro Portion
etwa
2 g Eiweiß
7 g Fett
13 g Kohlenhydrate
2 g Ballaststoffe
500 kJ/120 kcal

Extra-Tipps

- Besonders gut schmecken weiße Pfirsiche aus Südfrankreich. Leider sind sie bei uns seltener zu bekommen, und wenn, sind sie im Preis höher.
- Statt Pfirsiche können Sie auch Nektarinen oder süße Birnen verwenden.
- Gehaltvoller wird das Rezept, wenn unter die Crème-fraîche-Honig-Mischung etwas Marzipanrohmasse gebröselt wird. Dann zu jeder Portion etwas Vanilleeis servieren.

Vorbereitungszeit
15 Minuten

Zubereitungszeit
10 Minuten

Nährwert pro Portion
etwa
4 g Eiweiß
13 g Fett
19 g Kohlenhydrate
4 g Ballaststoffe
920 kJ/220 kcal

Pfirsich-Sprossen-Salat

Zutaten
für 4 Portionen

- *1 Römersalat (450 g)*
- *100 g Sprossen (z. B. Sojasprossen oder selbst gezogene Alfalfasprossen)*
- *400 g feste Pfirsiche*
- *50 g Haselnusskerne, blättrig geschnitten*

Salatsauce

- *75 ml Apfelsaft*
- *3 EL Apfelessig*
- *Salz*
- *Pfeffer, frisch gemahlen*
- *2 EL Rapsöl*
- *25 g Sultaninen*
- *1 Stiel Zitronenmelisse*

Zubereitung

- Den Römersalat putzen, waschen, den Strunk entfernen. Vom Salatkopf die äußeren derben Blätter entfernen, das Salatherz heraustrennen, waschen und trockenschwenken. Den Salat einmal längs halbieren und die Hälften zwei- bis dreimal schräg schneiden.
- Die Sprossen auf einem Sieb abbrausen und abtropfen lassen. Die Pfirsiche mit kochendem Wasser übergießen, herausnehmen, kalt abschrecken, häuten und vom Stein in feine Spalten schneiden.
- Apfelsaft, Apfelessig, Salz und Pfeffer verrühren; das Rapsöl tropfenweise einrühren. Den Salat, die Sprossen, die Sultaninen und einen Teil der Pfirsichspalten mit der Hälfte der Salatsauce mischen.
- Die Zitronenmelisse abbrausen, trockenschwenken, die Blätter in Streifen schneiden.
- Zum Servieren die beiseite gelegten Pfirsichspalten auf dem Salat anrichten, die Haselnusskerne und die Zitronenmelisse darüber geben und mit restlicher Salatsauce beträufeln.

Extra-Tipps

- Anstelle von Pfirsichen harmonieren auch Nektarinen oder Birnen.
- Statt Rapsöl können Sie auch andere neutrale Pflanzenölsorten wie Sonnenblumenöl verwenden. Rapsöl ist allerdings wegen seiner Omega-3-Fettsäuren besonders gesund.
- Bereits blättrig geschnittene Haselnusskerne gibt es in gut sortierten Supermärkten.

Ebenso wie der Pfirsich stammt auch die Aprikose ursprünglich aus China. Sie war ein Mitbringsel Alexanders des Großen von seinen Feldzügen im Osten. Araber kultivierten die Pflanze und gaben der Frucht den Namen elbarqûq. In Spanien hieß sie albaricoque, woraus sich der Name Aprikose ableitet. In Österreich werden sie Marillen, in der Ostschweiz Barillen genannt.

Aprikosen Marillen

Aprikosen lieben die Wärme und gedeihen daher in Deutschland nur im milden Klima des Rhein-Main-Gebiets. Das bekannteste Anbaugebiet Österreichs ist die Wachau.

Die kugeligen bis eirunden Steinfrüchte sind etwa 4 bis 8 cm groß. Ihre Haut kann rau oder samtartig sein, manche Früchte sind auch glatt. Die Farbe geht von hellgelb bis orangegelb, sonnenwärts mit leicht rötlichen Wangen.

Typisch: Die vom Stiel bis zum Stempelansatz verlaufende Naht oder Furche teilt die Frucht in zwei Hälften. Das Fruchtfleisch der reifen Aprikose ist weißlich, gelb oder intensiv orangefarben und sehr saftig und süß – jedenfalls bei einheimischer Ware.

A wie Aprikose

Aprikosen zählen zu den Obstsorten, die am meisten Provitamin A (Beta-Karotin) enthalten, nämlich 1,8 mg in 100 g Früchten. Provitamin A ist gut für die Sehkraft sowie für Haut und Schleimhäute. Der sehr hohe Kaliumanteil wirkt entwässernd. In 100 g Aprikosen stecken 197 kJ/47 kcal.

Das sollten Sie wissen

Bei Importen wird häufig der Reifeprozess unterbrochen; die Früchte können am Baum, wo sie Würze, Saft und Duft entwickeln, nicht zu Ende reifen. So überstehen die empfindlichen Aprikosen zwar die langen Transportwege, sind jedoch mehlig und fad. Viele wertvolle Inhaltsstoffe haben sich noch nicht gebildet. Nachreifen bei festen Früchten hilft nicht. Diese Aprikosen eignen sich besser zum Schmoren, Backen oder Dünsten.

Einkauf und Aufbewahrung

Richtig reife Früchte gibt es im Hochsommer aus heimischem Anbau. Außerdem werden von Anfang Mai, mit Höhepunkt Juni/Juli bis Ende August Importe aus Israel, Italien, Griechenland, Marokko, Spanien, der Türkei, Ungarn und Frankreich angeboten. Kaufen Sie nur reife Früchte, die auf leichten Fingerdruck nachgeben. Der Duft ist angenehm, die Haut straff.

Verzehren Sie frische Aprikosen möglichst am Einkaufstag, sie werden sonst welk und verlieren ihr Aroma. Am besten in einer Papiertüte im Kühlschrank (Gemüsefach) maximal einen Tag aufbewahren. Sie können die halbierten Früchte in Zuckersirup mit Zitronensaft einfrieren.

Küchen-Tipp

- Getrocknete Früchte können Sie mit warmem Wasser (oder Weißwein, für pikante Gerichte) bedeckt mehrere Stunden einweichen, um sie wie frische Aprikosen für Müsli, Kuchen, Füllungen zu verwenden. Auch wenn man sie pikanten Gerichten zufügen möchte, kann man sie vorher einweichen.

Würz-Tipp

- Zu gedünsteten Aprikosen passt eine Kombination aus Curry und Pfefferschoten.

Getrocknete Aprikosen

Getrocknete Früchte stammen aus Kalifornien, Spanien und dem Iran. Geschwefelt sehen getrocknete Aprikosen zwar appetitlicher aus – sie sind gelborange und nicht bräunlich –, aber ungeschwefelt sind sie gesünder. Durch Schwefeln wird Vitamin B zerstört.

Allgemeine Zubereitung

Aprikosen lassen sich häuten, wenn man sie kurz in kochendes Wasser gibt und danach mit kaltem Wasser abschreckt. Gut abtropfen lassen und sobald sie ausgekühlt sind, die Haut abziehen.

Zum Entsteinen die Früchte entlang der vom Stiel zum Stempelansatz verlaufenden Naht einschneiden und den Stein herauslösen.

So schmecken Aprikosen

- mit grünem Salat in einer Joghurtsauce.
- in Marillenknödeln, einer österreichischen Spezialität.
- gekocht als Konfitüre und Fruchtgrütze.
- gebacken auf Kuchen.
- geschmort als Kompott zu Fleischgerichten.
- gedünstet als Dessert.

Vielseitiges Früchtchen

- Aus den aromatischen Früchten wird vor allem in Osteuropa ein hochprozentiger Schnaps hergestellt. Der bekannteste ist der in Ungarn hergestellte Barack Palinka. Auch der österreichische Marillenschnaps erwärmt so manchen Feinschmecker. Marillenlikör und -geist (Apricot Brandy) sind zum Aromatisieren von Speisen beliebt.
- Außerdem werden die Steine der Aprikosen zu marzipanähnlichen Pasten (Persipan) weiterverarbeitet. In der Süßwarenindustrie dienen diese Pasten als Ersatz für Mandelöl.
- Feines Aprikosenkern-Öl schmeckt „unölig" und macht sich in einer Essig-Öl-Sauce hervorragend.

Aprikosen mit Nusssauce

Zutaten
für 4 Portionen

Nusssauce
- *½ Vanilleschote*
- *½ l Milch*
- *1 ½ EL Speisestärke*
- *30 g Zucker oder 2 EL Honig*
- *1 Prise Salz*
- *25 g Nusspaste (gibt es im Reformhaus oder Bioladen)*

Aprikosen
- *300 g reife Aprikosen (Marillen)*
- *1 EL Haselnüsse, gemahlen oder gehackt und leicht angeröstet*

Zubereitung
- Für die Nusssauce die Vanilleschote längs aufschlitzen und das Mark herauskratzen. Etwas Milch mit der Speisestärke verquirlen. Restliche Milch, Vanillemark, Zucker und Salz aufkochen. Speisestärkemischung einrühren, einmal aufkochen lassen. Den Topf von der Kochstelle nehmen. Die Nusspaste einrühren.
- Die Aprikosen waschen, trockentupfen, halbieren und entsteinen. Mit der Schnittfläche nach unten mit 1 Esslöffel Wasser in einen Topf geben und zugedeckt etwa 2 bis 3 Minuten garen. Sobald Dampf entweicht, sind die Aprikosen ausreichend gar.
- Die Aprikosen auf vorgewärmte Teller geben, mit der Nuss-Vanille-Sauce übergießen und mit den Haselnüssen bestreut servieren.

Vorbereitungszeit
10 Minuten

Zubereitungszeit
15 Minuten

Nährwert pro Portion
etwa
6 g Eiweiß
9 g Fett
25 g Kohlenhydrate
2 g Ballaststoffe
870 kJ/208 kcal

Extra-Tipps
- Für die Vanillesauce können Sie zusätzlich ein frisches Eigelb in die Speisestärkemischung rühren. Außerdem: das Eiweiß zu Schnee schlagen und unter die Sauce ziehen.
- Feiner im Geschmack und optisch attraktiver – jedoch nicht vollwertiger – wird das Dessert, wenn Sie die Aprikosen häuten.
- Statt Haselnüsse können Sie zum Bestreuen auch Walnüsse oder gehackte Pistazien verwenden.

Fruchtgrütze

Zutaten

für 4 Portionen

- *400 g gelbe Früchte (Aprikosen/Marillen, Mango, Pfirsich, Mirabellen, Reneclauden)*
- *400 ml Aprikosennektar*
- *30 g Zucker*
- *30 g Speisestärke*
- *2 EL Wasser*

Zubereitung

- Die Früchte waschen und trockentupfen. Von der Mango mit einem Sparschäler die Schale entfernen. Das Fruchtfleisch in Streifen vom Stein schneiden und grob würfeln. Den Pfirsich kurz in heißes Wasser tauchen, häuten und das Fruchtfleisch ebenfalls vom Stein schneiden und würfeln.
- Die Mirabellen, Reneclauden und Aprikosen entsteinen und vierteln.
- Den Aprikosennektar mit dem Zucker in einem Topf erhitzen, die Mirabellen, Reneclauden und Aprikosen zugeben.
- Inzwischen die Speisestärke mit Wasser verrühren, in den Aprikosennektar rühren und einmal aufkochen lassen. Die Pfirsich- und Mangostückchen in die heiße Flüssigkeit geben, umrühren und erkalten lassen.

Vorbereitungszeit

15 Minuten

Zubereitungszeit

10 Minuten

Nährwert pro Portion

etwa
1 g Eiweiß
0 g Fett
40 g Kohlenhydrate
2 g Ballaststoffe
660 kJ/158 kcal

Extra-Tipps

- Da Reneclauden und Mirabellen schwer zu entsteinen sind, können Sie für Grütze und Kompott auch die Steine mitdünsten und erst nach dem Garen herausfischen.
- Wird die Fruchtgrütze nur Erwachsenen serviert, darf an den Nektar ein ordentlicher Schuss Rum oder Obstgeist (Fruchtgeist).

Die dunklen, süß-säuerlich schmeckenden Waldheidelbeeren (Besinge, Bick- oder Blaubeeren) sind eine typische Wildfrucht. Man findet sie vor allem in Mittelgebirgen und Bergregionen wie dem Bayerischen Wald oder den Alpen und Heidegebieten wie der Schorfheide (nördlich von Berlin). Auf unseren Märkten sind hauptsächlich Kulturheidelbeeren anzutreffen, die von verschiedenen Wildarten abstammen. Die Kulturheidelbeeren wurden Anfang des 20. Jahrhunderts in Nordamerika systematisch gezüchtet und später auch bei uns eingeführt.

Heidelbeeren

Kleines blaues Wunder

Waldheidelbeeren färben Zähne und Zunge blau. Verursacher ist der blaue Farbstoff Myrtillin (Anthozyan) in der gesamten Beere. Die Kulturheidelbeere hat hingegen helles Fleisch, und der Farbstoff sitzt nur in der Schale. Er löst sich erst beim Kochen heraus. Heidelbeeren enthalten Vitamin C (die Kulturheidelbeere deutlich weniger) und neben den Mineralstoffen Eisen und Kalium Ballaststoffe sowie Apfel-, Zitronen- und andere Fruchtsäuren. Ihr Gehalt an Gerbstoffen ist hoch, was z. B. eine durchfallhemmende Wirkung haben soll. 100 g Heidelbeeren haben nur 155 kJ/37 kcal.

Das sollten Sie wissen

Waldheidelbeeren wachsen nah am Boden und können leicht mit Fuchskot und damit mit dem Fuchsbandwurm in Berührung kommen. Gelangen die Eier dieses Parasiten in den Verdauungstrakt von Mensch und Tier, können sie schwere organische Schäden verursachen. Deshalb: Waldheidelbeeren müssen gründlich gewaschen, besser noch abgekocht werden. In Gegenden, wo der Fuchsbandwurm verbreitet ist, sollten Sie zum Sammeln Gummihandschuhe tragen.

Einkauf und Aufbewahrung

Geerntet werden Waldheidelbeeren von Juni bis September. Sie können sie selbst sammeln oder Importe aus Polen, Frankreich, den Niederlanden, Weißrussland und Rumänien kaufen. Waldheidelbeeren sind druckempfindlich, sehr aromatisch und sollten schon am Einkaufstag verzehrt werden.

Kulturheidelbeeren gibt es ab Mitte Juli bis Ende August, die späteren Sorten bis Mitte September. Sie kommen in Deutschland aus der Lüneburger Heide, dem Raum Hannover, Hamburg, aber auch aus dem Bayerischen Wald. Große Mengen werden besonders aus Polen importiert.

Ob Wald- oder Kulturheidelbeeren, sie sollten prall, nicht aufgeplatzt oder schimmelig sein. Kulturheidelbeeren haben eine festere Schale und weniger Aroma. Sie halten sich bis zu einer Woche in einem kühlen Raum oder im Kühlschrank (Gemüsefach). Heidelbeeren sind gut geeignet zum Einfrieren: Beeren sanft abbrausen, sorgfältig abtropfen lassen, einzeln auf einem Tablett vorfrieren und dann verpackt in der Kühltruhe lagern.

Allgemeine Zubereitung

Waldheidelbeeren in eine Schüssel mit Wasser geben. Vorhandene Blätter entfernen, auf einem Sieb abtropfen lassen. Die Beeren möglichst abkochen. Kulturheidelbeeren nur auf einem Sieb sanft abbrausen und gut abtropfen lassen.

So schmecken Heidelbeeren

- im Obstsalat, mit Brom-, Him- oder Erdbeeren, aber auch mit Honigmelone oder pur eingezuckert mit einem Schuss Wodka oder Orangenlikör.
- eingezuckert mit Milch, flüssiger Sahne (Obers) oder Sahne-Joghurt.
- im Frühstücksmüsli, mit Quark (Topfen) oder Joghurt vermischt.
- als Belag für Tortenböden, Torteletts, Crêpes und Waffeln.
- als Saft, Gelee, Konfitüre oder in roter Grütze.

Heidelbeer-Biskuit

Zutaten

für 4 Stücke (als Dessert)

- *300 g Heidelbeeren*
- *2 Eier (Kl. M)*
- *1 TL Zitronensaft*
- *60 g Zucker, extra fein*
- *60 g Mehl*
- *½ TL abgeriebene Schale von 1 Zitrone (unbehandelt)*

Außerdem

- *etwas Butter oder Margarine zum Einfetten*
- *½ TL Mehl*
- *1 EL Puderzucker (Staubzucker)*

Zubereitung

- Die Heidelbeeren verlesen, waschen, trockentupfen und in eine Schüssel geben.
- Den Backofen auf 170° C (Umluft 150° C, Gas Stufe 2) vorheizen.
- Eiweiß und Eigelb trennen. Eiweiß und Zitronensaft in einer Schüssel sehr schaumig schlagen. Den Zucker einrieseln lassen und weiterschlagen, bis die Masse steif ist.
- Eigelb verquirlen und unter die Eiweißmasse rühren, dann das Mehl und die Zitronenschale mit einem Kochlöffel unterheben.
- Eine Springform (24 bis 26 cm Durchmesser) am Boden mit Backpapier auslegen und einfetten, Teig einfüllen.
- Die Heidelbeeren mit Mehl bestäuben, in der Schüssel schwenken und auf dem Biskuitteig verteilen.
- Die Form in den vorgeheizten Backofen, 2. Schiene von unten, setzen und etwa 30 Minuten backen.
- Den Biskuit aus dem Backofen nehmen, abkühlen lassen, mit einem spitzen Messer den Rand lockern und den Springformrand öffnen. Mit Puderzucker bestäuben. Die Torte in 4 Stücke schneiden.

Vorbereitungszeit
10 Minuten

Zubereitungszeit
5 Minuten

Backzeit
30 Minuten

Servierempfehlung
als Dessert mit einer Tasse Tee oder Kaffee

Nährwert pro Stück
etwa
5 g Eiweiß
4 g Fett
34 g Kohlenhydrate
4 g Ballaststoffe
832 kJ/200 kcal

Vermutlich brachten spanische Eroberer die Paprikaschote im 16. Jahrhundert aus Süd- und Mittelamerika nach Europa. In unseren deutschen Küchen landete sie allerdings erst nach 1950. Man unterscheidet Gemüse-, Gewürz- und Tomatenpaprika.

Gemüsepaprika gibt es in verschiedenen Formen und Sorten, unter anderem flachrund, kugelig, walzen- bis kegel- oder herzförmig, stumpf oder spitz auslaufend. Je nach Sorte färben sie sich sofort rot oder über grün und gelb zu rot. Neuzüchtungen aus Holland haben auch weiße, orange, violette bis schwarze Früchte; sie werden beim Kochen wieder grün.

Paprikaschoten

Die wesentlich kleinere, spitzere Variante ist der Gewürzpaprika, auch Peperoni, Chili oder spanischer Pfeffer genannt. Höllenscharf sind die etwa 2 cm langen, orangeroten bis gelblichen Schoten, aus denen z. B. der Cayennepfeffer gewonnen wird.

Tomatenpaprika ist eine Kreuzung aus Gemüsepaprika und gerippter Tomate: rot, stark gerippt, unten vierkantig.

Vitamin-Bomben

Paprikaschoten enthalten Ballaststoffe, Provitamin A (Beta-Karotin), Vitamin E, K, B_6, Folsäure und Vitamin C. In roten Schoten steckt mehr Provitamin A als in grünen. Mit einer roten Paprikaschote ist der Tagesbedarf an Provitamin A und Vitamin B_6 zur Hälfte gedeckt. Für den täglichen Bedarf an Vitamin C reicht schon etwa eine halbe rote oder grüne Paprikaschote.

Gemüsepaprika enthält vor allem Kalium und Eisen, Gewürzpaprika außerdem das scharfe Alkaloid Capsaicin, das in den Trennwänden und Samenkernen sitzt. Paprikaschoten sind kalorienarm. 100 g haben 84 kJ/20 kcal.

Einkauf und Aufbewahrung

Die beste und preisgünstigste Qualität gibt es von Juli bis November, ansonsten werden ganzjährig Importe angeboten. Die Paprikaschoten (und auch Peperoni) sollten glänzend, knackig, festfleischig und nicht geplatzt sein.

- Rote Paprika sind süß, fruchtig mit saftigem Fruchtfleisch.
- Grüne Paprika sind herb mit festem Fleisch und harter Haut.
- Gelbe Paprika sind lieblich, süß, aromatisch und saftig.

Grüne Paprika halten sich im Kühlschrank (Gemüsefach) etwa 4 Tage. Die roten, gelben und weißen sind empfindlicher und sollten nur 2 Tage aufbewahrt werden.

Peperoni gibt es frisch, eingelegt und getrocknet.

Allgemeine Zubereitung

Für Gemüse und Salat die Paprikaschoten waschen, trockentupfen, halbieren oder vierteln. Den Stengelansatz, die weißen Trennwände und Kerne entfernen. Dann die Paprikaviertel oder -hälften in die gewünschte Form schneiden.

Zum Füllen am Stengelansatz einen Deckel abschneiden und die Kerne und weißen Trennwände entfernen.

So schmecken Paprikaschoten

- als Gemüse in Kombination mit anderen Gemüsesorten. Für den französischen Gemüseeintopf Ratatouille werden sie z. B. mit Zucchini, Tomaten, Auberginen (Melanzani) in Olivenöl gedünstet und in Weißwein gegart.
- in Salaten, z. B. Griechischem Bauernsalat.
- gefüllt, dafür am besten große grüne Früchte wählen.
- mariniert, die gehäuteten Paprikaschotenviertel leicht mit Salz und Pfeffer würzen, mit Zitronensaft und Olivenöl beträufeln. Zugedeckt über Nacht durchziehen lassen.

Paprika häuten

Rote oder gelbe Paprikaschoten vierteln, putzen, etwas flach drücken. Mit der Schnittseite auf einem Grillrost unter den vorgeheizten Grill legen, bis sich die Haut an verschiedenen Stellen dunkelbraun färbt und Blasen wirft. Die Schoten vom Rost nehmen, mit feuchtem Küchentuch abdecken und beiseite legen. Oder nach dem Grillen in einen Gefrierbeutel geben, verschließen und darin 10 Minuten liegen lassen. Die Haut lässt sich dann sehr gut entfernen. Alternative bei abgerundeten Früchten ohne tiefe Einkerbungen: Die Schalen roh mit dem Sparschäler entfernen.

Hellgrüne und wachsweiße Paprika haben eine sehr dünne Haut und sind daher zu zart zum Häuten.

Peperoni zum Würzen

Peperoni vom Stengelansatz befreien. Die Peperoni entweder längs halbieren, die weißen Kerne und hellen Rippen entfernen und streifig schneiden oder die Peperoni in Ringe schneiden, wenn die hellen Rippen, die für die Schärfe sorgen, gewünscht sind.

Keinesfalls mit den Händen in Augennähe kommen, denn dies kann sehr schmerzhaft sein. Hände sofort nach dem Schneiden waschen oder mit Haushaltshandschuhen arbeiten.

Paprika-Salat

Zutaten

für 4 Portionen

- *1 große rote Paprikaschote*
- *20 g schwarze, entkernte Oliven*
- *1 feste Banane (200 g)*
- *2 EL Zitronensaft*
- *Salz*
- *Pfeffer, frisch gemahlen*
- *2 EL Pflanzenöl*

Zubereitung

- Die Paprikaschote waschen, trockentupfen und vierteln. Den Stengelansatz, die weißen Kerne und Trennwände entfernen. Die Paprikaschotenviertel in sehr dünne Streifen schneiden oder hobeln, die Oliven in dünne Scheiben schneiden.
- Die Banane schälen, eventuell längs halbieren, dann in ½ cm dicke Scheiben schneiden.
- Für die Marinade Zitronensaft, Salz und Pfeffer in einer Schüssel verrühren, das Öl zugeben und mit den Salatzutaten mischen.

Vorbereitungszeit

10 Minuten

Zubereitungszeit

10 Minuten

Nährwert pro Portion

etwa
1 g Eiweiß
6 g Fett
14 g Kohlenhydrate
3 g Ballaststoffe
485 kJ/116 kcal

Extra-Tipps

- Eine milde Variante: Statt Olivenscheiben die Blätter von einem Stiel frischer Minze abzupfen, klein schneiden und mit einem Esslöffel Schmant oder Crème fraîche vermischt in die Marinade rühren.
- Längliche, hellgrüne Charleston- oder Carliston-Paprikaschoten, die aus der Türkei kommen, sind besonders zart. Hier ein Gericht orientalischen Ursprungs: Die Schoten werden mit einer Mischung aus Schafskäse (Feta), etwas Olivenöl oder Schlagsahne (Schlagobers), viel frischer Petersilie und zerdrücktem Knoblauch gefüllt und im Backofen 20 bis 30 Minuten bei 200° C (Umluft 180° C, Gas Stufe 3 ½) gebacken. Sie schmecken warm und kalt.

Paprika-Eintopf

Zutaten
für 4 Portionen
- *1 kg grüne, gelbe und rote Paprikaschoten*
- *500 g Zwiebeln*
- *60 g Pflanzenöl*
- *1 EL Paprika, edelsüß*
- *500 g Tomaten*
- *etwas Salz*
- *1 Messerspitze Chili*
- *1 Prise Zucker*

Zubereitung
- Die Paprikaschoten putzen, waschen, vierteln; dabei Stengelansätze, weiße Trennwände und Kerne entfernen. Die Paprikaschotenviertel quer in Streifen schneiden. Die Zwiebeln abziehen und in dickere Ringe schneiden.
- Das Öl in einem Topf erhitzen, die Zwiebeln darin goldgelb anbraten. Paprikapulver darüber streuen und gut verrühren. Die Paprikaschotenstreifen zufügen. Zugedeckt etwa 10 Minuten dünsten.
- Inzwischen die Tomaten obenauf kreuzweise einritzen, mit kochendem Wasser überbrühen und häuten. Je nach Größe vierteln oder achteln, die Stengelansätze entfernen und die Tomatenstücke zum Paprikagemüse geben. Bei schwacher Hitze zugedeckt noch 10 Minuten dünsten.
- Mit Salz, Chili und Zucker würzen und abschmecken.

Vorbereitungszeit
15 Minuten

Zubereitungszeit
20 Minuten

Beilageempfehlung
Naturreis, Baguette oder Weizenvollkornbrot und ein Stück Feta-Käse, den man über das Gemüse bröckeln kann

Nährwert pro Portion
ohne Beilage etwa
6 g Eiweiß
16 g Fett
18 g Kohlenhydrate
10 g Ballaststoffe
1 000 kJ/240 kcal

Würz-Tipp

- Statt der Messerspitze Chili können Sie eine kleine getrocknete Chilischote zufügen.

Extra-Tipps

- In Ungarn heißt dieses Gericht Letscho und wird mit Schweineschmalz und geräuchertem Speck zubereitet. Als Einlage kommen Scheiben von Debrecziner Wurst hinein. Allerdings: ein Debrecziner Würstchen enthält etwa 350 kcal, mehr als eine Portion Paprikagemüse.
- Für das italienische Peperonata werden ebenfalls klein geschnittene Paprikaschoten, Zwiebeln und Tomaten geschmort, bis alle Flüssigkeit verdampft ist. Mit Essig und Pfeffer würzen, dann warm oder kalt essen. Auch als Beilage zu gekochtem Fleisch und Braten oder mit Brot anrichten. Varianten mit Knoblauch und Lorbeerblättern, mit kleinen ganzen Zwiebeln oder mit schwarzen Oliven und Kapern sind ebenfalls sehr delikat.

Pilze werden gerne als „Fleisch des Waldes“ bezeichnet. Viele Pilzliebhaber durchstreifen im Sommer und Herbst die Wälder auf der Suche nach Pfifferlingen, Steinpilzen, Maronen und anderen essbaren Sorten. Ungeübte Sammler sollten keinesfalls Pilze essen, die sie nicht eindeutig bestimmen können. Zwar sind nur wenige Arten wirklich giftig, aber viele sind ungenießbar.

Wer Pilze sucht, muss auch darauf achten, dass er die Naturschutzbestimmungen einhält. Denn in manchen Ländern und Gegenden ist das Pilzesammeln auf geringe Mengen und einzelne Wochentage beschränkt, damit die Bestände nicht zu sehr ausgedünnt werden.

Pilze

Versuche, die vielen essbaren Waldpilze zu kultivieren, sind mit ein paar Ausnahmen fehlgeschlagen: Zu den wenigen Zuchtpilzsorten gehören Champignons und Austernpilze. Sie werden neben Pfifferlingen auch am häufigsten auf Märkten und in Geschäften angeboten.

Eine Gruppe für sich

Pilze sind kein Gemüse, sie bilden eine eigene botanische Gruppe. Jedoch kommen sie im Nährwert dem Gemüse nahe. Sie sind reich an Mineralstoffen, hauptsächlich Kalium und Eisen. Bei den Vitaminen ist vor allem Vitamin D hervorzuheben (in Champignons, Pfifferlingen, Steinpilzen), das in Gemüse nur selten vorkommt. Teilweise liefern Pilze auch größere Mengen an Vitamin B_1 und B_2. Einen Vorzug haben Zuchtpilze: Sie sind den toxischen Schwermetallen Kadmium und Quecksilber nicht ausgesetzt. An Pilzen wird nicht nur der Geschmack geschätzt, sondern auch ihr geringer Kaloriengehalt: 100 g haben durchschnittlich 49 kJ/12 kcal bis 90 kJ/22 kcal.

Das sollten Sie wissen

Die Zellwände der Pilze enthalten neben Zellulose auch Chitin, das für den menschlichen Magen nicht aufschließbar ist, und sind daher schwer verdaulich. Wildpilze können mit Kadmium und Quecksilber belastet sein. Erwachsene sollten daher pro Woche nicht mehr als 200 bis 250 g davon essen; Kinder noch weniger. Hinsichtlich der Strahlenbelastung herrschen hingegen kaum mehr Bedenken. Die Becquerel-Werte liegen mittlerweile fast überall weit unter der zulässigen Höchstgrenze.

Einkauf und Aufbewahrung

Frische Pilze sollten möglichst rasch verwendet werden. Müssen sie dennoch gelagert werden, dann im Kühlschrank (Gemüsefach) für höchstens 1 bis 2 Tage. Ganz oder teilweise in Folie verpackte Pilze sofort herausnehmen, damit sie Luft bekommen.

Pilzsammler: Achtung!

- Wenn Sie selbst auf Pilzsuche gehen: Reißen Sie nie einen Pilz aus dem Geflecht, sondern schneiden Sie ihn vorsichtig mit dem Messer ab.
- Der wilde Champignon kann von ungeübten Sammlern leicht mit dem giftigen weißen Knollenblätterpilz verwechselt werden. Sicherheitshalber immer die Pilzsammelstelle (steht im Telefonbuch) oder, in Österreich, das zuständige Marktamt aufsuchen.

Küchen-Tipps

- Wer vermeiden möchte, dass die Pilze eher gedünstet als gebraten werden, kann auch den beim Braten austretenden Pilzsaft abgießen und später wieder zufügen oder für eine Sauce verwenden.
- Pilze immer erst nach dem Anbraten salzen, und das aber nie zu viel, damit der Eigengeschmack erhalten bleibt.
- Pilzgerichte möglichst frisch zubereitet essen. Dann schmecken sie am besten.
- Bei Raumtemperaturen werden Pilzgerichte schnell schlecht, denn das enthaltene Eiweiß ist leicht verderblich – daher Reste rasch abkühlen und in den Kühlschrank stellen. Dort nur kurze Zeit aufbewahren. Beim Aufwärmen sollten Pilzgerichte auf mindestens 70° C erhitzt werden.

Wer die Pilze nicht so schnell verbrauchen kann, kann sie einfrieren. Tiefgefrorene Pilze dann am besten unaufgetaut verwenden.

Eine andere Konservierungsmöglichkeit ist das Trocknen. Getrocknete Pilze können bis zu einem Jahr aufbewahrt werden. Sie schmecken besonders intensiv und eignen sich gut zum Verfeinern von Saucen und Suppen oder für ein Risotto. Vor der Verwendung 20 bis 25 Minuten in lauwarmem Wasser einweichen.

Allgemeine Zubereitung

Bedingt durch die lockere Zellstruktur, saugen alle Pilze Flüssigkeit wie ein Schwamm auf. Deswegen ist es besser, beim Säubern möglichst auf Wasser zu verzichten. Bei Zuchtpilzen ist das kein Problem; sie sind von Haus aus sauber.

Entfernen Sie den unteren Teil des Stieles und eventuell dunkel gefärbte Stellen. Anschließend die Pilze trocken putzen, das heißt, trocken „abpinseln" oder, wenn sie schmutzig sind, kurz unter fließendem Wasser abspülen und sehr gut – z. B. mit einem sauberen Geschirrtuch – trockentupfen. Keinesfalls in Wasser legen.

Pilze werden in der Regel bei starker Hitze gebraten, sonst tritt zu viel Flüssigkeit aus. Am besten ist es, wenn sie dabei nicht übereinander liegen, also große Pfannen oder bei größeren Mengen auch zwei Pfannen verwenden. Den austretenden Pilzsaft in jedem Fall verdampfen lassen, erst dann, wenn gewünscht, Sahne (Obers) oder Crème fraîche zufügen und die Flüssigkeit erneut reduzieren.

So schmecken Pilze

- als Einlage für klare oder Cremesuppen, Eintöpfe, Nudel- und Reisgerichte.
- als Beilage, gebraten, gedünstet, geschmort, gegrillt (Austernpilze) zu Fleisch- oder Fischgerichten.
- als Beilage, wie ein Schnitzel paniert (große Austernpilze).
- gedünstet, als Füllung für pikante Torten (Quiches), Omeletts, Blätterteigpasteten.
- in heller oder dunkler Sauce als Beilage zu Fleisch- oder Gemüseragouts.
- feingehackt, mit gewürfelter Zwiebel und in Butter leicht gedünstet, als Füllung für Gemüse (Kohlrabi, Zucchini, Tomaten).
- als Würze für Bratensaucen und Fonds (Champignons, Pfifferlinge/Eierschwammerln).
- eingelegt in Essig, Öl, Gewürze und Kräuter (Champignons, Pfifferlinge/Eierschwammerln).
- gefüllt mit gemischtem Hackfleisch (Faschiertem) oder gehacktem Gemüse, Gewürzen und Kräutern (Riesenchampignons).
- als Hauptgericht, mit viel gehackter Petersilie (Champignons, Pfifferlinge/Eierschwammerln).

Austernpilze
Austernseitlinge

Der vermutlich aus Ostasien stammende Speisepilz wird auch Kalbfleischpilz, Austernseitling, Baumpilz oder Röstling genannt. Wild wächst der Austernpilz in Mitteleuropa auf Laubbaumstümpfen. Zuchtpilze haben auf gehäckseltem, fermentiertem, feuchtem Stroh ihr Zuhause.

Das Eiweiß des Austernpilzes ist leicht verdaulich. Im Gegensatz zu anderen Pilzarten ist er daher gut bekömmlich. Er liefert die Vitamine B_2 und D sowie Kalium. Austernpilze sind kalorienarm. 100 g enthalten etwa 46 kJ/11 kcal. Wegen des Puringehaltes sind Austernpilze für Gichtkranke allerdings weniger geeignet.

Austernpilze werden als ganze Pilze entweder mit oder ohne Stielansatz angeboten. Sie haben eine saftige, fleischige Konsistenz. Die Pilze können äußerlich weiß oder gelblich sein, aber auch blaugrau bis braun. Die weißen Lamellen sind von Anfang an sichtbar und weit herablaufend. Der Hutrand junger Pilze ist nach unten geneigt, später waagerecht. Ist der Pilz überlagert, neigt sich der Hut nach oben: eine Folge des Feuchtigkeitsverlustes. Kleine und mittelgroße Exemplare sind zu bevorzugen. Die Pilze sollten sich beim Einkauf fest anfühlen.

Champignons

Champignons wurden erstmals in der Zeit des französischen Königs Ludwig XIV. (1638 bis 1715) in Höhlen außerhalb von Paris kultiviert. Von dort breitete sich der Kulturchampignon weltweit aus. Der Champignon – ob weiß- oder braunköpfig – stammt heute meist aus der Zucht und ist weniger aromatisch als seine wilden Verwandten.

Frische Pilze sollten fest sein (Hut, Stiel, Lamellen), die Hüte ohne Flecken oder Druckstellen und am Rand weder welk (kraus) noch ausgefranst. Bei ganz jungen (kleinen) Pilzen: Hut ist geschlossen, die Lamellen sind sehr hell. Reifere (größere) Pilze: Hut ist geöffnet, Lamellen sind dunkler. Am aromatischsten schmecken die reiferen (großen) und die dunklen, braunen Sorten.

Es werden drei Sorten von Champignons unterschieden:

- Weiße Champignons haben ein zartes Aroma.
- Braune (auch rosa) Champignons sind aromatischer als die weißen, schnell wachsenden Champignons.
- Riesenchampignons sind eine eigenständige Sorte mit einem Hut-Durchmesser von rund 10 cm.

Champignons liefern Eiweiß mit essentiellen Aminosäuren, die Vitamine D und K sowie B-Vitamine und Niacin; außerdem enthalten sie Ballaststoffe und die Mineralstoffe Kalium und Eisen. 100 g haben 63 kJ/15 kcal.

Pfifferlinge
Eierschwammerln

Pfifferlinge werden auch Gelblinge, Dotterpilze, Reherle, Rehfüßchen, Rehlinge und Eierschwammerln genannt. Sie wachsen in Nadel- und Laubwäldern. Durch übereifrige Sammler, die oft vor den kleinsten Exemplaren nicht halt machen, sind Pfifferlinge in manchen Regionen selten geworden.

Pfifferlinge werden von Juni bis September zum Kauf angeboten. Hauptexportländer sind Polen, Tschechien und Österreich. Die Herkunft muss ausgewiesen sein.

Von guter Qualität sind gleichmäßig kleine und trockene Exemplare, die knackig sind, wenn man sie bricht, und angenehm duften. Roh schmecken sie pfefferig-scharf.

Bewahren Sie Pfifferlinge im Kühlschrank (Gemüsefach) zwischen zwei Tüchern, in Papier oder in einem Pappschälchen 1 bis 2 Tage auf. Sie eignen sich auch gut zum Einfrieren oder Trocknen.

Pfifferlinge liefern neben relativ hochwertigem Pflanzeneiweiß (1,5 g auf 100 g) Vitamin B_2, Niacin, Folsäure und Biotin sowie Beta-Karotin und Vitamin D. Dazu enthalten sie reichlich Eisen. Der Eisengehalt ist wichtig für Vegetarier, da Eisen sonst überwiegend aus Fleisch und Fleischprodukten sowie Eiern stammt. Am besten sollten Pfifferlinge zusammen mit Vitamin-C-haltigen Lebensmitteln, also etwa Fruchtsaft oder Paprika, verzehrt werden. Denn Vitamin C hilft dem Körper, das Eisen besser zu verwerten. Mit nur 200 g Pfifferlingen lässt sich der gesamte Tagesbedarf an Eisen und Vitamin D abdecken.

Küchen-Tipps

- Pfifferlinge müssen tatsächlich pfeifen. Wenn man sie in der Pfanne bei starker Hitze brät, geben Sie Pfiffe ab. Diese hohe Temperatur brauchen sie, damit sich die Poren schließen und kein Saft herausläuft. Wenn man Pfifferlinge nur langsam, bei geringer Hitze brät, werden sie gummiartig und schwammig.
- **Dünsten:** In Fett portionsweise 3 bis 4 Minuten bei starker Hitze anbraten, zugedeckt noch weitere 4 bis 8 Minuten zu Ende dünsten.
- **Braten:** In Fett 3 bis 4 Minuten portionsweise bei starker Hitze anbraten und weitere 4 bis 8 Minuten zu Ende braten. Erst nach dem Garen salzen. Sie werden sonst hart.

■ *Extra-Tipps*

■ Statt der Pfifferlinge können Sie auch andere Pilze, beispielsweise Champignons, verwenden. Anstelle von Pecorino darf es auch Parmesan sein.

■ Dieses Gericht kann sehr gut in kleinen feuerfesten Portionsförmchen zubereitet und als Vorspeise angerichtet werden.

■ Auch so können Pfifferlinge geputzt werden: leicht mit Mehl bestäuben, dann kurz in eine mit Wasser gefüllte Schüssel geben, darin schwenken. Das Mehl bindet die auf den Pilzen sitzende Erde.

■ Die Pilze in einem Sieb abtropfen lassen und mit einem Küchentuch leicht trockentupfen. Die Stielenden und braune Stellen entfernen.

Eierschwammerln mit Käse überbacken

Zutaten

für 4 Portionen

- *500 g Pfifferlinge (Eierschwammerln)*
- *1 mittelgroße Zwiebel oder 2 Schalotten*
- *1 Knoblauchzehe*
- *1 Bund glatte Petersilie*
- *20 g Butter oder Margarine*
- *Salz*
- *Pfeffer, frisch gemahlen*
- *3 EL Crème fraîche*
- *50 g Pecorino-Käse, gerieben*

■ *Würz-Tipp*

■ Pfifferlinge nicht überwürzen. Der Eigengeschmack geht leicht verloren. Diese Gewürze passen: Knoblauch, (Frühlings)-Zwiebeln, Petersilie, Kerbel, Schnittlauch, Majoran.

Zubereitung

- Pfifferlinge putzen, die Stielenden abschneiden, kurz in Wasser schwenken, auf einem Sieb abtropfen lassen und trockentupfen.
- Den Backofen auf 200° C (Umluft 180° C, Gas Stufe 3 ½) vorheizen.
- Zwiebel oder Schalotten und Knoblauchzehe abziehen. Zwiebel fein würfeln, Knoblauchzehe zerdrücken. Petersilie abbrausen, trockenschleudern und fein hacken.
- Gut die Hälfte der Butter oder Margarine in einem flachen Topf erhitzen, die Zwiebelwürfel und Knoblauch darin glasig werden lassen. Pfifferlinge zufügen und unter Wenden in 5 Minuten fertig garen. Mit Salz und Pfeffer würzen. Crème fraîche und gehackte Petersilie zugeben und unterrühren.
- Mit der restlichen Butter oder Margarine eine feuerfeste Auflaufform einfetten. Die Pilze darin verteilen. Mit Pecorino bestreuen.
- Im vorgeheizten Backofen, mittlere Schiene, etwa 5 bis 8 Minuten überbacken, bis der Käse zerläuft. Dann sofort anrichten.

Beilageempfehlung

Kopfsalat in einer Essig-Öl-Sauce, knuspriges Baguette oder Rehsteak und Salzkartoffeln

Vorbereitungszeit

10 Minuten

Zubereitungszeit

15 Minuten

Backzeit

5–8 Minuten

Nährwert pro Portion

ohne Beilage etwa
7 g Eiweiß
11 g Fett
2 g Kohlenhydrate
6 g Ballaststoffe
570 kJ/137 kcal

Wraps mit Pilzfüllung

Zutaten
für 4 Portionen

Teig
- *150 g Weizenmehl (oder z. B. Buchweizenmehl)*
- *1 großes Ei (Kl. L)*
- *300 ml Milch, 1,5 % Fett*
- *Salz*
- *1 Prise Muskatnuss, gerieben*

Füllung
- *½ Bund Schnittlauch (oder 2 EL Petersilie oder Spinat), gehackt*
- *2 kleine Frühlingszwiebeln*
- *100 g Mungobohnensprossen*
- *1 Zwiebel*
- *300 g braune Champignons*
- *2 Tomaten (150 g)*
- *20 g Margarine oder Butter*
- *1 EL helle Sojasauce*
- *1 EL Petersilie, gehackt*
- *Salz*
- *Pfeffer, frisch gemahlen*

Zum Ausbacken
- *3 EL Pflanzenöl*

Zubereitung
- Für den Teig alle Zutaten in einer Schüssel verrühren und zugedeckt 30 Minuten ruhen lassen.
- Inzwischen Schnittlauch und Frühlingszwiebeln abbrausen, trockenschwenken. Den Schnittlauch in feine Röllchen schneiden. Von den Frühlingszwiebeln das Grün entfernen; den weißen Teil in feine Ringe schneiden. Die Zwiebel abziehen und fein würfeln. Die Sprossen auf einem Sieb abbrausen, gut abtropfen lassen. Längere Sprossen klein schneiden.
- Die Champignons putzen, den unteren Stiel und eventuell dunkel gefärbte Stellen entfernen. Die Pilze blättrig schneiden, die Scheiben eventuell halbieren. Die Tomaten waschen, trockentupfen und in 1 cm große Würfel schneiden, dabei den Stengelansatz entfernen.
- Den Wrap-Teig umrühren. In einer beschichteten oder gusseisernen Pfanne (15 cm Durchmesser) etwas Pflanzenöl erhitzen und nacheinander beidseitig 12 Teigfladen goldgelb backen. Diese (zwischen Back- oder Pergamentpapier) auf ein mit Backpapier ausgelegtes Backblech setzen und bei 50° C warm halten.
- Margarine in einer Pfanne erhitzen, die Zwiebelwürfel darin glasig werden lassen. Die Pilze zufügen, unter Wenden hell braten, die Frühlingszwiebelringe, Tomatenwürfel und Sprossen unterheben und alles 2 bis 3 Minuten zugedeckt garen. Das Gemüse mit Sojasauce, Salz und wenig Pfeffer würzen. Schnittlauch darüber geben, vorsichtig wenden.
- Die Füllung auf die Teigfladen verteilen, aufrollen oder falten und sofort anrichten.

Vorbereitungszeit
20 Minuten

Zubereitungszeit
15 Minuten

Nährwert pro Portion
etwa (in Klammern mit Thunfischfüllung)
10 g Eiweiß (+ 5 g)
10 g Fett (+ 7 g)
33 g Kohlenhydrate
6 g Ballaststoffe
1 130 kJ/270 kcal
(+ 440 kJ/105 kcal)

Extra-Tipps
- Edler wird die Füllung, wenn Sie Steinpilze oder Pfifferlinge (Eierschwammerl) mit den Champignons mischen.
- Wenn Sie die Wraps sättigender haben möchten, können Sie die fleischlose Füllung ergänzen. Dazu 100 g fein zerdrückten Thunfisch (naturell aus der Dose) mit 60 g Crème fraîche verrühren, auf die Teigfladen streichen und darauf die Pilzfüllung verteilen. Auch Geflügelfleisch macht sich gut.
- Statt Milch können Sie auch je zur Hälfte Süßmolke und Mineralwasser für den Teig verwenden.
- Wraps werden meist nur leicht warm oder gar kalt serviert und lassen sich gut vorbereiten. Bei der Füllung sind der Fantasie keine Grenzen gesetzt, auch Reste lassen sich gut verwerten.

Champignon-Quiche

Zutaten
für 8 Portionen

Teig
- *150 g Mehl (Type 1050)*
- *½ Päckchen Backpulver*
- *75 g Magerquark (Magertopfen)*
- *4 EL Milch*
- *4 EL Pflanzenöl*
- *1 Prise Salz*

Belag
- *3 Zwiebeln (150 g)*
- *1 kg kleine Champignons*
- *1 ½ EL Butter oder Margarine (20 g)*
- *etwa 10 Salbeiblättchen*
- *400 g Sauerrahm*
- *4 Eier (Kl. M)*
- *125 g mittelalter Gouda, fein gerieben*
- *Salz*
- *Pfeffer, frisch gemahlen*
- *geriebene Muskatnuss*

Außerdem
- *Mehl zum Ausrollen*

Würz-Tipps

- Folgende Kräuter eignen sich für Champignons: Thymian, Basilikum, Estragon, Pimpernelle.
- Auch gut: Tomatenwürfel, Schinkenstreifen und Frisch- oder anderer milder Käse.

Zubereitung
- Für den Teig Mehl und Backpulver in einer Schüssel mischen. Quark, Milch, Öl und Salz darüber geben. Mit dem Handrührgerät (Knethaken) erst auf niedriger Schaltstufe, dann kurz auf höchster Schaltstufe zu einem glatten Teig verarbeiten.
- Für den Belag die Zwiebeln abziehen und fein würfeln. Champignons putzen, eventuell waschen, dann gut trockentupfen und in Scheiben schneiden. Kleine Exemplare ganz lassen.
- Den Backofen auf 200° C (Umluft 180° C, Gas Stufe 3 ½) vorheizen.
- Butter oder Margarine (etwas zum Einfetten der Springform übrig lassen) in einer Pfanne erhitzen, die Zwiebeln zugedeckt darin glasig werden lassen. Die Champignonscheiben zugeben und unter Wenden vorsichtig ohne Deckel anbraten, bis die ganze Flüssigkeit verdampft ist. Dies kann einige Minuten dauern. Dann beiseite stellen und abkühlen lassen.
- Die Salbeiblättchen abspülen, trockentupfen und in feine Streifchen schneiden. Sauerrahm, Eier und geriebenen Käse in einem Gefäß verrühren. Salbei und Gewürze zugeben und kräftig abschmecken.
- Den Teig auf leicht bemehlter Fläche ausrollen, die eingefettete Springform (26 cm Durchmesser) damit belegen, den Rand etwas hochziehen. Die abgekühlten Champignons darauf geben. Die Eier-Sauerrahm-Mischung gleichmäßig darüber verteilen.
- In den vorgeheizten Backofen, mittlere Schiene, setzen und etwa 30 bis 40 Minuten backen. Sofort anrichten.

Vorbereitungszeit
20 Minuten

Zubereitungszeit
10 Minuten

Backzeit
30–40 Minuten

Beilageempfehlung
Kopfsalat mit Radieschen, in einer Essig-Öl-Sauce

Nährwert pro Portion
ohne Beilage etwa
16 g Eiweiß
20 g Fett
17 g Kohlenhydrate
4 g Ballaststoffe
1 365 kJ/325 kcal

Extra-Tipp

- Eine sehr leckere, aber fettere Teig-Variante: 100 g Butter zerlassen, aber nicht bräunen; 150 g Weizenvollkornmehl, 100 g Hafermehl, je ½ Teelöffel gemahlenen Koriander, Kümmel und Piment in einer Schüssel mischen; die zerlassene Butter zugeben und alles mit den Fingern zerreiben. Das mit 6 Esslöffeln Wasser aufgelöste Salz zugeben. Alles mit den Händen zu einem glatten Teig verkneten und zu einer Kugel formen, flach drücken und in Frischhaltefolie gewickelt 30 Minuten kühl stellen. Danach ausrollen und die Springform auskleiden.

Extra-Tipps

- Wer mag, kann auch gehackte Petersilie oder Schnittlauchröllchen auf die Pilze streuen.
- Sollten die Pilze kurze Stiele haben, diese abschneiden, in Scheiben schneiden und zuerst in die Pfanne geben. Dann die geschnittenen Pilzkappen zufügen.
- Estragon oder Basilikum geben den Austernpilzen einen besonderen Geschmack.

Austernpilze – gedünstet

Zutaten

für 4 Portionen

- *1 kg mittelgroße Austernpilze (Austernseitlinge)*
- *1 mittelgroße Zwiebel*
- *1 Knoblauchzehe*
- *3 EL Butter oder Pflanzenöl*
- *Salz*
- *Pfeffer, frisch gemahlen*

Zubereitung

- Die Austernpilze putzen, am Stielende abschneiden. Kleinere Pilze halbieren oder vierteln, größere in Streifen oder in mundgerechte Stücke schneiden. Die Zwiebel und die Knoblauchzehe abziehen und fein würfeln.
- Fett in einer beschichteten Pfanne erhitzen und die Zwiebel- und Knoblauchwürfel darin glasig werden lassen. Die Pilze zugeben, salzen und pfeffern und zugedeckt bei schwacher Hitze 10 Minuten garen; zwischendurch wenden. Sofort servieren.

Vorbereitungszeit
10 Minuten

Zubereitungszeit
20 Minuten

Beilageempfehlung
Feldsalat (Vogerlsalat) mit Möhren/Karotten (→ Seite 311) und knuspriges Vollkorn-Baguette oder Salzkartoffeln

Nährwert pro Portion
ohne Beilage etwa
5 g Eiweiß
9 g Fett
1 g Kohlenhydrate
11 g Ballaststoffe
439 kJ/105 kcal

Bis spanische Eroberer im 16. Jahrhundert aus Südamerika zarte grüne Bohnen mitbrachten, bevorzugte man in unseren Breiten die dicken Bohnen, auch Saubohnen genannt.

Bei grünen Bohnen wird zwischen Busch- (am Busch gezogen) und Stangenbohnen (an Stangen gezogen) unterschieden. Der Anbau von Stangenbohnen ist sehr aufwendig – entsprechend teuer werden sie im Handel angeboten. Dafür ist aber ihr Geschmack intensiver.

Grüne Bohnen

Fisolen

Die rankende Stangenbohne und die niedrige Buschbohne liefern die flachen, breiten Schnittbohnen (Schnibbelbohnen, Butterfisolen) und die runden Brechbohnen. Schnittbohnen haben eine wesentlich größere, grobfleischigere Hülse.

Die Brechbohnen werden nochmals unterschieden: Haricots verts haben eine sehr dünne Hülse und keine oder kaum Samen, Prinzess- und Delikatessbohnen sind kleine, junge Bohnen mit kleinen Kernen. Besonders groß und herb sind die eigentlichen Brechbohnen (Fisolen mit bereits stärker ausgebildeten, aber noch weichen Kernen). Ebenfalls zu den Brechbohnen zählen die gelben Wachsbohnen (Spargelfisolen). Der störende Faden an der gewölbten Seite der Brechbohnen wurde weitgehend weggezüchtet.

Gut für die Verdauung

Grüne Bohnen sind kalorienarm und liefern sehr viel Kohlenhydrate und Ballaststoffe. An Mineralstoffen enthalten sie Magnesium, Kalzium, Kalium und Eisen. Außerdem bieten sie die wasserlöslichen Vitamine Folsäure, B_2, B_6 und C sowie die fettlöslichen Vitamine Provitamin A (Beta-Karotin) und Vitamin K. Grüne Bohnen fördern durch ihren Ballaststoffgehalt die Verdauung. 100 g grüne Bohnen haben 148 kJ/35 kcal.

Das sollten Sie wissen

Essen Sie grüne Bohnen niemals roh. Sie enthalten den gesundheitsschädlichen Eiweißstoff Phasin. Dieser kann das Blut zum Verklumpen bringen. Erbrechen, Durchfall, schwere Magen- und Darmbeschwerden sind die Folge. Durch Kochen wird dieser Stoff unschädlich.

Einkauf und Aufbewahrung

Freilandware gibt es von Mai bis Oktober, Ware aus Unterglasanbau von April bis Dezember. Importe in den dazwischenliegenden Monaten kommen aus Italien, Spanien, den Niederlanden, Belgien, Polen und Kenia (stricknadeldünne Keniabohnen und auch Brechbohnen ganzjährig). Eine gute Alternative für Eilige sind grüne Bohnen aus der Tiefkühltruhe.

Frische grüne Bohnen sind straff und ohne braune oder faulige Stellen. Wenn sich die Bohnenkerne unter der Hülse deutlich abzeichnen, sind die Bohnen überlagert. Ein Zeichen für Frische: Wenn man sie knickt, knacken sie hörbar. In ein feuchtes Tuch gewickelt halten sich grüne Bohnen im Kühlschrank (Gemüsefach) 1 bis 2 Tage.

Allgemeine Zubereitung

Die Bohnen waschen und Stielansatz und Spitze abschneiden. Brechbohnen eventuell in Stücke schneiden. Schnittbohnen (Butterfisolen) streifig schneiden. In wenig Salzwasser 15 Minuten garen, Prinzess- oder Delikatessbohnen 10 Minuten. Danach kalt abschrecken.

So schmecken grüne Bohnen

- als Salat, gekocht und abgekühlt, in Essig-Öl-Sauce, z. B. mit Kürbiskernöl, mit gewürfelten Zwiebeln angemacht, auch kombiniert mit Tomaten, Feta-Käse und Basilikum.
- in Eintopf mit Lammfleisch.
- in Suppe, z. B. Kartoffelsuppe (Schnittbohnen).
- als Beilage zu Matjes (→ Seite 92), in Butter geschwenkt mit viel Petersilie, oder in heller Sauce mit Majoran zu gekochtem oder kurz gebratenem Rind- oder Schweinefleisch (Schnittbohnen).
- eingemacht mit Weinessig und Gewürzen.
- eingelegt als milchsaures Gärgemüse.

Zutaten
für 4 Portionen
- *600 g junge Brechbohnen (Fisolen)*
- *3 mittelgroße Zwiebeln*
- *1 große Paprikaschote*
- *30 g Margarine*
- *3 Stiele frisches Bohnenkraut*
- *4 EL Wasser*
- *500 g Tomaten*
- *Salz*
- *Zitronenpfeffer*

Sauce
- *250 g Joghurt*
- *2 EL Öl*
- *Salz*
- *je 3 Stiele Petersilie, Dill, Schnittlauch, Kerbel, gehackt*

Grüne Bohnen mit Kräutersauce

Zubereitung
- Die Bohnen waschen, die Enden entfernen. Zwiebeln abziehen und würfeln. Paprikaschote waschen, vierteln, dabei den Stengelansatz und die weißen Kerne entfernen. Die Paprikaschotenviertel quer in dünne Streifen schneiden.
- Die Margarine in einem Topf zerlassen, die Zwiebelwürfel darin glasig werden lassen, dann die Bohnen und die halbierten Bohnenkrautstiele zufügen und unter Wenden mitdünsten. Das Wasser (für tiefgefrorene Bohnen nur etwa 2 Esslöffel) zufügen und zugedeckt etwa 5 bis 10 Minuten garen. Paprika zufügen, nochmals 5 Minuten garen.
- Die Tomaten obenauf kreuzweise einritzen, mit kochendem Wasser überbrühen, häuten, vierteln, entkernen und auf dem gegarten Gemüse verteilen. Mit Salz und Zitronenpfeffer abschmecken. Die Bohnenkrautstiele entfernen.
- Für die Sauce Joghurt, Öl und Salz verrühren. Die gehackten Kräuter unter die Sauce heben, dann mit dem heißen Gemüse anrichten.

Vorbereitungszeit
15 Minuten

Zubereitungszeit
20 Minuten

Beilageempfehlung
Bratkartoffeln oder Naturreis

Nährwert pro Portion
ohne Beilage etwa
8 g Eiweiß
13 g Fett
20 g Kohlenhydrate
10 g Ballaststoffe
1 068 kJ/246 kcal

Extra-Tipps
- Wie alle Gemüsegerichte, sollten Sie auch Bohnen nur mit wenig Flüssigkeit garen.
- Wer mag, kann mit den Kräutern auch eine zerdrückte Knoblauchzehe unter die Sauce rühren.
- Wird das Bohnengemüse als Beilage serviert, kann auf das Öl in der Sauce verzichtet werden.
- Wenn Sie Bratkartoffeln als Beilage wählen, die Kartoffelscheiben (roh oder gekocht) sehr gut trockentupfen und in einer beschichteten Pfanne portionsweise in wenig Butterschmalz braten.

Um 1500 brachten spanische Seefahrer ein Nachtschattengewächs mit dem aztekischen Namen tumatle oder tomatle aus Mexiko und Peru mit nach Europa. Wegen der schönen gelben Blüten wurde es lange Zeit als Zierpflanze gehalten, die Früchte hielt man für ungenießbar.

Um 1890 wurde die Frucht in Deutschland für die Küche entdeckt. Im Ersten Weltkrieg gelang ihr der Durchbruch, sie wurde zu einem der beliebtesten Nahrungsmittel. Inzwischen essen die Deutschen durchschnittlich 6 kg frische Tomaten pro Jahr, die Österreicher sogar 7,4 kg.

Tomaten
Paradeiser

Vermutlich wegen ihrer verführerischen roten Farbe werden Tomaten auch als Liebesäpfel, Goldäpfel oder Paradeiser bezeichnet. Je mehr Sonne eine Tomate erhält, solange sie noch am Strauch hängt, desto mehr Vitamin C, Fruchtzucker und Aroma entwickelt sie. Zwar färbt sich auch die Schale einer grün gepflückten Tomate nach einiger Zeit rot, doch sie schmeckt wässrig und fade.

Vielseitig und gesund

Sonnengereifte Tomaten, am besten aus dem eigenen Garten, haben es in sich. So liefern sie Vitamin C, Provitamin A (Beta-Karotin), Vitamin E und Folsäure. Auch die Mineralstoffe Kalium, Magnesium und Kupfer sind enthalten. Außerdem sind Tomaten kalorienarm: 100 g haben 73 kJ/17 kcal.

Das sollten Sie wissen

Grüne Teile, z. B. der Stengelansatz, enthalten das unverträgliche Alkaloid Solanin. Es kann Kopfschmerzen und Übelkeit verursachen.

Einkauf und Aufbewahrung

Freilandware gibt es von August bis September, Treibhausware (Glashausware) von Mitte April bis Mitte Juni; Importe aus den Niederlanden, Spanien, Frankreich, von den Kanarischen Inseln, aus Belgien, Italien, Rumänien, der Türkei, Bulgarien, Albanien, Portugal oder Polen sind das ganze Jahr erhältlich. Alternativ bieten sich für die Zubereitung von Saucen auch Tomaten in Konserven an.

Es gibt runde Tomaten, glatte und gerippte Fleischtomaten (Vierländer), längliche Birnen-, Eier- und Flaschentomaten sowie kleine Kirsch- oder Cocktail-Tomaten. Seit einigen Jahren werden getrocknete, in gewürztem Öl eingelegte Tomaten (pomodori secchi) angeboten, die als Gewürz oder als Zutat verwendet werden können.

Achten Sie beim Kauf frischer Tomaten auf eine glatte, unverletzte Schale ohne Faulstellen. Die Früchte sollten nicht zu weich sein. Dunkel und bei Raumtemperatur können Tomaten bis zu 5 Tagen liegen. Freilandtomaten mit schwacher Grünfärbung lagern Sie 2 bis 3 Tage, aber nicht im Kühlschrank, sie werden sonst, wie alle Tomaten, hart und verlieren ihr Aroma.

Würz-Tipp

Neben Zwiebeln eignen sich Schnittlauch, Basilikum, Estragon, Kerbel, Knoblauch, Petersilie, Rosmarin, Salbei und Thymian.

Allgemeine Zubereitung

Die grünen Stengelansätze immer entfernen; sie enthalten giftiges Solanin. Wer einen empfindlichen Magen hat, sollte die Tomaten häuten und eventuell entkernen.

Tomaten häuten

Tomaten obenauf kreuzweise einritzen. In kochendes Wasser tauchen oder damit übergießen, herausnehmen und mit kaltem Wasser abschrecken. Dann die Haut abziehen und den Stengelansatz keilförmig entfernen.

So schmecken Tomaten

- in Suppen, Saucen und Salaten.
- als Vorspeise, z. B. Bruschetta: abgezogene, fein gewürfelte Tomate mit streifig geschnittenem Basilikum mischen, mit Salz und Pfeffer würzen, auf gerösteter und mit Knoblauch eingeriebener Baguettescheibe anrichten, mit Olivenöl beträufeln oder als Insalata Caprese in Scheiben geschnitten mit Mozzarella, Basilikum und einer Essig-Olivenöl-Sauce servieren.
- als Beilage, geschmort, überbacken, gefüllt oder gegrillt.
- als Püree für Saucen und Suppen.
- eingelegt in Essig, mit Knoblauch und Rosmarin.
- als Brotbelag, mit frisch gemahlenem Pfeffer, Salz und Schnittlauch.

Getrocknet, gewürzt & eingelegt

Für getrocknete Tomaten werden erntefrische Tomaten – meistens sind es längliche saftarme Flaschentomaten – halbiert, an den Schnittstellen leicht mit Meersalz bestreut und dann zum Trocknen auf einem Rost in die Sonne gelegt. Ergebnis nach 2 Tagen: dunkelbraune, ledrige ovale Stücke. Anschließend werden diese in Olivenöl eingelegt. Hinzu kommen noch Würzzutaten, wie Knoblauch, Chilis, Oregano, Rosmarin oder auch Sardellen und Kapern, je nach regionaler Rezeptur. Getrocknete Tomaten gibt es aber auch pur – ohne Gewürze.

Geeignet sind getrocknete Tomaten mit ihrem herbwürzigen Aroma als Vorspeise auf einem Antipasti-Teller und für grüne Blatt-, Kartoffel- oder Gemüsesalate. Außerdem geben sie Schmorgerichten und Fleischsaucen und auch gebratenem Fisch eine angenehme Würze.

Tomatensuppe – scharf

Zutaten
für 4 Portionen
- *1 Zwiebel (75 g)*
- *1–2 Knoblauchzehen*
- *1 rote Paprikaschote*
- *1 kg Tomaten*
- *1 Chilischote, getrocknet*
- *2 EL Olivenöl*
- *Salz*
- *Pfeffer, frisch gemahlen*
- *200 ml Wasser*
- *2 Stiele Basilikum*
- *40 g Parmesan, gerieben*

Zubereitung
- Zwiebel und Knoblauchzehen abziehen und fein schneiden. Die Paprikaschote waschen, vierteln, Stengelansatz, weiße Trennwände und Kerne entfernen. Die Paprikaschotenviertel fein würfeln.
- Die Tomaten waschen und vierteln, die Stengelansätze entfernen, die Viertel in Stücke schneiden. Die Chilischote fein zerbröseln.
- Olivenöl in einem Topf erhitzen und die Zwiebel- und Knoblauchwürfel darin glasig werden lassen. Die zerkleinerte Chilischote zugeben, kurz umrühren, die Paprikaschotenwürfel zufügen und alles zugedeckt bei kleiner Hitze 5 bis 8 Minuten dünsten.
- Die Tomatenstücke zufügen, alles mit Salz und Pfeffer würzen, umrühren und 10 bis 15 Minuten bei kleiner Hitze zugedeckt köcheln lassen. Das Wasser zugießen, umrühren und die Suppe mit dem Pürierstab zerkleinern.
- Basilikum abbrausen, trockenschwenken, die Blätter abzupfen und fein schneiden.
- Das Basilikum in die Suppe geben. Eventuell noch einmal mit Salz und Pfeffer abschmecken.
- Zum Servieren die Suppe mit dem geriebenen Parmesan bestreuen.

Vorbereitungszeit
15 Minuten

Zubereitungszeit
20–25 Minuten

Nährwert pro Portion
etwa
7 g Eiweiß
9 g Fett
13 g Kohlenhydrate
6 g Ballaststoffe
680 kJ/163 kcal

Extra-Tipps

- Wer es nicht ganz so scharf mag, gibt die Chilischote erst zum Schluss mit dem Basilikum in die Suppe.
- Diese Suppe können Sie auch als Sauce für Pastagerichte verwenden; dann einfach das Wasser weglassen.

Tomatensuppe – mild

Zutaten
für 4 Portionen
- *1 Möhre (Karotte), 100 g*
- *1 kleines Stück Knollensellerie (25 g)*
- *1 Zwiebel (75 g)*
- *1 kg Tomaten*
- *2 EL Pflanzenöl*
- *3/8 l Wasser*
- *Salz*
- *Pfeffer, frisch gemahlen*
- *50 g Schlagsahne (Schlagobers)*
- *1/2–1 TL Honig*
- *2–3 EL gehackte Kräuter (Petersilie, Dill, Basilikum)*

Zubereitung
- Die Möhren und Sellerie putzen, waschen, schälen und grob reiben. Die Zwiebel abziehen und fein würfeln.
- Die Tomaten waschen und vierteln, die Stengelansätze entfernen, die Viertel in Stücke schneiden.
- Das Pflanzenöl in einem Topf erhitzen, die Zwiebelwürfel zufügen und glasig werden lassen. Möhren und Sellerieraspel zufügen und unter Wenden ebenfalls glasig dünsten. Die Tomatenstücke dazu geben und alles mit Salz und Pfeffer würzen. Mit Wasser aufgießen, umrühren und 10 bis 15 Minuten bei kleiner Hitze köcheln lassen.
- Die Suppe mit dem Pürierstab pürieren. Die Sahne zugießen, noch einmal aufkochen lassen, Honig einrühren, eventuell noch mit Salz und Pfeffer abschmecken.

Vorbereitungszeit
15 Minuten

Zubereitungszeit
20 Minuten

Nährwert pro Portion
etwa
4 g Eiweiß
10 g Fett
13 g Kohlenhydrate
6 g Ballaststoffe
670 kJ/160 kcal

Extra-Tipps
- Anstelle der frischen Tomaten können Sie für die beiden Suppen auch Tomaten aus der Dose verwenden. Dann sollte die Wassermenge reduziert werden oder entfallen.
- Statt der gehackten frischen Kräuter können Sie tiefgefrorene verwenden.
- Wer mag, kann auch eine Knoblauchzehe abziehen und im Ganzen mit den Zwiebeln andünsten. Bevor die Suppe püriert wird, können Sie die Knoblauchzehe entfernen.

Tomaten mit Schafskäse gefüllt

Zutaten

für 4 Portionen

- *4 Fleischtomaten à 200 g*
- *300 g Feta-Käse*
- *3 Zweige Basilikum*
- *Pfeffer, frisch gemahlen*
- *Butter für die Form*

Zubereitung

- Die Tomaten abspülen und trockentupfen. Waagerecht halbieren, mit einem kleinen Löffel das Tomatenfleisch herausnehmen und hacken.
- Den Backofen auf 200° C (Umluft 180° C, Gas Stufe 3 ½) vorheizen.
- Den Feta fein würfeln. Die Basilikumblätter abbrausen, trockenschwenken und fein schneiden. Käsewürfel, Basilikum und Tomatenfleisch in einer Schüssel mischen. Mit Pfeffer würzen. Die Tomaten mit dieser Mischung füllen.
- Die Auflaufform einfetten, die Tomaten hineinsetzen. Im vorgeheizten Backofen, 2. Schiene von unten, etwa 20 bis 25 Minuten backen.

Extra-Tipp

- Basilikum schmeckt am besten frisch. Basilikumzweige halten sich in ein Glas mit Wasser gestellt hervorragend, im Topf kann man die Pflanzen an einem sonnigen Fenster auch über den Winter bringen.

Vorbereitungszeit
10 Minuten

Zubereitungszeit
5 Minuten

Backzeit
20–25 Minuten

Servierempfehlung
mit Fladenbrot, knusprigem Baguette oder gebackenen Zucchini (→ Seite 140)

Nährwert pro Portion
etwa
20 g Eiweiß
10 g Fett
9 g Kohlenhydrate
5 g Ballaststoffe
910 kJ/218 kcal

Tomaten-Pasta

Zutaten
für 4 Portionen
- *500 g Nudeln (z. B. Penne rigate oder selbst gemachte Bandnudeln)*
- *5 l Wasser*

Sauce
- *Salz*
- *4–6 Knoblauchzehen*
- *600 g Cocktail- oder kleine Strauchtomaten*
- *1 Chilischote, getrocknet*
- *25 g getrocknete Tomaten (in Öl eingelegt)*
- *4 Sardellenfilets*
- *25 g entkernte schwarze Oliven*
- *2 frische Thymianzweige*
- *3 EL Olivenöl*
- *eventuell etwas Salz*
- *Pfeffer, frisch gemahlen*

Zubereitung
- Die Nudeln in kochendes Salzwasser geben und nach Packungsaufschrift al dente (bissfest) garen.
- Die Knoblauchzehen abziehen und längs vierteln.
- Die Tomaten waschen, je nach Größe halbieren oder vierteln und die Stengelansätze entfernen. Die Chilischote entstielen und zerkrümeln.
- Die getrockneten Tomaten abtropfen lassen und in Streifen schneiden. Sardellen kurz abspülen, trockentupfen und klein schneiden. Die Oliven halbieren. Thymian abbrausen, trockenschwenken, die Blättchen abzupfen.
- Das Olivenöl in einer Pfanne erhitzen, die Knoblauchviertel zufügen und bei kleiner Hitze unter Wenden andünsten. Die getrockneten Tomaten, Sardellenfilets, Olivenhälften und frische Tomatenstücke zufügen. Alles 1 bis 2 Minuten dünsten. Die zerkleinerte Chilischote zufügen und mit Salz und Pfeffer würzen.
- Die Nudeln abgießen, auf einem Sieb gut abtropfen lassen. In einer hochwandigen Pfanne mit der Sauce mischen. Alles, wenn nötig, noch einmal kurz erhitzen. Mit den Thymianblättchen bestreut servieren.

Vorbereitungszeit
10 Minuten

Zubereitungszeit
20 Minuten

Nährwert pro Portion
etwa
19 g Eiweiß
11 g Fett
96 g Kohlenhydrate
7 g Ballaststoffe
2 320 kJ/555 kcal

Würz-Tipp

- Zu der Pasta schmeckt geriebener Parmesan oder Pecorino, ein in Mittel- und Süditalien hergestellter Hartkäse aus Schafsmilch.

Extra-Tipps

- Wer mag, kann die Sardellenfilets und auch die Chilischoten weglassen und die Kräuter variieren: Tomaten vertragen sich gut mit Oregano, Rosmarin, Salbei, Zitronenmelisse und natürlich Basilikum.
- Verwenden Sie größere Tomaten, sollten diese gehäutet werden.
- Ein Schuss Öl im Kochwasser verhindert zwar, dass die Nudeln überkochen, aber er verstopft auch ihre Poren. Somit werden sie glatt. Je glatter ihre Oberfläche ist, desto schlechter nehmen Nudeln die Sauce auf.

Brombeeren werden auch Brammen, Kratzbeeren, Kroatzbeeren und Brummelbeeren genannt. Sie stammen ursprünglich aus den Wäldern Eurasiens und Nordamerikas. Heute sind sie überall auf der nördlichen Halbkugel verbreitet und wachsen wild an Sträuchern, meist auf Waldlichtungen. Waldbrombeeren sind kleiner, aber aromatischer als die gezüchteten Beeren. Ob Wild- oder Zuchtbeeren – die Beeren sind dunkelrot, schwarzviolett bis schwarzglänzend. Sie sind saftig und schmecken süß-säuerlich.

Brombeeren

Küchen-Tipp

Zum Einfrieren die Brombeeren einzeln auf ein Tablett legen und in das Gefriergerät setzen; danach in eine Gefrierdose geben und verschließen. Aufgetaut schmecken sie wie frisch.

Klein, stark, schwarz

Im Altertum wurden Brombeeren von Ärzten als vielseitiges Heilmittel angesehen. Brombeeren haben tatsächlich einen hohen gesundheitlichen Wert. Keine andere Beere ist so reich an Provitamin A (Beta-Karotin). Der Gehalt an Eisen und Magnesium ist ebenfalls beträchtlich. Der Farbstoff Anthozyan, der zu den Flavonoiden gehört, färbt die Beeren dunkelrot. 100 g Brombeeren enthalten 183 kJ/44 kcal.

Einkauf und Aufbewahrung

Frische Beeren bekommt man von Mitte Juli bis Oktober.

Die Früchte sind empfindlich. Sie sollten glänzend, prall und trocken aussehen. Reif sind Brombeeren, wenn sie sich mit ihrem Blütenboden gut von den Kelchblättern am Strauch lösen. Vorsicht: Reife Brombeeren schimmeln leicht.

Brombeeren sind zum alsbaldigen Verbrauch bestimmt. Andernfalls können sie auf einem Tablett, eingeschlagen in ein Tuch, im Kühlschrank (Gemüsefach) 1 bis 2 Tage aufbewahrt werden.

Allgemeine Zubereitung

Brombeeren sollten nicht gewaschen, sondern nur abgetupft werden, damit sie nicht an Aroma, Saft und Form verlieren. Wer die zarten Früchte wegen möglicher Schadstoffe dennoch waschen möchte, sollte sie in ein Sieb geben und in eine Schüssel mit lauwarmem Wasser tauchen; schnell herausnehmen und gut abtropfen lassen. Auf keinen Fall unter einem fließenden Wasserstrahl abbrausen. Anschließend die Blütenansätze entfernen.

So schmecken Brombeeren

- als Dessert mit Milch, Sahne (Obers), Joghurt oder Quark (Topfen).
- als Eis (auch Sorbet).
- als Saft.
- als Konfitüre auch mit anderen Früchten, wie Schlehen oder Himbeeren.
- als Tortenbelag.
- eingelegt in Essig (Brombeeressig).
- als Püree für pikante Saucen, z. B. zu Wild.
- als Wein (in eigener Herstellung).

Brombeer-Reis

Zutaten
für 4 Portionen
- *500 g Brombeeren*
- *1 EL Puderzucker (Staubzucker)*
- *125 g Rundkornreis (Milchreis)*
- *1 Vanilleschote*
- *½ l Milch*
- *1 EL Zucker*
- *1 Prise Salz*
- *⅛ l Schlagsahne (Schlagobers)*

Extra-Tipps

- Der Reis kann im vorgeheizten Backofen bei 100° C in 30 bis 35 Minuten ausquellen.
- Sie können auch Avorio-Reis verwenden, allerdings vereint sich Langkornreis nicht so gut mit den Früchten und der Sahne.
- Für dieses Gericht kommen alle Arten von Beerenfrüchten infrage. Gut geeignet sind auch saftige Aprikosen oder Pfirsiche, gehäutet und in kleine Stücke geschnitten.

Zubereitung
- Die Brombeeren verlesen, trockentupfen, eventuell die Blütenansätze entfernen. Einige Früchte zum Garnieren beiseite legen, die Früchte mit Puderzucker bestäuben.
- Den Reis auf einem Sieb gründlich waschen und abtropfen lassen. Die Vanilleschote aufschlitzen und das Mark herauskratzen.
- Zucker und Salz – ohne umzurühren – in die kalte Milch streuen, alles aufkochen. Reis, Vanillemark und -schote einrühren und weiterkochen lassen. Dabei umrühren, damit nichts anbrennt. Nach einigen Minuten die Schote entfernen. Zugedeckt 10 Minuten bei kleiner Hitze garen, umrühren. Bei ausgeschalteter Hitze noch 20 bis 25 Minuten ausquellen lassen, bis die gesamte Milch aufgesogen ist.
- Den Milchreis abkühlen lassen. Zwischendurch umrühren.
- Die Schlagsahne steif schlagen und vorsichtig unter den abgekühlten Reis heben.
- Dann schichtweise den Sahne-Reis und die Brombeeren in eine Schüssel geben. Mit den beiseite gelegten Brombeeren garnieren.

Vorbereitungszeit
10 Minuten

Zubereitungszeit
15 Minuten

Koch- und Quellzeit
45–50 Minuten

Nährwert pro Portion
etwa
5 g Eiweiß
9 g Fett
26 g Kohlenhydrate
4 g Ballaststoffe
928 kJ/222 kcal

Johannisbeeren
Ribiseln

Die Vorfahren der Johannisbeeren wuchsen wild in den Wäldern nördlich der Alpen. Die roten Beeren wurden erstmals Mitte des 15. Jahrhunderts erwähnt, die schwarzen erst Mitte des 18. Jahrhunderts.

Heute gibt es rund 50 verschiedene Johannisbeersorten; die meisten sind rot, ein kleinerer Teil schwarz, einige wenige weiß.

Rote Johannisbeeren, auch Träuble oder rote Ribiseln genannt, reifen um den 24. Juni, dem Johannistag. Durch die Züchtung spät reifender Sorten hat sich die Saison etwas verlängert, sodass sie nun bis in den September hinein geerntet werden können.

Die schwarzen Beeren schmecken wegen der enthaltenen Gerbsäure recht herb, weiße Beeren angenehm mild.

So entstand der Kir

Besonders geschätzt wird der schwarze Johannisbeersaft. In Dijon entstand im 19. Jahrhundert die erste Johannisbeerlikör-Fabrik. Ein Domherr namens Kir hatte die Idee, Burgunder Weißwein mit Crème de cassis zu mixen. Wird Crème de cassis mit Champagner aufgegossen, spricht man von „Kir Royale".

Mehr Vitamin C als Orangen

Schwarze Johannisbeeren enthalten mit 189 mg Vitamin C auf 100 g, fünfmal so viel wie die roten Beeren und gut dreimal so viel wie Orangen. In ihnen stecken außerdem Kalium, Eisen, Gerbsäure und Pektine. Durch ihren hohen Gehalt an Fruchtsäure regen sie die Verdauungsorgane an. Während die roten Beeren harntreibend und leicht abführend wirken, soll der reine, ungesüßte Saft der schwarzen Beeren gegen Durchfallerkrankungen helfen. Beide Sorten sind ballaststoffreich. 100 g weiße Johannisbeeren haben 213 kJ/51 kcal. Bei den schwarzen sind es 239 kJ/57 kcal und bei roten Johannisbeeren 181 kJ/43 kcal.

Einkauf und Aufbewahrung

Johannisbeeren haben von Ende Juni bis Ende September Saison.

Sie werden in 250-g- und 500-g-Schälchen angeboten. Die Früchte sollten glänzend und prall aussehen. Achten Sie auf Schimmelbildung an den grünen Rispen.

Bewahren Sie Johannisbeeren im Kühlschrank (Gemüsefach) oder eingezuckert und zugedeckt in einem Porzellangefäß auf.

Zum Einfrieren die Beeren abstreifen, einzeln auf einem Tablett verteilen und im Gefriergerät gefrieren lassen; danach in eine Gefrierdose schütten und verschließen.

Küchen-Tipps

- Mit einer Gabel lassen sich die Beeren am besten von den Rispen streifen.
- Für Saft- oder Geleebereitung können die Beeren mitsamt der Stiele gekocht und dann ausgedrückt werden.
- Vorsicht: Der in den schwarzen Johannisbeeren enthaltene Farbstoff Anthozyan färbt sehr intensiv.

Allgemeine Zubereitung

Johannisbeeren in einer Schüssel mit Wasser abspülen, abtropfen lassen. Dann die Beeren von den Rispen zupfen.

So schmecken Johannisbeeren

- als Zutat, roh für Müsli oder als Saft eingefroren, als Wintervorrat.
- als Gelee, als Kompott mit Pfirsichen und Aprikosen (Marillen), als Zutat für Rote Grütze (→ Seite 133) oder als Eis.
- als Sauce zu Grießflammeri oder in einer Quarkspeise (Topfencreme).
- als Zutat für pikante Saucen zu Wild.
- als Belag oder Füllung für Torten, z. B. Träubles-Torte, einer schwäbischen Spezialität.

Johannisbeeren mit Dickmilch

Zutaten
für 4 Portionen

Früchte
- *3 Blatt weiße Gelatine*
- *500 g reife rote Johannisbeeren (Ribiseln)*
- *500 g Dickmilch (Sauermilch)*
- *60–80 g Zucker*
- *⅛ l Schlagsahne (Schlagobers)*

Krokant
- *1 TL Butter*
- *25 g kernige Haferflocken*
- *25 g Mandelblättchen*
- *1 TL Honig*

Zubereitung
- Die Gelatine in ein Gefäß mit kaltem Wasser geben und darin 10 Minuten einweichen.
- Die Johannisbeeren waschen, trockenschwenken (etwa 4 bis 6 Trauben zum Garnieren beiseite legen), die Beeren von den Rispen zupfen und auf 4 Dessertschälchen verteilen.
- Die Dickmilch und den Zucker in einem Gefäß verrühren. Die Gelatine tropfnass in einem kleinen Topf mit wenig Wärmezufuhr oder Restwärme auflösen; unter Rühren kurz abkühlen lassen. Von der Dickmilch etwa ein Drittel in die aufgelöste Gelatine rühren, diese Mischung dann in die Dickmilch rühren, kühl stellen.
- Die Sahne steif schlagen und kühl stellen.
- Für den Krokant die Butter in einer Pfanne erhitzen, Haferflocken und Mandelblättchen zufügen. Unter ständigem Rühren leicht bräunen. Den Honig zugeben und vorsichtig untermischen, bis alles karamellisiert ist. Krokantmasse herausnehmen, zerbröckeln (zum Garnieren etwas beiseite stellen) und auf die Früchte streuen.
- Sobald die Dickmilch beginnt fest zu werden, die Schlagsahne unterheben. Die Masse über die Johannisbeeren geben.
- Zum Servieren mit restlichem Krokant und den beiseite gestellten Johannisbeeren garnieren.

Vorbereitungszeit
15 Minuten

Zubereitungszeit
15 Minuten (ohne Einweich- und Kühlzeit)

Nährwert pro Portion
etwa
6 g Eiweiß
12 g Fett
29 g Kohlenhydrate
4 g Ballaststoffe
1 114 kJ/262 kcal

Dicke Bohnen
Saubohnen

Dicke Bohnen gehören zu den ältesten Kulturpflanzen überhaupt. Bevor sich die Kartoffel und die Gartenbohne durchsetzten, war die Dicke Bohne ein Grundnahrungsmittel. Man verwendete das Mehl zum Brotbacken. Dicke Bohnen nennt man auch je nach Region Palbohnen, Puff- oder Saubohnen, Acker- oder Pferdebohnen.

Streng genommen gehören sie nicht zur eigentlichen Bohnen-, sondern zur Wickenfamilie. Die Dicke Bohne besteht aus etwa 14 cm langen, 2 cm breiten samtigen grünen Bohnenhülsen. Innen liegen etwa 5 flache, nierenförmige Bohnenkerne.

Ballaststoffreich

Die ballaststoffreiche Hülsenfrucht enthält Eiweiß, Kohlenhydrate, Magnesium, Kalium, Eisen, B-Vitamine, Niacin, Vitamin C und kaum Fett. Ihre äußere feste Haut macht Dicke Bohnen manchmal schwer verdaulich, sie regt aber auch die Darmtätigkeit an. 100 g Dicke Bohnen haben 1 294 kJ/309 kcal.

Das sollten Sie wissen

Dicke Bohnen dürfen, wie andere grüne Bohnen auch, nie roh gegessen werden. Sie enthalten einen giftigen Stoff, der die roten Blutkörperchen verklumpen lassen kann. Durch Kochen oder Garen verliert sich diese Wirkung.

Einkauf und Aufbewahrung

Die Inlandernte findet von Juni bis September statt. Importe aus Italien, Frankreich und Spanien gibt es von Januar bis September.

Dicke Bohnen in Hülsen sollten sattgrün und straff sein und keine schwarzen Flecken haben. Die Bohnenkerne sind milchig weiß, weich und saftig. Je kleiner und jünger die Bohnen, umso besser schmecken sie. Der Abfall ist enorm. Von 2 kg Bohnen bleiben nur 500 g Bohnenkerne (ausreichend für 4 Portionen) übrig. Alternative mit Ia-Qualität: Tiefkühlkost. Frische Bohnenhülsen lassen sich, locker in Papier eingeschlagen, 2 Tage im Kühlschrank (Gemüsefach) aufbewahren; die Bohnenkerne nur einige Stunden.

Allgemeine Zubereitung

Die Kerne aus den Hülsen herauslösen, in kochendem Wasser 15 bis 25 Minuten garen. Kurz vor Ende der Garzeit salzen.

So schmecken nicht gehäutete Dicke Bohnen

- in deftigem Eintopf, mit durchwachsenem Schweinefleisch, anderen Gemüsesorten (Möhren, Erbsen, Kohlrüben, Paprikaschoten und Kartoffeln).
- als Beilage in heller Sauce.

... und so gehäutete

- als Cremesuppe, gewürzt mit Kerbel.
- in Salat, mit gekochten Kartoffeln, Möhren, Zucchini.
- als Beilage, gedünstet, mit Kräutern (Petersilie, Schnittlauch) oder als Püree.

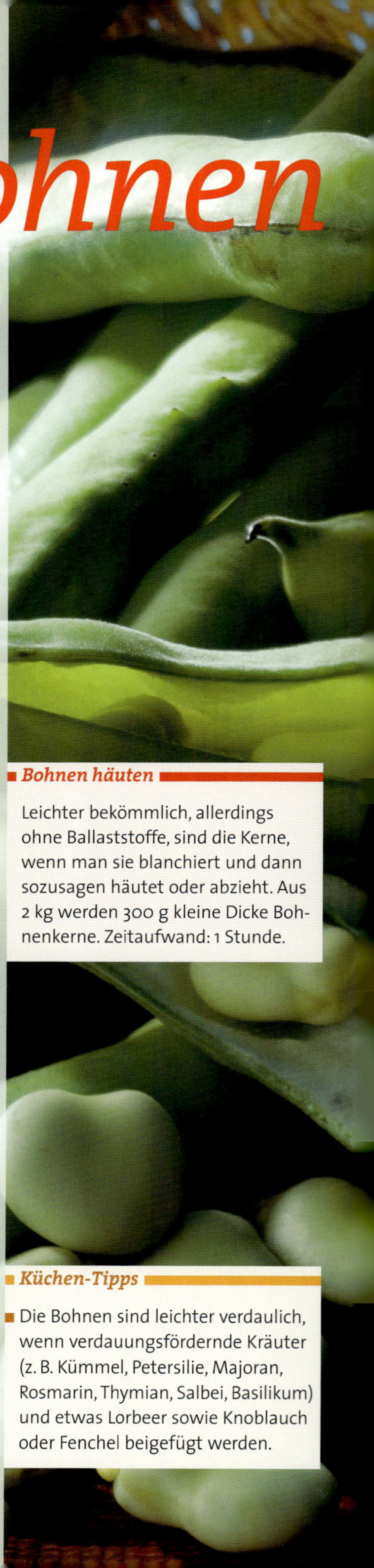

Bohnen häuten

Leichter bekömmlich, allerdings ohne Ballaststoffe, sind die Kerne, wenn man sie blanchiert und dann sozusagen häutet oder abzieht. Aus 2 kg werden 300 g kleine Dicke Bohnenkerne. Zeitaufwand: 1 Stunde.

Küchen-Tipps

- Die Bohnen sind leichter verdaulich, wenn verdauungsfördernde Kräuter (z. B. Kümmel, Petersilie, Majoran, Rosmarin, Thymian, Salbei, Basilikum) und etwas Lorbeer sowie Knoblauch oder Fenchel beigefügt werden.

Dicke Bohnen mit Knoblauch-Croûtons

Zutaten

für 4 Portionen

- *2 kg Dicke Bohnen (Saubohnen) in der Schote*
- *2 Zwiebeln*
- *100 g Möhren (Karotten)*
- *1 ½ EL Olivenöl*
- *2 Stiele frisches Bohnenkraut*
- *⅛ l Gemüsebrühe (klare Gemüsesuppe)*
- *Saft von 1 Zitrone*
- *Salz*
- *Pfeffer, frisch gemahlen*
- *1 Bund glatte Petersilie*

Croûtons

- *1 kleine Knoblauchzehe*
- *3 Scheiben Vollkorntoast*
- *30 g Butter*
- *1 Prise Salz*

Zubereitung

- Die Bohnen aus der Hülse lösen und abspülen.
- Die Zwiebeln abziehen und würfeln; Möhren waschen, schälen und fein würfeln.
- Das Olivenöl in einem Topf erhitzen, die Zwiebelwürfel darin zugedeckt glasig werden lassen.
- Bohnenkraut abspülen, trockenschwenken und die Blättchen abzupfen. Mit den Möhren und Bohnenkernen zu den Zwiebeln geben. Wenden und 10 Minuten mitdünsten, mit Brühe aufgießen und zugedeckt etwa 12 bis 15 Minuten garen. Mit Zitronensaft, Salz und Pfeffer würzen.
- Die Petersilie abbrausen, trockentupfen und fein hacken und vor dem Servieren unterheben.
- Die Knoblauchzehe schälen und zerdrücken. Toastbrot klein würfeln und zusammen mit dem zerdrückten Knoblauch in Butterschmalz unter Wenden goldgelb rösten. Leicht salzen.
- Die Croûtons zum Anrichten über das Bohnengemüse geben. Das Gemüse warm oder auch lauwarm servieren.

Vorbereitungszeit
80 Minuten

Zubereitungszeit
25 Minuten

Beilageempfehlung
junge Pellkartoffeln, hauchdünn geschnittener luftgetrockneter Schinken oder geräucherte Gänsebrust

Nährwert pro Portion
ohne Beilage etwa
11 g Eiweiß
10 g Fett
15 g Kohlenhydrate
12 g Ballaststoffe
857 kJ/204 kcal

Extra-Tipps

- Gesalzen werden die Bohnenkerne erst nach dem Garen, sonst bleiben sie hart.
- Statt Bohnenkraut schmecken auch beigefügte Rosmarinnadeln.
- Wird das Gemüse zusätzlich mit gebratenen Speckwürfeln angerichtet, sollte es heiß serviert werden.
- Hier eine toskanische Spezialität: 200 g gegarte Bohnenkerne werden mit Pinzimonio, einer Salatsauce aus 1 Esslöffel Balsamessig, Salz, Pfeffer und 50 ml Olivenöl zubereitet.

Herbst

Noch vor 300 Jahren zählte das herbwürzige Mangoldgemüse zu den bekanntesten Gemüsesorten. Seine Popularität musste der Mangold dann allerdings an den Spinat abtreten. Erst durch den Einfluss französischer und italienischer Köche kehrte das Gemüse in den letzten Jahren in unsere Küchen zurück.

Mangold wird auch unter den Bezeichnungen Schnittmangold, Beißkohl, Stielmangold, Stengelmangold, Rippenmangold, Römischer Kohl, Schweizer Mangold und Römische Bete angeboten; er ist botanisch mit den Roten Beten (Roten Rüben) verwandt. Küchentechnisch und geschmacklich spielt diese Verwandtschaft jedoch keine Rolle, denn nicht die Knollen, sondern die Blätter werden verwendet. Mangold schmeckt etwas würziger als Spinat und kann für dieselben Gerichte verwendet werden. Die Stiele erinnern geschmacklich an Spargel. Das macht Mangold sogar noch vielseitiger.

Mangold

Popeyes Alternative

Mangold ist kalorienarm und verfügt über einen hohen Gehalt an Kalium, Kalzium, Magnesium, Eisen, Folsäure und Vitamin B_1, B_2, Provitamin A (Beta-Karotin) sowie reichlich Vitamin C. Darüber hinaus finden sich in Mangold eine Reihe bioaktiver Substanzen, denen verschiedene krankheitsvorbeugende Wirkungen zugesprochen werden. Außerdem enthält dieses Gemüse, ebenso wie Spinat und Rhabarber, Oxalsäure. 100 g Mangold haben 58 kJ/14 kcal.

Das sollten Sie wissen

Leider kann in Mangold, wie in Spinat und Roter Bete, unter Umständen viel Nitrat stecken, das sich in gesundheitsschädliches Nitrit umwandeln kann. Daher sollten Sie gegarten Mangold nicht warm halten und reichlich Zitronensaft an Gemüse und Salate geben. Auch eine dazu gereichte Paprikaschote oder ein Vitamin-C-haltiges Getränk wie Orangensaft kann die Nitritbildung reduzieren.

Einkauf und Aufbewahrung

Heimische Ware ist vom Frühjahr bis in den Herbst erhältlich. Importe, hauptsächlich aus Italien und Frankreich, gibt es rund ums Jahr.

Blatt- oder Schnittmangold hat breite Blätter (sie werden wie Spinat verwendet) und schmale Stiele. Stiel- oder Rippenmangold hat lange, breite und fleischige Stiele, die silberweiß, gelb oder rötlich sein können. Eine Neuzüchtung ist roter Mangold mit leuchtend roten Stengeln und Blättern. Alle Sorten schmecken leicht säuerlich und nussig. Das Gewicht einer Mangoldstaude variiert zwischen 300 g und 1 kg. Frische Ware zeichnet sich durch knackige Stiele und Blätter ohne braune Flecken aus. In ein feuchtes Tuch gewickelt, hält sich Mangold im Kühlschrank (Gemüsefach) etwa 2 Tage.

Allgemeine Zubereitung

Beim Stiel- beziehungsweise Rippenmangold werden Stiele und Blätter wegen der unterschiedlichen Garzeiten getrennt zubereitet. Mangold muss gründlich gewaschen werden, weil sich in den Rillen der Blätter und zwischen den Stielen Sand befindet.

Mangoldstaude putzen, von den Stielen den Wurzelansatz abschneiden, die Stiele von den Blättern trennen und die faserige Haut von den Rippen entfernen. Erst längs in 2 bis 3 cm dicke Streifen, dann quer in 2 cm große Stücke schneiden.

Die Mangoldblätter grob schneiden. Die in Stücke geschnittenen Mangoldstiele in Pflanzenöl 5 bis 10 Minuten zugedeckt dünsten. Danach die gehackten Blätter zufügen und weitere 4 Minuten dünsten. Die Garzeit von Mangold unterscheidet sich je nach Sorte.

So schmeckt Mangold

- als Gemüse (Stiele und Blätter), gedünstet oder in einer hellen Sauce, mit Crème fraîche verfeinert.
- als Suppe, püriert und mit Sahne (Obers), Crème fraîche oder Schmant verrührt.
- als Roulade (Schinken, Gouda-Scheiben und Mangold) mit einer feinen Rahmsauce.
- als Eintopf, klein geschnitten mit gewürfeltem Speck und gekochten Kartoffelwürfeln.
- als Gratin, gedünstet mit gegarten Kartoffelscheiben oder Nudeln eingeschichtet.

Küchen-Tipps

- Sie können Stiele und Blätter gedünstet, pur, mit heißer Butter und gerösteten Semmelbröseln bestreut, zubereiten.
- Wenn Sie ganze Blätter für Rouladen verwenden, sollten Sie diese vorher kurz blanchieren.
- Fügen Sie Zitronensaft oder Essig erst zum Schluss hinzu, die Blätter werden sonst grau.

Mangold mit Aprikosen

Zutaten
für 4 Portionen
- *1 kg Mangold*
- *1 Knoblauchzehe*
- *50 g Pinienkerne*
- *4 EL Olivenöl*
- *50 g getrocknete Aprikosen (Marillen)*
- *Saft von ½ Zitrone*
- *40 g milder Feta-Käse oder Ricotta*
- *Pfeffer, frisch gemahlen*
- *Salz*

Extra-Tipps

- Anstelle von Pinienkernen können Sie auch gehackte Walnusskerne verwenden.
- Eine sizilianische Variante: Statt Feta und Aprikosen können Sie zwei gehackte Sardellenfilets und eine zerkleinerte scharfe Chilischote unter das Gemüse mischen.

Zubereitung
- Mangoldstaude waschen, von den Stielen den Wurzelansatz abschneiden.
- Die Mangoldblätter in kochendes Salzwasser geben und darin 2 Minuten ziehen lassen, danach in eiskaltem Wasser abschrecken, herausnehmen und gut abtropfen lassen.
- Die Mangoldstiele von den Blättern trennen, eventuell die faserige Haut von den Rippen entfernen. Die Stiele erst längs in 2 bis 3 cm dicke Streifen, dann quer in 1 cm große Stücke schneiden. Die Blätter grob hacken.
- Die Knoblauchzehe abziehen, fein hacken. Die Pinienkerne in einer großen Pfanne unter Wenden hellbraun anrösten, herausnehmen und beiseite stellen.
- Olivenöl in der Pfanne erhitzen, die Knoblauchwürfel zugeben und glasig werden lassen. Die Mangoldstiele zufügen und zugedeckt bei mittlerer Hitze etwa 10 Minuten dünsten.
- Die Aprikosen in feine Streifen schneiden, mit den Mangoldblättern in die Pfanne geben, erst unter Wenden leicht braten, dann zugedeckt etwa 2 Minuten dünsten. Die Pinienkerne, Zitronensaft und Pfeffer zufügen und mit Salz abschmecken. Den zerkrümelten Feta darüber streuen.

Vorbereitungszeit
20 Minuten

Zubereitungszeit
15 Minuten

Nährwert pro Portion
etwa
9 g Eiweiß
21 g Fett
9 g Kohlenhydrate
8 g Ballaststoffe
1 115 kJ/267 kcal

Mangoldröllchen

Zutaten
für 4 Portionen
- *125 g Hirse*
- *3/8 l Gemüsebrühe (klare Gemüsesuppe)*
- *125 g kleine Champignons*
- *2 TL Butter*
- *80 g Appenzeller, gerieben*
- *Salz*
- *Muskatnuss, gerieben*
- *1 Staude Mangold (etwa 800 g)*
- *4 EL Crème fraîche*

Außerdem
- *Eiswürfel*
- *Butter für die Form*

Extra-Tipps

- Mangoldstiele können auch sehr klein geschnitten und mit den Champignons gedünstet in die Füllung gegeben werden.
- Als Salat: Klein geschnittene Mangoldstiele etwas dünsten, abkühlen lassen, mit Tomatenscheiben vermischen und mit einer klassischen Salatsauce, einer Joghurt- oder einer Chilisauce (→ Seite 49 und 50) servieren.

Zubereitung
- Die Hirse in ein Sieb geben, mit heißem Wasser übergießen und gut abtropfen lassen.
- Die Gemüsebrühe in einem Topf aufkochen. Die Hirse hineingeben und zugedeckt 15 Minuten ausquellen lassen.
- Inzwischen die Champignons putzen und in dünne Scheiben schneiden. Butter in einer Pfanne zerlassen, die Champignons darin unter Wenden andünsten. Die gequollene Hirse und den geriebenen Käse unterheben und mit Salz und Muskatnuss abschmecken.
- Die Mangoldstaude waschen, den Wurzelansatz von den Stielen abschneiden; die Stiele von den Blättern trennen und die faserige Haut von den Rippen entfernen. Erst längs in 2 bis 3 cm dicke Streifen, dann quer in 2 cm große Stücke schneiden.
- Die Blätter auf einem sauberen, trockenen Geschirrtuch ausbreiten, die dicken Blattrippen flach schneiden.
- In einem Topf ½ l leicht gesalzenes Wasser erhitzen; darin Stiele 3 Minuten und Blätter 1 Minute ziehen lassen und in eine mit Eiswürfeln und Wasser gefüllte Schüssel geben. Danach herausnehmen und abtropfen lassen.
- Den Backofen auf 170° C (Umluft 150° C, Gas Stufe 2) vorheizen.
- Die Hirse-Champignon-Masse gleichmäßig auf die Blätter verteilen. Seitlich einschlagen, dann eng aufrollen.
- Die feuerfeste Form leicht einfetten und die Röllchen mit den Stielen hineinsetzen, 3 Esslöffel Wasser zufügen. Die Röllchen obenauf mit Crème fraîche bestreichen. Im vorgeheizten Backofen, mittlere Schiene, etwa 20 Minuten garen.

Vorbereitungszeit
20 Minuten

Zubereitungszeit
10 Minuten

Backzeit
30 Minuten

Beilageempfehlung
knuspriges Baguette, Kartoffelpüree oder kleine Pellkartoffeln (in der Schale gekochte Erdäpfel)

Nährwert pro Portion
ohne Beilage etwa
14 g Eiweiß
15 g Fett
27 g Kohlenhydrate
6 g Ballaststoffe
1 265 kJ/303 kcal

Die Aubergine stammt aus Indien. Sie ist auch unter dem Namen Eierfrucht, Melanzanenapfel, Spanisches Ei und in Österreich und Italien als Melanzani bekannt. Die Bezeichnung Eierfrucht ist leicht erklärt: Die ursprünglichen Sorten waren eiförmig und gelblichweiß, nicht keulenförmig und dunkelviolett. Übrigens gibt es inzwischen vereinzelt wieder gelblichweiße, in Holland gezüchtete Exemplare zu kaufen. Angebaut werden Auberginen an sich in allen tropischen, subtropischen und gemäßigt warmen Gegenden.

Die Früchte sind etwa 30 cm lang und können 1 kg schwer werden. Ihr Geschmack kommt erst mit der Zubereitung zur Geltung. Auberginen werden nicht roh gegessen.

Auberginen

Melanzani

Kalorienarme Früchte

Auberginen bestehen zu 92 % aus Wasser und liefern nicht besonders viele Nährstoffe. In 100 g stecken 12 mg Kalzium, 240 mg Kalium und 0,4 mg Eisen. Außerdem finden sich, überwiegend in der Schale, die Vitamine C, B_1 und B_2. Der Energiegehalt beträgt 86 kJ/21 kcal.

Das sollten Sie wissen

Sehr feste, junge Früchte müssen nachreifen. Sie enthalten noch zu viel Solanin, das bittere Gift der Nachtschattengewächse. In kleinen Auberginen stecken weniger Bitterstoffe als in großen.

Einkauf und Aufbewahrung

Holländische Auberginen, inzwischen auch heimische, die vom Spätsommer bis in den Herbst im Angebot sind, kommen hauptsächlich aus dem Glashaus oder Folientunnel. Ganzjährige Importe stammen aus Italien, Südfrankreich, Israel, Spanien, der Türkei und von den Kanarischen Inseln.

Auberginen sind reif, wenn ihre Schale ein etwas mattes Aussehen hat, unverletzt, fleckenfrei, glatt und prall ist; die Schale gibt auf Fingerdruck etwas nach, der Stiel ist frisch und grün. Das Innere einer genussreifen Frucht ist weiß und fest. Die Samenkörner sollten noch weich und milchigweiß sein.

Unreife Auberginen können bei Raumtemperatur nachreifen. Im Kühlschrank bekommen die Früchte dunkle Flecken. Bei + 10° C halten sich Auberginen bis zu 10 Tage. Ihre dünne Schale macht Auberginen empfindlich gegen Äthylen. Deshalb sollten sie nicht zusammen mit Tomaten, Äpfeln, Bananen oder Zitrusfrüchten lagern. Sie verderben sonst schneller.

Küchen-Tipp

- Wenn die Auberginen für eine Zubereitung geschält werden sollen (obwohl in der Schale die besten Inhaltsstoffe stecken), verwenden Sie entweder einen Sparschäler (gut bei großen, prallen Früchten), oder Sie grillen die Auberginen im Backofen und decken sie danach mit einem feuchten Handtuch ab. Dann lässt sich die Schale gut abziehen.

Würz-Tipp

Auberginen entwickeln nicht viel Eigengeschmack. Kräuter und Gewürze bekommen ihnen daher bestens. Auberginen mögen Mittelmeerkräuter wie Rosmarin, Thymian, Knoblauch, Oregano und Basilikum. Außerdem Pfeffer, Curry und Paprikapulver. Zitronensaft gibt ihnen eine angenehme Frische. Auch Käse, zum Belegen, Bestreuen oder zum Beimischen in eine Füllung, harmoniert sehr gut.

Allgemeine Zubereitung

Auberginen abspülen, trockentupfen und den Stiel abschneiden.

Zum Dünsten: Die Auberginen würfeln und in wenig Salzwasser dünsten.

Zum Braten: Die Auberginen in etwa 1 cm dicke Scheiben schneiden. Auberginen saugen Fett wie ein Schwamm auf. Um das zu verhindern, bestreut man die Auberginenscheiben vor dem Braten beidseitig mit Salz und lässt sie so ein paar Minuten ruhen, bis sich kleine Tröpfchen auf ihnen gebildet haben. Das Salz entzieht dem schwammigen Fruchtfleisch das Wasser und verengt die Zellen. Danach gut trockentupfen und das angesammelte Wasser abgießen. Bei diesem Verfahren gehen einige Bitter-, aber auch Nährstoffe verloren. Alternativ können Sie auch auf das Bestreuen mit Salz verzichten und die Auberginen bei großer Hitze mit möglichst wenig Öl in einer beschichteten Pfanne braten.

Zum Füllen: Hierfür eignen sich eher „runde" Früchte. Die Auberginen aushöhlen; dazu die Früchte der Länge nach halbieren und die Schnittflächen mit Zitronensaft beträufeln – sonst werden sie braun. Das Fruchtfleisch etwa ½ bis 1 cm vom Rand rundum einschneiden; dann rautenweise von einer Seite des Randes zur anderen schneiden, das Fruchtfleisch herausheben und eventuell ausdrücken. Die Hälften beliebig füllen. Das herausgeschabte Auberginenfleisch mitverwenden.

So schmecken Auberginen

- gebraten oder gegrillt. Hierbei entfaltet sich ihr typisches nussartiges Aroma besonders gut.
- als Zutat für den französischen Eintopf Ratatouille, neben Zucchini, Tomaten und Paprikaschoten.
- im Auflauf, z. B. in der griechischen Moussaka mit Lammgehacktem (Lammfaschiertem).
- als Zwischengericht, z. B. das türkische Imam bayildi („Der Imam fiel in Ohnmacht"). Das sind mit Tomaten, Zwiebeln, Knoblauch und Petersilie gefüllte Auberginen, die geschmort und dann kalt gegessen werden.
- als Püree für eine Vorspeise: Auberginenhälften im Ofen backen, dann aushöhlen. Das Fruchtfleisch mit einer kleinen, gehackten Zwiebel und 1 Teelöffel Olivenöl pürieren, mit Salz, einem Hauch Cayennepfeffer, etwas Zitronensaft und einer zerdrückten Knoblauchzehe verrühren.

Gefüllte Melanzani

Zutaten
für 4 Portionen
- *200 g Natur-Rundkornreis*
- *½ l Gemüsebrühe (klare Gemüsesuppe)*
- *4 gleich große Auberginen (Melanzani), insgesamt etwa 1 kg*
- *2 mittelgroße Zwiebeln*
- *1–2 Knoblauchzehen*
- *1 große gelbe Paprikaschote*
- *2 EL Olivenöl*
- *200 g Pecorino-Käse*
- *30 g Walnusskerne*
- *1 Bund glatte Petersilie*
- *Salz*
- *Pfeffer, frisch gemahlen*
- *1 kräftige Prise Zimtpulver*

Zubereitung
- Den Reis gründlich waschen, abtropfen lassen, mit der Gemüsebrühe in einen Topf geben und einmal aufkochen lassen, die Temperatur verringern und 25 Minuten zugedeckt ausquellen lassen. Die Flüssigkeit sollte dann aufgesogen sein.
- Inzwischen die Auberginen waschen, trockentupfen, längs halbieren und die Stielansätze abschneiden. Das Auberginenfleisch 1 cm vom Rand herauslösen und in kleine Würfel schneiden.
- Die Zwiebeln und die Knoblauchzehen abziehen und fein hacken. Die Paprikaschote waschen, trockentupfen und vierteln. Stengelansatz, Trennwände und weiße Kerne entfernen. Die Paprikaviertel fein würfeln.
- Das Öl in einer Pfanne erhitzen, Zwiebeln und Knoblauch darin glasig werden lassen. Paprikaschoten- und Auberginenwürfel zufügen. Unter Wenden anbraten und zugedeckt 3 Minuten dünsten.
- Den Backofen auf 200° C (Umluft 180° C, Gas Stufe 3 ½) vorheizen.
- Den Pecorino fein reiben, die Walnusshälften grob hacken. Die Petersilie abbrausen, trockenschwenken und fein hacken. Mit dem gegarten Reis und dem Gemüse mischen. Mit Salz, Pfeffer und Zimt abschmecken.
- Die Auberginenhälften mit der Mischung füllen. Auf ein mit Backpapier ausgelegtes Backblech oder eine feuerfeste Form setzen und im vorgeheizten Backofen, 2. Schiene von unten, etwa 30 bis 40 Minuten backen.

Vorbereitungszeit
30 Minuten
(ohne Reiskochen)

Zubereitungszeit
10 Minuten

Backzeit
30–40 Minuten

Beilageempfehlung
kalte, pikante Joghurtsauce (→ Seite 58) und Tomatensalat

Nährwert pro Portion
ohne Beilage etwa
23 g Eiweiß
25 g Fett
40 g Kohlenhydrate
14 g Ballaststoffe
2 115 kJ/506 kcal

Auberginen im Wok

Vorbereitungszeit
15 Minuten

Zubereitungszeit
15 Minuten

Beilageempfehlung
Basmatireis oder knuspriges Baguette

Nährwert pro Portion
ohne Beilage etwa
13 g Eiweiß
21 g Fett
9 g Kohlenhydrate
4 g Ballaststoffe
1170 kJ/280 kcal

Zutaten
für 4 Portionen
- *1 kg Auberginen (Melanzani)*
- *3 rote Zwiebeln*
- *1 rote Chilischote*
- *2–3 Knoblauchzehen*
- *1 Stück Ingwerwurzel (30 g)*
- *5 EL Pflanzenöl*
- *6 EL Sojasauce, hell*
- *200 g Feta-Käse*

Extra-Tipps

- Mediterran wird das Gericht, wenn Sie statt Sojasauce und Ingwer Gemüsebrühe (Gemüsesuppe) und reichlich Knoblauch verwenden und zum Schluss viel gehackte Petersilie untermischen. Dazu harmoniert am besten Olivenöl.
- Sehr kleine Auberginen (Baby-Auberginen) werden häufig unzerteilt für asiatische Speisen verwendet.

Zubereitung
- Die Auberginen abspülen, trockentupfen, den Stiel abschneiden, die Früchte vierteln oder achteln und in 1 cm breite Streifen schneiden.
- Die Zwiebeln abziehen und in feine Ringe schneiden. Die Chilischote abspülen, längs halbieren, entstielen, entkernen und fein schneiden. Den Knoblauch abziehen und fein hacken. Den Ingwer schälen und sehr fein würfeln.
- Das Öl in einem Wok oder in einer großen Pfanne (28 bis 32 cm Durchmesser) erhitzen.
- Die Knoblauchwürfel in das Fett geben und unter Pfannenrühren glasig, aber nicht braun werden lassen.
- Portionsweise die Auberginenstücke, Zwiebelscheiben, Ingwerwürfel und Chilischotenstreifen zufügen. Alles unter Rühren etwa 5 Minuten garen. Wenn es zu bräunen beginnt, Sojasauce zufügen.
- Den Feta zerkrümeln und über dem Gemüse verteilen.

Küchen-Tipps

- Bevor Sie den Wok erhitzen, sollten alle Zutaten in Stücke, Würfel, Streifen oder Scheiben geschnitten und in Schälchen verteilt griffbereit mit den Gewürzen und Kräutern neben dem Wok stehen.
- Je kleiner die Zutaten, umso kürzer ist die Garzeit.

Würz-Tipp

- Statt zur Chilischote können Sie auch zu 1 Messerspitze Chilipulver greifen.

Pfannenrühren im Wok

Beim Pfannenrühren den Wok (oder die Pfanne) stark erhitzen, das Öl zugießen, rundum schwenken, das Gargut zugeben und ständig von innen nach außen wälzen. Die Zutaten werden durch Rühren durcheinandergewirbelt, sodass immer nur ein Teil auf der vergleichsweise kleinen Bodenfläche aufliegt und brät. Der Rest gart schonend an den weniger heißen Seitenwänden. Diese Zubereitung ist schnell und fettsparend.

Anfang des vorigen Jahrhunderts tauchte Brokkoli in den Kochbüchern unter der Bezeichnung Spargelkohl auf. Nach Ende des Ersten Weltkriegs verschwand er wieder und kam erst in den 60er-Jahren erneut in den Handel – zunächst nur tiefgefroren, später auch frisch.

Brokkoli wird auch Brökelkohl, Brokkerl, Sprossenbrokkoli, Spargelkohl und Grüner Blumenkohl (nicht zu verwechseln mit dem Romanesco, einer Blumenkohlsorte) genannt. Er stammt, wie sein weißer Verwandter, der Blumenkohl (Karfiol), aus Kleinasien.

Brokkoli

Wirkt schützend

Im Brokkoli stecken wesentlich mehr Nährstoffe als in Blumenkohl. Er ist reich an Mineralstoffen wie Kalium, Kalzium, Magnesium, Eisen und Zink. Bemerkenswert ist der Gehalt an Vitamin C, Vitamin K, Folsäure und Karotinoiden (30-mal mehr Karotin als Blumenkohl). Gerade Karotinoide sind wichtig, denn sie bekämpfen zellschädigende Sauerstoffradikale. Solche sekundären Pflanzenstoffe wirken auch krebsvorbeugend (antikanzerogen) und antimikrobiell. 100 g Brokkoli enthalten 108 kJ/26 kcal.

Das sollten Sie wissen

Die Vitamine sind hitzeempfindlich. Deshalb gilt: Je kürzer gegart wird, desto wertvoller das Gemüse. Bissfest reicht.

Einkauf und Aufbewahrung

Im Sommer und Frühherbst gibt es Brokkoli frisch aus heimischem Anbau; als Import aus Italien, Holland und Spanien ist er ganzjährig erhältlich.

Die winzigen Blütenknospen müssen blaugrün und geschlossen, die Blätter und Stiele kräftiggrün und knackig sein. Nur wenn die Schnittflächen frisch sind, hat die Ware noch nicht zu lange im Laden gelegen. Gelblichgrüne Blüten schmecken bitter.

Im Kühlschrank (Gemüsefach) bleibt Brokkoli, mit Frischhaltefolie umwickelt, 1 bis 2 Tage frisch. Das Gemüse ist gefriergeeignet.

Küchen-Tipps

- Brokkoli-Salat schmeckt am intensivsten, wenn Sie die Essig-Öl-Sauce über den lauwarmen Brokkoli gießen.
- Noch zarter schmeckt er, wenn er vor dem Dünsten kurz blanchiert wird.

Würz-Tipp

- Brokkoli sollte nicht zu stark gewürzt werden, ein Hauch Muskatnuss genügt. Weitere empfehlenswerte Zutaten sind Weißwein, Zitronensaft, Butter und Käse.

Allgemeine Zubereitung

Vom Brokkoli können Sie alles essen: Blütenknospen, Blätter und Stiele, soweit sie nicht holzig sind. Die festeren Stielenden werden wie Spargel geschält. Brokkoli wird gegart oder nur blanchiert und nach Belieben weiterverarbeitet. Blüten und Stiele haben eine unterschiedliche Garzeit: Die Knospen benötigen nur 5 bis 8 Minuten, die Stiele 10 bis 15 Minuten. Daher ist es günstig, die Stiele separat vorzukochen oder zumindest zu blanchieren und die Blütenknospen und Blätter später hinzuzugeben.

Brokkoli vorbereiten

Brokkoli putzen, waschen und die Röschen von den Stielen trennen. Von den dicken Stielen mit dem Sparschäler die Haut abziehen. Dann die Stiele in Scheiben oder Stücke schneiden.

Brokkoli blanchieren

Den geputzten Brokkoli 2 Minuten in kochendes Salzwasser geben, herausheben und in eine Schüssel mit sehr kaltem Wasser tauchen.

So schmeckt Brokkoli

- als Salat, gekocht und abgekühlt, z. B. mit Möhren (Karotten) und Blumenkohl (Karfiol), in einer Essig-Öl-Sauce oder mit gekochten Kartoffelwürfeln in einer Roquefort-Creme-Sauce.
- roh als Salat, aber nur die kleinen, zarten Röschen mit Pinienkernen oder Walnüssen in einer Marinade aus mildem Weinessig, Nuss- oder Kürbiskernöl, Salz und Pfeffer.
- zu Suppe püriert oder als Einlage in einer klaren oder einer Cremesuppe.
- als Beilage, gedünstet mit einer holländischen Sauce, polnisch (mit zerlassener Butter, gehacktem Ei, Semmelbröseln), römisch (Sardellen, Knoblauch, Olivenöl) oder mit Käsesauce übergossen und überbacken.
- als Auflauf, mit gekochtem Schinken und Käse überbacken.
- als Füllung für pikante Torten.
- als Eintopf, mit anderen Gemüsesorten zu Rind-, Lamm- oder Hackfleisch (Faschiertem) oder mit Grießklößchen (Grießnockerln).

Extra-Tipps

- Sie können auch tiefgefrorenen Brokkoli verwenden. Er muss nicht mehr geputzt werden und die Garzeit verkürzt sich.
- Orecchiette werden Teigwaren in Form von Ohren genannt; sie werden ohne Ei zubereitet und sind eine Spezialität aus Apulien (Süditalien). Diese Nudelsorte ist bestens geeignet, um die Sauce gut aufzunehmen. Wenn Sie frische Orecchiette verwenden, verringert sich die Kochzeit etwa um 3 Minuten.

Brokkoli-Pasta

Zutaten
für 4 Portionen
- *1 kg Brokkoli*
- *2 l Wasser*
- *Salz*
- *400 g Nudeln (z. B. Orecchiette)*
- *60 g Pinienkerne*
- *1–2 getrocknete Chilischoten*
- *2 EL Olivenöl*
- *80 g Parmesan, gerieben*
- *1 EL Rosinen*

Zubereitung
- Brokkoli putzen, waschen und die Röschen von den Stielen trennen. Die Stiele am unteren Ende mit einem Sparschäler dünn schälen und klein schneiden.
- Wasser und Salz in einem großen Topf aufkochen. Die Brokkoliröschen hineingeben und 4 Minuten bissfest garen. Herausschöpfen, abtropfen lassen und warm stellen.
- Die Nudeln in das kochende Gemüsewasser geben und nach Packungsaufschrift bissfest (al dente) garen. Herausnehmen, gut abtropfen lassen, mit den Brokkoliröschen mischen und warm stellen. Etwa ¼ l Nudelwasser abnehmen und beiseite stellen.
- Die Pinienkerne in einer Pfanne ohne Fett goldgelb rösten, herausnehmen und beiseite stellen. Die Chilischote entstielen und zerkrümeln.
- Das Olivenöl in einem Topf erhitzen, die Brokkolistiele darin unter Wenden bei mittlerer Hitze anbraten, mit einem Teil des beiseite gestellten Nudelwassers aufgießen und etwa 8 bis 10 Minuten zugedeckt garen.
- Die Brokkolistiele mit dem Pürierstab zerkleinern, Chilischoten, Parmesan, Rosinen und Pinienkerne zufügen, umrühren und eventuell mit etwas Nudelwasser verdünnen. Die Sauce sollte nicht zu dickflüssig sein, damit sie die Nudeln vollständig umhüllt.
- Die Sauce über die Nudel-Brokkoli-Mischung geben und sofort servieren.

Vorbereitungszeit
15 Minuten

Zubereitungszeit
20 Minuten

Nährwert pro Portion
etwa
26 g Eiweiß
23 g Fett
77 g Kohlenhydrate
12 g Ballaststoffe
2 610 kJ/625 kcal

Brokkoli-Auflauf

Zutaten
für 4 Portionen

Kartoffelpüree
- *1 kg Kartoffeln (mehlig kochend)*
- *1/8–1/4 l Wasser*
- *Salz*
- *1/4 l Milch*
- *1 EL Pflanzenöl*

Gemüse
- *750 g Brokkoli*
- *Salz*

Käsesauce
- *1 1/2 EL Butter oder Margarine*
- *2 EL Mehl*
- *1/4 l heiße Milch*
- *2–3 EL Crème fraîche*
- *50 g Hartkäse, gerieben (z. B. Emmentaler)*
- *Salz*
- *Pfeffer, frisch gemahlen*
- *Muskatnuss, gerieben*

Zubereitung
- Die Kartoffeln waschen, schälen und klein schneiden. In leicht gesalzenem Wasser aufsetzen und zugedeckt 20 Minuten garen.
- Inzwischen den Brokkoli putzen, waschen und die Röschen von den Stielen trennen. Die Stiele klein schneiden. Röschen und Stiele in leicht gesalzenem Wasser 5 bis 8 Minuten garen, in ein Sieb geben, gut abtropfen lassen. Die Milch erhitzen.
- Die Kartoffeln abgießen, trockendämpfen und durch eine Kartoffelpresse drücken oder mit dem Kartoffelstampfer zerkleinern und heiße Milch und gut 1 Teelöffel Öl unterrühren.
- Eine feuerfeste Form mit restlichem Öl einfetten. Das Kartoffelpüree am Rand – eventuell mit einem Spritzbeutel (Zackentülle) – verteilen und die Brokkoliröschen in die Mitte geben.
- Den Backofen auf 180° C (Umluft 160° C, Gas Stufe 2 1/2) vorheizen.
- Für die Sauce Butter oder Margarine in einem Topf zerlassen, das Mehl hineingeben und unter Rühren bei kleinster Flamme 10 Minuten anschwitzen. Unter ständigem Rühren die Milch zugießen und einmal aufkochen lassen.
- Crème fraîche und den geriebenen Käse unterrühren. Mit Salz, Pfeffer und Muskatnuss würzen. Die Sauce über dem Brokkoli verteilen.
- Die Form in den vorgeheizten Backofen, 2. Schiene von unten, setzen und 15 bis 20 Minuten überbacken. Sofort servieren.

Vorbereitungszeit
15 Minuten

Zubereitungszeit
20 Minuten

Backzeit
15–20 Minuten

Beilageempfehlung
knuspriges Baguette

Nährwert pro Portion
ohne Beilage etwa
17 g Eiweiß
20 g Fett
44 g Kohlenhydrate
8 g Ballaststoffe
1745 kJ/420 kcal

Extra-Tipp

Ein lockeres Kartoffelpüree gelingt nur, wenn Sie nach dem Zerstampfen der Kartoffeln einen Schneebesen und nicht die Quirle des elektrischen Handrührgeräts benutzen. Ansonsten wird der Brei zäh und glasig, weil durch zu kräftiges Schlagen die Kartoffelstärke austritt.

Bereits die alten Ägypter, Griechen und Römer kannten den Porree oder Lauch. Kaiser Nero legte wöchentlich einen Porree-Tag ein.

Bei dem auch als Breitlauch, Küchenlauch, Winterlauch oder Beißlauch bezeichneten Gemüse handelt es sich um die Zuchtform einer ursprünglich südeuropäischen Lauchart. Lauch besitzt ein pikant-herbes, leicht zwiebelähnliches Aroma. Je nach Erntezeit unterscheidet man Frühjahrs-, Sommer-, Herbst- und Winterporree. Frühjahrs- und Sommerporree haben einen längeren Schaft, die Blätter sind hellgrün.

Die Herbst- und Wintersorten besitzen dagegen meist einen kürzeren, dicken Schaft und dunkelgrüne Blätter.

Porree
Lauch

Ätherisch, wertvoll, gut

Mit 100 kJ/24 kcal gehört Lauch zu den „schlanken“ Gemüsesorten. Wie alle Zwiebelgewächse liefert er die Mineralstoffe Kalium, Kalzium und Eisen. Nennenswert ist der Gehalt an Vitamin B_6, Folsäure, Niacin sowie Vitamin K, Provitamin A (Beta-Karotin) und Vitamin C. Der gesundheitliche Wert ergibt sich vor allem aus seinen schwefelhaltigen ätherischen Ölen (Allyl-Senföl), die auch für den typischen Geschmack ausschlaggebend sind. Den Ölen werden antibiotische Wirkungen zugeschrieben.

Einkauf und Aufbewahrung

Frühlingsporree, unter Glas oder Folie gezogen, ist im Mai und Juni erhältlich (dünnschaftig, hellgrün), Sommerporree von Juni bis September, Herbstporree von September bis November und Winterporree von November bis ins Frühjahr. Zusätzliche Importe aus den Niederlanden, Frankreich, Italien und der Türkei vervollständigen das Angebot.

Lauch wird stangenweise, Frühlings- und Sommerware gelegentlich auch bundweise verkauft. Die Blattspitzen sollten frisch und fest sein. Rechnen Sie mit etwa 40 % Abfall. Für 4 Portionen à 150 g benötigen Sie etwa 1 kg Rohware.

Im Kühlschrank (Gemüsefach) ist Porree bis zu 5 Tage haltbar. Wegen des intensiven Geruchs sollte er nicht mit aromaempfindlichen Lebensmitteln (z. B. Milchprodukten) lagern.

Allgemeine Zubereitung

Für Gerichte aus ganzen Porreestangen empfehlen sich die langen, dünnen Stangen, für Gerichte mit klein geschnittenem Porree die dickeren. Winterporree wird meist gedünstet. Zarter Sommerporree lässt sich auch roh essen.

Zur Vorbereitung den Lauch putzen, das heißt, die beiden äußeren Blätter entfernen, das Wurzelende und die harten dunkelgrünen Teile abschneiden. Je nach Geschmack nur den weißen Schaft oder auch einige Zentimeter der grünen Blätter verwenden. Lauch gründlich waschen, da zwischen den Blättern Sand sitzt. Dazu die Stauden längs aufritzen, um sie mit der Spitze nach unten und breit auseinander gedrückt unter fließend kaltem Wasser auszuspülen.

Porree entweder tropfnass mit wenig Butter oder Pflanzenöl oder in etwas leicht gesalzenem Wasser dünsten. Danach in Butter schwenken.

Würz-Tipp

- Lauch verträgt sich mit Lorbeer, Thymian, Petersilie, Kerbel, Muskatnuss, Curry und Paprikapulver.

So schmeckt Lauch

- als Einlage in klarer Suppe oder püriert, mit Crème fraîche oder Sahne (Obers).
- als Gemüsebeilage, gedünstet und in Butter geschwenkt oder mit heller Sauce zu gekochtem Schinken, Schnitzel oder Geflügel.
- als Auflauf, mit Käse bestreut und überbacken.
- als Ragout oder Gemüse-Gulasch mit Fleisch.
- als Eintopf mit Möhren (Karotten), Sellerie, Champignons, Tomaten und Kartoffeln.
- als Salat mit rohem oder gekochtem Schinken, gekochtem Rindfleisch, Kasseler (Selchkarree) oder gedünstetem Fisch.

Küchen-Tipps

- Lauch wird milder, wenn er kurz in leicht gesalzenem Wasser blanchiert wird. Für den empfindlichen Magen ist er dann verträglicher, außerdem behält er so seine schöne hellgrüne Farbe.
- Dünsten Sie Lauch mit etwas Weißwein. Das unterstreicht das spezifische Aroma.
- Lauch ist auch pur eine delikate Beilage. Dazu die geputzten Porreestangen halbieren, in einem flachen Topf mit etwa 1 Tasse Wasser, Salz, Zitronensaft, etwas Zucker und 10 g Butter zugedeckt 8 bis 10 Minuten dünsten.

Vier Freunde

Dünne Lauchstangen werden mit Möhren (Karotten), Knollensellerie und Wurzelpetersilie zusammengebunden und ergeben das beliebte Bund, das Suppen so kräftig macht. In Berlin heißt es Suppengrün, in Bremen Suppenkraut, in Hamburg Suppenbund (und Suppengrün), Gewerzel in Frankfurt, Suppenlauch und Junglauch in der Schweiz und Suppengrün oder Wurzelwerk in Österreich.

Lauchcremesuppe mit Garnelen

Zutaten
für 4 Portionen
- *500 g Lauch*
- *30 g Butter oder Margarine*
- *¾ l Wasser*
- *Salz*
- *1 gehäufter EL Mehl*
- *250 g Tiefseegarnelenfleisch*
- *100 g Schlagsahne (Schlagobers)*
- *Pfeffer, frisch gemahlen*
- *1 Prise geriebene Muskatnuss*

Zubereitung
- Den Lauch putzen, von den Lauchstangen jeweils die Wurzeln und das grüne Ende abschneiden, sodass nur noch die weißen und hellgrünen Teile übrig bleiben.
- Die Lauchstangen der Länge nach einritzen, gründlich waschen und in feine Streifen schneiden.
- Die Hälfte des Fettes in einem Topf zerlassen, die Lauchstreifen zugeben und unter Wenden 3 Minuten garen. Mit Wasser auffüllen und salzen.
- Restliches Fett und Mehl zu einem Kloß verkneten, stückchenweise in die Flüssigkeit geben, darin verrühren und 4 Minuten kochen lassen.
- Das Tiefseegarnelenfleisch zugeben, bei kleiner Hitze darin erwärmen.
- Die Schlagsahne einrühren und die Suppe mit Pfeffer und Muskatnuss abschmecken.

Vorbereitungszeit
10 Minuten

Zubereitungszeit
10 Minuten

Beilageempfehlung
knuspriges Vollkorn-Baguette

Nährwert pro Portion
ohne Beilage etwa
11 g Eiweiß
14 g Fett
5 g Kohlenhydrate
2 g Ballaststoffe
855 kJ/205 kcal

Extra-Tipps

- Feiner wird das Gericht, wenn Sie die Suppe mit dem Pürierstab zerkleinern, dann die Garnelen darin erwärmen, danach die Schlagsahne einrühren und mit den Gewürzen abschmecken.
- Statt des Fett-Mehl-Kloßes können Sie eine mittelgroße gewürfelte Kartoffel mit dem Porree mitkochen. Das spart auch Kalorien.
- Anstelle von Tiefseegarnelenfleisch können Sie auch Flusskrebsfleisch, Streifen von Lachsschinken oder Käse verwenden.

Lauchtorte

Vorbereitungszeit
20 Minuten (ohne Kühlzeit)

Zubereitungszeit
10 Minuten

Backzeit
45 Minuten

Beilageempfehlung
grüner Salat in einer Essig-Öl-Sauce

Nährwert pro Stück
ohne Beilage etwa
12 g Eiweiß
25 g Fett
17 g Kohlenhydrate
3 g Ballaststoffe
1385 kJ/330 kcal

Zutaten
für 8 Portionen

Teig
- *200 g Mehl*
- *1 gestrichener TL Backpulver*
- *1 Ei (Kl. M)*
- *2 EL Wasser*
- *100 g Butter oder Margarine*
- *1 Prise Salz*

Belag
- *1,2 kg Lauch*
- *1 gestrichener EL Butter oder Margarine*

Eier-Schmant-Masse
- *100 g Appenzeller oder anderer Hartkäse*
- *3 Eier (Kl. M)*
- *250 g Schmant (ersatzweise Crème fraîche)*
- *Salz*
- *je 1 Prise geriebene Muskatnuss und Zimt*
- *Mehl zum Ausrollen*

Zubereitung
- Alle Zutaten für den Teig mit dem Knethaken des Handrührgeräts in einer Schüssel zu einem geschmeidigen Mürbteig mischen, dann mit der Hand verkneten, zu einer Kugel formen, flach drücken und in Frischhaltefolie gewickelt 30 Minuten kühl stellen.
- Inzwischen Lauch putzen, von den Lauchstangen jeweils das Wurzelende und den grünen Teil abschneiden, sodass nur noch die weißen und hellgrünen Teile übrigbleiben. Die Stangen der Länge nach einritzen, gründlich waschen und in fingerbreite Stücke schneiden.
- Butter oder Margarine in einem Topf zerlassen und die Lauchstücke darin zugedeckt 3 bis 4 Minuten dünsten; dann abkühlen lassen.
- Den Backofen auf 200° C (Umluft 180° C, Gas Stufe 3 ½) vorheizen.
- Den Teig auf einer leicht bemehlten Arbeitsfläche in Größe der Springform (26 cm Durchmesser) ausrollen, die Springform mit dem Teig auskleiden und dabei einen etwa 3 cm hohen Rand formen. Den Boden mehrfach mit einer Gabel einstechen, damit er sich nicht wölbt.
- Den Käse reiben. Mit Eiern, Gewürzen und Schmant (Crème fraîche) gut verquirlen und mit dem abgekühlten Lauch mischen. Diese Mischung auf dem Boden gleichmäßig verteilen.
- In den vorgeheizten Backofen, 2. Schiene von unten, setzen und etwa 45 Minuten backen. Die Torte in Stücke schneiden und noch warm servieren.

Extra-Tipps
- Sie können den Teigboden auch 3 cm größer als die Form ausrollen, ihn mithilfe eines Nudelholzes aufwickeln und dann auf dem Springformboden entrollen.
- Die Lauchtorte lässt sich gut vorbereiten. Dazu nur 30 Minuten backen und danach abgekühlt in den Kühlschrank stellen (oder auch einfrieren). Zum Servieren 15 Minuten im vorgeheizten Backofen fertig backen.
- Variante mit 8 großen Zwiebeln (von je etwa 200 g): Diese abziehen, grob würfeln und in Butter oder Margarine nicht ganz weich dünsten. Alles Weitere wie im Rezept angegeben.

Maronen zählen zu den Esskastanien. Es wird zwischen Maronen und gewöhnlichen Esskastanien unterschieden:

Maronen sind ei- oder herzförmig und haben eine flache, dreieckige Unterseite sowie eine glänzende, rötlichbraune Schale mit dunklen Streifen. Das Fleisch schmeckt sahnig, besonders, wenn man es röstet.

Gewöhnliche Esskastanien sind größer, rundlich und einseitig abgeflacht. Das Fleisch lässt sich schwer von der inneren Haut lösen und ist nicht so schmackhaft wie das der Marone.

Maronen
Maroni

Die Marone stammt aus Kleinasien, genauer gesagt, dem Schwarzmeergebiet. Heute wächst sie wild – nicht nur in Nordamerika, Japan, China und im südlichen Europa, sondern auch in Deutschland (am Bodensee, im Rheinland, am Main und in geschützten Lagen Norddeutschlands) sowie in Österreich (in Teilen des Burgenlandes, der Steiermark und Kärntens). Die meisten Früchte werden jedoch aus den Mittelmeerländern importiert. Übrigens: Maronen sind nicht mit den bei uns heimischen Rosskastanien verwandt.

Kohlenhydrate gegen den Herbstblues

Maronen sind reich an Kohlenhydraten, die erst durch Rösten oder Kochen aufgeschlossen werden. Kohlenhydrate heben in der lichtarmen Zeit den Serotoninspiegel und tun somit Körper und Seele gut. Darüber hinaus enthalten Maronen viel Kalium und Magnesium sowie B-Vitamine, Vitamin C, Folsäure und Vitamin E. 100 g Maronen haben 818 kJ/196 kcal.

Einkauf und Aufbewahrung

Gewöhnliche Esskastanien haben Ende September Saison, Maronen, hauptsächlich aus Italien und Südfrankreich, im September und Oktober. Dauermaronen sind im November und Dezember im Angebot. Außerdem gibt es Kastanienmehl und -flocken (in der italienischen und schweizerischen Küche) sowie gegarte Maronen als Konserve und in Vakuumverpackung.

Frische Maronen sollten kühl gelagert und bald zubereitet werden. Überlagerte und keimende Maronen schmecken muffig. Rohe und auch gegarte Früchte lassen sich gut einfrieren.

Würz-Tipp

Außer Salz, Zucker, Honig und Ahornsirup harmonieren Sahne (Obers), Nüsse, weißer Portwein, Kirschwasser, Orangenlikör und Preiselbeeren.

Allgemeine Zubereitung

Maronen kochen: Die Schale an der spitz zulaufenden Seite mit einem scharfen Messer kreuzweise einschneiden. Portionsweise in kochendes, gesalzenes Wasser geben, 2 bis 3 Minuten darin ziehen lassen, herausnehmen, abtropfen lassen und in ein Tuch geben. Das an der Einschnittstelle entstandene „Hütchen" abziehen. Die Frucht herauspressen.

Maronen rösten: Die eingeritzten Maronen auf ein mit Backpapier ausgelegtes Backblech legen und im vorgeheizten Backofen bei 220° C (Umluft 200° C, Gas Stufe 4) 7 bis 8 Minuten backen. Die noch warmen Kastanien aus der Schale brechen. Den braunen Filz von den gelblichen Kernen abziehen.

Wenn die Maronen frisch sind, löst sich das braune Häutchen, das den weißen Kern umgibt, von selbst.

So schmecken Maronen

- im Backofen gebacken.
- als Dessert (Mont Blanc): süßes Maronenpüree z. B. mit etwas Kirschwasser aromatisieren und mit geschlagener Sahne (Schlagobers) vermischen. Oder: die Maronen im Ganzen kochen und in Zucker oder Sirup einlegen.
- als Kastanienreis.
- als Suppe, mit Crème fraîche.
- als Füllung für Torten, z. B. Maronen-Gâteau.
- als Füllung für Geflügel.

Küchen-Tipps

Maronen zum Knabbern bereitet man am besten in einer schweren gusseisernen Pfanne mit fest schließendem Deckel zu. Dafür bei hoher Temperatur die Kastanien 10 Minuten offen schwenken, dann 10 Minuten mit Deckel ohne Hitzezufuhr quellen lassen und häuten. Im Backofen zubereitet können sie leicht zu trocken werden. Daher immer ein Schälchen mit Wasser mit in den Ofen stellen.

Karamellisierte Maronen passen gut zu Schmorbraten oder Kurzgebratenem: dazu 10 g Butter und 10 g Zucker in einer Pfanne schmelzen und karamellisieren lassen, die gegarten Maronen zugeben und darin 4 Minuten unter Schwenken erhitzen.

Zutaten

für 4 Portionen

- *200 g Feldsalat (Vogerlsalat)*
- *2 EL Preiselbeerkompott (50 g)*
- *2 EL Weißweinessig*
- *Salz*
- *Pfeffer, frisch gemahlen*
- *3 EL Pflanzenöl*
- *250 g gegarte Maronen (Maroni)*
- *1 EL Butter*

Maronen mit Feldsalat

Zubereitung

- Den Feldsalat verlesen, die kleinen Wurzeln entfernen, größere Pflänzchen zerteilen, den Salat gründlich waschen, trockenschleudern oder gut abtropfen lassen.
- Preiselbeerkompott, Weißweinessig, Salz und Pfeffer in einem Gefäß zu einer Salatsauce verrühren, das Pflanzenöl einrühren und den Salat mit der Sauce mischen.
- Die Maronen jeweils in etwa 5 Scheiben schneiden. Butter in einer Pfanne erhitzen, die Maronenscheiben darin unter Wenden leicht bräunen und über dem Feldsalat verteilen.

Extra-Tipp

- Sie können für dieses Gericht die Maronen selbst garen oder bereits gegarte vakuumverpackte Maronen nehmen.

Vorbereitungszeit
5 Minuten

Zubereitungszeit
10 Minuten

Beilageempfehlung
dünn geschnittene und leicht geröstete Vollkorn-ciabatta-Scheiben

Nährwert pro Portion
ohne Beilage etwa
2 g Eiweiß
12 g Fett
27 g Kohlenhydrate
4 g Ballaststoffe
966 kJ/231 kcal

Maroni-Apfel-Gemüse

Zutaten

für 4 Portionen

- *150 g Kurpflaumen (Dörrzwetschken)*
- *5 EL Sherry Fino*
- *500 g Maronen*
- *300 g Äpfel*
- *20 g Butter*
- *1 Prise Salz*
- *Pfeffer, grob geschrotet*

Zubereitung

- Den Backofen auf 220° C (Umluft 200° C, Gas Stufe 4 ½) vorheizen.
- Die Kurpflaumen in einer Schüssel mit Sherry begießen und zugedeckt durchziehen lassen.
- Die Schale der Maronen mit einem scharfen Küchenmesser auf der spitzen Seite kreuzweise einschneiden.
- Die Maronen auf ein mit Backpapier ausgelegtes Backblech legen und im vorgeheizten Backofen 7 bis 8 Minuten backen. Die noch warmen Früchte aus der Schale brechen. Den braunen Filz vom gelblichen Kern abziehen.
- Die Äpfel schälen, vierteln, das Kerngehäuse entfernen, in Achtel schneiden und beiseite legen.
- Die Butter in einer Pfanne schwach erhitzen, die geschälten Maronen zugeben und darin rundherum anrösten. Die Apfelspalten dazugeben und 2 Minuten zugedeckt dünsten.
- Die eingeweichten Pflaumen ebenfalls zugeben und darin erhitzen. Mit wenig Salz und Pfeffer würzen.

Vorbereitungszeit
25 Minuten

Zubereitungszeit
20 Minuten

Backzeit
7–8 Minuten

Servierempfehlung
als Beilage zu Kalbs-, Kaninchen- oder Wildbraten

Nährwert pro Portion
ohne Beilage etwa
4 g Eiweiß
6 g Fett
61 g Kohlenhydrate
6 g Ballaststoffe
1 360 kJ/326 kcal

Die Birne stammt aus Persien und war bereits den alten Griechen und Römern bekannt. Kultiviert wurde die Frucht auf dem Peloponnes, der deshalb auch den Beinamen Apia (Birnenland) erhielt. Heute wachsen über 1 500 Sorten, überall dort, wo das Klima gemäßigt ist.

Weltweit beträgt die Birnenernte allerdings nur ein Viertel der Apfelernte. Ein Grund: Birnen sind empfindlich und eignen sich nicht so gut für Transport und Lagerung.

Birnen

Mild und wertvoll

Birnen sind leicht verdaulich und bekömmlich. Sie haben wenig Fruchtsäure, aber reichlich Vitamin C und Kalium. Zudem sind sie mit 193 kJ/46 kcal pro 100 g kalorienarm und ebenso wie Äpfel und Bananen gut als Zwischenmahlzeit geeignet.

Einkauf und Aufbewahrung

Die beste Qualität gibt es im September aus heimischen Anbaugebieten. Importe aus Italien, Frankreich, Spanien, Belgien, Holland, Südamerika und Südafrika sind das ganze Jahr über erhältlich.

Dies sind die wichtigsten Sorten (Genussreife in Klammern):

- **Clapps Liebling** (Juli bis September): mittelgroß, dickbauchig, hellgelb bis grün, rot gestreift oder marmoriert, etwas beulig, Fruchtfleisch gelblichweiß, fein würzig.
- **Williams Christ** (August bis September): groß, glockenförmig, gelb, eventuell etwas matt gerötet, saftig.
- **Gellerts Butterbirne** (September bis November): mittelgroß, gelblichgrün, saftig, würzig.
- **Gute Luise** (September bis Januar): mittelgroß, länglich, gelbgrüne Grundfarbe, sonnenseits rotpunktiert, Fruchtfleisch weiß, saftig, schmelzend.
- **Köstliche von Charneux** oder **Bürgermeister** (September bis Februar): mittelgroß, glockenförmig, gelb, saftig, süß, festes Fruchtfleisch.
- **Alexander Lucas** (November bis Januar): groß, stumpfkegelförmig, grünbraunrot; Fruchtfleisch weiß, saftig, süß, leicht würzig.
- **Conference** (November bis März): mittelgroß, lang, Schale hellgelb bis rostfarben; Fruchtfleisch weiß, saftig, zart, gute Haltbarkeit.

Küchen-Tipps

- Beträufeln Sie Birnen nach dem Aufschneiden sofort mit Zitronensaft. Sie verfärben sich sonst schnell braun.
- Frühbirnen, wie Clapps Liebling und Williams Christ, eignen sich vor allem zum rohen Verzehr. Sie schmecken nach dem Kochen fad.

Kaufen Sie nur Früchte ohne äußere Verletzungen und Flecken. Birnen gehören zu den Obstsorten, die gut nachreifen. Lassen Sie sie zu diesem Zweck bei Zimmertemperatur 2 bis 3 Tage liegen, im Gemüsefach des Kühlschranks 5 bis 6 Tage. Aber Achtung: Birnen werden schnell überreif. Spät- und Lagerbirnen dagegen reifen nicht am Baum, sondern müssen auf jeden Fall nachreifen.

Allgemeine Zubereitung

Birnen mit einem Sparschäler schälen, halbieren oder vierteln und mit einem Messer keilförmig Stielansatz und Kerngehäuse herausschneiden.

So schmecken Birnen

- als Beilage, gedünstet in Teig mit Schweinefleisch und Semmelknödeln.
- roh, als Beilage zu kräftigen Käsesorten, z. B. Blauschimmelkäse, oder luftgetrocknetem Schinken oder in Spalten geschnitten zu geräuchertem Schweine- und Putenfleisch.
- als Beilage, süßsauer eingelegt, zu Wild.
- als Dessert, in Zuckersirup gedünstet und nach dem Erkalten auf Vanilleeis angerichtet und mit heißer Schokoladensauce bedeckt.
- als Kuchen- oder Tortenbelag.
- in Eiszubereitungen.
- als Gelee oder Saft.

So reifen Birnen noch schneller

Geben Sie die noch nicht voll ausgereifte Birne zusammen mit einem Apfel in eine geschlossene Papiertüte und stechen Sie diese einige Male ein. Das natürliche Gas Äthylen, das im Apfel steckt, lässt die Birnen schneller reifen.

Würz-Tipps

- Zum Aromatisieren eignen sich Zimt, Nelken, Ingwer und Vanille sowie die Kräuter Rosmarin, Zitronenmelisse und Minze. Ingwer gibt Birnen eine pikante Note.
- Zum Dünsten geeignet ist Zitronensaft, aber auch Sherry, Portwein sowie Weiß- oder Rotwein machen sich gut.

Roqueforttorte mit Birnen

Zutaten
für 8 Portionen

Teig
- *250 g Weizenmehl*
- *3 EL kaltes Wasser*
- *125 g Butter*
- *Salz*

Belag
- *100 g Walnusskerne*
- *800 g reife, nicht zu weiche Birnen*
- *3 Eier (Kl. M)*
- *100 g saure Sahne (Sauerrahm)*
- *1 Prise geriebene Muskatnuss*
- *Pfeffer, frisch gemahlen*
- *200 g Roquefort-Käse*

Zubereitung
- Alle Zutaten für den Mürbeteig in einer Schüssel mit dem Handrührgerät (Knethaken) mischen, mit den Händen verkneten, zu einer Kugel formen, flach drücken und in Frischhaltefolie gewickelt 30 Minuten kühl stellen.
- Inzwischen die Walnusskerne hacken. Die Birnen waschen, schälen, vierteln, das Kerngehäuse entfernen, die Birnenviertel in Scheiben schneiden.
- Für den Belag die Eier trennen; Eigelbe, saure Sahne und Gewürze verrühren. Den Käse mit einer Gabel zerdrücken und unter die Eigelbmasse rühren.
- Eiweiß in einer Schüssel steif schlagen und mit einem Kochlöffel unter die Käsemasse heben.
- Den Backofen auf 180° C (Umluft 160° C, Gas Stufe 2 ½) vorheizen.
- Eine Springform (26 cm Durchmesser) wenig einfetten. Den Teig auf einer leicht bemehlten Arbeitsfläche, etwas größer als die Form, ausrollen, die Springform damit auskleiden und dabei einen 2 cm hohen Rand formen. Den Teig mit einer Gabel mehrmals einstechen. Zwei Drittel der Walnüsse auf dem Teigboden verteilen.
- Die Birnenscheiben darauf fächerartig anordnen, die Käsemasse obenauf verteilen.
- Die Form in den vorgeheizten Backofen, 2. Schiene von unten, setzen und 30 Minuten backen. Die restlichen Walnüsse über die Torte streuen und weitere 15 Minuten backen.
- Die Torte aus dem Backofen nehmen, mit einem spitzen Messer den Teigrand vorsichtig lockern und den Springformrand lösen. Die Torte in Stücke schneiden und noch warm servieren.

Vorbereitungszeit
20 Minuten (ohne Kühlzeit)

Zubereitungszeit
10 Minuten.

Backzeit
45 Minuten

Beilageempfehlung
gemischter Blattsalat mit einer Kräutervinaigrette

Nährwert pro Portion
ohne Beilage etwa
14 g Eiweiß
32 g Fett
36 g Kohlenhydrate
5 g Ballaststoffe
2 115 kJ/506 kcal

Extra-Tipps
- Statt Roquefort milden italienischen Gorgonzola nehmen.
- Zum Verrühren des Roqueforts keinen Schneebesen oder Elektroquirl verwenden. Die Masse wird sonst unappetitlich graugrün.
- Die Kombination Roquefort und Birnen harmoniert bestens. Probieren Sie z. B. in Rotwein gedünstete Birnenviertel mit einer passierten Roquefort-Sahne-Sauce zu gebratener Entenbrust.
- Roquefort oder andere Edelpilzkäse eignen sich gut für cremige Salat- und Pastasaucen, besonders in Verbindung mit Nüssen oder einigen Tropfen Nussöl.
- Den Käse für Saucen durch ein Plastiksieb streichen, das die sichtbaren Pilzbestandteile zurückhält. Das verhindert, dass sich die Sauce graugrün färbt.

Die Geschichte der Pflaume lässt sich bis ins Altertum zurückverfolgen, ihre Heimat ist Vorderasien. Von der „Urpflaume", die irgendwo zwischen Kaukasus und Kaspischem Meer wuchs, ist jedoch nicht viel übrig geblieben, denn seit der Pflaumen- beziehungsweise Zwetschkenbaum auch in Deutschland und Österreich Wurzeln schlägt, wurde die Frucht immer wieder gekreuzt und veredelt. Weltweit lassen sich heutzutage viele unterschiedliche Sorten finden – so werden z. B. allein schon in Nordamerika über 2 000 Sorten kultiviert.

Pflaumen Zwetschken

In Deutschland kann man unter der Bezeichnung Pflaume folgende Fruchtarten zusammenfassen: Sommer- und Eierpflaumen, Mirabellen, Renekloden und Zwetschgen (auch Zwetschen genannt).

In Österreich lautet der Oberbegriff dagegen Zwetschken. Zu dieser Familie gehören Pflaumen, Zwetschken, Ringlotten (Renekloden), Mirabellen und Kriecherln.

Neben den genannten Sorten gibt es eine Reihe weiterer Züchtungen.

Bringt die Verdauung in Schwung

„Nimm Pflaumen für des Alters Last, denn sie pflegen zu lösen den hartgespannten Bauch", schrieb schon vor fast 2 000 Jahren der römische Schriftsteller Marcus Valerius Martial. Tatsächlich regen Pflaumen die Verdauung an, ihre Fruchtsäure kann leicht abführend wirken. Wir kennen diesen Effekt vor allem von getrockneten Pflaumen. 100 g der frischen Früchte haben 205 kJ/49 kcal.

Einkauf und Aufbewahrung

Die ersten Pflaumen sind hierzulande schon im Juli reif, Haupternte ist im September. Bereits ab Mai gibt es Importe aus Italien, Frankreich und Spanien, im Winter aus Südafrika, Argentinien und den USA.

Die Früchte sollten (auch am Stielansatz) prall sein. Pflaumen von guter Qualität sind mit einer wachsartigen Schicht umgeben. Dieser „Duftfilm" oder „Reif" verhindert, dass die Frucht zu schnell welkt.

Einwandfreie Früchte sind ungewaschen im Gemüsefach des Kühlschranks 3 bis 4 Tage haltbar. Pflaumen lassen sich gut einfrieren, am besten ohne Stein.

Allgemeine Zubereitung

Zum Kochen und Kuchenbacken eignen sich vor allem späte Pflaumen (Zwetschgen) und Renekloden. Die Früchte erst kurz vor dem Zubereiten waschen und entsteinen. Zum Belegen von Kuchen an den Spitzen fächerartig einschneiden. So kann man sie auch einzeln einfrieren.

Für ein Kuchenblech werden etwa 1,5 kg Früchte (mit Stein) benötigt.

So schmecken Pflaumen

- als Kompott, Mus, Konfitüre.
- als Kuchenbelag, in Zwetschkenknödeln.
- als Bratenfüllung.
- als Rumtopf.
- in Fruchtgrütze, → Seite 157.

Die Pflaumen-/Zwetschken-Familie im Einzelnen

In Deutschland und in Österreich

- Pflaumen
- Mirabellen
- Renekloden/Ringlotten – in Österreich werden grüne, gelbe und rote Sorten angeboten.
- Zwetschgen/Zwetschken
- Spilling
- Trockenpflaumen (Kurpflaumen) heißen in Österreich Dörrzwetschken und kommen meist ohne Stein auf den Markt.

In Deutschland

- Bühler Frühzwetschgen

In Österreich

- Ersinger Frühzwetschke: außen blau, innen gelb, klein und rund, angenehm süß, kernlösend.
- Kriecherln: blauviolett, innen grünlich, klein, süß, zum Kern hin säuerlich, schlecht lösender Stein; bevorzugt für Konfitüre und Fruchtbrände.

Vorbereitungszeit
15 Minuten (ohne Ruhezeit)

Zubereitungszeit
10 Minuten

Backzeit
30 Minuten

Nährwert pro Stück
etwa
2 g Eiweiß
1,5 g Fett
23 g Kohlenhydrate
2 g Ballaststoffe
485 kJ/116 kcal

Zwetschgenkuchen

Zutaten
Ergibt etwa 20 Stücke

Hefeteig
- *300 g Mehl*
- *20 g frische Hefe (Germ), etwa ½ Würfel*
- *30 g Zucker*
- *150 ml lauwarme Milch*
- *30 g Butter*
- *1 Prise Salz*

Belag
- *1,5 kg Zwetschgen*
- *2–3 EL Johannisbeergelee (Ribiselgelee)*

Außerdem
- *2 TL Butter für das Backblech*
- *Mehl zum Ausrollen*
- *1 EL Milch zum Bestreichen*

Zubereitung
- Für den Hefeteig das Mehl in eine Schüssel geben. In die Mitte die zerbröckelte Hefe mit einer Prise Zucker und etwas lauwarmer Milch geben. 15 Minuten zugedeckt gehen lassen.
- Den fertigen Vorteig zusammen mit den restlichen Zutaten zu einem glatten Teig verkneten. Mit dem Handrührgerät (Knethaken) so lange rühren, bis der Teig glänzt und sich vom Schüsselrand löst.
- Den Teig aus der Schüssel nehmen und auf der leicht bemehlten Arbeitsfläche von Hand durchkneten. Zugedeckt gehen lassen, bis sich das Volumen des Teiges verdoppelt hat.
- Die Zwetschgen abspülen, der Länge nach aufschneiden, entsteinen und an den Spitzen ein Drittel einschneiden.
- Den Backofen auf 200° C (Umluft 180° C, Gas Stufe 3 ½) vorheizen.
- Den Teig noch einmal gründlich mit der Hand durchkneten und schlagen. 5 Minuten ruhen lassen.
- Das Blech einfetten. Den Teig auf einer leicht bemehlten Fläche ausrollen und auf das Backblech legen, dabei den Rand hochziehen. Den Teig dünn mit Milch bestreichen.
- Die Zwetschgen nebeneinander schuppenartig auf den Teig setzen.
- Das Blech in den vorgeheizten Backofen, 2. Schiene von unten, setzen und etwa 30 Minuten backen.
- Das Johannisbeergelee in einem kleinen Topf verrühren, aufkochen und die Zwetschgen rasch damit bestreichen.

Extra-Tipps

- Wird Zucker über die Früchte gestreut, sammelt sich Saft an. Werden sie dagegen mit verrührtem Johannisbeergelee bestrichen, wird die Saftbildung verhindert. Auch glänzen die Früchte schön, Konsistenz und Aroma werden aufgepeppt.
- Als Belag schmecken die späten Zwetschgen (Hauszwetschken) am besten; sie haben mehr Aroma, sind süßer und verlieren beim Backen weniger Saft.
- Damit der Fruchtsaft nicht vom Kuchen läuft, können Sie den Teig, bevor Sie ihn mit den Zwetschgen belegen, auch mit Semmelbröseln, geriebenen Mandeln oder Nüssen bestreuen.

Holunderbeeren werden in Norddeutschland auch Fliederbeeren, in Süddeutschland und Österreich Hollerbeeren genannt. Die Pflanze wächst wild, wird vereinzelt aber auch gezüchtet.

In der Küche finden sowohl die kleinen weißen bis gelblichen Blüten als auch die glänzend violetten bis schwarzen Beeren Verwendung. Die Beeren haben einen herb-süßen, säuerlichen Geschmack.

Holunderbeeren
Hollerbeeren

So gesund!

In den Beeren stecken eine ganze Reihe wertvoller Inhaltsstoffe: organische Säuren, die Mineralstoffe Kalium, Magnesium und Eisen sowie Provitamin A (Beta-Karotin) und Vitamin E. Holundersaft enthält 26 mg Vitamin C pro 100 g.

Holunderblütentee gilt als schweißtreibend und fiebersenkend und ist deshalb ein beliebtes Hausmittel bei grippalen Infekten.

Das sollten Sie wissen

Holunderbeeren nie roh, sondern immer nur gekocht verzehren. Denn: Unreife Beeren enthalten das Blausäure abspaltende Sambunigrin, einen Stoff, der Übelkeit und Verdauungsstörungen hervorrufen kann. Die vollreifen Beeren enthalten diesen Stoff kaum noch, und durch Erhitzen werden auch Reste dieses Giftstoffes zerstört. Beim Einkochen sollten dennoch die grünlichen Beeren vorher entfernt werden. Erfahrene „Holunderköche" lassen die geernteten Beeren noch einige Tage in der Sonne nachreifen.

Einkauf und Aufbewahrung

Von August bis Ende September können Sie bei guten Gemüsehändlern (oder auf Bestellung) und Wochenmärkten einheimische Holunderbeeren und Importe, meist aus Polen, kaufen. Sie werden als Fruchtdolden angeboten. Die Blüten kann man im Frühsommer selbst pflücken oder bei einem guten Gemüsehändler bestellen.

Wenn Sie Holunderbeeren selbst sammeln: Trennen Sie die gesamte Fruchtdolde mit einem Schnitt vom Zweig. Dazu wegen der hartnäckigen Flecken am besten Gummihandschuhe tragen. Die Beeren werden erst bei der Zubereitung von den Stielen gezupft.

Vollreife Holunderbeeren verderben schnell und müssen sofort verarbeitet werden.

Allgemeine Zubereitung

Die Holunderbeerdolden gründlich in einer Schüssel mit Wasser waschen, herausnehmen, gut abtropfen lassen, und die Beeren von den Stielen zupfen.

Küchen-Tipps

- Am besten lassen sich die Beeren mit einer Gabel von den Stielen trennen.
- Herstellung von Holunderbeersaft: Die reifen Beeren von 2 kg abgebrausten, trockengetupften Holunderbeerdolden mit der Gabel abstreifen und mit ½ l Wasser in einem Topf etwa 5 Minuten aufkochen. Den Fruchtbrei anschließend auf ein Haarsieb geben oder durch ein feines Tuch seihen. Den heißen Saft entweder pur in vorbereitete Flaschen füllen und sofort verschließen oder vorher mit etwa 200 g Einmachzucker 5 Minuten kochen lassen. Für unser Rezept werden die reifen Beeren von etwa 500 g Holunderbeerdolden benötigt.

Holunder-Drink

1 Teil Holunderbeersaft, 2 bis 3 Teile Wasser und 1 Stück Zimtstange erhitzen. 1 Teelöffel Honig einrühren und warm trinken.

So schmecken Holunderbeeren

- als Saft, Sirup, Gelee, Konfitüre.
- als Kompott, Kaltschale, Sorbet, Mousse oder Eis.
- als süße Sauce zu Grießflammeri.
- als Bestandteil pikanter Saucen zu Wild.
- als Likör oder Fruchtwein.

... und so die Holunderblüten

- durch Eierkuchenteig (Palatschinkenteig) gezogen und in heißem Fett ausgebacken als Hollerküchle.
- als Sekt und getrocknet als Tee.

Hollerbeersauce zu Putenleber

Zutaten

für 4 Portionen

- *2 mittelgroße Zwiebeln*
- *2 Äpfel*
- *4 EL Pflanzenöl*
- *⅛ l Holunderbeersaft (ungesüßt)*
- *50 g Crème fraîche*
- *Salz*
- *Pfeffer, frisch gemahlen*
- *400 g Putenleber*
- *1 EL Mehl*
- *2 Stiele Zitronenmelisse*

Zubereitung

- Die Zwiebeln abziehen und in dünne Ringe schneiden. Die Äpfel schälen, vierteln, das Kerngehäuse entfernen und die Viertel quer in dünne Scheiben schneiden.
- In einer Pfanne 1 Esslöffel Öl erhitzen, die Zwiebelringe darin unter Wenden glasig werden lassen; die Apfelscheiben zufügen, den Holunderbeersaft angießen. Zugedeckt etwa 2 bis 3 Minuten köcheln lassen, dann Crème fraîche unterheben. Mit Salz und Pfeffer würzen.
- Die Putenleber kurz abspülen, in ihre natürlichen Hälften teilen, eventuell häuten, in Scheiben schneiden, trockentupfen, leicht salzen und in Mehl wenden. Im restlichen Öl von beiden Seiten kurz braten.
- Die Putenleber auf vorgewärmte Teller legen, mit der Sauce und den Apfelscheiben anrichten. Mit den Zitronenmelisseblättchen garniert servieren.

Vorbereitungszeit
15 Minuten

Zubereitungszeit
10 Minuten

Beilageempfehlung
frisches Baguette

Nährwert pro Portion
ohne Beilage etwa
24 g Eiweiß
17 g Fett
13 g Kohlenhydrate
2 g Ballaststoffe
1 300 kJ/311 kcal

In den Monaten ohne „R“ kam früher kein Fisch auf den Tisch. Der Ratschlag stammte aus der Zeit, als die Kühlkette vom Fang zum Verbraucher noch nicht funktionierte, denn Fisch ist äußerst empfindlich und verdirbt ungekühlt schnell. Heute wird der Fisch schnell und gut gekühlt bis in den Einzelhandel transportiert.

Fisch

Fische lassen sich je nach Herkunft in See- und Süßwasserfische einteilen. Rund 75 % (dazu zählen Frischfisch, Tiefkühlfisch, Marinaden, Fischzubereitungen) der in Deutschland und Österreich angebotenen Fische sind Seefische.

Seelachs und Kabeljau stammen hauptsächlich aus dem Nord-Ost-Atlantik. Aus der Nordsee kommen heute noch der Hering für Matjes (der Hering für Rollmöpse und Heringkonserven, wird im Atlantik gefischt), Sprotten, ein paar Makrelen, Plattfische (Schollen) und auch einige der so genannten Mittelmeerfische. Ostsee-Fische sind eher von regionaler Bedeutung. Deutschland importiert gut 90 % seiner Fische, vor allem aus Norwegen, Dänemark und Holland. Am häufigsten landet der Alaska-„Seelachs“, der derzeitige Fischstäbchen-Fisch, in unseren Küchen, dann folgen auf den Plätzen zwei, drei und vier Hering, Thunfisch und echter Lachs.

Im Hochsee-Fischfang hat sich in den letzten Jahren viel verändert. Das so genannte „Mittelmeer-Sortiment“, zu dem Goldbrassen (Dorade), Rotbarben (Rouget Barbet) und Seeteufel (Lotte de mer) gehören, stammt beispielsweise nur noch teilweise aus dem Mittelmeer, auch wenn es die meisten Arten dort gibt. Tatsächlich wird der „Mittelmeerfisch“ überwiegend im Atlantik (französische Küste und südwestlich von Irland) gefangen. Einige dieser Fischarten (Goldbrassen, Wolfsbarsch) kommen inzwischen überwiegend aus Zuchtanlagen, die allerdings liegen tatsächlich oft im Mittelmeer! Diese Zuchtfische sind zwar nicht die teuersten, liegen aber im Preisniveau spürbar höher als das „gewöhnliche“ Sortiment.

Süßwasserfische wie Barsch, Hecht und Zander werden in den einheimischen Seen und Flüssen per Schlepp- und Stellnetzen oder Reusen gefangen. Zum großen Teil führt man Hecht und Zander aber aus Osteuropa ein. Forellen und Karpfen stammen aus Teichwirtschaften.

Süßwasserfische sind im Geschmack zarter und milder als ihre Verwandten aus dem Salzwasser. Hecht, Zander und Bachforelle gelten als die feinsten Fische.

Seefische

Aal, Dornhai, Flunder, Goldbarsch (Rotbarsch), Heilbutt (schwarz), Hering, Kabeljau (Dorsch), Katfisch (Steinbeißer), Knurrhahn, Lengfisch, Makrele, Meerbarbe, Meerbrasse, Merlan (Wittling), Petersfisch (St. Pierre), Sardelle, Sardine, Schellfisch, Scholle (Goldbutt), Schwertfisch, Seehecht, Seelachs, Seeteufel, Seezunge, Sprotte, Steinbutt, Thunfisch, Wolfsbarsch.

Süßwasserfische

Bachforelle, Barbe, Barsch, Blaufelchen, Brachsen (Blei), Hecht, Karausche, Karpfen, Lachs, Plötze (Rotauge), Regenbogenforelle, Saibling, Schleie, Stint, Stör, Zander (Schill, Fogosch), Wels (Waller).

Barbe, Brachsen, Karausche und Plötze – aber eben auch Schleie – sind schon was für Süßwasserspezialisten. Sie haben viele Gräten, und es gibt sie eher selten zu kaufen.

Fisch ist gesund

Wer sich gesund ernähren möchte, sollte auf Fisch nicht verzichten. Er enthält etwa 20 % biologisch hochwertiges Eiweiß. Meistens ist Fischfleisch fettarm. Aber keine Angst vor dem Fischfett! Es liefert die wertvollen Omega-3-Fettsäuren, die helfen, überhöhte Blutfettwerte zu verringern und arteriosklerotischen Gefäßveränderungen vorzubeugen. Im Lachs, vor allem aber im Hering und der Makrele stecken besonders viel dieser für die Herzgesundheit so wichtigen Fettsäuren. Seefische sind zudem reich an Fluor und Jod, das von der Schilddrüse dringend benötigt wird. Weitere Pluspunkte: Fisch enthält viel Vitamin D, das nur in wenigen Lebensmitteln in nennenswerten Mengen vorkommt, sowie Vitamin B12. Und: Entgegen landläufiger Ansicht sind Fische bis auf wenige Ausnahmen schadstofffrei.

Einkauf

Fische werden im Ganzen, ausgenommen oder bereits portioniert, das heißt filetiert oder als Kotelett, angeboten. Das A und O der guten Fischküche ist die Frische. Frischfische bleiben nach dem Fang unbehandelt oder werden nur gereinigt, ausgenommen, zerteilt und gekühlt, aber nicht eingefroren. Je schneller der Transport, desto frischer ist der auf Eis gelegte Fisch. Für eine Portion rechnet man 200 g Filet oder 350 bis 400 g vom ganzen Fisch.

Daran können Sie frischen Fisch erkennen

- an hellroten Kiemen.
- an klaren, prallen und glänzenden Augen.
- an fest anliegenden Schuppen.
- am frischen Meer- oder Seegeruch (kein Fischgeruch!).
- an elastischem Fleisch.

Wann gibt es welchen Fisch?

Heutzutage sind die meisten Fische das ganze Jahr über in guter Qualität auf dem Markt. Die Fanggebiete wechseln so, dass sie immer zur rechten Zeit gefischt werden. Nur bei wenigen Arten gibt es noch eine echte Saison:

- **Plattfische**, hier also Scholle und Seezunge: Mai bis Oktober.
- **Deutscher Matjes** (nicht der Hering): Saison-Start Ende Juni, **holländischer Matjes** Ende Mai/Anfang Juni.
- **Atlantischer Wildlachs**: Überwiegend von August bis Oktober (Zuchtlachse gibt es das ganze Jahr).

Aufbewahrung

Am besten ist es, den Fisch am Einkaufstag auf den Tisch zu bringen und ihn bis zur Zubereitung ohne Papier oder Folie in einem Glas- oder Porzellangefäß zugedeckt im Kühlschrank aufzubewahren. Eventuell einen umgedrehten Teller in das Gefäß setzen, damit die austretende Flüssigkeit ablaufen kann und der Fisch trocken liegt. Tiefgefrorenen Fisch bei – 18° C oder kälter lagern. Räucherfisch lässt sich nach dem Einkauf einen Tag, ebenfalls in einem Porzellangefäß zugedeckt im Kühlschrank (Gemüsefach), aufbewahren.

So wird Fisch vorbereitet

Meist wird der Fisch heute küchenfertig angeboten. Sollten Sie einen selbst gefangenen Fisch in der Küche haben, gehen Sie folgendermaßen vor:

- **Säubern:** Den Fisch mit dem Fischschupper oder mit dem Messerrücken unter fließendem Wasser vom Schwanz zum Kopf hin schuppen und gründlich abspülen. Die Rücken- und Schwanzflossen mit der Haushaltsschere bis auf 1 cm abschneiden, damit das Fleisch nicht verletzt wird. Beim „Köpfen“ einen Schnitt jeweils rechts und links schräg hinter den Kiemen ansetzen und bis zur Wirbelsäule führen. Bei Forellen und Karpfen bleibt der Kopf dran. Danach den Fisch seitlich kurz hinter der Afteröffnung aufschneiden und die Eingeweide herausnehmen. Unbedingt darauf achten, dass die Galle beim Herausnehmen unversehrt bleibt. Auch die schwarzen und silbernen Bauchhäutchen abziehen.
- **Säuern:** Früher ging man nach dem 3-S-System (säubern, säuern, salzen) vor. Heute werden frischer und auch Tiefkühlfisch nicht gleich, sondern (auf- oder angetaut und je nach Rezeptur) bei der Zubereitung gesäuert, also z. B. mit Zitronensaft beträufelt und mit Salz gewürzt.

Küchen-Tipp

- Gut geputzter, küchenfertiger Fisch sollte frei von Blut sein.

Allgemeine Zubereitung

für je 4 Portionen

Pochieren

Entweder man pochiert Fisch (das heißt man lässt ihn langsam gar ziehen) in wenig Salzwasser mit etwas Zitronensaft oder auf klein geschnittenem Gemüse und mit wenig gesalzenem Wasser und Gewürzen. Dafür nehmen Sie beispielsweise:

- 1 Möhre (Karotte)
- 1 Zwiebel
- 3 Stiele Petersilie
- 1 dünne Stange Lauch
- ½ unbehandelte Zitrone
- ½ TL weiße Pfefferkörner
- 1 l Wasser
- 1–2 TL Salz
- 4 Fisch-Koteletts (z. B. Kabeljau, Seelachs, Rotbarsch, Schellfisch, Lengfisch oder Lachs)

Alle Zutaten (bis auf den Fisch) in einen Topf geben. Bei großer Hitze 1 Minute aufkochen. Gemüsesud 10 Minuten ziehen lassen. Den gewaschenen Fisch in den Sud geben. 10 bis 15 Minuten (je nach Fischart) ziehen lassen. Fisch herausnehmen und nach Rezept anrichten.

Dünsten im Gemüsebett

- 1 Möhre (Karotte)
- 1 kleine Stange Lauch
- 2 Stiele Staudensellerie
- ¼ l trockener Weißwein
- 1 EL Butter oder Margarine
- Salz, weißer Pfeffer
- 4 Fisch-Koteletts (z. B. Kabeljau, Seelachs, Rotbarsch, Schellfisch, Lengfisch oder Lachs)

Den Fisch waschen. Das Gemüse in Streifen schneiden, in eine feuerfeste Form geben und den Wein zufügen. Butterflöckchen darauf verteilen. Den Fisch auf das Gemüsebett setzen und würzen (wenig pfeffern, wenig salzen). Die Form zudecken. Im Backofen bei 200° C (Umluft 180° C, Gas Stufe 3 ½) etwa 10 bis 15 Minuten dünsten.

Dämpfen

- ½ l Flüssigkeit (Wasser, Brühe oder Weißwein)
- 4 Fisch-Koteletts (z. B. Kabeljau, Seelachs, Rotbarsch, Schellfisch, Lengfisch oder Lachs)

Den Fisch waschen und auf den Siebeinsatz eines Topfes oder in einen Fischtopf setzen. Flüssigkeit (Wasser oder halb Wasser und Weißwein mit wenig Salz und Kräutern) in den Topf geben. Den Topf verschließen, Flüssigkeit zum Kochen bringen. Bei mittlerer Hitze etwa 10 bis 15 Minuten (je nach Fischart) dämpfen lassen. Fisch herausnehmen und nach Rezept anrichten.

Braten

- 4 Fischfilets (z. B. Rotbarsch) etwa 600 g
- 5 EL Mehl
- 20 g Butterschmalz oder Pflanzenöl
- Salz
- 1 Zitrone

Fischfilets waschen und sehr gut trockentupfen. Danach beidseitig in Mehl wenden. Filets im heißen Fett von jeder Seite 2 bis 3 Minuten anbraten, leicht salzen, eventuell mit 1 bis 2 Esslöffeln Zitronensaft beträufeln und bei reduzierter Hitze von jeder Seite noch einmal 1 bis 2 Minuten (je nach Fischart und Dicke der Filets) weiterbraten. Filets herausnehmen und mit Zitronenschnitzen garniert anrichten.

Grillen im Elektrogrill (Backofen)

Den Rost einölen; den Fisch (leicht mit Pfeffer bestreuen) darauf setzen, mit der Fettpfanne darunter, unter den vorgeheizten Grill in den Backofen schieben. Je größer das Grillgut ist, umso größer ist der Abstand zum Grill. Nach dem Grillen salzen und je nach Geschmack und Rezeptur mit etwas Zitronensaft beträufeln.

Grillen auf dem Holzkohlengrill

Portionsstücke (leicht pfeffern, kräutern) oder kleine Fische (vorher im Inneren leicht salzen, pfeffern oder kräutern) einölen und ohne oder mit dünnen durchwachsenen Speckscheiben umwickelt auf eine Alu-Grillschale setzen, zwischendurch wenden. Oder in Alufolie einpacken und ebenfalls beidseitig grillen. Eventuell, wenn der Fisch nicht mit Speck umwickelt ist, nach dem Grillen, je nach Geschmack, leicht salzen und mit Zitronensaft beträufeln.

Küchen-Tipps

- Garen Sie Fisch möglichst kurz, sonst zerfällt das Fleisch oder es wird trocken. Es ist gar, wenn es milchigweiß und nicht glasig (durchsichtig) aussieht. Die Haut lässt sich leicht abheben. Bei ganzen Fischen lassen sich die Rückenflossen problemlos herausziehen.
- Zum Grillen und Braten eignen sich z. B. besonders: Aal, Makrele, Lachs, Hering, Forelle, Seeteufel, Sardinen, Thunfisch (als Steak), Scholle, Seelachsfilet.
- Zum Dünsten oder Pochieren eignen sich z. B. besonders: Heilbutt, Steinbutt, Zander oder Schellfisch, Kabeljau (Dorsch), Karpfen.

Lachs

Auch der Lachs ist meist nicht mehr das, was er früher war, nämlich wild. Hierzulande wird überwiegend der Atlantische Lachs als Zuchtlachs (Farm-Lachs) angeboten. Er stammt aus Schottland, Irland und vor allem Norwegen. Aus Kanada erreichen uns einige Pazifik-Lachsarten. Sie sind meist tiefer rot gefärbt als Atlantische und kräftiger im Geschmack.

Zuchtlachse werden mit etwa zwei Jahren geschlachtet, Wildlachse erst mit etwa vier Jahren. Der „frische Wildlachs“ ist selten, erzielt im Fischhandel den höchsten Preis und genießt in der Gourmet-Küche großes Ansehen. Es gibt auch Zuchtlachse aus Bio-Farmen.

Lachs auf einen Blick
Zuchtlachse sind etwas rundlicher und haben eine abgerundete Schwanz- und Seitenflosse. Die Farbe des Fleisches wird durch die Fütterung karotinoidhaltiger (Astaxanthin) Nahrung beeinflusst. Übrigens: Deutlich sichtbare helle Streifen zwischen den roten Muskelsegmenten zeigen an, dass der Lachs schnell und fett gezüchtet (gemästet) wurde.

Wildlachs ist eher stromlinienförmig und hat ausgeprägte Flossen. Die Farbe des Fleisches ist von der natürlichen Nahrung abhängig. Durch den Verzehr von rotschaligen Krebsen und Krabben, deren Schalen ein entsprechendes Karotinoid (ebenfalls Astaxanthin) enthalten, kann Wildlachs ebenso orangerot sein wie Zuchtlachs.

Die Lachsforelle ist eine nahe Verwandte des Lachses. Sie wiegt über 1,5 kg und wird meist ebenfalls astaxanthinhaltig gefüttert. Wenn sie und der Verbraucher großes Glück haben, ist sie in Meerwasser groß gezogen. Lachsforellen sind eine gute, etwas fettärmere Alternative zum Lachs.

Was darf's sein?
Lachs wird unterschiedlich portioniert angeboten:
- im Ganzen, geschuppt, ausgenommen, mit Kopf und Schwanz.
- als Kotelettstück (auch Tranchen genannt): zum Braten oder Grillen, bleibt gut in Form.
- als Filet: aus dem Vorder- und Mittelstück geschnitten, ohne Haut und Gräten. Geeignet zum Pochieren und Dünsten, aber auch zum Braten. Zum Beizen oder Räuchern bleibt das Filet auf der Haut.
- als Steak aus dem Schwanzstück: zum Braten geeignet.
- Lachsabschnitte erhält man, wenn die Filets gerade geschnitten werden. Es gibt sie auch einzeln beim Fischhändler. Die Abschnitte lassen sich pürieren und für Lachsklößchen, Suppen oder Füllungen (Farcen) verwenden.
- Lachs wird auch in sehr guter Qualität, portioniert (Lachstranchen) aus der Tiefkühltruhe angeboten.

Zubereitung allgemein
- Garen im Ganzen: Man schneidet den Lachs seitlich längs der Rückengräte etwa 2 cm tief ein. So kann die Haut beim Garen nicht aufplatzen.
- Braten: Der Fisch wird an beiden Seiten in Abständen von 3 cm fast bis auf die Mittelgräte schräg eingeschnitten. Vorteil: Die Garzeit verringert sich um ein Drittel, der Lachs wird durch und durch gar und bleibt fest und saftig.
- Garen in Pergamenthülle: Mehrere Lagen Pergamentpapier eingefettet aufeinander legen, die Fischportion darin einpacken und mit der Nahtseite nach unten in eine feuerfeste Form oder auf ein Backblech setzen. Gewürze und Kräuter können mit eingepackt werden.
- Grillen: Portionsstücke (Koteletts) unter dem vorgeheizten Grill im Backofen oder auf dem Holzkohlengrill pur, gewürzt (mit Pfeffer und Kräutern) oder in Alufolie gewickelt, grillen. Salz erst kurz vor Ende der Grillzeit (oder beim Essen) zugeben.

So schmeckt Lachs
- pochiert in Fischfond oder Brühe.
- pur mit gedünsteten Tomatenwürfeln, mit Senf- oder Kräutersauce.
- im Ganzen im Backofen gebacken oder als Tranche unter einer Kartoffel- oder Kräuterkruste gegart.
- als Einlage in Suppen, in Streifen geschnitten oder zu Klößchen geformt.
- als Graved Lachs (auch Gravlax, Gravad Lax), mit Salz, Zucker, Gewürzen und Dill gebeizt.
- gebraten oder gegrillt, mit Salzkartoffeln und frischem Salat.

Lachs – gebeizt (Graved Lachs)

Zutaten

für 4 Personen

- *500 g Lachskotelett im Stück mit Haut (Mittelgräte entfernen lassen)*
- *1–2 Bund Dill*
- *3 EL grobes Salz*
- *3 EL Zucker*
- *1 EL schwarzer Pfeffer, grob geschrotet*

Senfsauce

- *150 g Joghurt, 3,5 % Fett*
- *2 TL milder Senf*
- *1–2 TL Honig*
- *6 abgezogene Mandeln, fein gehackt*
- *2–3 Stiele Dill, fein geschnitten*

Zubereitung

- Den Fisch außen und innen abspülen und sehr gut trockentupfen. Den Dill abbrausen, trockentupfen, die Dillspitzen vom Stengel abschneiden. Die Lachshälften auseinander klappen, die Innenseiten mit Salz, Zucker und Pfeffer bestreuen. Mit Dillspitzen belegen.
- Die Hälften wieder zusammenklappen, den Fisch in einen Gefrierbeutel wickeln, in ein Gefäß (am besten einen kleinen Steintopf) legen und beschweren. An einem kühlen Ort (z. B. im Gemüsefach des Kühlschranks) etwa 2 bis 3 Tage ruhen lassen.
- Zwischendurch den Gefrierbeutel mit dem Fisch wenden, um die Lake zu verteilen.
- Für die Senfsauce Joghurt, Senf und Honig verrühren, Mandeln und Dill einrühren.
- Zum Anrichten den Fisch auseinander klappen, Gewürze und Dill entfernen. Jede Hälfte schräg in Scheiben schneiden. Eventuell erneut mit geschnittenem Dill bestreuen. Mit der Senfsauce servieren.

Vorbereitungszeit

20 Minuten (ohne Marinier- und Kühlzeit)

Zubereitungszeit

15 Minuten

Servierempfehlung

als Vorspeise mit Vollkorn- oder Grahambrot und Feldsalat (Vogerlsalat)

Nährwert pro Portion

ohne Beilage etwa
22 g Eiweiß
19 g Fett
6 g Kohlenhydrate
0,2 g Ballaststoffe
1 334 kJ/296 kcal

Extra-Tipps

- Der Lachs kann zusätzlich mit zerdrückten Korianderkörnern oder Fenchelsamen gewürzt werden. Statt Dill passt auch Basilikum.
- Als Hauptgericht können Sie Graved Lachs mit Senfsauce und Salzkartoffeln servieren.
- Sehr gut schmeckt gebeizter Lachs auch mit Kartoffelsalat, der nur mit Salz, Pfeffer, Weißweinessig und Pflanzenöl angemacht ist. Zusätzlich einen kleinen Teelöffel Walnussöl unter den Salat mischen und mit grob gehackten Walnüssen bestreuen.

Lachs mit grünen Nudeln

Zutaten
für 4 Portionen

Nudeln
- *500 g schmale grüne Bandnudeln*
- *5 l Wasser*
- *5 TL Salz*

Lachsragout
- *400 g küchenfertiges Lachsfilet*
- *1 EL Butter*
- *1 gehäufter EL Mehl*
- *350 ml fettarme Milch, lauwarm*
- *Salz*
- *Pfeffer, frisch gemahlen*
- *½ TL Meerrettich (Kren), gerieben*
- *2 EL Zitronensaft*

Extra-Tipps

- Die Wassermenge für die Nudeln richtet sich nach dem Gewicht. Pro 100 g Nudeln rechnet man mit 1 l Wasser und 1 leicht gehäuften Teelöffel Salz.
- Statt einer Mehlsauce können Sie auch 100 g Sahne erwärmen, ebenfalls mit Zitronensaft, Salz, Pfeffer und Meerrettich würzen und mit den Lachsstreifen und den heißen Nudeln vermischen. Etwas würziger wird das Gericht, wenn Sie geräucherten Lachs oder Graved Lachs nehmen.

Zubereitung
- Die Nudeln in leicht gesalzenem Wasser nach Packungsaufschrift bissfest garen. Auf einem Sieb abgießen.
- Vom Lachsfilet eventuelle Gräten entfernen. Das Lachsstück in schmale Streifen schneiden.
- Butter in einem Topf zerlassen, Mehl einrühren, etwas anschwitzen lassen, mit Milch aufgießen und kurz kochen lassen. Mit Salz, Pfeffer, Meerrettich und Zitronensaft abschmecken. Die Lachsstreifen hineingeben und kurz ziehen lassen.
- Die Nudeln anrichten und das Lachsragout darauf geben oder das Ragout mit den Nudeln vermischen.

Vorbereitungszeit
10 Minuten

Zubereitungszeit
15 Minuten

Beilageempfehlung
bunter Salat aus Radicchio, Lollo rosso und Feldsalat (Vogerlsalat), mit einer Sauce aus Sherry-Essig und Nussöl

Nährwert pro Portion
ohne Beilage etwa
33 g Eiweiß
20 g Fett
98 g Kohlenhydrate
5 g Ballaststoffe
2 960 kJ/710 kcal

Fisch-Suppentopf

Zutaten

für 4 Portionen

- *500 g Fischfilet (z. B. Seelachs oder Rotbarsch)*
- *125 g Vollkornreis*
- *1 l Gemüsebrühe (klare Gemüsesuppe)*
- *2 Zwiebeln*
- *500 g Möhren (Karotten)*
- *1 Fenchelknolle*
- *1 Knoblauchzehe*
- *50 g Butter oder Margarine*
- *½–1 TL Curry*
- *400 g Äpfel*
- *1 EL Mehl*
- *1 Prise Zimt*
- *1–2 EL Zitronensaft*

Zubereitung

- Den Fisch abspülen, trockentupfen, in große Stücke schneiden. Zugedeckt beiseite stellen.
- Den Reis und ¼ l Gemüsebrühe in einem Topf 10 Minuten köcheln lassen. Den Topf verschließen und den Reis bei geringer Hitze zugedeckt etwa 20 Minuten quellen lassen.
- Die Zwiebeln abziehen, vierteln oder achteln. Möhren und Fenchel putzen und waschen. Vom Fenchel das zarte Grün abschneiden und beiseite legen. Möhren in Scheiben schneiden, Fenchelknollen halbieren und dann ebenfalls in Streifen schneiden. Die Knoblauchzehe schälen und zerdrücken.
- 40 g Fett in einem Topf erhitzen, Zwiebelstücke darin glasig werden lassen, zerdrückten Knoblauch und Curry einrühren. Möhren und Fenchel zufügen und etwa 6 Minuten zugedeckt dünsten.
- Die Äpfel schälen, vierteln, das Kerngehäuse entfernen. Die Apfelstücke mit ¾ l Gemüsebrühe zum Gemüse geben. 3 Minuten köcheln lassen.
- Restliches Fett mit dem Mehl verkneten, in die Brühe geben und leicht binden. 2 Minuten köcheln lassen. Mit dem Zimt abschmecken.
- Die Fischstücke leicht mit Zitronensaft beträufeln und in die Suppe geben. Etwa 3 bis 4 Minuten ziehen lassen.
- Den ausgequollenen Reis als Einlage vorsichtig unter die Suppe heben. Mit dem grob geschnittenen Fenchelgrün bestreuen.

Vorbereitungszeit
25 Minuten

Zubereitungszeit
30 Minuten

Beilageempfehlung
knuspriges Baguette

Nährwert pro Portion
ohne Beilage etwa
27 g Eiweiß
19 g Fett
26 g Kohlenhydrate
11 g Ballaststoffe
1590 kJ/380 kcal

Extra-Tipps

- Die 500 g Fischfilet können aus mehreren Sorten bestehen. Zarte Fischsorten wie Scholle oder Seezunge sollten zum Schluss in den Eintopf gegeben werden.
- Statt Gemüsebrühe können Sie Fischfond (aus dem Glas) nehmen, je nach Geschmack etwas Salz hinzufügen.
- Etwas Abwechslung im Geschmack bringen eine Prise Kurkuma und einige zerdrückte Korianderkörner sowie frische Korianderblätter.
- Statt Fenchelknollen können Sie auch Paprikaschoten verwenden.

Kabeljaufilet mit Möhren-Lauch-Gemüse

Zutaten

für 4 Portionen

- *400 g Kabeljaufilet (oder Filet von Seelachs, Rotbarsch, Schellfisch, Lengfisch, Lachs, Zander)*
- *1 kleine Zwiebel*
- *3 Möhren (Karotten)*
- *1 kleine Stange Lauch*
- *20 g Margarine*
- *75 g Schmant (ersatzweise Crème fraîche)*
- *Salz*
- *Saft von 1 Zitrone*
- *Pfeffer, frisch gemahlen*
- *Muskatnuss, gerieben*
- *60 g mittelalter Gouda, gerieben*

Zubereitung

- Das Kabeljaufilet abspülen, trockentupfen und mit dem Saft einer halben Zitrone beträufeln, zugedeckt beiseite stellen.
- Inzwischen die Zwiebel schälen und fein hacken. Möhren waschen, Lauch putzen und waschen. Möhren grob raffeln, vom Lauch nur den weißen und hellgrünen Teil in sehr feine Streifchen schneiden.
- Etwas mehr als die Hälfte der Margarine in einem kleinen Topf erhitzen, die Zwiebelwürfel darin glasig werden lassen. Das Gemüse zugeben, umrühren und alles kurz zugedeckt dünsten.
- Den Schmant in das Gemüse rühren, Gewürze, etwas Zitronensaft und Käse zugeben.
- Den Fisch mit wenig Salz würzen, in eine mit dem restlichen Fett eingefettete Bratpfanne setzen und mit restlichem Zitronensaft beträufeln. Gemüsemischung auf dem Filet verteilen und zugedeckt etwa 4 bis 5 Minuten garen.

Vorbereitungszeit

10 Minuten

Zubereitungszeit

20 Minuten

Beilageempfehlung

Mehrkornbrot

Nährwert pro Portion

ohne Beilage etwa
22 g Eiweiß
12 g Fett
5 g Kohlenhydrate
2 g Ballaststoffe
1 000 kJ/240 kcal

Extra-Tipps

- Hier die Backofen-Variante: Eine feuerfeste Form einfetten; den leicht mit Salz gewürzten Fisch hineinsetzen, die Gemüse-Schmant-Mischung darauf verteilen. Im vorgeheizten Backofen, 2. Schiene von unten, bei 170° C (Umluft 150° C, Gas Stufe 2) etwa 12 bis 15 Minuten garen. 3 Minuten vor Ende der Garzeit den Käse darüber streuen.
- Wenn Sie das Fischfilet in große Würfel schneiden, beträgt die Garzeit jeweils 10 Minuten.

Zander auf Fenchelgemüse

Zutaten
für 4 Portionen
- *1,2 kg Zander (küchenfertig, mit Schwanz, ohne Kopf)*
- *3 Zitronen*
- *gut 1 kg Fenchelknollen mit Grün*
- *2 EL Pflanzenöl*
- *Salz*
- *100 ml Weißwein*
- *Pfeffer, frisch gemahlen*
- *600 g kleine Strauchtomaten*

Außerdem
- *2–3 große Kartoffeln (als Podest für den Fisch)*

Extra-Tipps

- Sie können die Auflaufform mit Alufolie verschließen, um eine zu starke Bräunung zu verhindern.
- Das Rezept eignet sich auch für andere Fischsorten, beispielsweise für Hecht oder Seezunge.
- Bei Fischfilets verringert sich die Garzeit um rund 10 Minuten. Ein „Kartoffelpodest" wird dann nicht benötigt.
- Einen besonderen Pfiff bekommt der Fisch, wenn mit den Tomaten etwa 2 Esslöffel Anislikör zur Dünstflüssigkeit gegeben werden.
- Statt Weißwein können Sie auch Apfelsaft verwenden.
- Die Garzeit für den Zander ist auch abhängig von Qualität und Material der Auflaufform.

Zubereitung
- Den Zander abspülen und trockentupfen. Innen und außen mit dem Saft einer Zitrone beträufeln.
- Die Fenchelknollen gründlich putzen und waschen, die zarten Blättchen abschneiden und beiseite legen. Fenchelknollen halbieren, den Strunk unten entfernen und die Hälften längs in dünne Streifen schneiden.
- Den Backofen auf 170° C (Umluft 150° C, Gas Stufe 2) vorheizen.
- Das Öl in einer Pfanne erhitzen, die Fenchelstreifen darin unter Wenden andünsten, wenig salzen und alles in eine Auflaufform geben.
- Die Kartoffeln waschen, schälen und im Ganzen längs nebeneinander auf dem Gemüse verteilen.
- Den Fisch innen leicht salzen und mit der Bauchöffnung auf die Kartoffeln setzen.
- Die restlichen Zitronen schälen, in dünne Scheiben schneiden und seitlich an den Fisch legen. Den Weißwein zugießen. Mit Pfeffer bestreuen.
- Die Form in den vorgeheizten Backofen, untere Schiene setzen und 35 bis 40 Minuten backen.
- Inzwischen die Tomaten obenauf kreuzweise einritzen, mit kochendem Wasser übergießen, häuten, vierteln, d e Stengelansätze entfernen, Tomatenstücke entkernen. 5 Minuten vor Ende der Garzeit zum Fisch geben. Eine Prise Salz in etwa 2 bis 3 Esslöffeln Wasser auflösen und den Fisch obenauf damit bestreichen.
- Das beiseite gelegte Fenchelgrün fein schneiden und über das Gericht streuen.

Vorbereitungszeit
20 Minuten

Zubereitungszeit
10 Minuten

Backzeit
35–40 Minuten

Beilageempfehlung
in zerlassener Butter geschwenkte Salzkartoffeln

Nährwert pro Portion
ohne Beilage etwa
39 g Eiweiß
6 g Fett
14 g Kohlenhydrate
8 g Ballaststoffe
1120 kJ/268 kcal

Extra-Tipp

Statt der tiefgefrorenen Kräuter der Provence können Sie auch frische Basilikumblätter verwenden.

Oliven-Fisch

Zutaten
für 4 Portionen
- *2 kleine Zwiebeln*
- *1–2 Knoblauchzehen*
- *2 EL Olivenöl, kaltgepresst*
- *500 g Freilandtomaten oder wahlweise 1 Dose geschälte Tomaten (450 g Einwaage)*
- *Salz*
- *Pfeffer, frisch gemahlen*
- *1 Prise Zucker*
- *2 EL tiefgefrorene Kräuter der Provence (bestehend aus Schnittlauch, Thymian, Petersilie, Estragon, Oregano, Rosmarin, Basilikum)*
- *Saft von 1 Zitrone*
- *600 g Fischfilet (Kabeljau oder Schellfisch)*
- *100 g Feta-Käse*
- *120 g schwarze Oliven*
- *einige Basilikumblätter*

Zubereitung
- Den Backofen auf 160° C (Umluft 140° C, Gas Stufe 1 ½) vorheizen.
- Zwiebeln und Knoblauchzehe abziehen. Zwiebeln fein hacken, Knoblauchzehe durchpressen. In einer Pfanne 1 Esslöffel Olivenöl erhitzen, die Zwiebeln und den zerdrückten Knoblauch darin glasig werden lassen.
- Die Tomaten obenauf kreuzweise einritzen, mit kochendem Wasser übergießen, häuten und zerkleinern. Werden Dosentomaten verwendet, diese mit Flüssigkeit in Stücke schneiden (dabei die Stengelansätze entfernen) oder mit dem Pürierstab grob zerkleinern.
- Die Masse zu der Zwiebel-Knoblauch-Mischung geben. Unter Rühren leicht köcheln lassen, damit sich die Flüssigkeit reduziert. Mit Salz, Pfeffer und Zucker würzen. Die gehackten Kräuter zufügen und in einen flachen Bräter oder eine feuerfeste Auflaufform geben.
- Den Fisch abspülen und trockentupfen; eventuell in grobe Würfel schneiden, mit Zitronensaft beträufeln und in die Tomatensauce setzen.
- Den Feta zerbröckeln und auf dem Fisch verteilen. Die Form in den vorgeheizten Backofen, mittlere Schiene, stellen und etwa 20 Minuten garen.
- Etwa 5 Minuten vor Ende der Garzeit die Oliven auf dem Fisch verteilen. Restliches Olivenöl darüber träufeln.
- Zum Anrichten mit dem grob geschnittenen Basilikum bestreuen.

Vorbereitungszeit
10 Minuten

Zubereitungszeit
15 Minuten

Backzeit
20 Minuten

Beilageempfehlung
frisches Baguette

Nährwert pro Portion
ohne Beilage etwa
31 g Eiweiß
15 g Fett
8 g Kohlenhydrate
2 g Ballaststoffe
1 230 kJ/300 kcal

Im Gegensatz zum Rot- oder Weißkohl (Rot- oder Weißkraut) ist der Wirsingkopf insgesamt lockerer, dabei unterschiedlich stark gerippt und gekraust. Die Köpfe können ganz kugelrund oder abgerundet sein. Wirsingkohl kommt als Früh- und Herbst- beziehungsweise Winterwirsing auf den Markt. Anders als der kräftige Winterkohl ist Sommerwirsing ein zartes Feingemüse. Deshalb wird er auch in Gourmetküchen gern zubereitet. Die Farbe ist kein Qualitätsmerkmal, sondern erntezeitabhängig. Sie variiert zwischen gelblichgrün (frühe Ernte) und dunkelgrün (späte Ernte).

Wirsingkohl

Kohl

Viel Vitamin C

Wie alle Kohlarten ist auch Wirsingkohl ein ausgesprochen gesundes Gemüse. Er enthält reichlich Ascorbigen, das durch Kochen gespalten wird und Vitamin C entwickelt.

Daneben verfügt er über die Vitamine B_6, E, K und viel Folsäure sowie die Mineralstoffe Kalium, Kalzium und Eisen. In 100 g Wirsing stecken 105 kJ/25 kcal.

Einkauf und Aufbewahrung

Wirsingkohl wird ganzjährig angeboten. Die frühe Ernte ist von Mai bis Juni erhältlich, die mittlere von Juni bis Oktober und die späte Ernte von November bis Dezember. Neben heimischer Ware gibt es auch Importe.

Frühwirsing (Frühkohl) ist hellgrün mit goldgelben Innenblättern, der Kopf ist noch nicht fest geschlossen. Frühwirsing ist nicht ganz billig und eignet sich gut für Krautsalate und feinere Gerichte.

Herbst- und Winterwirsing (Herbst- und Winterkohl) ist würziger und hat einen kohltypischen Geschmack. Die Köpfe sind sattgrün und fester geschlossen. In jedem Fall sollten die Blätter knackig sein und der Strunk eine saftige Schnittstelle haben.

Herbstsorten halten sich im Kühlschrank (Gemüsefach) bis zu einer Woche, Frühsorten nur 2 bis 3 Tage.

Allgemeine Zubereitung

Wirsingkohl putzen, das heißt, welke Blätter entfernen, anschließend waschen. Diese feine Kohlsorte darf nicht, wie früher üblich, „totgekocht" werden, sondern maximal 10 bis 12 Minuten (in Viertel geschnitten) beziehungsweise 5 bis 8 Minuten (streifig geschnitten) in wenig Salzwasser (7 bis 9 Esslöffel) gegart werden.

Streifig schneiden
Den Wirsingkohl in Stücke (Viertel oder Achtel) zerteilen, den harten Strunk keilförmig herausschneiden. Jedes Viertel quer in feine Streifen schneiden.

Für Kohlrouladen
Die großen, äußeren Blätter abschneiden. Den Strunk kreuzweise tief einschneiden. Den verbleibenden ganzen Kohlkopf in einer Schüssel mit kochendem Wasser übergießen und darin etwa 4 bis 6 Minuten ziehen lassen. Herausnehmen, gut abtropfen lassen. Blätter vorsichtig ablösen und in Eiswasser geben.

Abgekühlte Blätter auf ein Handtuch legen, trockentupfen. Die dicken, aufragenden Rippen flach schneiden. Die Blätter lassen sich dann besser einrollen. Anschließend beliebig belegen und aufrollen.

So schmeckt Wirsing
- als Suppe, klar oder püriert mit Sahne.
- als Eintopf, mit anderen Gemüsesorten.
- als Roulade, mit Fleisch- oder Gemüsefüllung.
- als ganzer Kopf, gefüllt mit Hackfleisch (Faschiertem).
- als Beilage, geviertelt und gedünstet, eventuell mit ausgelassenen Speckwürfeln.
- als Füllung für eine pikante Torte.

Küchen-Tipps
- Für die ungeliebten Duftschwaden gekochten Kohls sind Schwefelverbindungen verantwortlich, die auch den typischen Geschmack ausmachen. Dieser Geruch wird vermieden, wenn Sie Töpfe mit dicht schließenden Deckeln verwenden und den Topf bis zum Ende der Garzeit geschlossen halten.
- Ansonsten können Sie den Kohlgeruch reduzieren, wenn Sie das Gemüse in Folie oder im Schnellkochtopf zubereiten oder etwas Kümmel dazugeben. Letzteren geben Sie in ein Säckchen, wenn Sie die Körner nicht mitessen möchten. Kümmel macht Wirsingkohl auch bekömmlicher.

Würz-Tipps
- Ideale Gewürze sind Muskatnuss, Nelken, Lorbeerblätter, Kümmel, Curry, Paprika edelsüß. Auch Kräuter eignen sich: Schnittlauch, Koriander, Thymian.
- Mit Speck oder Schmalz zubereitet wird der Wirsinggeschmack intensiviert.
- Ein Schuss Sahne (Obers) macht Wirsing milder.

Wirsingkohl mit Orangensauce

Zutaten

für 4 Portionen

- *1 mittelgroßer Wirsingkohl (etwa 1,5 kg)*
- *2 EL Butter oder Margarine*
- *⅛ l Wasser*
- *Salz*
- *Curry*
- *2 knapp gehäufte EL Mehl*
- *150 ml Milch*
- *Saft von 2 ausgepressten Orangen (etwa 150 ml)*
- *4 EL Schlagsahne (Schlagobers)*

Zum Garnieren

- *4 gehäufte EL Mandelblättchen*
- *1 kleine unbehandelte Orange*

Zubereitung

- Wirsing putzen, die äußeren, dunkelgrünen Blätter entfernen, den Kopf waschen, in Viertel oder Achtel teilen und den Strunk keilförmig herausschneiden.
- Eine großflächige Pfanne oder einen flachen Topf mit der Hälfte der Butter oder Margarine einfetten. Die Kohlstücke zusammen mit leicht gesalzenem Wasser zufügen und darin zugedeckt etwa 10 bis 12 Minuten dünsten.
- Restliches Fett in einem Topf zerlassen, Curry und Mehl zugeben, anschwitzen lassen. Die Milch nach und nach unter Rühren angießen. Unter ständigem Rühren 5 Minuten kochen lassen. Orangensaft und Sahne zugießen.
- Mandelblättchen ohne Fett in einer kleinen Pfanne unter ständigem Wenden hellgelb rösten, herausnehmen und beiseite stellen.
- Orange heiß abwaschen, gut trockentupfen. Mit einem Zestenreißer dünne Spiralen von der Schale abziehen. Die Orange wie einen Apfel schälen, die weiße Haut entfernen. Die Orangenspalten zwischen den Trennwänden mit einem scharfen Messer herausschneiden. Mit der Hälfte der Orangenschalen auf den Wirsingkohl setzen und leicht erwärmen.
- Die Wirsingstücke mit der Sauce auf einer vorgewärmten Platte anrichten, die Mandelblättchen darüber streuen. Mit den Orangenfilets und den restlichen Orangenschalen garniert servieren.

Vorbereitungszeit
20 Minuten

Zubereitungszeit
20 Minuten

Beilageempfehlung
Naturreis oder Vollkornbrötchen (Vollkornweckerln)

Nährwert pro Portion
ohne Beilage etwa
11 g Eiweiß
16 g Fett
21 g Kohlenhydrate
7 g Ballaststoffe
1180 kJ/282 kcal

Extra-Tipps

- Wenn kein Zestenreißer vorhanden ist, kann die Schale auch mit einer Rohkostreibe abgeraspelt werden, oder die Orange dünn schälen und die Orangenschale in feine Streifchen schneiden. In jedem Fall bis zum Verwenden zugedeckt oder in Frischhaltefolie gewickelt aufbewahren, damit die Schale saftig bleibt.
- Je nach Geschmack, können Sie auch 2 Teelöffel Rosinen in die Sauce rühren.
- Nachdem der Orangensaft zugefügt wurde, sollte die Sauce nicht mehr kochen, da sich sonst der Vitamin-C-Gehalt verringert.

Krautwickerl mit feiner Senfsauce

Zutaten
für 4 Portionen
- *1 Wirsingkohl (etwa 800 g)*
- *1 Zwiebel*
- *100 g (rosa) Champignons*
- *2 EL Pflanzenöl*
- *Salz*
- *Pfeffer, frisch gemahlen*
- *1 kleiner Zweig frischer Salbei oder 1 Prise Salbei, getrocknet*
- *100 g mittelalter Gouda*
- *2 EL Butter*

Senfsauce
- *2 Eigelb (Kl. M)*
- *2 TL milder Senf*
- *250 g Schmant (ersatzweise Crème fraîche)*

Extra-Tipps

- Für die Sauce müssen Sie unbedingt frische Eier verwenden, um eine eventuelle Salmonellengefahr auszuschalten.
- Für die Senfsauce können Sie den Topf auch in einen mit heißem Wasser gefüllten größeren Topf stellen und die Masse darin (Wasserbad) zur gewünschten Konsistenz cremig schlagen.
- Wenn Sie es vollwertig mögen, können Sie die Rouladen auch mit einer Grünkernmischung füllen: dazu 100 g Grünkerngrütze in 300 ml Gemüsebrühe kochen. Dahinein kommen 2 Eier, Salz und reichlich gemischte Kräuter. Diese Mischung verteilen Sie auf die Wirsingblätter und verfahren wie im Rezept angegeben weiter.

Zubereitung
- Die großen äußersten Kohlblätter entfernen. Den Strunk flach abschneiden und kreuzweise einritzen. Den Kohlkopf in einer Schüssel mit kochendem Wasser übergießen und darin 4 bis 6 Minuten ziehen lassen. Herausnehmen und gut abtropfen lassen.
- Vom abgekühlten Kohlkopf die äußeren 8 Blätter vorsichtig ablösen und in eine Schüssel mit Eiswasser geben, danach abtropfen lassen, die dicken Rippen flach abschneiden und 4-mal je 2 Blätter für die Füllung übereinander legen. Die inneren Kohlblätter klein schneiden.
- Die Zwiebel abziehen und klein schneiden. Die Champignons putzen und klein hacken.
- Das Pflanzenöl in einer Pfanne erhitzen, die Zwiebelwürfel darin glasig werden lassen, die Pilze zugeben und anbraten, die gehackten Kohlstücke und die grob geschnittenen, frischen Salbeiblätter zufügen und alles wenige Minuten zugedeckt dünsten. Mit Salz, Pfeffer und Salbei abschmecken.
- Den Backofen auf 180° C (Umluft 160° C, Gas Stufe 2 ½) vorheizen.
- Den Gouda reiben und bis auf 3 Esslöffel unter die Gemüsemischung heben, dann auf die Wirsingblätter verteilen. Diese seitlich einschlagen, zu Rouladen aufrollen und wenn nötig mit Rouladenklammern oder Küchengarn zusammenhalten.
- Eine flache, feuerfeste Form mit wenig Butter einfetten, die Rouladen hineinsetzen und mit restlicher Butter bestreichen. Restlichen Käse darüber streuen.
- Die Form in den vorgeheizten Backofen, 2. Schiene von unten, setzen und 20 bis 30 Minuten garen.
- Inzwischen Eigelbe und Senf in einem kleinen Topf verquirlen, Schmant einrühren und mit dem Handrührgerät (Schneebesen) so lange rühren bis die Masse schaumig und das Eigelb gestockt ist. Keinesfalls kochen lassen!

Vorbereitungszeit
15 Minuten

Zubereitungszeit
20 Minuten

Backzeit
20–30 Minuten

Nährwert pro Portion
etwa
14 g Eiweiß
31 g Fett
10 g Kohlenhydrate
3 g Ballaststoffe
1 605 kJ/385 kcal

Weißkraut
Weißkohl

Bei Weißkohl, auch Kappes, Kraut oder Weißkraut genannt, handelt es sich um einen festen, weißen bis hellgrünen, runden Kohlkopf, dessen Blätter ganz fest aufeinander gepresst sind.

Alle Kohlsorten stammen vermutlich vom Wildkohl ab, der unter anderem an den Mittelmeerküsten und an der europäischen Atlantikküste wächst. Die Köpfe der verschiedenen Sorten unterscheiden sich in der Form. Sie variiert von rund über plattrund bis spitz.

Küchen-Tipps

- Blanchierter, eingefrorener Weißkohl hat kaum noch blähende Wirkung.
- Kümmel zum Kohl ist verdauungsfördernd.

Kochen tut gut

Weißkohl kommt ohne größeren Vitaminverlust ins Haus. Er enthält vor allem Vitamin C, E und K, Folsäure sowie Mineral- und Ballaststoffe. 100 g rohes Weißkraut liefern etwa die gleiche Menge Vitamin C wie ein kleines Glas Orangensaft. Beim Kochen nimmt sein Vitamin-C-Gehalt sogar zu. Den im Weißkraut enthaltenen Senfölen wird eine krebsvorbeugende und antimikrobielle Wirkung zugeschrieben.

Einkauf und Aufbewahrung

Frühweißkohl (Frühkraut) gibt es von April bis Juni (Gewicht etwa 1,5 kg), mittelfrühen von Juni bis September, Herbstweißkohl von September bis Dezember und Dauerweißkohl (Spätkraut) von November bis Juni (Gewicht jeweils etwa 2 kg).

Weißkohlköpfe müssen blank, frei von Flecken oder Fraßstellen sein. Sommersorten sind im Kopf meist lockerer und im Grün intensiver als die festen gelblichen Herbstsorten.

Halbierte oder geviertelte Köpfe können mit Frischhaltefolie bedeckt im Gemüsefach des Kühlschranks etwa 1 Woche aufbewahrt werden. Die Herbstsorten lassen sich im Keller mehrere Wochen lang lagern.

Allgemeine Zubereitung

Kohlkopf putzen, das heißt, die welken Blätter entfernen, waschen, vierteln oder achteln, den Strunk keilartig herausschneiden und die Kohlstücke quer in dünne Streifen schneiden.

So schmeckt Weißkohl

- als Suppe, z. B. Borschtsch.
- als Eintopf, z. B. in Irish Stew (Lammschulter, Zwiebelscheiben, Kartoffelstückchen, Lorbeerblatt und Nelke), im Flämischen Suppentopf (Rinderbrust, Möhren, Zwiebeln, Lauch, Kartoffeln), in Pichelsteiner Fleisch oder im spanischen Olla podriga (verschiedene Fleischsorten, Würste, weiße Bohnen, Kichererbsen, Tomaten, Zwiebeln, Lauch, Knoblauch).
- als Rouladen, gefüllt mit Hackfleisch (Faschiertem) oder Gemüse.
- als Salat, fein streifig geschnitten, blanchiert, in einer Essig-Öl-Sauce und mit ausgebratenem durchwachsenem und gewürfeltem Speck vermischt.
- als Hauptgericht, z. B. asiatisch zubereitet: mit dünnen Fleischstreifen, Möhren, Bambussprossen und mit Sojasauce abgeschmeckt.

Würz-Tipp

- Zu Weißkohl passen Kümmel, Curry und Paprika. Er kann auch exotisch zubereitet werden, z. B. mit Ingwer, Sojasauce, etwas Zucker und Weißwein.

Weißkraut mit Curry

> **Extra-Tipp**
>
> Statt Cidre (französischer Apfelwein) können Sie auch Apfelsaft verwenden.

Zutaten

für 4 Portionen

- *1 mittelgroße Zwiebel*
- *4 EL Pflanzenöl*
- *1–2 TL Curry*
- *1 kleiner Weißkohl (Weißkrautkopf)*
- *¼ l Cidre*
- *2 große Äpfel (z. B. Boskop)*
- *Salz*
- *Pfeffer, frisch gemahlen*
- *2 TL Butter*

Zubereitung

- Die Zwiebel schälen und fein würfeln. Pflanzenöl in einem großen Topf schwach erhitzen und die Zwiebel darin glasig werden lassen. Curry einstreuen und kurz mitdünsten.
- Den Weißkohl putzen, waschen und vierteln, dabei den Strunk keilförmig entfernen. Die Kohlviertel quer in schmale Streifen schneiden. Portionsweise zu den Zwiebeln geben und vorsichtig wenden. Zugedeckt 5 Minuten dünsten.
- Wenig Cidre zugießen und noch 10 Minuten zugedeckt dünsten.
- Inzwischen die Äpfel schälen, vierteln, das Kerngehäuse entfernen und quer in dünne Scheiben schneiden. Die Hälfte auf dem Weißkraut verteilen, unterheben und weitere 5 Minuten zugedeckt dünsten. Restlichen Cidre, Salz und Pfeffer dazu geben.
- Butter in einer Pfanne zerlassen und die restlichen Apfelscheiben darin kurz dünsten. Zum Anrichten auf dem Kohl verteilen und eventuell vorsichtig unterheben.

Vorbereitungszeit
15 Minuten

Zubereitungszeit
20 Minuten

Beilageempfehlung
Vollkornbrot

Nährwert pro Portion
ohne Beilage etwa
3 g Eiweiß
11 g Fett
22 g Kohlenhydrate
8 g Ballaststoffe
900 kJ/218 kcal

Mit dem Anbau von Rosenkohl wurde erst im 19. Jahrhundert in Belgien begonnen. Deshalb trägt er auch den Namen Brüssler Sprossen. Heute kommen die kleinen Röschen allerdings hauptsächlich aus den Niederlanden.

Die Mini-Kohlköpfe wachsen an einem etwa 80 bis 100 cm hohen Rosenkohlstrunk. Je nach Sorte können die Röschen einen Durchmesser von über 4 cm erreichen.

Rosenkohl, auch Rosenwirsing, Brabanter Kohl oder Kohlsprossen genannt, ist ein typisches Herbst- und Wintergemüse und sollte schon etwas Kälte abbekommen. Leichter Frost macht das Aroma noch nussartiger, denn es findet eine Umwandlung von Stärke in Zucker statt. Auch wird die in den Blättern steckende Cellulose leichter verdaulich.

Rosenkohl
Kohlsprossen

Fit in die kalte Jahreszeit
Rosenkohl liefert wie alle Kohlsorten viel Vitamin C, dazu B-Vitamine und Vitamin K sowie wichtige Mineralstoffe. 100 g haben 160 kJ/38 kcal.

Einkauf und Aufbewahrung
Rosenkohl gibt es von Ende August bis Dezember; an günstigen Standorten wird er bis März oder April geerntet.

Die Röschen sollten fest sein und hell- oder dunkelgrüne Hüllblätter haben. Gelbliche Blätter sind ein Zeichen von Überlagerung. Pro Portion werden etwa 250 g Rohware benötigt.

Frischer Rosenkohl sollte im Kühlschrank (Gemüsefach) nicht länger als 2 Tage lagern. Er eignet sich (geputzt und blanchiert) zum Einfrieren.

Allgemeine Zubereitung
Rosenkohl putzen, das heißt, von jedem Röschen den Strunk und die äußeren angewelkten Blätter entfernen. Die Röschen waschen und abtropfen lassen.

1 kg Rosenkohl in ⅛ l bis ¼ l wenig gesalzenem Wasser zugedeckt etwa 15 Minuten dünsten oder tropfnass in einen Topf mit zerlassener Butter geben, salzen und zugedeckt etwa 10 bis 15 Minuten (je nach Größe der Röschen) dünsten.

So schmeckt Rosenkohl
- als Beilage, gedünstet, mit Semmelbröseln bestreut, zu kurz gebratenem Fleisch oder mit einer Käsesauce zu gekochten Eiern.
- als Beilage, gedünstet (nur 10 Minuten), in Fett und Zucker karamellisiert, mit Maronen (Maroni) gemischt.
- als Suppe, gedünstet und dann püriert, mit Brühe und Sahne verfeinert.
- als Eintopf, mit Kartoffeln und Fleischklößchen.
- als Füllung mit einer pikanten Eier-Sahne-Mischung für einen Blätterteig- oder Mürbeteigkuchen.
- als Auflauf, z. B. mit gekochtem Schinken.

Küchen-Tipps
- Rosenkohl wird gleichmäßig gar, wenn Sie den Strunk unten kreuzweise einritzen.
- Mehr Arbeit, die sich lohnt: Alle Rosenkohlblätter von den Röschen trennen, die Blätter in zerlassener Butter schwenken, dann zugedeckt etwa 3 bis 4 Minuten dünsten.

Würz-Tipps
- Eine Prise Zucker macht Rosenkohl lieblicher.
- Gängig ist geriebene Muskatnuss und/oder frisch gemahlener weißer Pfeffer.
- Frischer Thymian und geriebener Parmesan sorgen für italienisches Flair.
- Flämische Art: frischer Thymian und Majoran in einer hellen Sauce.
- Ein Spritzer Zitronensaft, oder auch ein Schuss Weißwein, frischt Rosenkohl auf.

Rosenkohl-Auflauf

Zutaten

für 4 Portionen

- *150 g Hirse*
- *3/8 l heiße Gemüsebrühe (klare Gemüsesuppe)*
- *2 mittelgroße Zwiebeln*
- *1 1/2 EL Butter oder Margarine*
- *etwas Salz*
- *1 kg Rosenkohl (Kohlsprossen)*
- *8 EL Wasser*
- *Muskatnuss, gerieben*
- *75 g Schmant oder saure Sahne (Sauerrahm)*
- *1/8 l Milch*
- *je 25 g Hasel- und Walnusskerne, gehackt*
- *80 g Appenzeller, gerieben*
- *Pfeffer, frisch gemahlen*

Extra-Tipps

- Eine zerdrückte Banane, unter die Hirsemasse gerührt, macht das Gericht lieblicher.
- Rosenkohl pur als Beilage wird üblicherweise mit geriebener Muskatnuss gewürzt. Eine Variante: mit grob geschnittenen frischen Kräutern, beispielsweise in Salbei oder Basilikum schwenken.

Zubereitung

- Die Hirsekörner heiß abspülen, in einen Topf geben, mit der heißen Brühe übergießen und etwa 15 Minuten zugedeckt ausquellen lassen.
- Die Zwiebeln abziehen und in feine Würfel schneiden. Die Hälfte des Fettes in einer beschichteten Pfanne zerlassen, die Zwiebelwürfel darin zugedeckt glasig werden lassen.
- Den Backofen auf 200° C (Umluft 180° C, Gas Stufe 3 1/2) vorheizen.
- Die ausgequollene Hirse nach Geschmack salzen und mit den Zwiebeln mischen.
- Den Rosenkohl putzen, waschen, den Strunk unten kreuzweise einritzen und in einem Topf mit leicht gesalzenem Wasser zugedeckt 8 bis 10 Minuten (tiefgefrorenen Rosenkohl 5 bis 7 Minuten) garen. Die Röschen mit einem Schaumlöffel herausnehmen, abtropfen lassen und in wenig zerlassenem Fett schwenken. Mit wenig Muskatnuss bestäuben.
- Schmant oder saure Sahne, Milch, gehackte Nüsse, geriebenen Käse, 1 Prise Salz und Pfeffer verrühren.
- Die Auflaufform mit restlichem Fett einstreichen; die Hirsemischung hineingeben, den Rosenkohl darauf verteilen und mit der Sauce bedecken. Im vorgeheizten Backofen, 2. Schiene von unten, etwa 20 Minuten backen. Anschließend sofort servieren.

Vorbereitungszeit
10 Minuten (ohne Quellzeit)

Zubereitungszeit
10 Minuten

Backzeit
20 Minuten

Nährwert pro Portion
etwa
22 g Eiweiß
26 g Fett
39 g Kohlenhydrate
11 g Ballaststoffe
2 050 kJ/492 kcal

Kürbisse wurden von Kolumbus in Amerika entdeckt. Andere Eroberer brachten die Samen dann bald in alle Welt. Angebaut wird er heute z. B. in Asien, Osteuropa, Südamerika und in den Mittelmeerländern.

Der Kürbis ist das größte Mitglied in der Familie der Gurken- und Melonengewächse (cucurbitacea). Riesige Exemplare von über 50 kg sind keine Seltenheit. Es gibt etwa 250 verschiedene Speisekürbisse. Grob unterscheidet man zwischen Garten-, Zier- und Ölkürbis sowie Riesen- und Speisekürbis. Außer dieser botanischen Einteilung wird je nach Wachstumsform und Lagerfähigkeit unterschieden.

Kürbis

Kleine Kürbiskunde

Riesen- und Speisekürbis: Sie haben von September bis November Saison, sind meist kugelig bis walzenförmig und enorm groß: bis zu 1 ½ m Umfang und 55 kg Gewicht. Größere Exemplare werden auch in Schnitzen angeboten. Die Schale ist derb, fest und ungenießbar. Sie bedeckt das weiche, faserige, saftige, weiße, gelbe oder orangefarbene Fruchtfleisch. In dessen Mitte befinden sich 3 bis 5 Fächer mit zahlreichen Kernen.

Zu den **kleineren Speisekürbissen** zählen:

- Spaghettikürbis: längliche Form, 1,5 bis 2,5 kg, faseriges Fleisch, neutraler Geschmack. Erntezeit: Ende Juli bis Ende September.
- Muskatkürbis: 5 bis 18 kg. Fleisch dunkelorange, süßlich, leicht nussiges Aroma.
- Turbankürbis: turbanartige Form, bis 5 kg, Fleisch fest, dunkelgelb, aromatisch.
- Pâtisson (Bischofsmütze, Squash): weiße, hellgrüne, gelbe oder elfenbeinfarbene diskusförmige Früchte, handtellergroß, flach mit gewelltem Rand, milder Geschmack. Gewicht 300 g. Hochsaison: Mitte Juli bis Oktober.
- Hokkaido (orange und grün): zwiebelförmig, 2 bis 4,5 kg, sehr hoher Karotingehalt, Fleisch orange, maronenartiger Geschmack.
- Pumpkin Carnival: bis 3,5 kg, Fleisch orange, aromatisch.

Kürbisblüten – leider nur mit Vorbestellung in guten Gemüsegeschäften zu haben – können zum Füllen oder Frittieren verwendet werden.

Wasserreich

Kürbis liegt voll im Trend: wenig Eiweiß, kaum Fett, dafür Ballaststoffe und Kohlenhydrate, kalorienarm (107 kJ/26 kcal pro 100 g) und wasserreich (etwa 92 %). Der Vitamingehalt ist aufgrund des hohen Wasseranteils nicht sehr hoch. In nennenswerten Mengen sind die Mineralstoffe Kalium und Eisen enthalten.

Einkauf und Aufbewahrung

Unabhängig von der Sorte sollten Kürbisse glatt und frei von braunen Flecken (Druckstellen) sein und einen Stiel haben. Wenn Sie beim Beklopfen einen hohlen Ton wahrnehmen, sind die Früchte reif. Bei angeschnittenen Kürbissen muss das Fleisch saftig und schnittfrisch sein.

Frische ganze Kürbisse lassen sich nach der Ernte kühl und trocken bis zu 4 Wochen lagern. Aufgeschnittene Exemplare sollten umgehend verwendet werden. Pâtissons sind nur 4 bis 8 Tage haltbar. Kürbismus lässt sich gut einfrieren.

Allgemeine Zubereitung

Die Frucht von der Schale und den weichen inneren Faserteilen mit Kernen befreien, in gleich große Würfel oder Streifen schneiden. Vom Pâtisson und Hokkaido kann die Schale mitgegessen werden.

Kürbiskerne, getrocknet und leicht geröstet, lassen sich gut knabbern. Sie sind gute Energiespender und enthalten reichlich Mineralstoffe, Folsäure sowie viel Vitamin B_1 und B_2.

Besondere Zubereitung brauchen

Pâtissons: Waschen, würfeln oder in Scheiben schneiden und wie Zucchini zubereiten. Die Früchte können ausgehöhlt und mit einer Fleisch- oder Gemüsemasse gefüllt werden. Die Kochzeit ist relativ kurz. Sie lassen sich auch in Folie backen oder zusammen mit anderen Gemüsesorten schmoren.

Spaghettikürbis: Waschen, unzerteilt 20 bis 30 Minuten in Wasser kochen, aufschneiden und die Fäden, die sich gebildet haben, herauslöffeln oder mit einer Gabel herausziehen. Man kann sie warm wie Spaghetti, mit Sauce oder Butter übergossen und mit Parmesan bestreut oder auch kalt mit einer pikanten Sauce essen.

So schmeckt Kürbis

- als Suppe, gedünstet mit Kartoffelwürfeln, streifig geschnittenem Lauch, Korianderkörnern und Pfeffer, dann püriert und verfeinert mit flüssiger Sahne.
- als Eintopf, mit anderen Gemüsesorten wie Tomaten, Paprikaschoten und Zucchini.
- als Beilage in fingerdicken Stücken, vorgegart, paniert in Ei und Semmelbröseln und in Butterschmalz gebraten oder mit Pflanzenöl bestrichen und unter dem Grill goldgelb gebräunt.
- als Kuchen (Pumpkin-Pie).
- als Dessert, geschmort mit Crème fraîche.
- als Beilage, gedünstet und süß-sauer abgeschmeckt.
- als Chutney, mit Rosinen, Äpfeln und Zwiebeln, etwas Essig und Zucker.

Würz-Tipp

Kürbisfleisch hat ein mildes, wenig ausgeprägtes Aroma. Deshalb bekommt ihm kräftige Würzung gut. Man kann es sowohl deftig-pikant als auch lieblich-süß zubereiten. Kürbis verträgt sich mit Dill, Borretsch, Thymian, Koriander, Vanille, Zimt, Ingwer und Curry. Zu Pumpkin-Pie passen Nelken.

Küchen-Tipp

Da alle Kürbissorten viel Wasser enthalten, sollten Sie mit der Flüssigkeitszugabe sparsam sein. Bei sehr wasserreichen Exemplaren empfiehlt sich: etwas Salz auf die Kürbisstücke streuen, 30 Minuten ziehen lassen und die Flüssigkeit dann abtupfen. Salz entzieht Wasser, jedoch auch Nährstoffe.

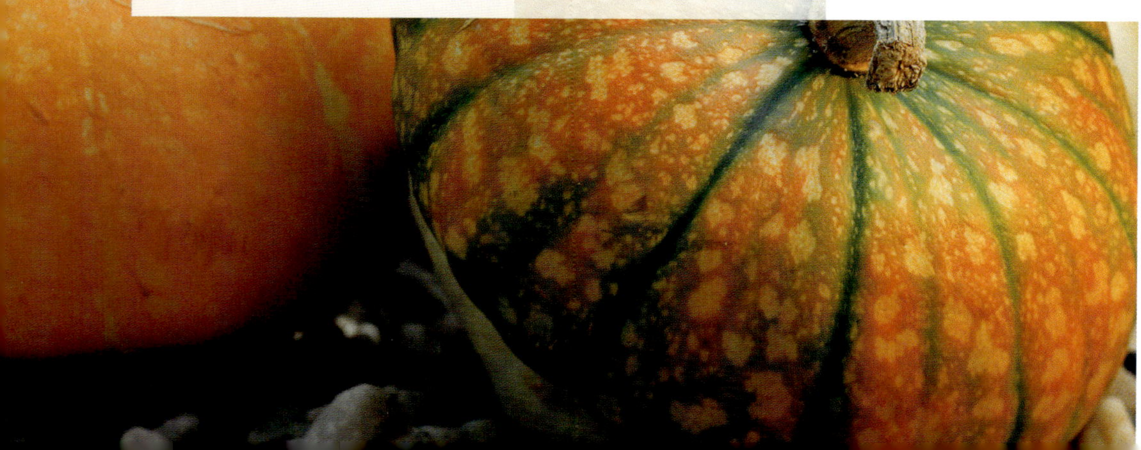

Kürbissuppe

Zutaten
für 4 Portionen
- *1 kg reifer Kürbis*
- *2 mittelgroße Zwiebeln*
- *1 EL Butter*
- *1 kräftige Prise Curry*
- *½ l Gemüsebrühe (klare Gemüsesuppe)*
- *1 Teelöffelspitze Ingwer*
- *100 ml Orangensaft*
- *Salz*
- *1 Prise Zucker*
- *75 ml Schlagsahne (Schlagobers)*
- *2 EL Kürbiskerne, grob gehackt*

Zubereitung
- Den Kürbis putzen, Schale und Kerne entfernen. Die Kürbisstücke (ein reifes größeres Stück beiseite legen) klein schneiden. Die Zwiebeln abziehen und fein schneiden.
- Die Butter in einem Topf schwach erhitzen, die Zwiebeln zugedeckt darin glasig werden lassen. Mit Curry bestäuben und unter Wenden kurz mitdünsten. Den Kürbis zufügen, mit der Gemüsebrühe auffüllen und 8 bis 10 Minuten köcheln lassen.
- Die Suppe mit dem Pürierstab pürieren, mit Ingwer, Orangensaft, Salz und Zucker abschmecken.
- Die Sahne halbsteif schlagen und kurz vor dem Servieren unterheben. Zum Servieren beiseite gestellte Kürbisstücke in feine Streifen hobeln und mit den Kürbiskernen auf die Suppe streuen.

Vorbereitungszeit
15 Minuten

Zubereitungszeit
15 Minuten

Beilageempfehlung
geröstete Baguettescheiben

Nährwert pro Portion
ohne Beilage etwa
3 g Eiweiß
11 g Fett
10 g Kohlenhydrate
1 g Ballaststoffe
685 kJ/165 kcal

Extra-Tipps

- Wenn Curry mitgedünstet wird, darf die Hitze nicht zu stark sein, sonst verbrennt das Gewürz und schmeckt bitter.
- Auch grob gehackte Pistazien, Pinienkerne oder Mandelblättchen, in einer Pfanne ohne Fett unter Wenden goldgelb geröstet, können verwendet werden.
- Ein gewürfelter Apfel als Zutat in der Suppe unterstreicht das fruchtige Aroma.
- Sie können die aus dem Kürbisfleisch entfernten Kerne im Backofen auf einem Backblech bei 180° C (Umluft 160° C, Gas Stufe 2 ½) etwa 5 bis 10 Minuten trocknen, entkernen und ebenfalls evtl. grob gehackt für die Suppe verwenden.
- Zum Garnieren der Suppe eignen sich 1 bis 2 Minze- oder Zitronenmelisseblättchen.
- Eine Kürbissuppe auf asiatische Art: Püriertes Kürbisfleisch mit Kokosmilch aus der Dose auffüllen und mit Curry, Ingwer und Sternanis würzen. Geröstete Sesamsamen darüber streuen.

Kürbistorte – pikant

Zutaten
für 8 Portionen

Teig
- *250 g Mehl (Type 550)*
- *125 g Butter*
- *1 Ei (Kl. M)*

Belag
- *1 kg Kürbisfleisch*
- *3 Zwiebeln (150 g)*
- *2 EL Butter*
- *100 g scharfes Mango-Chutney*
- *1 Ei (Kl. M)*
- *Salz*
- *Chilipulver nach Geschmack*

Zubereitung
- Alle Zutaten für den Mürbeteig mit dem Handrührgerät (Knethaken) in einer Schüssel mischen, mit den Händen verkneten, eine Kugel formen, flach drücken und in Frischhaltefolie gewickelt 30 Minuten kühl stellen.
- Den Backofen auf 200° C (Umluft 180° C, Gas Stufe 3 ½) vorheizen.
- Inzwischen das Kürbisfleisch von der Schale und den weichen inneren Faserteilen mit Kernen befreien. Das Kürbisfleisch auf einer Rohkostreibe grob raspeln.
- Den Teig auf einer leicht bemehlten Arbeitsfläche – etwas größer als die Tarte- oder Springform (26 cm Durchmesser) – ausrollen. Die leicht gefettete Form mit dem Teig auslegen und dabei einen etwa 2 cm hohen Rand formen. Den Boden mehrmals mit einer Gabel einstechen, damit er sich nicht wölbt, und im vorgeheizten Backofen, mittlere Schiene, 10 Minuten vorbacken.
- Inzwischen die Zwiebel abziehen, fein schneiden. Butter in einer Pfanne erhitzen, die Zwiebeln darin glasig werden lassen.
- Das Kürbisfleisch, Mango-Chutney, abgekühlte Zwiebeln und Ei in einer Schüssel mischen. Mit Salz und Chilipulver abschmecken, die Masse auf dem vorgebackenen Boden verteilen und im vorgeheizten Backofen, 2. Schiene von unten, weitere 25 Minuten backen.
- Zum Anrichten die Tarte in Stücke schneiden und warm servieren.

Vorbereitungszeit
20 Minuten (ohne Kühlzeit)

Zubereitungszeit
10 Minuten

Backzeit
35 Minuten

Beilageempfehlung
bunter Blattsalat in einer Essig-Öl-Sauce

Nährwert pro Stück
ohne Beilage etwa
6 g Eiweiß
19 g Fett
28 g Kohlenhydrate
3 g Ballaststoffe
1 360 kJ/325 kcal

Extra-Tipps

- Ohne Ei wird der Teig fester. Sie benötigen: 250 g Mehl, 100 g Margarine, je 1 Teelöffel Salz und Essig, 100 ml kaltes Wasser.
- Kürbis mit italienischer Note: Geschälten Kürbis in Scheiben schneiden, mit Öl einpinseln und mit Salz, Knoblauch, Rosmarin und Thymian würzen. Im vorgeheizten Backofen etwa 30 Minuten backen, anschließend kurz unter dem Grill bräunen. Vor dem Essen mit etwas Balsamessig beträufeln.
- Das Chutney können Sie fertig kaufen oder selbst zubereiten: 500 g Mango, 250 g Äpfel schälen und in Stücke schneiden. Zusammen mit 1 zerkrümelten Chilischote, ⅛ l Wasser, 300 g Zucker, 100 g Sultaninen, je 1 Prise gemahlener Nelken, Muskatnuss und ¼ TL Ingwerpulver in einem Topf bei schwacher Hitze 30 Minuten zugedeckt kochen lassen. 6 Esslöffel Weißweinessig unterrühren. Noch 10 Minuten offen köcheln, 100 g Zucker und 1 Esslöffel Maraschino unterrühren. In Schraubgläser füllen, verschließen, sofort umdrehen und 5 Minuten auf dem Deckel stehen lassen.

Extra-Tipps

- Hervorragend schmeckt der Salat, wenn er lauwarm serviert wird. Dazu den Reis warm unter die Zutaten mischen.
- Hier eine Rezept-Variante: Zitronensaft und Senf reduzieren und statt Nussöl nur Pflanzenöl nehmen. Die Frühlingszwiebeln in Pflanzenöl andünsten, Kürbiswürfel darin schwenken, mit dem gegarten Reis mischen und mit wenig Salz, etwas Pfeffer und Ingwerpulver abschmecken. Als Beilage schmeckt dazu rosa gebratene und fingerbreit geschnittene Entenbrust oder pochierter Lachs.
- Statt Ingwerpulver kann natürlich auch frisch geschälter und geriebener Ingwer verwendet werden.
- Kürbis wird meist ab 500 g oder kiloweise verkauft. Aus restlichem Kürbisfleisch kann eine Suppe bereitet werden. Dazu z. B. das Kürbisfleisch kurz in Fett dünsten, mit etwas Brühe aufgießen, pürieren und mit Salz, Pfeffer und frischem Majoran würzen.
- Sollte es kein frisches Kürbisfleisch geben, kann auch süßsauer eingelegter Kürbis aus dem Glas verwendet werden oder aber Zucchini oder Staudensellerie. Diese Gemüse sollten vorher etwas gedünstet werden.

Wildreissalat mit Kürbis und Papaya

Zutaten

für 4 Portionen

- *100 g Wildreis*
- *3/8 l Gemüsebrühe (klare Gemüsesuppe)*
- *300 g Kürbisfleisch*
- *½ Papaya (150 g), ersatzweise 1 Apfel*
- *1 Frühlingszwiebel*
- *20 g Kürbiskerne*
- *Mandelstifte oder Mandeln, gehackt*

Salatsauce

- *3 EL Zitronensaft*
- *½–1 TL Senf, mittelscharf*
- *1 Messerspitze Ingwerpulver*
- *1 EL Pflanzenöl*
- *1 EL Haselnuss- oder Walnussöl*

Zubereitung

- Den Wildreis gründlich waschen und in die kochende Gemüsebrühe geben. 5 Minuten sprudelnd kochen lassen. Anschließend zugedeckt bei kleiner Hitze etwa 40 bis 45 Minuten garen. Nach dieser Zeit soll das Wasser aufgesogen sein.
- Inzwischen das Kürbisfleisch entkernen, schälen und würfeln. Papaya oder Apfel schälen, entkernen und würfeln oder in Streifen schneiden.
- Frühlingszwiebeln putzen, abspülen, trockentupfen und in feine Ringe schneiden. Alles mit dem abgekühlten Wildreis mischen.
- Die Kürbiskerne, Mandelstifte oder gehackten Walnüsse darüber streuen.
- Für die Salatsauce Zitronensaft, Senf, Ingwerpulver und Öl verrühren. Vorsichtig unter die Zutaten mischen.

Vorbereitungszeit
10 Minuten

Zubereitungszeit
50–60 Minuten

Beilageempfehlung
gebratene Tiefseekrabben oder gebeizter Lachs oder mit Essig und etwas Olivenöl marinierte Mozzarellascheiben

Nährwert pro Portion
ohne Beilage etwa
4 g Eiweiß
8 g Fett
22 g Kohlenhydrate
3 g Ballaststoffe
755 kJ/181 kcal

Dieses weltweit verbreitete Küchenpflänzchen stammt vermutlich aus Sardinien. Am geschmackintensivsten ist Wurzelpetersilie, gefolgt von dem glatten und dem krausen Petersilienkraut. Alle drei gehören zur gleichen Familie. Von Blattpetersilie (auch: Schnittpetersilie) wird nur das Grün verwendet, von Wurzelpetersilie hauptsächlich die Wurzel, die zusammen mit Karotten, Sellerie und Lauch ein Bestandteil von Suppengrün ist. Die Wurzel ist außen weißlich-gelb bis hellbraun, das Fruchtfleisch ist weißlich. Die Wurzelpetersilie hat glatte Blätter, die wie Blattpetersilie verwendet werden können.

Petersilie

Sagenhaft

Im Mittelalter hieß es, Petersilie hätte die Gabe, Männer stark und Frauen schwach zu machen. Wie dem auch sei – Petersilie hat sicherlich einiges zu bieten. Bekannt ist der hohe Vitamin-C-Gehalt; nur wenige frische Kräuter oder Gemüsesorten haben so viel davon. Nennenswert ist auch der Anteil an Beta-Karotin (die Vorstufe des Vitamin A). Petersilie ist zudem vergleichsweise reich an Kalzium, Kalium und Eisen sowie an den Vitaminen B_1, B_2 und E, Folsäure, Vitamin K und Niacin.

Petersilie gilt seit jeher auch als wertvolle Heilpflanze: als harntreibendes Mittel bei Wassersucht, Nieren- und Blasenentzündungen. Auch andere Heilwirkungen werden ihr nachgesagt. Allerdings: Die üblichen Verzehrmengen reichen dafür nicht aus. 100 g Petersilienwurzeln enthalten 168 kJ/40 kcal, Blätter 211/50 kcal.

Das sollten Sie wissen

Petersilie kann große Mengen an Nitrat speichern und sollte daher nicht kiloweise verzehrt werden.

Einkauf und Aufbewahrung

Blattpetersilie (glatt oder kraus) aus dem Freiland ist von Juni bis Oktober/November erhältlich. Haupterntezeit der Petersilienwurzeln ist Oktober/November. Unter Glas gezogen sind beide Sorten ganzjährig.

Blattpetersilie gibt es bundweise, als Topfpflanze, gehackt, tiefgefroren sowie gefriergetrocknet im Glas. Bei Frischware sollten Stiele und Blätter knackig sein, keine welken oder gelben Spitzen haben. Glatter Petersilie ist der Vorzug zu geben; sie schmeckt nicht nur kräftig, ihr Aroma ist auch würziger und zugleich feiner. Allerdings ist sie etwas empfindlicher als krause Petersilie.

Wurzelpetersilie lässt sich gut lagern. Den Frischegrad erkennt man an dem Blattgrün, das noch an der Wurzel sitzt. Auch ohne Grün sollte die Wurzel knackig, fest und ohne Risse sein. Weiche schrumpelige Wurzeln sind alt und haben kaum Geschmack. Wurzeln werden einzeln oder nach Gewicht verkauft.

Blattpetersilie direkt nach dem Kauf abbrausen, trockenschleudern, die Stielenden kürzen und ins Wasser stellen. Oder: Frische Petersilienstiele angefeuchtet in eine aufgeblasene, verschlossene Frischhaltetüte geben. So können die Kräuter im Kühlschrank etwa 3 Tage aufbewahrt werden. Gehackte Petersilie mit Folie abdecken oder einfrieren. Petersilienwurzel übersteht feucht eingewickelt im Kühlschrank etwa 1 Woche.

Petersilie in Töpfchen gut gießen und regelmäßig „ernten". Neue Zweige wachsen nach.

Allgemeine Zubereitung

Petersilienwurzel: Mit dem Sparschäler schälen, abspülen; im Ganzen oder klein geschnitten etwa 5 bis 8 Minuten in Brühe zugedeckt garen.

Blattpetersilie: Petersilie abbrausen, trockenschwenken. Blätter von den Stielen zupfen. Gehackte Blätter immer erst kurz vor dem Servieren an die Gerichte geben.

So schmeckt Petersilie

- als Salat, gehackt mit gerösteten Sonnenblumenkernen in einer Knoblauch-Olivenöl-Sauce.
- als Gemüsebeilage (Wurzelpetersilie), gekocht und in kleine Stücke oder Streifen geschnitten, eventuell mit Sahne oder Crème fraîche verfeinert.
- als Beilage, mit Kartoffeln, in wenig Brühe gegart und püriert oder durch dünnen Eierkuchenteig gezogen und frittiert.
- als Einlage für klare Suppen, solo oder zusammen mit Karotten, Lauch oder Erbsen.
- in Cremesuppen, zusammen mit Kartoffeln in Brühe gegart, püriert und mit Sahne verfeinert.
- als Garnierung (Schnittpetersilie), in Salaten, Marinaden, Suppen, Saucen, Füllungen, Eintöpfen, Eier-, Fisch- und Gemüsegerichten und zu Kartoffeln.
- im Suppengrün (Wurzelpetersilie) in Kombination mit Karotten, Sellerie und Lauch und als Gewürz für Fonds, Brühe oder Suppen.

Küchen-Tipps

- Kochen Sie das Grün der Wurzelpetersilie nicht mit, sondern hacken Sie es fein, und streuen Sie es zum Schluss über das Gericht.
- Kochen Sie abgezupfte Petersilienstiele in Brühe oder Fonds mit. Das ergibt einen guten Geschmack. Sie können sie auch zusammengebunden zu Beginn der Kochzeit an Suppen, Saucen oder Fonds geben und später wieder entfernen.
- Gut für das Aroma: Hacken Sie die Blätter erst kurz vor dem Verwenden.
- Tiefgefrorene und getrocknete Petersilie einmal aufkochen lassen.

Petersiliensuppe – zweifarbig

Zutaten

für 4 Portionen

- *700 g Petersilienwurzeln*
- *1 EL Butter oder Margarine*
- *1 l Gemüsebrühe (klare Gemüsesuppe)*
- *75 g Schlagsahne (Schlagobers)*
- *1 Prise Muskatnuss*
- *3 Stiele Petersilie, gehackt*

Extra-Tipps

- Zweifarbig angerichtete Kräuter- oder Gemüsesuppen sehen appetitlich und sehr dekorativ aus. Hier einige Kombinations-Vorschläge für Ihre nächsten Suppen: Brokkoli-Blumenkohl-Suppe, Kräuter-Kartoffel-Suppe, Tomaten-Basilikum-Suppe.
- Eine Kräuter- oder Tomatensuppe kann auch mit einem Schuss flüssiger, erwärmter Schlagsahne marmoriert werden. Die Konsistenz beider Mischungen sollte ähnlich sein.

Zubereitung

- Die Petersilienwurzeln putzen, waschen, schälen, eventuelle Petersilienstengel entfernen. Die Wurzel in kleine Stücke schneiden.
- Butter oder Margarine in einem Topf erhitzen, die Petersilienwurzelstücke darin unter Wenden andünsten. Mit der Gemüsebrühe auffüllen, etwa 15 Minuten kochen. Sahne einrühren und mit Muskatnuss würzen.
- Mit dem Pürierstab alles sehr fein zerkleinern.
- Für die grüne Petersiliensuppe etwa ½ l Suppe mit der gehackten Petersilie pürieren.
- Die heiße weiße Petersiliensuppe in vorgewärmte Teller geben, die grüne Suppe hineinlaufen lassen, mit einem Löffelstiel leicht verrühren. Das ergibt ein grün-weißes Marmormuster.

Vorbereitungszeit
15 Minuten

Zubereitungszeit
10 Minuten

Beilageempfehlung
leicht geröstetes Baguette mit ein wenig zerdrücktem Knoblauch bestrichen

Nährwert pro Portion
ohne Beilage etwa
6 g Eiweiß
10 g Fett
10 g Kohlenhydrate
7 g Ballaststoffe
665 kJ/160 kcal

Petersilienwurzeln mit rosa Pfeffer

Zutaten

für 4 Portionen

- *750 g Petersilienwurzeln*
- *2 EL Pflanzenöl*
- *2 TL rosa Pfefferkörner*
- *Salz*

Zubereitung

- Den Backofen auf 200° C (Umluft 180° C, Gas 3 ½) vorheizen.
- Die Petersilienwurzeln putzen, spülen; mit dem Sparschäler dünn schälen, mit Öl bestreichen und auf die blanke Seite eines Bogens Alufolie legen, mit rosa Pfeffer und Salz bestreuen und die Folie locker zu einem Paket verschließen.
- Das Folienpaket auf den Rost, im Backofen, mittlere Schiene, setzen und 60 Minuten backen.

Vorbereitungszeit

10 Minuten

Zubereitungszeit (Backzeit)

60 Minuten

Servierempfehlung

für ein kaltes Buffet mit Püree aus Avocado, Joghurt und gemahlenem rosa Pfeffer oder als Beilage zu kurz gebratenem Fleisch oder zu auf der Haut gebratenem Zander

Nährwert pro Portion

ohne Beilage etwa
4 g Eiweiß
5 g Fett
8 g Kohlenhydrate
6 g Ballaststoffe
410 kJ/98 kcal

Extra-Tipps

- Statt der Petersilienwurzeln können auch kleine Pastinaken (→ Seite 322) verwendet werden.
- Anstelle der Alufolie eignet sich sehr gut eine Auflaufform mit Deckel.

Pfeffer, der keiner ist

Der süßlich-milde rosa Pfeffer ist eigentlich, botanisch gesehen, kein Pfeffer. Er stammt von dem südamerikanischen Schinus-Pfefferbaum. Frisch gemahlen hebt er beispielsweise das Aroma von süßen Früchten wie Ananas oder Erdbeeren.

Die Schärfe der Pfefferkörner, allgemein, verdanken wir dem Inhaltsstoff Piperin. Diese Substanz regt zusammen mit den ätherischen Ölen den Speichelfluss, die Magensaftbildung und die Darmbewegung an. Außerdem wirkt Pfeffer auch desinfizierend.

Petersiliensalat

Zutaten
für 4 Portionen
- *75 g Bulgur*
- *100 ml Wasser*
- *Salz*
- *200 g Möhren (Karotten)*
- *100 g Gemüsezwiebel (oder 2 Speisezwiebeln)*
- *4–6 Bund glatte Petersilie (250 g)*
- *4–6 EL Zitronensaft*
- *Pfeffer, frisch gemahlen*
- *3 EL Pflanzenöl*

Zum Garnieren
- *1 mittelgroße Tomate*
- *4 große Salatblätter*

Extra-Tipps

- Selbstverständlich kann auch krause Petersilie verwendet werden; sie ist aber längst nicht so würzig wie glatte.
- Die milde Gemüsezwiebel passt geschmacklich besser zu diesem Rezept. Die restliche Zwiebel kann in Würfel geschnitten und eingefroren werden.
- Vorweg können Sie eine klare Gemüsebouillon mit hauchdünn geschnittenen Streifen unterschiedlicher Gemüse servieren.

Zubereitung
- Bulgur in leicht gesalzenem kaltem Wasser in einer Schüssel mindestens 60 Minuten quellen lassen.
- Die geschälten Möhren grob raspeln. Zwiebeln und Petersilie fein hacken.
- Für die Salatsauce Zitronensaft, Salz, Pfeffer und Öl verrühren. Mit dem gequollenen Bulgur, den Möhren, den Zwiebeln und der Petersilie mischen.
- Die Tomate vierteln, dabei die Stengelansätze entfernen. Die Salatblätter abbrausen und trockenschwenken.
- Den Petersiliensalat jeweils auf einem Salatblatt anrichten und mit den Tomatenstücken garnieren.

Vorbereitungszeit
10 Minuten

Zubereitungszeit
15 Minuten (ohne Quellzeit)

Nährwert pro Portion
etwa
5 g Eiweiß
8 g Fett
18 g Kohlenhydrate
6 g Ballaststoffe
750 kJ/168 kcal

Die alten Griechen sahen in dieser betörend duftenden Frucht ein Symbol für Liebe und Fruchtbarkeit und weihten sie der Liebesgöttin Aphrodite.

Quitten stammen aus Zentralasien, dem östlichen Kaukasus. Heute wachsen in südlicher Wärme, z. B. am Mittelmeer, Quittensorten so weich und süß, dass man sie frisch vom Baum essen kann. Hierzulande ist das Fruchtfleisch meist körnig, fest, sehr herb und roh kaum genießbar. Gekocht entfalten sie jedoch einen wunderbaren Geschmack.

Quitten

Es gibt Apfel- und Birnenquitten. Die Apfelquitte ist rund wie ein Apfel, hat hartes, trockenes, rötliches Fruchtfleisch und ein herb-würziges Aroma. Die Birnenquitte hat die gleiche Form, jedoch weicheres, saftigeres, hellrotes Fruchtfleisch. Der Geschmack ist lieblicher. Reife Quitten haben eine zitronengelbe Schale mit einem leichten weißgrauen Flaum.

Bedingt durch die meist weiten Transportwege, werden Quitten häufig unreif gepflückt und grasgrün angeboten. Sie reifen nach und entwickeln erst dann ihr volles Aroma.

Pektine zum Gelieren

100 g Quitten haben 157 kJ/38 kcal. Sie liefern nicht sehr viele Mineralstoffe und Vitamine. Nur ihr Pektingehalt – gut zum Gelieren – ist hervorzuheben.

Einkauf und Aufbewahrung

Einheimische Früchte gibt es von September bis November, vor den ersten Frösten geerntet.

Die Früchte sollten ohne Risse und Flecken sein. Quitten können Sie auf Vorrat einkaufen. Kühl gelagert halten sie sich etwa einen Monat. Wegen des intensiven Duftes sollten sie nicht mit anderen, empfindlichen Lebensmitteln gelagert werden; Aroma- und Duftstoffe werden sonst übertragen.

Allgemeine Zubereitung

Den weichen Flaum von der Schale mit einem sauberen Küchentuch abreiben. Die Frucht auf eine rutschfeste Unterlage (leicht angefeuchtetes Geschirrtuch) legen und mit einem großen, schweren Messer halbieren, mit der Schnittfläche auf ein Brett legen und in Spalten teilen. Schale und Kerngehäuse großzügig entfernen. Dieser Arbeitsgang erübrigt sich für Gelee und Konfitüren.

So schmecken Quitten

- als Gelee, Konfitüre und Mus.
- als Kompott (mit Äpfeln).
- als Beilage zu kurz gebratenem Fleisch, besonders Wild.
- als Tortenbelag.
- als Dessert, halbiert mit Fruchtsaft und etwas Butter in einer feuerfesten Form gebacken.
- als Konfekt.

Würz-Tipps

- Zum Würzen bieten sich Zimt, Nelken, Zitronen- und Orangensaft sowie Sternanis an.
- Kombinationen mit Rosinen, Äpfeln und Birnen sind möglich.

Küchen-Tipps

- Der pelzige Flaum auf der Schale muss weggewischt werden, weil er Saucen und Suppen trübe macht.
- Wenn Sie Quittenscheiben brauchen, können Sie das Kerngehäuse der Quitte mit einem scharfen Apfelausstecher entfernen.
- Die Quittenstücke verfärben sich nach dem Schneiden. Die Färbung verliert sich während des Kochens wieder.
- Für Gelees und Konfitüren die Früchte nicht schälen, denn in den Schalen steckt das Pektin, das den Quittensaft gelieren lässt.
- Für den Belag von Torten die Quittenscheiben vorgaren, wenn es sich nicht um reife, weiche Früchte handelt.

Quittentorte mit Rahmguss

Zutaten
für 12 Stücke

Teig
- *250 g Mehl*
- *1 Messerspitze Backpulver*
- *50 g Zucker*
- *1 Päckchen Vanillezucker*
- *120 g Butter oder Margarine*
- *1 Ei (Kl. M)*

Belag
- *1 kg Quitten*
- *¼ l Wasser*
- *3 EL Zitronensaft*
- *etwas Zimt*
- *3 Eier (Kl. M), getrennt*
- *75 g Puderzucker (Staubzucker)*
- *200 g saure Sahne (Sauerrahm)*
- *1 EL Speisestärke*

Außerdem
- *Fett für die Springform*
- *getrocknete Erbsen zum Blindbacken*
- *Pergamentpapier*

Zubereitung
- Aus Mehl, Backpulver, Zucker, Vanillezucker, Fett und Ei einen glatten Mürbeteig kneten, zu einer Teigkugel formen, flach drücken, in Frischhaltefolie wickeln und 30 Minuten kühl stellen.
- Von den Quitten mit einem weichen Tuch den Flaum gründlich abreiben. Die Stiele und Blütenansätze entfernen. Die Früchte waschen, schälen, vierteln, das Kerngehäuse entfernen, die Fruchtstücke in dünne Spalten schneiden.
- Wasser und Zitronensaft in einem Topf aufkochen, die Quittenspalten darin 5 Minuten zugedeckt dünsten. Mit einer Schaumkelle herausheben, gut abtropfen lassen und beiseite stellen.
- Den Backofen auf 180° C (Umluft 160° C, Gas Stufe 2 ½) vorheizen.
- Den Teig ausrollen, die gefettete Springform (26 cm Durchmesser) mit zwei Dritteln des Teiges auslegen. Aus dem restlichen Teig eine Rolle formen und den Rand damit auskleiden; eventuell leicht hoch ziehen. Den Boden unregelmäßig mit einer Gabel einstechen, damit sich beim Backen keine Blasen bilden. Getrocknete Erbsen darauf verteilen.
- Im vorgeheizten Backofen, 2. Schiene von unten, etwa 10 bis 15 Minuten vorbacken.
- Die Erbsen entfernen und wegwerfen. Die Quittenspalten fächerartig auf dem Teig verteilen und mit Zimt bestäuben.
- Eiweiß und Zucker schnittfest schlagen. Eigelb, Sauerrahm und Speisestärke verrühren und vorsichtig mit dem Eiweiß mischen. Den Guss gleichmäßig über die Quitten verteilen. Die Form in den Backofen, 2. Schiene von unten, stellen und weitere 20 Minuten backen.

Vorbereitungszeit
30 Minuten (ohne Kühlzeit)

Zubereitungszeit
10 Minuten

Backzeit
30–35 Minuten

Nährwert pro Stück
etwa
5 g Eiweiß
13 g Fett
35 g Kohlenhydrate
2 g Ballaststoffe
1155 kJ/277 kcal

Extra-Tipps
- Wenn Sie weiche, reife Quitten verwenden, ist das Vorgaren nicht notwendig.
- Die getrockneten Erbsen setzen sich nicht im Teig fest, wenn Sie ein Stück Pergamentpapier auf den Teigboden geben, bevor Sie sie darauf legen.
- Eine Alternative: Den Mürbeteigboden mit den rohen Quittenspalten belegen, 30 Minuten vorbacken; den Rahmguss darauf verteilen und weitere 20 Minuten backen.
- Eine Variante ohne Sauerrahm: Die Quittenspalten in gesüßtem Zitronenwasser vorgaren und die Flüssigkeit mit Agar-Agar (Pflanzenstoff mit hoher Gelierkraft aus dem Reformhaus) und mit 2 Esslöffeln Zucker verrührt als Guss zubereiten.

Die Syrer brachten Äpfel vor 5 000 Jahren aus Kleinasien nach Ägypten. Von den Pharaonen wurde der Apfelanbau sehr gefördert. Auch in unseren Breiten waren schon sehr früh mindestens drei Wildsorten bekannt, wie Funde aus vorchristlichen Siedlungen in Süddeutschland belegen. Mittlerweile gibt es durch Veredeln weltweit tausende von Sorten.

Äpfel

An apple a day …

„An apple a day, keeps the doctor away“ lautet ein englisches Sprichwort – ein Apfel täglich hält den Doktor fern. Das bezieht sich vor allem auf die Schale. Dort stecken 70 % der Vitamine und gesunde sekundäre Pflanzenstoffe. Äpfel also am besten immer ungeschält essen. Neben Vitaminen finden sich in diesen Früchten wertvolle Ballast- und Mineralstoffe. Besonders wichtig aber ist das Pektin, das durch seine Quellwirkung die Verdauung fördert und das Sättigungsgefühl steigert. Pektin wird unter anderem auch eine cholesterinsenkende Wirkung zugeschrieben. Äpfel halten Ordnung im Darm, sie sind gut gegen Verstopfung – wenn sie mit Schale verzehrt werden. 100 g Äpfel haben durchschnittlich 219 kJ/52 kcal.

Pflück- oder Genussreife

Pflückreife ist bei Äpfeln nicht immer mit Genussreife gleichzusetzen. Manche Sorten brauchen noch einige Zeit, bis sie richtig schmecken.

Frühe Äpfel wie Elstar, Goldparmäne, Gravensteiner, Holsteiner Cox, Jamba oder James Grieve sind bereits genussreif, wenn sie ab August geerntet werden.

Golden Delicious, Jonagold, Boskop, Cox Orange oder andere Lagersorten müssen unterschiedlich lang nachreifen.

Importware aus fernen Ländern wie Chile, Argentinien, Südafrika, Neuseeland und Australien werden reif geerntet per Luftfracht eingeflogen. Während dieser Zeit wird ihnen Sauerstoff entzogen und Stickstoff zugeführt, damit der weitere Reifeprozess hinausgezögert wird.

Einkauf und Aufbewahrung

Form und Farbe sollten sortentypisch sein. Vollreife Äpfel, besonders im Herbst und Winter, sind meist gelblich oder rot. Ein Zeichen für Reife ist auch der Duft. Bei abgepackter Ware auf Faul- und Druckstellen achten.

Früher wurden Äpfel auf Vorrat gekauft. Das ist heute nicht mehr notwendig. Äpfel können ein, zwei Wochen kühl und luftig, aber auf keinen Fall im Kühlschrank, lagern.

Allgemeine Zubereitung

Apfelringe: Apfel abspülen, trockentupfen; mit dem Apfelausstecher vom Stiel zur Blüte nach unten das Kerngehäuse ausstechen. Eventuell schälen; dann in etwa 1 cm dicke Ringe schneiden.

Apfelspalten, -würfel, -stifte: Apfel abspülen, eventuell schälen und vierteln. Das Kerngehäuse herausschneiden. Die Viertel in Spalten, Würfel oder Stifte schneiden.

So schmecken Äpfel

- als Rohkost, mit geriebenen Karotten und Sellerie in einer Zitronensaft-Öl-Sauce.
- im Obstsalat oder im klassischen Waldorfsalat mit geraspeltem Sellerie (Zeller) und Walnüssen in Mayonnaise.
- als Hauptgericht, z. B. das dänische Aebleflaesk (Apfelgemüse mit Speck).
- als Füllung für Enten und Gänse.
- als Beilage zu Wildgerichten, pochiert und gefüllt mit Preiselbeeren.
- als Zutat für Matjesfilet in Sahnesauce (Hausfrauenart).
- in Apfel-Meerrettich (Kren) oder Rotkraut.
- in Kuchen, Apfelstrudel und Torten.
- im Kartoffelsalat, mit Gewürzgurken.
- als Dessert, z. B. als Apfel im Schlafrock, Bratapfel oder als Verschleiertes Bauernmädchen: Geröstete Pumpernickelbrösel und Apfelmus in ein Glas schichten, mit Himbeerkonfitüre überziehen und mit Schlagsahne garnieren.
- als Apfelmus, Gelee, Chutney und eingemacht.
- als Saft, Most, Wein, Cidre, Essig, Schnaps.

Kleine Apfelkunde

Boskop
Frucht: sehr groß, ziemlich raue, grünlichgelbe bis rötliche Schale, mürbes, saftiges, Fleisch, säuerlicher Geschmack. Reifezeit: pflückreif Ende September bis Mitte Oktober, genussreif November bis April. Eignung: Tafelapfel, zum Kochen, Backen, für Kompott, Mus.

Cox Orange
Frucht: klein bis mittelgroß, Schale orangefarben bis rot, weißgelbliches Fleisch, saftig frisch, süßes, würzigfruchtiges Aroma. Reifezeit: pflückreif Mitte September bis Anfang Oktober, genussreif Oktober bis März. Eignung: Tafelapfel, zum Backen, Bratapfel, für Kompott.

Gloster
Frucht: mittel bis groß, dunkelrot oder grüngelb, saftiges, mildes Fleisch. Reifezeit: pflückreif Mitte bis Ende Oktober, genussreif November bis Mai. Eignung: Tafelapfel, Bratapfel, für Kompott.

Golden Delicious
Frucht: mittelgroß, goldfarben, saftiges, süß-aromatisches Fleisch mit wenig Säure. Reifezeit: pflückreif Anfang bis Ende Oktober, genussreif ab Ernte bis Juli. Eignung: Tafelapfel, für Kompott und Apfelmus.

Granny Smith
Frucht: mittelgroß, fest, knackig und saftig, grünlichweißes Fleisch, nicht so aromatisch. Reifezeit: in günstigen Lagen Deutschlands Anfang November pflückreif, genussreif Dezember bis April. Eignung: Tafelapfel.

Gravensteiner
Frucht: mittel bis groß, gelblichgrüne, sonnenseits rote Schale, knackiges, weißes Fleisch mit intensivem, süßsäuerlichem und würzigem Aroma. Reifezeit: pflückreif Ende August bis Mitte September, genussreif ab Ernte bis November. Eignung: Tafelapfel, zum Backen und Kochen.

Ingrid Marie
Frucht: mittelgroß, grüngelbes, mürbes Fleisch, später trocken, mildes feinsäuerliches Aroma. Reifezeit: pflückreif Mitte September bis Anfang Oktober, genussreif von Oktober bis März. Eignung: Tafelapfel, zum Kochen und Backen.

Jonagold
Frucht: Kreuzung aus Jonathan und Golden Delicious, groß, grüngelbe Schale, gelbliches Fleisch, saftig, sehr aromatisch. Reifezeit: pflückreif Anfang bis Ende Oktober, genussreif Ende Oktober bis Juni. Eignung: Tafelapfel, zum Backen und Kochen.

Jonathan
Frucht: klein bis mittelgroß, grüngelbe Schale, sonnenseits rot, weißgrünes Fleisch, leicht säuerlich, mildes Aroma. Reifezeit: pflückreif Ende September bis Anfang Oktober, genussreif November bis Mai. Eignung: Tafelapfel, für Mus.

Klarapfel
Frucht: klein bis mittelgroß, grüne Schale, weißes, lockeres Fleisch, leicht säuerlich, wird schnell weich und mehlig. Reifezeit: pflückreif Ende Juli bis Anfang August, sofort genussreif. Eignung: ausgesprochener Tafelapfel für den sofortigen Frischverzehr.

Red Delicious
Frucht: mittelgroß, rote Schale, grünlichweißes Fleisch, saftig und fest, wenig Säure, leicht parfümiert. Reifezeit: pflückreif Anfang bis Mitte Oktober, genussreif von November bis März. Eignung: Tafelapfel, für Kompott.

Apfel-Crisp

Zutaten
für 8 Portionen
- *1 kg mürbe Äpfel (z. B. Boskop)*
- *50 g Butter*
- *1 EL Zitronensaft*
- *150 g kernige Haferflocken*
- *1 TL Zimt*
- *50 g Honig*
- *2 EL Sonnenblumen- oder Kürbiskerne*

Zubereitung
- Die Äpfel schälen, vierteln und das Kerngehäuse entfernen. Die Apfelstücke in dünne Spalten schneiden.
- Den Backofen auf 170° C (Umluft 150° C, Gas Stufe 2) vorheizen.
- Eine feuerfeste Form mit wenig Butter ausstreichen und die Apfelstücke schuppenartig einschichten. Mit Zitronensaft beträufeln.
- Haferflocken, Zimt, restliche Butter und Honig in einem Gefäß mit einer Gabel mischen und über die Äpfel verteilen. Die Sonnenblumen- oder Kürbiskerne obenauf streuen.
- Die Form in den vorgeheizten Backofen, 2. Schiene von unten, setzen und 30 bis 40 Minuten backen.

Vorbereitungszeit
10 Minuten

Zubereitungszeit
10 Minuten

Backzeit
30–40 Minuten

Servierempfehlung
als Dessert mit Vanillesauce oder Vanilleeis

Extra-Tipps

- Apfelkompott schmeckt nicht nur süß zubereitet, z. B. zum Kartoffelpuffer. Sehr gut ist auch eine Mischung mit gehackten Zwiebeln, frisch geriebenem Ingwer, gewürzt mit Salz, ein wenig Curry und Chili. Stärker eingekocht, mit etwas Essig und Zucker, wird aus diesem exotischen Kompott ein Chutney.
- Eine andere Apfel-Chutney-Variante: 375 g Äpfel und 100 g Zwiebeln sehr klein schneiden, und 1 zerkrümelte Chilischote, 100 ml Rotweinessig, 5 g Salz, 10 g Senfkörner und 60 g Sultaninen in einem Topf 15 Minuten durchziehen lassen; 20 bis 30 Minuten bei mittlerer Hitze zugedeckt, danach 10 Minuten offen kochen lassen.
- Chutneys sofort in Gläser mit luftdicht schließendem Schraubdeckel füllen, verschließen, umdrehen und 5 Minuten auf dem Deckel stehen lassen. Chutneys passen gut zu Kurzgebratenem, zu gedünstetem Fisch oder einem Braten.

Nährwert pro Portion
(ohne Eiskrem) etwa
3 g Eiweiß
8 g Fett
30 g Kohlenhydrate
3 g Ballaststoffe
870 kJ/208 kcal

Apfelgemüse

Zutaten
für 4 Portionen
- *500 g Zwiebeln*
- *500 g Äpfel*
- *2 EL Butter*
- *Salz*
- *abgeriebene Schale von ¼ Zitrone (unbehandelt)*
- *1 kräftige Messerspitze Ingwerpulver*
- *1 Messerspitze Safran oder Kurkuma (Gelbwurz)*
- *1 EL Crème fraîche*

Zubereitung
- Die Zwiebeln abziehen, halbieren und in dünne Scheiben schneiden. Die Äpfel abspülen, trockentupfen und achteln, dabei das Kerngehäuse entfernen.
- Die Butter in einer Pfanne zerlassen, die Zwiebelstreifen darin glasig werden lassen. Äpfel hinzugeben, mit Salz, Zitronenschale und Gewürzen bestreuen, eventuell 3 bis 4 Esslöffel Wasser zufügen. Zugedeckt 5 Minuten dünsten. 2 Minuten vor Ende der Garzeit Crème fraîche unterheben.

Extra-Tipps

- Ein Stück frische Ingwerwurzel, geschält und gerieben, macht den Geschmack noch intensiver.
- Ein alt bekanntes Rezept ist Himmel und Erde, zur Hälfte aus mehlig, gewürfelten Kartoffeln und in Stücke geschnittenen Äpfeln. Gekocht wird es mit etwas Zitronensaft, Zucker und Pfeffer. Zum Servieren gebräunte Zwiebeln darüber geben. Fertig! Eine moderne Variante finden Sie auf Seite 105.

Vorbereitungszeit
15 Minuten

Zubereitungszeit
15 Minuten

Servierempfehlung
zu kurz gebratenem Fleisch oder gebratenem Fisch

Nährwert pro Portion
ohne Beilage etwa
2 g Eiweiß
8 g Fett
22 g Kohlenhydrate
6 g Ballaststoffe
713 kJ/170 kcal

Okra

Den Ursprung hat die Okra in Äthiopien, im Hochland von Ostafrika. Es gab sie schon im zweiten Jahrtausend v. Chr. Sie ist damit eines der ältesten Gemüse. Okras sind die Früchte einer prächtigen Pflanze, die zur selben Familie wie Malve, Hibiskus und Baumwolle gehört.

Dieses Gemüse ist nicht nur in Afrika, auch in Asien, den USA, auf dem Balkan und in den Mittelmeerländern beliebt. Einzug hielt die Okra (essbarer Eibisch, Gombo, Gumbo, Rosenpappel, Ladyfinger) bei uns mit den griechischen und türkischen Gastarbeitern.

Die schotenartigen Früchte sind schmal, sechseckig und fingerlang. Ihre Schale ist gelbgrün bis dunkelgrün und von einem feinen Flaum bedeckt. Das weiche Fleisch im Innern und die kleinen, runden, weißen Samenkörnchen sind essbar. Geschmacklich sind Okras recht neutral, mild, leicht herb, ein wenig säuerlich-pikant.

Kalziumspender

Okras enthalten Kalzium, Eisen, Provitamin A (Beta-Karotin), die Vitamine B_1 und B_2 und 30 mg Vitamin C pro 100 g. Die Schoten sind leicht verdaulich und kalorienarm: 100 g haben 78 kJ/19 kcal.

Einkauf und Aufbewahrung

Okras sind ganzjährig vor allem bei griechischen und türkischen Gemüsehändlern zu haben. Importe kommen aus Kenia, Thailand, Brasilien und den Mittelmeerländern. Dosenware stammt hauptsächlich aus Bulgarien und Griechenland. Dosen-Okra aus Ägypten sind meist in Tomatensaft sterilisiert, damit sie fest bleiben.

Die Okraschoten müssen prall, gleichmäßig gefärbt und fleckenfrei sein. Fingerlange Okras sind die zartesten, längere können holzig sein. Sie werden nach Gewicht verkauft.

Frische, ganze Schoten halten sich etwa 2 Tage im Kühlschrank (Gemüsefach). Blanchiert kann man sie wie grüne Bohnen einfrieren.

Allgemeine Zubereitung

Okras waschen und abtropfen lassen. Die Stielansätze am dicken Ende abschneiden. Die Schoten entweder ganz lassen oder in Stücke schneiden.

So schmecken Okras

- als Salat, roh oder 10 Minuten gegart, mit einer pikant abgeschmeckten Salatsauce mit Senf, Zitronensaft, Olivenöl, gehackten Zwiebeln und viel gemischten, gehackten Kräutern.
- als pikante, kleine Appetithäppchen, sauer wie Kapern eingelegt zu Grillgerichten.
- gebraten in Butterschmalz, mit Zwiebeln, Knoblauch und Garam Marsala (indische Gewürzmischung) gewürzt oder im Ganzen frittiert oder in fingerdicke Stücke geschnitten und in Olivenöl gebraten.
- als Suppe oder Eintopf, mit Zwiebeln, Tomaten, Paprika, Sellerie, Möhren (Karotten), Kohl, mit Graupen oder Naturreis.

Küchen-Tipps

- Die unreif geernteten, nicht ausgewachsenen Okraschoten sondern beim Kochen einen milchigen Schleim ab. Dieser Saft (Schleim), der auch in Dosen vorhanden ist, kann zum Binden von Suppen und Eintöpfen verwendet werden.
- Für die Schleimbildung spielt es keine Rolle, wie die Früchte geschnitten sind oder ob sie in Essig- oder in Salzwasser blanchiert werden. Denn nicht diese Vorbereitung ist entscheidend, sondern die Garmethode: Beim langsamen Schmoren in Eintöpfen sondern Okras immer Schleim ab. Frittiert oder in heißem Öl gebraten, sind die Schoten so „versiegelt", dass sie knackig und trocken bleiben.

Würz-Tipp

Okras vertragen sich gut mit Tomaten, Zwiebeln, Paprikaschoten, Auberginen (Melanzani). Zu ihnen passt Pfeffer, Chili, Curry, Koriander, Oregano, Zitrone und Essig oder für indische Zubereitungen Kreuzkümmel, Ingwer, Chili, Kurkuma.

- als mexikanischer Eintopf, mit weißen Bohnen, Tomaten und Garnelen.
- auf amerikanische Art: Okraschoten durch verquirltes Ei ziehen, dann in Maismehl panieren und in heißem Öl in der Bratpfanne braten. Dazu: pikant abgeschmeckter Reis.
- auf mediterrane Art: Knoblauch, Peperoni und geröstete Pinienkerne.
- als Auflauf: Gewürztes Rinderhack (Faschiertes), Knoblauch, Tomatenmark, Joghurt und geschmorte Okraschoten einschichten und überbacken.
- als Beilage zu Fleischragouts und Schmorgerichten, z. B. in Öl angebraten, wenn gewünscht mit Zwiebelwürfeln, mit wenig Flüssigkeit (Brühe oder Tomatensaft) oder gedünstet und mit Salz und Pfeffer abgeschmeckt.

Okragemüse

Zutaten

für 4 Portionen

- *300 g kleine Okraschoten*
- *½ kleine Zwiebel*
- *1 Stück frischen Ingwer (2 cm)*
- *2 große Fleischtomaten*
- *2 EL Kokosraspel*
- *1 EL Pflanzenöl*
- *1 TL Madras-Curry*
- *Salz*
- *3 EL Schlagsahne (Schlagobers)*
- *1 EL Zitronensaft*
- *1 Stiel glatte Petersilie*

Extra-Tipp

Sollten Sie keine kleinen Okraschoten bekommen, schneiden Sie die Tomaten in kleine Würfel und geben diese zu den glasigen Zwiebeln, lassen alles etwas durchkochen und mischen die in Stücke geschnittenen Okraschoten darunter.

Zubereitung

- Die Okraschoten putzen, den Stielansatz mit einem kleinen Messer bleistiftspitzenförmig herausschneiden (dadurch bleibt die Schote geschlossen), die Okraschoten in eine Schüssel mit Zitronen- oder Essigwasser geben.
- Die Zwiebel abziehen und fein würfeln. Ingwer schälen und sehr fein schneiden. Die Tomaten obenauf kreuzförmig einritzen, mit kochendem Wasser übergießen und häuten. Die Tomaten halbieren, das Tomateninnere herausnehmen und durch ein Sieb streichen. Die Tomatenhälften beiseite stellen.
- In einer Pfanne die Kokosraspel ohne Fett unter Wenden goldgelb rösten, aus der Pfanne nehmen und beiseite stellen. Die Pfanne mit Küchenpapier auswischen.
- Das Pflanzenöl in der Pfanne erhitzen, die Zwiebelwürfel darin glasig werden lassen, Curry und Ingwer einrühren. Die Okraschoten zufügen, leicht salzen, die durchgestrichene Tomatenmasse und die Sahne einrühren, etwa 6 Minuten zugedeckt dünsten. Nach 4 Minuten die Tomatenhälften dazugeben und zugedeckt darin erhitzen. Das Okragemüse mit Zitronensaft abschmecken.
- Zum Servieren das Okragemüse in die heißen Tomatenhälften füllen und mit Petersilienblättern garnieren.

Vorbereitungszeit

15 Minuten

Zubereitungszeit

10 Minuten

Servierempfehlung

als Vorspeise – warm oder kalt – mit Roggenbaguette

Nährwert pro Portion

ohne Beilage etwa
2 g Eiweiß
7 g Fett
4 g Kohlenhydrate
5 g Ballaststoffe
380 kJ/92 kcal

Rotkohl, auch Rotkraut, Blaukraut, Roter Kappes oder Rotkabis genannt, ist nicht rot, sondern blauviolett. Rot wird er erst, wenn sein Farbstoff Anthozyan mit Säuren in Berührung kommt.

Rotkohl
Rotkraut

Kochen schadet nicht

Rotkohl ist seinem Verwandten, dem Weißkohl, hinsichtlich der Inhaltsstoffe geringfügig überlegen. Vor allem enthält er Vitamin C, B_6, K und E. Pro 100 g hat Rotkohl 86 kJ/21 kcal.

Wie bei allen Kohlsorten ist Ascorbigen enthalten, eine Vorstufe des Vitamin C. Wird Ascorbigen erhitzt, entsteht Vitamin C. Rotkohl enthält außerdem einen sekundären Pflanzenstoff, das Glucosinolat, das den typischen Kohlgeschmack ausmacht und eine wichtige krankheitsvorbeugende Bedeutung haben soll.

Einkauf und Aufbewahrung

Rotkohl gibt es ganzjährig. Frührotkohl hat Ende Juni Saison, mittelfrüher Rotkohl von Juni bis September, Herbst- und Dauerrotkohl von November bis März.

Die Köpfe sind zwischen 500 g und 2 kg schwer und sollten gut geschlossen, unbeschädigt und ohne braune Flecken oder Risse sein. Die äußeren Blätter sind meist bewachst; ist das nicht der Fall, wird der Kopf „geputzt“ angeboten.

Frühe Sorten sind zum alsbaldigen Verzehr bestimmt. Spätere Sorten können bei Temperaturen knapp über dem Gefrierpunkt einige Monate aufbewahrt werden.

Allgemeine Zubereitung

Die Hüllblätter sollten auf jeden Fall entfernt werden. Sie sind hart und können Umweltschadstoffe enthalten. Den Kohlkopf waschen, in Viertel schneiden. Dann von der Spitze her quer in Streifen schneiden. Der nicht verwertbare Strunk bleibt übrig.

So schmeckt Rotkohl

- als Rohkost-Salat.
- als Gemüse, geschmort.
- als Roulade (oder Kohlbeutelchen), mit Fleisch- oder Gemüsefarce, gefüllt.

Würz-Tipps

- In Margarine angedünstet bekommt Rotkraut einen neutralen Geschmack, in Butter einen feineren und in Gänseschmalz einen intensiveren.
- Zitronensaft oder Essig gibt ihm Säure, und Honig, Zucker, Johannisbeer- oder Erdbeerkonfitüre runden ihn lieblich ab.
- Wer mag, gibt eine mit 1 bis 2 Nelken gespickte, geschälte Zwiebel hinzu. Auch Kümmel wird gern genommen; dann ist Rotkohl leichter verdaulich.

Küchen-Tipps

- Der in Rotkohl enthaltene Farbstoff Anthozyan lässt sich schlecht von Brettern, Tischplatte und Händen entfernen. Feuchten Sie die Arbeitsgeräte vor der Arbeit an, damit der Rotkohlsaft nicht so intensiv eindringen kann. Reiben Sie die Hände mit Zitronensaft ab.
- Gibt man Rotkraut beim Kochen zu früh Säure bei, verlängert sich die Kochzeit.

Rotkrautsalat

Vorbereitungszeit
25 Minuten

Zubereitungszeit
10 Minuten

Servierempfehlung
zu Gänsebrust
(→ Seite 279)

Nährwert pro Portion
ohne Beilage etwa
2 g Eiweiß
12 g Fett
14 g Kohlenhydrate
4 g Ballaststoffe
766 kJ/183 kcal

Zutaten
für 4 Portionen
- *1 kleiner Rotkohl (etwa 400 g)*
- *½–1 TL eingelegte Ingwerknollen*

Salatsauce
- *2 EL Zitronensaft (oder Balsamessig)*
- *2 TL Ingwersirup*
- *1 Prise Salz*
- *Pfeffer, frisch gemahlen*
- *3 EL Pflanzenöl*
- *3 Orangen*
- *30 g Walnusskerne, grob gehackt*
- *1 kleines Bund glatte Petersilie*

Zubereitung
- Den Rotkohl putzen, abspülen, trockentupfen, vierteln und fein hobeln. Die Ingwerknollen fein schneiden und beiseite stellen.
- Zitronensaft oder Essig, Ingwersirup, Salz, Pfeffer und Öl verrühren, mit den gehobelten Rotkrautstreifen mischen und durchziehen lassen.
- Inzwischen die Orangen schälen, die weiße Haut dabei entfernen. Die Orangenfilets mit einem scharfen Messer zwischen den Trennwänden herausschneiden. Vorsichtig unter den Salat heben.
- Den Salat mit dem fein geschnittenen Ingwer und den Walnusskernen auf vier Tellern anrichten. Mit abgespülten, trockengeschwenkten Petersilienblättern garnieren.

Extra-Tipps
- Als Alternative zu Ingwersirup kommen Ingwerkonfitüre oder fein gehackte kandierte Ingwerknollen infrage.
- Wer keinen Ingwer mag, verwendet in Fruchtsaft eingelegte Rosinen.
- Statt Orangen schmecken auch Apfel-, Birnen- oder Ananasstücke zu diesem Salat.
- Wenn Sie 2 Esslöffel Pflanzenöl und 1 Esslöffel Nussöl nehmen, schmeckt das Gericht runder und nussiger.

Rotkrautröllchen

Zutaten
für 4 Portionen
- *2 Bund Frühlingszwiebeln*
- *125 g Risottoreis (z. B. Avorio)*
- *3 EL Pflanzenöl*
- *200 ml kräftige Gemüsebrühe (klare Gemüsesuppe)*
- *1 kleiner Kopf Rotkohl (etwa 1 kg)*
- *120 g alter Gouda*
- *1 große Banane*
- *Salz*
- *Pfeffer, frisch gemahlen*
- *Koriander, gemahlen*
- *abgeriebene Schale und Saft von 1 Orange (unbehandelt)*

Sauce
- *1 Orange*
- *200 g körniger Frischkäse (z. B. Hüttenkäse)*
- *1 Prise Zucker*

Extra-Tipps

- Aus dem restlichen Rotkohl können Sie einen Salat bereiten. Dazu passen Früchte, wie Orangen, Ananas, Trockenobst, Feigen oder Datteln. Orientalisch wird der Salat mit Ingwer, Koriander oder Zimt.
- Diese Gewürze passen auch zum geschmorten Rotkraut. Statt in Wasser oder Brühe schmoren Sie den Kohl einfach mal in Apfel- oder Orangensaft oder sogar in Glühwein.
- Durch Hinzufügen von Maronen oder anderen Nüssen wird das Gemüse sättigender.

Zubereitung
- Die Frühlingszwiebeln putzen – dunkelgrüne Spitzen und Wurzelende entfernen – und in kurze Ringe schneiden.
- Für die Füllung den Reis waschen. 1 Esslöffel Pflanzenöl in einem Topf erhitzen, den Reis darin glasig werden lassen, Frühlingszwiebeln unterrühren, etwas Gemüsebrühe zugießen, langsam verkochen lassen. Restliche Brühe zufügen und 10 Minuten bei kleiner Hitze garen, bis die gesamte Flüssigkeit verkocht ist.
- Inzwischen den Rotkohlstrunk flach abschneiden und kreuzweise einritzen. Die äußeren festen Hüllblätter entfernen. Den Kohlkopf in einem Topf mit kochendem Wasser übergießen und darin 3 bis 5 Minuten kochen, herausnehmen, gut abtropfen lassen. Die Blätter ablösen und in Eiswasser geben. Von dem Kohlkopf vorsichtig 8 große Blätter ablösen und die Rippen flach schneiden. Die restlichen Blätter später anderweitig, z. B. für einen Salat, verwenden.
- Den Gouda reiben, die Banane schälen, mit einer Gabel zerdrücken. Mit dem geriebenen Käse mischen und mit Salz, Pfeffer, Koriander und reichlich abgeriebener Orangenschale unter den Risotto heben, kräftig abschmecken.
- Für die Röllchen die Kohlblätter auf die Arbeitsfläche legen und die Füllung darauf verteilen. Die Blätter seitlich einschlagen, aufrollen und mit Küchengarn zusammenbinden oder wie ein Päckchen falten.
- Eine tiefe, kalte Pfanne mit 1 Esslöffel Pflanzenöl einfetten, die Röllchen hineinsetzen und obenauf mit restlichem Öl bestreichen. Etwas Orangensaft zugießen und zugedeckt bei mittlerer Hitze 15 Minuten garen. Die Röllchen wenden, restlichen Saft zugießen. Weitere 5 Minuten zugedeckt garen.
- Für die Sauce die Orange wie einen Apfel schälen. Die Filets mit einem scharfen Messer zwischen den Trennwänden herausschneiden und in kleine Stücke schneiden. Den abtropfenden Saft zum Frischkäse geben. Die Orangenfilets mit dem Frischkäse, der Prise Zucker und dem Saft verrühren, salzen und zu den Rotkrautröllchen servieren.

Vorbereitungszeit
15 Minuten

Zubereitungszeit
35 Minuten

Beilageempfehlung
knuspriges Baguette

Nährwert pro Portion
ohne Beilage etwa
19 g Eiweiß
19 g Fett
46 g Kohlenhydrate
7 g Ballaststoffe
1 850 kJ/443 kcal

Nach dem Apfel rangiert die Banane hierzulande auf Platz 2 der Obst-Hitliste. Glaubt man einer indischen Legende, so hat die Schlange im Paradies Eva nicht mit einem Apfel, sondern mit einer Banane betört. Bananen werden auch Adams-, Paradies- oder Pisangfeige genannt.

Bananen

Erwähnung finden Bananen bereits in den buddhistischen Pali-Texten (6. Jahrhundert v. Chr.) und in den indischen Nationalepen. Die ursprüngliche Heimat der Frucht soll Südostasien sein. Arabische Sklaven- und Elfenbeinhändler verbreiteten die Bananenpflanze in Ostafrika und quer durch den schwarzen Kontinent bis zur Atlantikküste. Die Deutschen konnten die goldgelben Tropenfrüchte erstmals im Jahre 1892 essen.

Bei uns verbreitet sind so genannte Obstbananen. Sie werden stets grün geerntet, da sie sonst beim Transport verderben. In speziellen Klimakammern reifen die Früchte 5 bis 6 Tage künstlich. Die Stärke im Fruchtfleisch wandelt sich dabei in Frucht-, Trauben- und Rohrzucker um; es entstehen Fruchtsäuren, die zusammen mit dem Zucker und den sich bildenden Aromastoffen den beliebten Geschmack der Banane ergeben. Von der Ernte bis zum verkaufsgerechten Reifegrad vergehen meistens 20 bis 24 Tage. Dann sind die Früchte gelb und haben grünliche Spitzen.

Wahrhaft nahrhaft

Bananen sind nahrhaft, denn sie haben einen hohen Kohlenhydrat- und einen relativ geringen Wassergehalt. Außerdem enthalten sie Vitamin B_6 und Vitamin C. Daneben bieten Bananen einige Mineralstoffe, wie Kalium, Magnesium und Mangan.

Die Früchte sind natriumarm und können somit auch von Nieren- und Gichtkranken als Schonkost gegessen werden. Wegen des geringen Säureanteils tun sie Magen und Darm gut. Bananen sind leicht verdaulich, wirken aber in größeren Mengen genossen etwas stopfend. 100 g Bananen enthalten 392 kJ/94 kcal.

Einkauf und Aufbewahrung

Bananen sind ganzjährig im Angebot. Hauptexportländer sind Ecuador, Costa Rica, Kolumbien, Honduras, Panama, Guatemala und die Philippinen. Es gibt auch Biobananen und „Trans-Fair-Bananen“ (die Arbeiter werden fair behandelt).

Eine reife Banane ist goldgelb. Beim Einkauf darf die Schale jedoch einige kleine braune Punkte haben, was auf einen hohen Zuckergehalt hindeutet. Früchte mit größeren braunen Flecken sollten sofort verzehrt werden.

Bananen nur bei Raumtemperatur lagern (nicht unter 12° C), unreife Früchte reifen nach.

Auch diese Bananen gibt es

- **Koch-, Gemüse-, Mehl- oder Pferdebananen:** kantige Form, grün, gelb, rot oder rötlichviolett, sehr groß. Sie werden unreif zu Brei gekocht oder wie Bratkartoffeln geschnitten und frittiert.
- **Rote Bananen:** rötlichbraune Schale, schwach gerötetes Fruchtfleisch. Sie werden roh verzehrt.
- **Apfelbananen:** eine Mutante der gelben, uns bekannten Bananensorte, 8 bis 10 cm lang. Werden roh gegessen und schmecken etwas säuerlich-apfelig.
- **Babybananen:** sehr aromatisch. Werden hauptsächlich als Dessert, z. B. zum Flambieren, verwendet.

Küchen-Tipps

- Die Bananen immer heiß abspülen, weil man anschließend mit den Fingern das Fruchtfleisch anfasst.
- Da in den Spitzen der Bananen auch unter der Schale Keime oder Reste von Pestiziden sitzen können, sollten Sie die Spitzen nach dem Schälen entfernen.
- Bananen verfärben sich im geschälten, zerdrückten Zustand leicht braun; hier helfen einige Tropfen Zitronensaft.
- Überreife, zu weiche Bananen lassen sich püriert und mit einigen Spritzern Zitronensaft verrührt problemlos einfrieren. Das Püree kann nach dem Auftauen für Desserts, süße Saucen oder Milchshakes verwendet werden.

So schmecken Bananen

- in Obst- und Blattsalaten.
- als Einlage für Suppe aus sämigem Fruchtsaft.
- als Vorspeise, gedünstet und mit Curry bestäubt.
- als Beilage, gedünstet zu würzigen Hähnchen- und Fleischgerichten.
- in Kuchen, z. B. Rührkuchen mit Bananenfüllung.
- als Dessert mit Joghurt oder Crème fraîche, anderen Früchten und zerlassener Schokolade oder als Eiskremzubereitung.
- zum Schokoladenfondue.
- im Milchmixgetränk, abgeschmeckt mit Zitronensaft.

Würz-Tipp

- Bananen lieben Curry, Paprika, Cayennepfeffer, Nüsse, Mandeln, Kokosnussraspel.

Bananen-Nuss-Aufstrich

Zutaten

für 4–6 Portionen

- *1 mittelgroße Banane*
- *2 ½ EL Rosinen*
- *abgeriebene Schale und Saft von ½ Zitrone (unbehandelt)*
- *1 EL Birnen- oder Apfeldicksaft*
- *2 EL weiche Butter*
- *100 g Haselnüsse oder Mandeln, gemahlen*

Extra-Tipp

- Statt Birnen- oder Apfeldicksaft kann auch 1 Teelöffel Honig zum Süßen verwendet werden.

Zubereitung

- Die Banane waschen, schälen und klein schneiden; die Rosinen fein hacken.
- Die Bananenstücke in einer Schüssel mit dem Pürierstab zusammen mit Zitronenschale und -saft, Birnen- oder Apfeldicksaft und der weichen Butter glatt rühren.
- Die gehackten Rosinen und die gemahlenen Nüsse oder Mandeln unter das Mus rühren.

Vorbereitungszeit

10 Minuten

Zubereitungszeit

5 Minuten

Servierempfehlung

auf Mehrkornbrot, Äpfeln, Birnen oder geschälten, waagerecht in Scheiben geschnittenen Orangen als Dessert anrichten

Nährwert pro Portion

ohne Beilage etwa (in Klammern bei 6 Portionen)

4 (3) g Eiweiß
22 (14) g Fett
21 (14) g Kohlenhydrate
4 (2) g Ballaststoffe
1 265 (843) kJ/302 (202) kcal

Bananensuppe – indisch

Zutaten

für 4 Portionen

- *2 Pfirsiche oder 1 Mango*
- *3 große, nicht überreife Bananen*
- *1 Spritzer Zitronensaft*
- *2 mittelgroße Zwiebeln*
- *1 ½ EL Butter*
- *etwa 3 TL Curry*
- *1 l Gemüsebrühe (klare Gemüsesuppe)*
- *100 g Crème fraîche*
- *Salz*
- *Tabascosauce oder Cayennepfeffer*
- *1 Prise Zucker*

Zum Garnieren

- *4–5 TL Kokosflocken*
- *3 Stiele Zitronenmelisse*

Extra-Tipps

- Sollte die Pfirsichhaut zu dick sein, kann die Frucht kurz in kochendes Wasser getaucht und danach gehäutet werden.
- Nimmt man statt eines ganzen Liters nur ½ l Gemüsebrühe, ergibt dies eine hervorragende Sauce zu Geflügelragout oder einem vegetarischen Gericht.

Zubereitung

- Die Pfirsiche abspülen, halbieren und entsteinen, die Pfirsichhälften klein schneiden. Oder die Mango schälen und in Stücken vom Kern schneiden. Bananen schälen, in Stücke schneiden.
- Die Pfirsich- oder Mangostücke zusammen mit den Bananenstücken und etwas Zitronensaft mit dem Pürierstab fein pürieren.
- Die Zwiebel abziehen und sehr fein würfeln. Butter in einem Topf zerlassen und die Zwiebelwürfel zugedeckt glasig werden lassen. Curry einrühren. Mit der Gemüsebrühe auffüllen. Die pürierte Fruchtmasse zugeben. Gut durchrühren und erhitzen. Crème fraîche einrühren. Mit wenig Salz, Tabascosauce oder Cayennepfeffer und Zucker würzen und abschmecken.
- Mit Kokosflocken und frischen Zitronenmelisseblättchen garniert servieren.

Vorbereitungszeit
20 Minuten

Zubereitungszeit
15 Minuten

Beilageempfehlung
frisches Brot mit Butter

Nährwert pro Portion
ohne Beilage etwa
5 g Eiweiß
16 g Fett
32 g Kohlenhydrate
4 g Ballaststoffe
1 313 kJ/313 kcal

Paksoi

Würz-Tipps

- Paksoi als Gemüse nur wenig salzen, damit sein Eigengeschmack nicht zerstört wird. Für eine asiatische Note mit Fisch- oder Sojasauce würzen.
- Paksoi-Salat schmeckt gut, wenn süßer, milder Essig und Kräuter oder ausgelassener Speck verwendet werden.

Paksoi wird bereits seit 2 000 Jahren als Gemüse in China angebaut. Holländische Kaufleute sollen die Samen Mitte des 18. Jahrhunderts aus ihrer ostasiatischen Kolonie nach Europa gebracht haben.

Paksoi (Pak-Choi, pak-choy oder chinesischer Senfkohl) sieht ein bisschen aus wie Mangold, schmeckt wie eine milde Variation von Chinakohl und roh, beispielsweise als Salat, leicht bitter wie Endivie. Die Blätter sind dunkelgrün, zart, glatt, glänzend mit auffallend breiten, weißen, fleischigen Rippen und Stielen, ohne Strunk.

Bekömmlicher Kohl

Paksoi ist verhältnismäßig reich an Kohlenhydraten und Mineralstoffen, besonders Kalzium und Eisen, dazu kommen B-Vitamine und Vitamin C. In 100 g stecken 25 mg. Am wertvollsten sind die Blattrippen. Sie enthalten viele hochwertige Aminosäuren (das Blatteiweiß macht 2 % aus!). Die Senföle der Kohlart fördern die Verdauung und stimulieren die Abwehr von Infektionen. Im Gegensatz zu anderen Kohlsorten bläht Paksoi nicht und ist auch für empfindliche Mägen verträglich. 100 g haben 50 kJ/12 kcal.

Einkauf und Aufbewahrung

Paksoi gibt es ganzjährig, besonders aus den Niederlanden, schwerpunktmäßig im April und Mai. Kleine Mengen kommen aus heimischem Anbau von September bis November.

Frischer Paksoi hat knackige, feste Blattrippen; die Blätter sollten keine braunen Flecken haben. Der Kohl lässt sich in feuchtes Papier gewickelt bis zu 3 Tagen im Kühlschrank (Gemüsefach) aufbewahren.

Allgemeine Zubereitung

Paksoiblätter vom unteren Wurzelende abschneiden, die Blattstiele lösen, gründlich waschen und abtropfen lassen. Die Stiele in dünne Scheiben, die Blätter in mundgerechte Stücke oder Streifen schneiden.

Wenn Rippen und Blätter zusammen zubereitet werden sollen, einfach die etwas härteren Rippen von den Blättern abtrennen, die Blätter 5 Minuten in kochendem Wasser garen und anschließend in kaltem Wasser abschrecken. Die fleischigen Blattrippen kann man auch garen und wie Spargel zubereiten. Paksoi ist ideal für Wokgerichte.

So schmeckt Paksoi

- als Salat, roh, mit Karotten-, Sellerie- oder Rettichraspeln mit einer pikanten klaren Marinade oder mit Joghurt und etwas Mayonnaise vermischt.
- als Gemüse, gedünstet, wie Mangold, Spinat oder Wirsing, entweder als Beilage zu Fleisch- oder Fischgerichten oder mit anderen Gemüsen, wie Paprikaschoten, Tomaten als vegetarisches Gericht.
- als Hauptgericht aus dem Wok: Dazu die Paksoistiele und anderes buntes Gemüse (z. B. Tomaten, Paprikaschoten) in wenig Öl im Wok pfannenrühren, mit etwas Sojasauce garen, eventuell mit vorher pfannengerührten Fisch-, Puten- oder Hühnerfleischstreifen mischen. Scharf würzen.

Paksoi in Kokosmilch

Zutaten

für 4 Portionen

- *500 g Paksoi*
- *150 g Möhren (Karotten)*
- *1 Zwiebel*
- *2 kleine Chilischoten*
- *2 EL Pflanzenöl*
- *1 TL scharfes Currypulver (Bombay-Curry)*
- *200 ml Kokosmilch (aus der Dose)*
- *Saft und Schale von ½ Zitrone (unbehandelt)*
- *Muskatnuss, gerieben*
- *3 EL Kokosnuss, geschabt, oder Kokoschips*

Zubereitung

- Paksoi putzen, zerteilen und waschen. Die Stiele in größere Stifte und die Blätter grob schneiden. Die Möhren putzen, waschen, schälen und in feine Streifen schneiden.
- Die Zwiebel abziehen und fein würfeln. Die Chilischoten waschen, entstielen, längs halbieren, entkernen und die Hälften in dünne Streifen schneiden.
- In einer Pfanne Öl erhitzen, die Zwiebelwürfel darin glasig werden lassen. Möhrenstifte und Curry zugeben und unter Wenden 3 Minuten zugedeckt dünsten. Die Paksoistiele und Chilischotenstreifen zugeben, mit Kokosmilch auffüllen und weitere 3 Minuten zugedeckt garen. Die Paksoiblätter unterheben und noch 1 Minute zugedeckt dünsten. Mit Zitronensaft und -schale sowie Muskatnuss abschmecken.
- Zum Servieren von der Kokosnuss mit einem Sparschäler dünne Späne abhobeln und über das Gericht verteilen.

Vorbereitungszeit
10 Minuten

Zubereitungszeit
15 Minuten

Beilageempfehlung
Basmatireis oder Glasnudeln

Nährwert pro Portion
ohne Beilage etwa
4 g Eiweiß
25 g Fett
6 g Kohlenhydrate
8 g Ballaststoffe
1160 kJ/277 kcal

Extra-Tipps

- Als zusätzliche Würze eignen sich Ingwer und Zitronengras.
- Kokosmilch lässt asiatische Gerichte sanfter schmecken. Sie wird wie Sahne (Obers) verwendet. Vorsicht: Die Milch ist aus der fetthaltigen Kokosnuss hergestellt und ist reich an gesättigten Fettsäuren.
- Statt der frischen, geschabten Kokosnuss oder Kokoschips, die Sie im Bioladen oder in guten Gemüsegeschäften bekommen, können Sie auch feine Kokosflocken verwenden.

Würz-Tipp

- Wer es nicht so scharf mag, nimmt statt des Bombay-Currys den mildaromatischen Madras-Curry oder den mildfruchtigen Indien-Curry.

Winter

Die Heimat dieser köstlichen Frucht ist vermutlich Südamerika. Christoph Columbus entdeckte sie 1493 auf Guadeloupe (in der Karibik). Aus der ursprünglichen Bezeichnung Nana meant machten die Portugiesen später ananaz. Die Spanier sagten pinon, weil die Frucht wie ein Pinienzapfen aussieht, und die Engländer nennen sie noch heute pineapple, also Pinienapfel.

1864 wurden die ersten Ananas auf den Azoren kultiviert und von dort auf dem Schiffsweg nach Europa gebracht.

Ananas

Die Ananas ist die Frucht einer buschigen, bis zu einem Meter hohen Staudenpflanze. Aus der Mitte der Pflanze treibt nach 12 bis 18 Monaten die fleischige Blütenachse, die sich zur Ananasfrucht entwickelt. Nach der Ernte wächst in der Staude ein neuer Setzling.

Lange Zeit war der Ananashandel eingeschränkt, weil die Frucht recht empfindlich ist und weite Schiffspassagen nicht überstand. Moderne Transportmittel machen es möglich, dass diese Früchte schnell und so gut wie reif bei uns ankommen.

Süßsaurer Genuss

Ananas hat einen hohen Gehalt an Fruchtsäuren, besonders Zitronensäure, sie liefert Kalium und etwas Vitamin C.

Interessant ist der Inhaltsstoff Bromelin, ein Enzym, das Eiweiß in seine Bausteine, die Aminosäuren, aufspaltet und verdauungsfördernd wirkt. Dass dieses Enzym auch schlankheitsfördernd ist – wie vielfach angenommen –, ist wissenschaftlich nicht erwiesen. 100 g frische Ananas enthalten 231 kJ/55 kcal.

Das sollten Sie wissen

Das eiweißspaltende Bromelin hat einen Nachteil: Es spaltet auch das Eiweiß in Milchprodukten und Gelatine. Ein Gelee (Aspik) mit frischer Ananas wird nicht fest. Milchprodukte wie Sahne (Obers) oder Joghurt gerinnen innerhalb einer halben Stunde und werden bitter.

Anders ist dies, wenn Sie die Ananasstücke gedünstet oder aus der Dose verwenden. Denn durch Erhitzen wird das Bromelin zerstört.

Einkauf und Aufbewahrung

Ananas gibt es ganzjährig, das größte Angebot jedoch von September bis Dezember. Die Importe stammen meist aus Ostasien (Thailand und den Philippinen), Afrika (Nigeria, Kenia, Elfenbeinküste, Südafrika) und Südamerika (Brasilien, Kolumbien, Costa Rica, Honduras). Die Früchte wiegen durchschnittlich zwischen 2 und 4,5 kg.

Baby-Ananas sind kleine Früchte, die zwischen 200 und 400 g wiegen. Ihr Aroma ist sehr intensiv. Sie sind dekorativ, aber teurer, weil sie verhältnismäßig wenig Fruchtfleisch haben. Schon bei einer großen Ananas muss man mit etwa 50 % Abfall rechnen.

Reife Früchte erkennen Sie am intensiven Ananasduft. Ihre Schale ist gelbbraun ohne grüne Stellen. Auf Fingerdruck sollten sie etwas nachgeben. Die Blättchen aus der Blattkrone lassen sich leicht herauszupfen.

Reife Früchte am besten am Einkaufstag verzehren. Ananas sind bei etwa 6 bis 7° C gut 2 Wochen haltbar. Lagern sie zu kalt, bekommen sie schwarze Flecken.

Allgemeine Zubereitung

Es gibt zwei Methoden die frische Ananas zu zerlegen:

Den Schopf mit Stielansatz sowie dem oberen Stück Schale abschneiden. Die Frucht quer in daumendicke Scheiben teilen. Die Schale großzügig abschneiden. Die leicht verholzte Mitte herausstechen. Oder:

Den Stielansatz abschneiden. Ananas der Länge nach erst in Hälften, dann in Viertel schneiden. Verholzten Mittelstrunk entfernen. Mit einem scharfen Messer das Fruchtfleisch von der Schale lösen, auf der Schale liegen lassen und quer in Scheiben schneiden.

So schmeckt Ananas

- in Obstsalat (z. B. mit Bananen, Papayas, Orangen, Grapefruits, Kirschen, Lychees) oder gegart in Geflügel-, Fisch- und Krabbensalat.
- als Zugabe zu Sauerkraut.
- als Zutat für Müsli.
- auf Toast-Hawaii.
- als Konfitüre.
- als Tortenbelag oder Kuchenfüllung.
- als Kompott (auch mit anderen Früchten) oder Eiskrem.
- als Beilage, gedünstet zu Fleisch- und Geflügelgerichten.
- in Bowle.

Küchen-Tipps

- Wenn Sie für den Tortenbelag gleichmäßig runde Scheiben verwenden möchten, können Sie aus den geschnittenen Scheiben mit einem kleinen runden Ausstecher den inneren Kern und mit einem großen runden Ausstecher den äußeren Rand ausstechen. Dazu eignen sich stabile Keksausstecher.
- Noch einfacher geht es mit einem speziellen Ananasschneider (gibt es in Haushaltswarengeschäften), der die Frucht auf einfache Art und Weise zerteilt. Wie ein Korkenzieher wird er auf die von der Blattkrone abgeschnittene Fläche angesetzt. Mit druckvollem Drehen „schneidet" man sich in die Frucht hinein.

Würz-Tipp

- Zu Ananas passen Preiselbeeren, Vanillezucker, Zitronen und Orangenschale. In herzhaften Gerichten harmoniert der Geschmack gut mit Curry, Paprika und Pfeffer.

Exotisches Früchte-Dessert

Zutaten

für 12–16 Portionen

- *1 frische Ananas oder 10 Scheiben aus der Dose*
- *2 reife Mangos*
- *4 feste Kiwis*
- *2 Limetten*
- *50 g Ingwerwurzel, gerieben*
- *½ l trockener Weißwein oder Apfelsaft*
- *4 EL milder Weißweinessig*
- *200 g Zucker*
- *2–3 TL eingelegter grüner Pfeffer (aus dem Glas)*

Extra-Tipps

- Statt der Ingwerwurzel kann auch Ingwerpulver oder Ingwer-Konfitüre verwendet werden.
- Sollen die eingelegten Früchte über längere Zeit aufbewahrt werden, können Sie 1 Päckchen konservierende Einmachhilfe mit dem Sud aufkochen. Das gleiche gilt, wenn Sie statt Zucker Süßstoff verwenden.

Zubereitung

- Die Ananas in Achtel schneiden, den hellen inneren Strunk entfernen. Fruchtfleisch aus der Schale lösen und in 2 cm große Stücke schneiden.
- Die Haut der Mangos einritzen und abziehen, Fruchtfleisch in Spalten vom Kern lösen. Fruchtstücke würfeln.
- Von den Kiwis die Enden abschneiden, die Früchte schälen und in Scheiben schneiden.
- Die Limetten heiß abwaschen, trockentupfen und in hauchdünne Scheiben schneiden. Eventuelle Kerne entfernen.
- Ingwerwurzel schälen und fein reiben. In einem Topf zusammen mit Weißwein, Essig und Zucker aufkochen. Den Topf vom Herd nehmen. Den grünen Pfeffer waschen und mit den Früchten zufügen. Zugedeckt 12 Stunden zum Marinieren beiseite stellen.
- Danach mit einem Schaumlöffel abgetropft in ein vorbereitetes großes Schraubglas geben. Den verbliebenen Fruchtsaft erneut in einem Topf aufkochen lassen und heiß über die Früchte gießen. Das Glas sofort verschließen. Kühl stellen. Nach 2 Wochen darf probiert werden.

Vorbereitungszeit
20 Minuten

Zubereitungszeit
10 Minuten
(ohne Marinierzeit)

Beilageempfehlung
Vanilleeis

Nährwert pro 100 g
mit Saft, aber ohne Beilage etwa
20 g Kohlenhydrate
1 g Ballaststoffe
370 kJ/88 kcal

Kiwi

Sie wurde Anfang des letzten Jahrhunderts als chinesische Stachelbeere in Europa eingeführt. Seit den 70er-Jahren ist sie als Kiwi in Deutschland bekannt. Kiwi heißt ein kleiner braun-struppiger Vogel in Neuseeland. Ihm verdankt die Frucht ihren Namen.

Kiwis, auch Schaf- oder Affenpfirsich genannt, sind eigroß, länglich-oval und wiegen 65 bis 120 g. Die ledrig feste Haut ist erst grün, dann braun behaart. Das Fruchtfleisch ist kräftig grün, innen heller mit einem Kranz von schwarzen Kernchen. Ihr süß-säuerlicher Geschmack erinnert an den von Stachelbeeren, Erdbeeren und Melonen.

Seit Ende der 90er-Jahre gibt es auch eine gelbfleischige Kiwi. Sie entstand aus einer Mehrfachkreuzung der grünen Kiwi. Form und Größe ähneln der grünen Frucht; am Blütenboden hat sie eine vorstehende Ausstülpung. Ihre Schale ist glatt, nur flaumig behaart und sehr empfindlich. Das gelbe Fruchtfleisch ist ausgesprochen süß und enthält weniger Säure.

Geballtes Vitamin C

Kiwis liefern vor allem Vitamin C. Der Vitamin-C-Gehalt grüner Kiwis ist doppelt so hoch wie der von Orangen und Zitronen, der der gelben Kiwis liegt noch deutlich höher. Deshalb sind sie hervorragend geeignet, um Erkältungskrankheiten vorzubeugen. Schon mit zwei Früchten kann der Tagesbedarf an Vitamin C gedeckt werden. 100 g Kiwi enthalten 209 kJ/50 kcal.

Das sollten Sie wissen

Rohe grüne Kiwi enthält das eiweißspaltende Enzym Actinidin. Dieses Enzym bewirkt – wie ähnliche Enzyme in Ananas oder Papaya –, dass Gelatinespeisen mit Kiwi zubereitet nicht fest werden. In Verbindung mit Milchprodukten entwickelt sich ein bitterer Geschmack. Verhindern lässt sich dies, indem die Kiwischeiben (für Salatsoßen und Desserts mit Milchanteil) vorher blanchiert werden.

Einkauf und Aufbewahrung

Grüne Kiwis gibt es ganzjährig. Die Früchte werden mittlerweile nicht nur aus Neuseeland, sondern auch aus Italien, Chile und Kalifornien importiert.

Gelbe Kiwis gibt es zurzeit hauptsächlich aus Neuseeland in den Monaten Juni bis Oktober. Dies kann sich aber bald ändern, denn es gibt bereits Testanbaugebiete in Italien.

Reife Kiwis bleiben bei Zimmertemperatur etwa 2 Wochen, im Kühlschrank (Gemüsefach) etwa doppelt so lange frisch. Unreife, harte Früchte reifen bei Zimmertemperatur noch schneller in einer verschlossenen Klarsichttüte mit einem Stück Apfel. Dessen natürliches Reifegas Äthylen beschleunigt den Prozess.

Allgemeine Zubereitung

Grüne Kiwis schälen und in Scheiben schneiden oder längs oder quer halbieren und mit einem Löffel aus der Schale lösen. Gelbe Kiwis können mit und ohne Schale gegessen werden.

Küchen-Tipp

Reibt man Fleisch vor dem Garen mit Kiwi-Püree ein, wird es – bedingt durch das Enzym Actinidin – zart.

So schmecken Kiwis

- als Vorspeise mit dünn geschnittener geräucherter Putenbrust, leicht mit grobkörnigem Pfeffer bestreut.
- als Beilage zu kurz gebratenem Fleisch oder gebratenem Fisch.
- als Belag für Torten oder Törtchen.
- als Kaltschale mit Einlage von Himbeer- oder Erdbeerstückchen.
- als Dessert, blanchiert, mit Schlagsahne oder Crème fraîche.
- im Obstsalat, z. B. mit Erdbeeren, Himbeeren, Melonen oder Pfirsichen.
- in pikanten Salaten mit Puten-, Hühner-, Rind- oder Wildfleisch. Auch im Käsesalat oder als fruchtige Beilage zum Käse.
- als Konfitüre und Chutney.
- in Fruchtsaucen, Sorbets, Bowlen.

Kiwi-Sorbet

Zutaten

für 4 Portionen

- *4 Kiwis von je 90–100 g*
- *¼ l Sekt, Wein oder Wasser*
- *100 g Zucker*
- *2 Päckchen Vanillezucker*
- *2 EL Zitronensaft*
- *10–15 Pistazienkerne*
- *etwas frische Zitronenmelisse oder Minze*

Extra-Tipp

Soll das Sorbet für einen späteren Zeitpunkt vorbereitet werden, muss es in einem verschlossenen Behälter im Gefrierfach aufbewahrt werden. Wenn man es dann etwa ½ Stunde vor dem Servieren aus dem Gefrierfach nimmt und in den Kühlschrank stellt, lässt es sich leichter portionieren.

Zubereitung

- Sekt, Wein oder Wasser mit Zucker in einem Topf aufkochen und so lange rühren, bis sich der Zucker gelöst hat. Die Flüssigkeit abkühlen lassen.
- Die Kiwis schälen, klein schneiden und durch ein Sieb streichen.
- Die Kiwimasse mit dem Wein, Wasser oder Sekt, Zitronensaft und Vanillezucker verrühren. In eine runde mit kaltem Wasser ausgespülte Schüssel füllen, ins Gefrierfach stellen und 3 Stunden gefrieren lassen. Währenddessen etwa jede halbe Stunde mit dem Schneebesen kräftig umrühren, bis das Püree halbgefroren ist, dabei aber noch schaumig wirkt.
- Zum Servieren das Kiwi-Sorbet mit einem Eisportionierer oder mit zwei Esslöffeln zu Kugeln formen, in Gläsern oder auf Tellern anrichten und mit den Pistazien bestreuen.

Vorbereitungszeit

15 Minuten

Zubereitungszeit

15 Minuten
(ohne Gefrierzeit)

Nährwert pro Portion

1 g Eiweiß
1 g Fett
40 g Kohlenhydrate
1 g Ballaststoffe
750 kJ/180 kcal

Nüsse versinnbildlichen in frühen Sagen und Mythen Fruchtbarkeit, Jugend und Kindersegen. Heute ist allerdings weniger Symbolik als vielmehr gesundheitlicher Nutzen angesagt. In der Küche sind Nüsse zu einem unentbehrlichen Bestandteil geworden, denn sie sind wahre Energiepakete.

Übrigens: Nicht alles, was wir Nuss nennen, ist botanisch gesehen auch eine. Nur die Haselnüsse tragen ihren Namen zu Recht. Mandeln, Walnüsse und Pistazien zählen dagegen zum Steinobst. Erdnüsse sind Hülsen- und Paranüsse Kapselfrüchte. Im Handel werden Nüsse auch als Schalenobst bezeichnet.

Nüsse

Kleine Riesen

Nüsse bestehen zu 40 bis 65 % aus Fett, das aber insbesondere für Herz und Kreislauf sehr gesund ist, weil es viele lebenswichtige Fettsäuren enthält. Die Kalorien zählen leider trotzdem. Deshalb sollte man Nüsse nicht in größeren Mengen nebenbei knabbern. Besser ist es, wenn sie andere fettreiche Lebensmittel ersetzen. Zu den fettreichsten Nüssen gehören Para-, Pekan-, Hasel- und Walnüsse. Walnüssen wird eine cholesterinsenkende Wirkung nachgesagt. Weniger Fett haben Cashew-, Kokos- und Erdnüsse.

Nüsse liefern meist größere Mengen an B-Vitaminen, Vitamin E, Biotin, Magnesium – einige auch Eisen und Zink sowie 10 bis 20 % Eiweiß. Je nach Sorte haben 100 g Nüsse zwischen 2 500 und 2 820 kJ/598 und 674 kcal.

Das sollten Sie wissen

Nüsse, besonders Paranüsse und Pistazien, können hochgiftige Stoffwechselprodukte (Aflatoxine) enthalten, die unter Umständen Leberschäden und Krebs bewirken. Das unsichtbare Gift wird von Schimmelpilzen gebildet. Deshalb: Auf keinen Fall verschimmelte Nüsse essen. Das gilt auch für alle Exemplare, die schlecht und bitter schmecken.

Mandeln werden oft mit schwefliger Säure geschönt, damit die Schale heller und weicher wird. Schwefel zerstört Vitamin B. Ungeschwefelte Ware bekommen Sie beispielsweise in Bioläden.

Einkauf

Die meisten Nüsse werden im Herbst geerntet und bis Ende Februar angeboten.

Walnüsse sind heute fast ein Ganzjahresprodukt, mit der Hauptsaison im Dezember. Die heimische Ernte hat hauptsächlich auf lokalen Märkten eine Bedeutung. Fast 90 % der Walnüsse kommen aus Kalifornien (ab Oktober), der Rest verteilt sich auf Frankreich, Chile sowie Italien und eine Reihe anderer Länder. Der natürliche Gerbsäuregehalt der Walnuss färbt die Schale dunkel; deshalb werden Walnüsse nach dem Waschen meist mit Bleichlaugen aufgehellt beziehungsweise gebleicht. Heimische Nüsse kommen ungebleicht

Das sollten Sie unbedingt wissen

Bittermandeln werden in sehr kleinen Mengen (2 bis 3 Stück) nur zum Würzen verwendet. Früchte des Bittermandelbaumes (Prunus dulcis var. Amara, lat. amarus = bitter) enthalten das Glykosid Amygdalin, das sich durch Einwirkung von Wasser und dem Enzym Emulsin in Traubenzucker, Bittermandelöl und die sehr giftige Blausäure aufspaltet. Bittere Mandeln dürfen nicht roh gegessen werden. Erst durch Kochen oder Backen verflüchtigt sich die Blausäure.

Achtung: Für Kinder können 5 bis 10 roh verzehrte bittere Mandeln lebensgefährlich sein.

Bittermandelöl, in geringer Menge verwendet, ergibt den typischen Bittermandelgeschmack.

auf den Markt. Die Qualität der Nuss ist bei einer dunkleren Schale nicht beeinträchtigt. Eine Spezialität sind frisch geerntete Walnüsse, die so genannten Schälnüsse, die aus Weinanbaugebieten, aber auch aus den Vierlanden bei Hamburg kommen. Sie werden gleich nach der Ernte angeboten. Die um den Kern herumliegende helle, dicke lederartige Haut muss entfernt werden. Verkauft werden Walnüsse lose mit Schale oder ohne Schale als Kernhälften (meist Importe) in Beuteln. Je größer die Nuss, desto höher der Preis. 3 kg Nüsse ergeben etwa 1 kg Kerne.

Haselnüsse werden hauptsächlich aus der Türkei, Spanien und Italien importiert. Diese Nüsse gibt es mit Schale oder als Nusskerne, gemahlen, gehackt oder als Blättchen.

Bei **Mandeln** unterscheidet man süße und bittere Sorten. Süße Mandeln kommen hauptsächlich aus Kalifornien, Australien und dem Mittelmeerraum. Bittermandeln sind ein wenig kleiner und spitzer. Sie stammen meistens aus Italien oder Spanien.

Süße Mandeln gibt es als ganzen Kern und gemahlen, mit und ohne Haut sowie gehackt, gehobelt und gestiftelt ohne Schale.

Aufbewahrung

Ganze Nüsse können in verschlossenen Schraubgläsern kühl, trocken und dunkel etwa 1 Jahr gelagert werden. Walnüsse halten sich allerdings wegen ihres hohen Fettgehalts nur 2 bis 3 Monate, geschält und luftdicht verpackt bis zu 6 Monate. Bei zerkleinerten Nüssen unbedingt auf das Mindesthaltbarkeitsdatum achten. Für alle Nüsse gilt, dass sie nur begrenzt lagerfähig sind, weil die wertvollen Fettsäuren leicht ranzig werden. Es empfiehlt sich, sie einzufrieren, wenn sie länger als einige Wochen aufbewahrt werden sollen. Das gilt insbesondere für alles, was zerkleinert wurde, wie gehackte Mandeln oder gemahlene Haselnüsse. Auch ganze, ungeschälte Nüsse können eingefroren werden.

So schmecken Nüsse

- im Obst- und im Waldorf-Salat.
- im Müsli.
- in Backwaren, z. B. Walnusstorte und Nussmakronen.
- als Konfekt, z. B. Walnüsse in Zuckersirup.
- in Aufläufen und Saucen.

Küchen-Tipps

- Walnüsse und Mandeln: Die braune Haut um den Kern lässt sich abziehen, wenn man die Kerne kurz in kochendem Wasser blanchiert und danach kalt abschreckt.
- Haselnüsse: Zum Abziehen für etwa 10 Minuten bei 200° C (Umluft 180° C, Gas Stufe 3 ½) in den Backofen legen; dann platzt die braune Haut und muss nur noch mit einem Handtuch abgerieben werden.

Haselnussbusserln

Zutaten
für 45 Stück

Teig
- *50 g Mehl*
- *1 gestrichener TL Backpulver*
- *125 g Haselnüsse, gemahlen*
- *150 g kernige Haferflocken*
- *90 g Zucker*
- *1 Päckchen Vanillezucker*
- *1 Ei (Kl. M)*
- *1 Prise Salz*
- *125 g weiche Butter oder Margarine*
- *abgeriebene Schale von 1 Zitrone (unbehandelt)*
- *je 1 Messerspitze Zimt, Kardamom und Anis*

Zum Garnieren
- *125 g Schokoladenkuvertüre (z. B. Vollmilch)*
- *25 ganze Haselnusskerne oder abgezogene Mandeln*

Außerdem
- *Backpapier*

Extra-Tipps
- Statt der Haselnüsse können Sie auch andere Nusssorten verwenden.
- Der Teig sollte nicht zu lange gerührt werden, er wird sonst zäh.
- Beim ersten Backblech im nicht vorgewärmten Backofen sollten etwa 5 bis 10 Minuten Backzeit zugegeben werden.
- Plätzchen (Busserl) erhalten eine glänzende Oberfläche, wenn sie vor dem Backen mit etwas Wasser verdünntem Eigelb bestrichen werden.

Zubereitung
- Mehl, Backpulver, Haselnüsse, Haferflocken, Zucker, Vanillezucker, Ei und Salz in eine Schüssel geben. Butter oder Margarine und Zitronenschale und Gewürze zufügen.
- Mit dem Handrührgerät (Schneebesen) erst auf kleinster Schaltstufe, dann auf höchster Schaltstufe verrühren. Den Teig 15 Minuten kalt stellen.
- Inzwischen den Backofen auf 150° C (Umluft 130° C, Gas Stufe 1) vorheizen.
- Auf ein mit Backpapier ausgelegtes Backblech mithilfe eines Teelöffels im Abstand von 6 bis 8 cm kleine Teighäufchen setzen. Im vorgeheizten Backofen, mittlere Schiene, etwa 15 bis 20 Minuten backen.
- Nach dem Backen die Plätzchen auf einem Kuchenrost auskühlen lassen.
- Zum Garnieren die Kuvertüre im Wasserbad auflösen. Die Plätzchen halb oder ganz mit der Schokoladenkuvertüre überziehen oder in der Mitte mit einem Klecks Kuvertüre und einer gehäuteten, halbierten Nuss oder Mandel garnieren.

Vorbereitungszeit
10 Minuten

Zubereitungszeit
15 Minuten

Backzeit
15–20 Minuten

Nährwert pro Stück
etwa
1 g Eiweiß
5 g Fett
5 g Kohlenhydrate
0,5 g Ballaststoffe
315 kJ/76 kcal

Walnusstorte mit Birnen

Zutaten

für 12 Stücke

Biskuitteig

- *4 Eier (Kl. M)*
- *150 g feinster Zucker oder Puderzucker (Staubzucker)*
- *200 g Walnusskerne, fein gemahlen*
- *1 gestrichener TL Backpulver*

Belag

- *2 mittelgroße reife Birnen*
- *½ Tasse Wasser*
- *Saft von ½ Zitrone*
- *250 g Preiselbeeren (aus dem Glas)*
- *200 g Schlagsahne (Schlagobers)*
- *eventuell Kakao- oder Schokoladenpulver*
- *Walnusshälften zum Dekorieren*

Zubereitung

- Den Backofen auf 150° C (Umluft 130° C, Gas Stufe 1) vorheizen.
- Eier trennen. Eigelb und Zucker in einer Schüssel weißcremig schlagen. Eiweiß steif schlagen und auf die Eigelbmasse geben.
- Die Nüsse mit Backpulver mischen, auf die Eiweißmasse geben und alles locker mit dem Rührlöffel unterheben.
- Den Boden einer Springform (26 cm Durchmesser) mit Backpapier auslegen und den Teig einfüllen.
- In den vorgeheizten Backofen, 2. Schiene von unten, setzen und etwa 40 bis 45 Minuten backen.
- Inzwischen die Birnen schälen und achteln. Blütenansatz, Stiel und das Kerngehäuse entfernen. Die Achtel noch einmal halbieren. In einem Topf mit dem Wasser und dem Zitronensaft zugedeckt 8 bis 10 Minuten dünsten. Herausnehmen und abkühlen lassen. Den Saft anderweitig verwenden.
- Nach dem Backen den Boden 5 bis 8 Minuten in der Springform abkühlen lassen. Mit einem spitzen Messer den Rand lockern und die Form öffnen. Den Boden auf ein Kuchengitter stürzen und das Papier abziehen, damit der Boden auskühlen kann.
- Die Preiselbeeren glatt rühren, die Schlagsahne steif schlagen. Auf der Teigoberfläche erst die Preiselbeeren, dann die Schlagsahne (etwa ⅓ beiseite stellen) darauf verteilen.
- Die Birnenspalten kreisförmig auf die Sahne setzen. Mit restlicher Schlagsahne den Rand garnieren. Eventuell mit Kakao- oder Schokoladenpulver bestäuben.

Vorbereitungszeit
10 Minuten

Zubereitungszeit
20 Minuten

Backzeit
40–45 Minuten

Nährwert pro Stück
etwa
5 g Eiweiß
18 g Fett
27 g Kohlenhydrate
1 g Ballaststoffe
1 204 kJ/288 kcal

Extra-Tipps

- Biskuitteig muss sofort gebacken werden, damit die eingeschlagene Luft nicht vorzeitig entweicht.
- Die Form darf nur am Boden gefettet sein. Der Teig geht sonst nicht auf.
- Hier eine alkoholhaltige Variante: Statt der Birnen auf der Schlagsahne 5 bis 6 Esslöffel Eierlikör verteilen.
- Und noch eine Variante: Die Preiselbeeren mit der Sahne verrühren.

Walnusssauce zu Hähnchenbrust

Vorbereitungszeit
10 Minuten

Zubereitungszeit
25 Minuten

Servierempfehlung
mit Salzkartoffeln oder für ein kaltes Buffet mit knusprigem Baguette

Nährwert pro Portion
ohne Beilage etwa
34 g Eiweiß
20 g Fett
6 g Kohlenhydrate
2 g Ballaststoffe
1490 kJ/355 kcal

Zutaten
für 4 Portionen

Fleisch
- *4 Hähnchenbrustfilets von je 125 g*
- *1 TL Pflanzenöl*
- *Salz*
- *Pfeffer, frisch gemahlen*
- *¼ Tasse Geflügelbrühe*

Sauce
- *100 g Walnusskerne*
- *200 g Joghurt, 3,5 % Fett*
- *1 Messerspitze Cayennepfeffer oder 1 getrocknete Chilischote*
- *1 TL Honig*

Zubereitung
- Die Hähnchenbrustfilets abspülen und trockentupfen. Das Öl in einer Pfanne erhitzen, die Filets darin von beiden Seiten anbraten, mit wenig Salz und Pfeffer würzen, mit der heißen Brühe auffüllen. Zugedeckt bei mittlerer Hitze 8 bis 12 Minuten garen.
- Die Walnusskerne hacken. Für die Sauce Joghurt, die Hälfte der Nüsse, Salz, Cayennepfeffer oder zerbröselte Chilischote und Honig in einer Schüssel verrühren und alles mit dem Pürierstab zerkleinern und abschmecken. Restliche Walnüsse in die Sauce rühren.
- Das Hähnchenbrustfilet aus der Pfanne nehmen, in Alufolie wickeln und 5 Minuten ruhen lassen, damit sich der Fleischsaft setzt; dann quer in fingerbreite Scheiben schneiden und lauwarm oder kalt mit der Sauce anrichten.

Extra-Tipps

- Wenn Sie mehrere Personen bewirten wollen, braten Sie die Hähnchenbrüste im Bräter rundherum an und garen sie in der Saftpfanne im Backofen, bei 150° C (Umluft 130° C, Gas Stufe 1) in 15 bis 20 Minuten zu Ende. Damit die Hähnchenbrüste nach dem Backen nicht austrocknen, einfach mit angefeuchtetem Pergamentpapier abdecken.
- Für die Sauce einige Varianten: Statt mit Honig und Cayennepfeffer mit Mango-Chutney und grünen Pfefferkörnern würzen. Oder: mit mediterranen Kräutern und Knoblauchzehe.
- Walnusssauce harmoniert gut zu Spaghetti oder Tagliatelle. Dazu passt dann etwas geriebener Parmesan.
- Bereits von der harten Schale befreite Walnüsse sollten Sie im Kühlschrank aufbewahren. Wegen ihres hohen Anteils mehrfach ungesättigter Fettsäuren können sie sonst sehr schnell ranzig schmecken.

Bereits die alten Ägypter hielten sich um 2400 v. Chr. zahme Gänse. Deren Wachsamkeit war besonders für die Römer von Vorteil: Gänse retteten angeblich das von den Galliern bedrohte Capitol.

Gänse leben in Herden. Vielerorts haben sich alte Traditionen rund um die Gans erhalten. So beginnt z. B. am Martinstag, dem 11. November, die kulinarische Gänsesaison. Und wem an diesem Tag noch nicht danach ist, der labt sich dann vielleicht ein paar Wochen später an der Weihnachtsgans.

Gans

Fette Beute

Mager ist der beliebte Vogel nicht: Bis zu 30 % Fett und reichlich Cholesterin (86 mg in 100 g) weist er auf. Ein kleiner Trost ist, dass Gänsefett zum überwiegenden Teil aus einfach ungesättigten Fettsäuren besteht. Außerdem finden sich darin sogar Spuren mehrfach ungesättigter Fettsäuren. Beide können den Cholesterinspiegel günstig beeinflussen. 100 g Gänsefleisch enthalten 1430 kJ/342 kcal.

Einkauf und Aufbewahrung

Hauptsaison haben Gänse in den Wintermonaten, insbesondere von November bis Weihnachten.

Gänse sind als **Frühmastgänse** (bis 10 Wochen alt) mit einem Bratgewicht von etwa 3 bis 4 kg erhältlich. **Junge Gänse** sind 7 Monate alt und haben ein Gewicht von 4 bis 7 kg. Gänse, die älter als 1 Jahr alt sind, werden kaum angeboten. Sie haben einen relativ hohen Fettansatz. Daraus kann Gänseschmalz bereitet werden. Sehr beliebt ist in Deutschland die Hafermastgans. Sie erhält in den letzten 3 Wochen der Mastzeit täglich mindestens 500 g Hafer, was den typischen Gänsegeschmack verstärkt.

Die meisten Gänse kommen als ganzes Tier oder in Teilen (Brust, Keulen) tiefgefroren auf den Markt. Sie stammen hauptsächlich aus Polen und Ungarn. Gute Qualität sollte gleichmäßig blass, fast marzipanartig, frei von Federresten, ohne Hautrisse und fleckenfrei sein. Das Idealgewicht für eine Gans liegt bei etwa 5 kg. Eine Gans mit 3 bis 4 kg Gewicht reicht für 6 bis 8 Personen. Übrigens: „Gänseklein“ (Gansljunges) sind Flügel, Hals, Magen und Herz.

Gänse aus Freilandhaltung sind echte Fleischgänse und schmecken besser als Tiere aus der Schnellmast.

Frisches Geflügelfleisch ist ohne Verpackung in einem abgedeckten Porzellangefäß höchstens 1 Woche kühl zu lagern. Frische Gänse im Ganzen nicht selbst einfrieren. Das Fleisch könnte sonst trocken werden. Gänseteile können Sie in die Gefriertruhe befördern, wenn vorher dort die Superschaltung eingestellt wurde.

Vorbereitung

- Eventuell noch vorhandene Federkiele entfernen.
- Geflügelfleisch innen und außen sorgfältig waschen, abtropfen lassen und mit Küchenpapier innen und außen trockentupfen.
- Nur innen salzen und würzen, damit die Haut knusprig wird.

Füllen

Unterschiedliche Füllungen sind nicht nur eine gute Beilage, sie unterstreichen den besonderen Geschmack einer Gans und halten sie in guter Form.

- Mit den Fingern das noch vorhandene Fett aus der Bauchhöhle lösen und entfernen.
- Die Füllung in die Bauchhöhle geben. Nicht zu prall stopfen, da sie sich beim Garen ausdehnt.
- Die Hautkanten aneinander legen und mit Metallspießchen zustecken.
- Küchengarn schlangenförmig von oben nach unten um die Hölzchen herumführen; Garn verknoten.

Dressieren

Das Dressieren gibt dem Vogel eine schöne Gestalt.

- Den Vogel auf die Brustseite legen, die Flügelspitzen unter das Keulengelenk stecken, die Halshaut auf den Rücken klappen.
- Die Dressiernadel mit Küchengarn (Spagat) durch beide Teile des Flügels, die Halshaut unter dem Rückenknochen hindurch durch den zweiten Flügel stechen.
- Die Nadel mit dem Küchengarn durch die Schenkel stechen und bis zur anderen Seite durchschieben.
- Die Enden des Küchengarns verknoten.
- Den gefüllten Vogel erst kurz vor Ende der Garzeit mit Salzwasser bestreichen; dann wird die Haut schön knusprig.

Salmonellengefahr bei Geflügel

Salmonellen sind Bakterien, die gefährliche Infektionskrankheiten verursachen können. Als mögliche Quelle kommt unter anderem Geflügel infrage. Salmonellen vermehren sich bei Temperaturen zwischen 5 und 45° C. Deshalb muss die Kühlung von Geflügel lückenlos erfolgen.

Temperaturen ab etwa 80° C Kochtemperatur machen den Erregern den Garaus. Bewahren Sie das Fleisch getrennt von anderen Lebensmitteln auf, die nicht vor dem Essen noch einmal erhitzt werden.

So tauen Sie tiefgefrorenes Geflügel auf

- Verpackung entfernen und wegwerfen.
- Die Auftauzeit (im Kühlschrank) richtet sich nach dem Gewicht des Geflügels: Hähnchen (ca. 900 g) 12 bis 16 Stunden; Poularde (1,2 kg): 18 bis 21 Stunden; Gans (3,5 bis 4 kg): 38 bis 40 Stunden; Ente (1,5 bis 3 kg): 35 bis 38 Stunden.
- Je langsamer das Geflügel auftaut, desto besser ist die Fleischqualität.
- Das Geflügel in eine Schüssel (mit Sieb- oder Gittereinsatz oder einer umgedrehten Untertasse) setzen und zugedeckt im Kühlschrank (nicht bei Raumtemperatur) auftauen lassen. Das abgelaufene Tauwasser anschließend sofort weggießen, damit sich die eventuell vorhandenen Salmonellen dort nicht vermehren können.
- Hände und Küchenutensilien, die mit dem aufgetauten Tier in Verbindung kamen, heiß waschen.
- Geflügel möglichst nicht auf einem Holzbrett schneiden, da sich auf diesem die Erreger gut einnisten können.

Zubereitung

- Gans innen und außen waschen, abtropfen lassen, trockentupfen. Innen mit Salz und Pfeffer einreiben.
- Die Füllung in die Bauchhöhle geben, die Gans zunähen oder mit Metallspießchen verschließen. Die Gans mit wenig zerlassener Butter bestreichen, das macht die Haut schön elastisch.
- Mit der Brustseite nach unten in einen Bräter legen und im vorgeheizten Backofen bei 200° C (Umluft 180° C; Gas Stufe 3 ½) anbraten.
- Sobald die Haut Farbe bekommen hat, umdrehen und 2 ½ Stunden weiterbraten. Zwischendurch mit ½ l Wasser und dem austretenden Bratfett begießen. Dann das Fett vom Bratfond abschöpfen.
- Die Gans auf ein Blech setzen, den Bratfond in einen Topf seihen.

Tranchieren

Das Geflügel wird nach dem Braten tranchiert, das heißt, in Stücke zerlegt. Dafür sind eine Geflügelschere und ein scharfes Messer notwendig.

- Den Vogel mit dem Rücken auf das Tranchierbrett legen. Zuerst die Keulen und Flügel abtrennen: Dazu das Fleisch um das Keulengelenk mit einem scharfen Messer im Bogen einschneiden, die Keulen abbiegen und das Gelenk durchtrennen. Bei den Flügeln in gleicher Weise verfahren.
- Die Brüste vom Knochengerüst, der Karkasse, lösen und quer zur Fleischfaser in gleichmäßige Scheiben schneiden.
- Kleines Geflügel (wie Hähnchen, Stubenküken, Tauben) wird halbiert oder geviertelt.

Küchen-Tipps

- Die harten Federkiele, die beim Rupfen des Tieres hier und da übrig bleiben, lassen sich nach ½ Stunde Bratzeit im Ofen aus der gestrafften Haut gut herausziehen.
- Geflügel ist gar, wenn sich das Fleisch am Schenkelknochen zurückzieht oder die Keulen fest und elastisch sind. Ein weiterer Test: Stechen Sie eine Nadel in die Falte zwischen Brust und Keule. Wenn sie ohne Widerstand ins Fleisch gleitet und der herauslaufende Fleischsaft bräunlich-hell ist, dann ist das Fleisch gar (nicht zu oft stechen).
- Sind die Knochen eines gekochten oder tiefgefrorenen Geflügels braun, ist dies ein sicherer Hinweis, dass das Tier schon einmal eingefroren war.
- Geflügel sollte durchgegart werden; es muss also eine Kerntemperatur von 80° C, besser 85° C haben und diese mindestens 10 Minuten halten. Das tötet auch eventuelle Salmonellen. Diese Kerntemperatur kann mit einem Bratenthermometer, das im Inneren des Fleisches – nicht am Knochen – platziert wird, gemessen werden.
- Will man das Unterhautfett etwas reduzieren, sticht man vor dem Garen mit einer (z. B. Rouladen-)Nadel mehrfach in die Fetthaut. Dabei aber nicht das Fleisch anstechen, weil sonst nicht nur das Fett, sondern auch der Saft austritt.
- Die Innereien, die Sie mit einer geschlachteten Gans kaufen können, sind alle verwendbar. Sie können damit die Füllung ergänzen oder sie separat als Vorspeise zubereiten.

Gänsebrust mit Orangensauce

Zutaten
für 4 Portionen
- *1 bratfertige Gänsebrust mit Knochen (etwa 750 g)*
- *Salz*
- *Pfeffer, frisch gemahlen*
- *3 mittelgroße Äpfel*
- *2 TL Butter oder Margarine*
- *200 ml Orangensaft*
- *1 TL Orangenmarmelade*
- *1 TL Honig*
- *2 cl Orangenlikör*
- *1 Messerspitze Cayennepfeffer*
- *1 Prise Zimt*

Zum Garnieren
- *abgeriebene Schale von ½ Orange (unbehandelt)*

Vorbereitungszeit
15 Minuten

Zubereitungszeit
10 Minuten

Bratzeit
75 Minuten

Beilageempfehlung
Kartoffelknödel, Rotkrautsalat, → Seite 257

Nährwert pro Portion
ohne Beilage etwa
28 g Eiweiß
24 g Fett
23 g Kohlenhydrate
2 g Ballaststoffe
1935 kJ/464 kcal

Zubereitung
- Den Backofen auf 180° C (Umluft 160° C, Gas Stufe 2 ½) vorheizen.
- Die Gänsebrust abspülen, trockentupfen und die Haut obenauf kreuzweise mit einem scharfen Messer einritzen.
- Die Gänsebrust auf der Fleischseite leicht salzen und pfeffern; auf der Hautseite nur wenig salzen. In einen kleinen Bräter knapp 1 Tasse Wasser geben, die Gänsebrust mit dem Knochen hineinsetzen.
- Den Bräter in den vorgeheizten Backofen, untere Schiene, geben und etwa 75 Minuten braten. Zwischendurch die Gänsebrust mit der Flüssigkeit bestreichen.
- Die Äpfel abspülen, trockentupfen, vierteln, das Kerngehäuse entfernen und die Viertel in ½ cm dicke Spalten schneiden. Butter oder Margarine in einer Pfanne erhitzen, die Apfelspalten darin beidseitig kurz braten.
- Inzwischen 1 bis 2 Esslöffel Orangensaft, Marmelade, Honig, Likör, Cayennepfeffer und Zimt verrühren.
- Den Bräter herausnehmen, das Fett vorsichtig abschöpfen.
- Den Bräter wieder in den Ofen setzen und in den letzten 10 Minuten die Hautseite mit der Orangen-Honig-Mischung bestreichen.
- Nach dem Braten die Gänsebrust für 10 Minuten in Alufolie wickeln, damit sich der Fleischsaft setzt. Vom Bratfond eventuell das Fett abschöpfen. Die Gänsebrust mit einem scharfen Messer vom Knochen lösen, den Fleischsaft in den Bratfond gießen, restlichen Orangensaft einrühren. Den Fond einmal aufkochen und etwas einkochen lassen.
- Zum Servieren die Gänsebrust in fingerdicke Scheiben schneiden und mit den Apfelspalten auf einer vorgewärmten Platte anrichten. Mit dünnen Orangenschalenstreifen bestreut servieren.

Extra-Tipps
- Wer die Gänsebrust ohne Knochen braten will, sollte mit nur 45 Minuten Bratzeit rechnen; das Fleisch ist jedoch nicht ganz so saftig.
- Statt Orangenmarmelade können Sie Zitronenmarmelade oder Ingwerkonfitüre verwenden.
- Getrockneter Beifuß im Bratfond unterstreicht den Gänsegeschmack; dann aber Orangensaft, -schale, -likör und -marmelade weglassen.

Archäologische Funde beweisen: Die ersten Hühner wurden schon vor etwa 4 000 Jahren im Industal in Südasien als Haustiere gehalten. In Europa züchtete man sie erstmals im 5. Jahrhundert v. Chr. in Griechenland.

Heute gehören Hähnchen zu den beliebtesten Lebensmitteln. Kein Wunder, denn das Fleisch ist nicht nur preiswert und schmackhaft, sondern bietet dem menschlichen Organismus vieles, was er braucht – in einer optimalen Zusammensetzung.

Hähnchen Huhn

Eiweißreich und fettarm

Hähnchenfleisch liefert vor allem hochwertiges, leicht verdauliches Eiweiß, einige Vitamine und Mineralstoffe. Es enthält wenig Fett, ist zart und kalorienarm. 100 g Hähnchenfleisch haben 695 kJ/166 kcal, 100 g Suppenhuhn 1 074 kJ/257 kcal, 100 g Hähnchenbrust mit Haut 605 kJ/145 kcal.

Einkauf und Aufbewahrung

Je nach Schlachtgewicht werden unterschieden:

- **Hähnchen (Poulet):** Junge Vögel beiderlei Geschlechts, 5 bis 7 Wochen alt, etwa 700 bis 1 150 g schwer (für 2 bis 4 Portionen).
- **Poularden oder Junghühner (Fleischhähnchen):** Tiere, die mindestens 1 200 g wiegen, ohne Innereien 100 g weniger (für 3 bis 4 Portionen).
- **Junger Hahn:** Tiere mit einem Mindestgewicht von 1 800 g (ohne Innereien 1 700 g), die etwa 8 bis 9 Wochen gemästet werden (für 4 bis 6 Portionen).

Vorbereiten

- Eventuelle Federkiele, vorhandenes Fett aus der Bauchhöhle sowie die Drüsen an der Halshaut entfernen und die Haut zurücklegen.
- Hähnchen innen und außen sorgfältig waschen und mit Küchenpapier innen und außen trockentupfen.

Füllen

Hähnchen sind gut geeignet zum Füllen: Die Füllung kann entweder aus gewürztem Hackfleisch (Faschiertem), aus Fleisch und Brot, aus Äpfeln, aus Frischkäse, oder aber auch aus Kräutern und einem großen Stück Butter bestehen.

Die Füllung in die Bauchhöhle geben. Nicht zu viel, da sie sich während des Garens ausdehnt.

Die Hautkanten aneinander legen und mit Metallspießchen zustecken oder mit Küchengarn zusammennähen.

Dressieren

Flügel auf dem Rücken verschränken, die Schenkel an den Rumpf pressen und zusammenbinden.

Küchen-Tipp

- Garprobe: zwischen Keule und Brust einstechen; der Fleischsaft muss klar sein.

Weitere Hähnchen ...

Suppenhühner sind Legehennen, die üblicherweise nach 12 bis 15 Legemonaten geschlachtet werden. Sie wiegen dann kochfertig – je nach Rasse – 1 bis 2 kg. Ihr Fleisch ist kernig, aber nicht zäh, und sie haben einen ausgeprägten Eigengeschmack. Suppenhühner eignen sich deshalb vorzüglich als Grundlage für Hühnerbrühe, Ragouts und Salate.

Kapaun nennt man ein vor der Geschlechtsreife kastriertes Hähnchen, das besonders langsam gewachsen ist. Das bratfertige Gewicht beträgt 1,5 bis 2 kg. Im Gegensatz zu anderen Hähnchen hat der Kapaun unter der Haut eine dicke Fettschicht, die während des Garens schmilzt und dazu beiträgt, dass das Fleisch zart bleibt (für 4 bis 5 Portionen).

Stubenküken (früher wurden sie z. B. auch in den Vierlanden bei Hamburg in der Stube unter der Ofenbank aufgezogen) haben ein Gewicht von unter 750 Gramm, ohne Innereien (für 1 bis 2 Portionen).

Tranchieren

Fertig gegartes, gebratenes oder gegrilltes Hähnchen noch 10 Minuten ruhen lassen, damit sich der Fleischsaft besser verteilen kann. Dann mit dem Rücken auf ein (Tranchier-)Brett legen und mit der Geflügelschere oder einem Tranchierbesteck (scharfes Messer und zweizinkige Gabel) zerlegen:

Das Hähnchen der Länge nach halbieren. Zuerst am Brustbein entlang schneiden, dann – von innen – entlang dem Rückgrat die Rippen durchtrennen.

Allgemeine Zubereitung

- Hähnchen eignen sich zum Braten, Grillen, Schmoren und Kochen. Die Garzeit beträgt etwa 45 bis 60 Minuten (je nach Gewicht). Auf jeden Fall muss das Fleisch durchgebraten sein. Das bedeutet eine Kerntemperatur (messbar mit einem Bratenthermometer) von mindestens 80° C, noch besser 85° C.
- Ganze Hähnchen nur innen salzen oder würzen, damit die Haut knusprig wird.
- Die Füllung in den Bauchinnenraum geben, das Hähnchen mit Metallspießen verschließen oder mit Küchengarn zusammennähen.
- Den Vogel in einem Bräter auf der Herdplatte rundherum anbraten. Im Bräter mit der Brustseite nach unten in den vorgeheizten Backofen bei 220° C (Umluft 200° C, Gas Stufe 4 ½), untere Schiene, setzen. Nach Rezeptangabe braten. Zwischendurch mit Bratensaft begießen. Etwa 15 Minuten vor Ende der Garzeit mit der Brustseite nach oben auf den Bratenrost setzen, mit Salzwasser bestreichen, damit die Brusthaut knusprig wird.
- Sie können das Hähnchen auch von Anfang an im Backofen braten. Erst mit der Brustseite nach unten, später umdrehen, damit die Brustseite knusprig wird.

So schmecken Hähnchen

- als Einlage in klaren oder Cremesuppen.
- als Eintopf mit Suppengrün und Reis oder Kichererbsen.
- als Salat mit Früchten (gekochten Ananas, Pfirsich, Apfel) in einer leichten Joghurt-Mayonnaise.
- als Frikassee, mit Spargel und Champignons.
- als Hauptgericht, in Teile zerlegt, mit Zitronenscheiben, Zitronenmelisse (Zitronenhuhn) oder ebenfalls zerlegt auf Gemüse (Schalotten, Kartoffeln, Möhren oder Paprikaschoten).
- klassisch als Coq au vin mit Schalotten, durchwachsenem Speck, Staudensellerie, kleinen Champignons, geschmort in Rotwein, z. B. Beaujolais, in fein abgeschmeckter Sauce.
- als Curryhuhn (zerlegt) mit Aprikosen (Marillen) oder Pfirsich und Apfel und Reisbeilage.
- als Backhendl, in vier Teile zerlegt, leicht mehliert, erst in verquirltem Ei, dann in Semmelbrösel gewendet und in schwimmendem Fett goldgelb ausgebacken.
- als Hähnchenbrustfilet, streifig geschnitten, gewürzt und in heißem Fett schnell gebraten, mit Gemüsestreifen (Paprikaschoten, Möhren/Karotten, Sellerie) vermischt und mit Sojasauce und Chili abgeschmeckt.

Hähnchenbrust mit Kräuterfüllung

Zutaten

für 4 Portionen

- *2 ganze Hähnchenbrüste mit Haut von je 600 g (= 4 Filets)*
- *je 1 kleines Bund Thymian, Oregano, Salbei, Petersilie*
- *Salz*
- *Pfeffer, frisch gemahlen*
- *3 EL Olivenöl*
- *1 unbehandelte Zitrone*
- *2 Lorbeerblätter*
- *2 Rosmarinzweige*

Zubereitung

- Den Backofen auf 220° C (Umluft 200° C, Gas Stufe 4 ½) vorheizen.
- Die Hähnchenbrüste waschen und trockentupfen.
- Thymian, Oregano, Salbei und Petersilie waschen, trockenschwenken, die Blätter von den Stielen zupfen, grob hacken und in einer Schüssel mit Salz und 1 EL Öl mischen.
- Die Haut der Hähnchenbrüste mit einem Messer leicht anheben und die Kräuter hineinschieben. Die Haut am Brustrand eventuell mit einem Spieß befestigen, damit die Füllung beim Braten nicht herausrutscht.
- Die gefüllte Hähnchenbrust rundherum dünn mit Öl bestreichen und mit Salz und Pfeffer würzen.
- Die Zitrone waschen, trockentupfen und in dünne Scheiben schneiden. Lorbeerblätter und Rosmarinzweige abspülen, trockenschwenken.
- Eine flache, feuerfeste Form mit restlichem Öl einpinseln, die Zitronenscheiben darin verteilen, Rosmarinzweige und Lorbeerblätter darüber geben. Die Hähnchenbrustfilets mit der Hautseite nach oben darauf setzen.
- Die Form in den vorgeheizten Backofen, 2. Schiene von unten, setzen und 30 bis 40 Minuten braten.
- Zum Servieren die gefüllten Hähnchenbrüste schräg in gut fingerbreite Scheiben schneiden.

Vorbereitungszeit
15 Minuten

Zubereitungszeit (Bratzeit/Backzeit)
30–40 Minuten

Beilageempfehlung
knuspriges Baguette und Salat, z. B. Rukola

Nährwert pro Portion
ohne Beilage etwa
46 g Eiweiß
20 g Fett
1 g Kohlenhydrate
1 g Ballaststoffe
1755 kJ/420 kcal

Würz-Tipp

- Eine mediterrane Variante: 2 gestiftelte oder zerdrückte Knoblauchzehen und gehackte Rosmarinnadeln.

Extra-Tipps

- Die Hähnchenbrustfilets können ebenfalls kalt serviert werden.
- Statt der Hähnchenbrust können Sie auch Hähnchenkeulen verwenden; dann die Haut an der breiten Seite der Keulen lockern und die Kräuter darunter schieben. Die Garzeit bleibt gleich.
- Eine zeitaufwendigere, aber dafür sehr interessante Variante sind gefüllte Hähnchenkeulen. Dazu werden die Keulen entbeint: Mit einem scharfen Messer an der unteren Seite der Keule am Knochen entlang schneiden und den Knochen vorsichtig herauslösen. In die Schnittseite die Kräuter geben; die Keule mit Küchengarn zunähen. Nach dem Braten können die Keulen zum Servieren in fingerbreite Scheiben geschnitten werden.
- Kräuter immer erst kurz vor der Verwendung schneiden. Das Messer (oder Wiegemesser) sollte immer scharf sein, sonst werden die Kräuter zerquetscht und der aromatische Saft tritt aus.

Zaubersuppe

Zutaten

Für 4 Portionen

- *50 g getrocknete, schwarze Bohnen*
- *1 Suppenhuhn (ca. 2 kg)*
- *500 g Möhren (Karotten)*
- *1 Bund Suppengrün (Sellerieknolle, Petersilienwurzel, Lauch)*
- *1 Stück Ingwerwurzel (80–100 g)*
- *2–3 getrocknete Chilischoten*
- *1 ½ l Hühnerbrühe*
- *1 Bund Petersilie*

Vorbereitungszeit
20 Minuten
(ohne Einweichzeit)

Zubereitungszeit (Kochzeit)
90–120 Minuten

Nährwert pro Portion
etwa
21 g Eiweiß
19 g Fett
12 g Kohlenhydrate
6 g Ballaststoffe
1 254 kJ/300 kcal

Zubereitung

- Die Bohnen in einer Schüssel mit Wasser bedeckt über Nacht einweichen.
- Das Suppenhuhn innen und außen waschen, trockentupfen und in vier Teile schneiden.
- Möhren und Suppengrün (Sellerieknolle, Petersilienwurzel, Lauch) waschen. Möhren, Sellerieknolle und Petersilienwurzel schälen; Sellerieknolle und Petersilienwurzel klein schneiden. Die Möhren in 1 cm dicke Scheiben schneiden, Hälfte der Möhren beiseite legen. Von der Lauchstange das Wurzelende und den dunkelgrünen Teil entfernen, die Stange längs halbieren und in Streifen schneiden.
- Die Brühe in einem Topf aufkochen, die Hühnerteile, Hälfte der Möhren, Suppengrün und die eingeweichten und abgegossenen Bohnen hinzufügen und 90 bis 120 Minuten (je nach Alter der Bohnen) bei kleiner Hitze zugedeckt leicht köcheln lassen (im Schnellkochtopf dauert es 30 bis 40 Minuten).
- Inzwischen den Ingwer schälen und in feine Scheiben schneiden. Die Chilischoten entstielen und zerkrümeln. Von der Brühe etwas Hühnerfett abschöpfen, in einen Topf geben und erhitzen. Die Ingwerscheiben und restliche Möhren zugeben, unter Wenden anbraten und 10 Minuten zugedeckt dünsten. Die zerdrückten Chilischoten unterheben.
- Die Geflügelstücke aus der Brühe nehmen. Knochen und Haut vom Fleisch entfernen. Ein Viertel der Fleischstücke in mundgerechte Stücke schneiden und zusammen mit den gedünsteten Möhren zur Brühe geben. Restliches Fleisch anders verwenden. Die Brühe sehr pikant abschmecken, eventuell mit etwas Chilipulver würzen, damit die Suppe recht scharf wird.
- Die Petersilie abbrausen, trockentupfen, die Blätter fein hacken und in die Suppe geben.

Extra-Tipps

- Wenn die schwarzen Bohnen in der Brühe mitgaren, wird die Suppe dunkel. Wer das nicht mag, gart sie separat. Sie können auch abgegossene, kurz abgespülte schwarze Bohnen aus der Dose (Einwaage 150 g) verwenden. Diese kommen erst kurz vor Kochende dazu.
- Wenn die Ingwerknolle frisch und jung ist, kann sie auch stückchenweise durch eine Knoblauchpresse gedrückt werden.
- Das restliche Fleisch lässt sich z. B. für einen Geflügelsalat verwenden.

Ente

Wenn von Ente die Rede ist, so ist in der Regel die gewöhnliche Hausente gemeint, die sich besonders gut zur Mast eignet. Daneben gibt es Peking-, Wild- und Flugenten (Barbarie-Enten). Die Barbarie-Ente ist eine besondere Zuchtform aus Wild- und Hausenten. Als Pekingente wird auch eine bestimmte Art der Zubereitung bezeichnet.

Fettreich

Enten gehören zu den fettreichen Geflügelarten; je nach Rasse schwankt der Fettanteil. So steckt in der Pekingente mehr Fett als in der Flugente.

Einkauf

Enten werden mit einem Bratgewicht von etwa 1,8 bis 2,5 kg verkauft. **Frühmastenten** (junge Enten, 8 bis 10 Wochen alt) wiegen 1,5 bis 2 kg.

Flugenten-Fleisch ist dunkelrot, der Brustfleischanteil ist deutlich höher. Das Bratgewicht liegt bei etwa 1,6 bis 3 kg.

Wildenten werden hauptsächlich in der ersten Jahreshälfte (außerhalb der Schonzeit) angeboten. Sie wiegen etwa 1 kg, sind für gewöhnlich magerer und aromatischer als Hausenten.

Eine Ente von 1,8 kg reicht für 2 Personen, eine von 2,5 kg für 4 Personen, weil der Knochenanteil im Verhältnis zum Fleischanteil geringer ist.

Allgemeine Zubereitung

Die Ente mit der Brust nach unten in die Fettpfanne oder einen Bräter setzen, etwa ⅓ l Wasser zugießen und bei 190 bis 210° C (Umluft 170 bis 190° C, Gas Stufe 3 bis 4) 80 bis 90 Minuten braten. Nach 50 Minuten wenden. Eventuell Fett abschöpfen und etwas heißes Wasser zugießen. 10 Minuten vor Ende der Garzeit die Ente mit Salzwasser bestreichen und bei 240 bis 250° C (Umluft 220 bis 230° C, Gas Stufe 5 ½ bis 6) knusprig braten (zur Vor- und Zubereitung → auch unter Gans, Seite 276).

So schmeckt Ente

- mit Apfel-, Maronen- (Maroni)-, Fleisch- oder Obstfüllung.
- als Cassoulet (Eintopf aus der Gascogne),
- als Braten, entbeint, gefüllt (auch mit Hackfleischfüllung/Faschiertem) und gebraten zu Rotkraut oder Grünkohl.
- als Pot-au-feu (französischer Eintopf) mit Rinderbrust, Zunge und Suppengrün in Brühe (Suppe) gegart.
- in 4 bis 8 Stücke geteilt, mit Lauch, Sellerie und Schalotten in Rotwein geschmort.
- in 8 Stücke geteilt, mit Gemüse angebraten, mit Weißwein geschmort. Später mit Orangensaft aufgefüllt, eingekocht und mit Orangenfilets angerichtet.
- in Stücke geteilt und in einer Oliven-Sauce geschmort.
- mit Steinpilzen und Schalotten in Rotwein geschmort.
- pfannengerührt, das heißt, dünne Entenbruststreifen im Wok mit Gemüsestreifen und Sojasprossen zubereitet.

Würz-Tipp

- Zum Würzen von Ente eignen sich Pfeffer, Paprika, Curry, Koriander, Wacholder und Piment. Auch diese Zutaten passen: Estragon, Schnittlauch, Dill, Kerbel, Petersilie, Oregano, Thymian, Basilikum, Beifuß, Rosmarin, Lorbeer, Orangen- und Zitronensaft oder -schale, Ingwer, Knoblauch und Zwiebeln.

Ingwer-Ente

Zutaten
für 4 Portionen
- *1 bratfertige Barbarie-Ente (etwa 1,6 kg)*
- *Salz*
- *Pfeffer, frisch gemahlen*

Füllung
- *1 rosa Grapefruit oder Orange*
- *1 kleines Stück Ingwerwurzel (etwa 50 g)*
- *6 frische blaue Feigen*
- *¼ l Wasser*

Zum Bestreichen
- *2 TL Honig*

Zum Binden der Sauce
- *1–2 TL Speisestärke*

Vorbereitungszeit
25 Minuten

Zubereitungszeit
15 Minuten

Bratzeit
75 Minuten

Beilageempfehlung
Semmelknödel oder Baguette und Feldsalat (Vogerlsalat) mit gehackten Walnüssen in einer Essig-Senf-Sauce

Nährwert pro Portion
ohne Beilage etwa
68 g Eiweiß
32 g Fett
19 g Kohlenhydrate
2 g Ballaststoffe
2 630 kJ/653 kcal

Zubereitung
- Den Backofen auf 200° C (Umluft 180° C, Gas Stufe 3 ½) vorheizen.
- Die Ente waschen, eventuell restliche Federkiele entfernen. Mit den Fingern noch vorhandenes Fett aus der Bauchhöhle entfernen. Den Vogel trockentupfen und innen salzen und pfeffern.
- Für die Füllung Grapefruit oder Orange schälen, in Segmente teilen und diese klein schneiden. Ingwerwurzel schälen, ⅔ in dünne Streifen schneiden, den Rest fein reiben und beiseite stellen.
- Die Feigen waschen, trockentupfen und 4 der Feigen mit Grapefruit- oder Orangenstücken und den Ingwerstreifen mischen. Die restlichen beiseite legen.
- Die vorbereitete Ente mit den Früchten füllen. Um die Bauchöffnung zu schließen, die Hautkanten mit Daumen und Zeigefinger zusammendrücken und mit Metallspießen oder Küchengarn verschließen.
- Dann die Ente dressieren (→ Seite 277) und danach mit Salz und Pfeffer einreiben.
- Den Vogel mit der Brust nach unten in einen Bräter oder in die Fettpfanne setzen. Das Wasser zugießen.
- Im vorgeheizten Backofen, 2. Schiene von unten, 30 Minuten braten.
- Inzwischen restlichen geriebenen Ingwer mit dem Honig verrühren. Die Ente 5 Minuten vor Ende der ersten Bratzeit damit bestreichen. Die Hitze auf 180° C (Umluft 160° C, Gas Stufe 2 ½) reduzieren.
- Die Ente dann wenden und weitere 45 Minuten braten. 15 Minuten vor Ende der Bratzeit wiederum mit der Honig-Ingwer-Mischung bestreichen.
- Die Ente herausnehmen, in Alufolie wickeln und warm halten. Den Bratensatz mit wenig kaltem Wasser aufkochen. Den Bratenfond in einen Topf geben, eventuell Fett abschöpfen. Restliche Feigen in Scheiben schneiden und in dem Fond 2 Minuten ziehen lassen. Dann herausnehmen, abtropfen lassen und warm stellen.
- Den Bratenfond mit in etwas kaltem Wasser verrührter Speisestärke binden.
- Die Ente aus der Folie nehmen, den Fleischsaft in die Sauce geben; den Braten tranchieren, das heißt, die Keulen und Brüste auslösen. Die Füllung herausnehmen, neben den Ententeilen mit Sauce und den restlichen Feigen anrichten.

Erstmals erwähnt wurde Sauerkraut im 4. Jahrhundert v. Chr. von dem griechischen Arzt Hippokrates. Unter Zugabe von etwas Kochsalz entsteht aus fein geschnittenem Weißkohl (Weißkraut) durch einen natürlichen Gärprozess und unter Einfluss von Millionen von Milchsäurebakterien das Sauerkraut. Die Milchsäurebakterien wirken nicht nur positiv auf den Organismus, sondern machen das Gemüse auch länger haltbar.

Sauerkraut

Sauer macht fit

Vor allem die Ballaststoffe und der hohe Vitamin-C-Gehalt machen Sauerkraut so wertvoll. Gerade im Winter ist es eine ausgezeichnete Vitamin-C-Quelle. Die Milchsäure stärkt die Bakterienflora im Darm, und das hilft – zusammen mit den Ballaststoffen – der Verdauung. Dosenware ist allerdings sterilisiert und enthält keine lebenden Milchsäurekulturen mehr. Sauerkraut ist kalorienarm – 100 g abgetropftes Kraut haben 70 kJ/17 kcal.

Einkauf und Aufbewahrung

Das ganze Jahr über gibt es Sauerkraut als Konserve und, noch besser, als Frischkost direkt aus dem Fass oder im Beutel verpackt aus dem Kühlregal. Frisches Sauerkraut soll zart hellbeige bis hellbraun aussehen. Weinkraut heißt es, wenn bei der Herstellung mindestens 1 l Wein auf 50 kg Kohl zugegeben wurde.

Frisches Sauerkraut sollte am besten sofort verbraucht werden. In einem verschlossenen Behälter lässt es sich im Gemüsefach des Kühlschranks 1 bis 2 Tage lagern.

Allgemeine Zubereitung

Sauerkraut etwas zerpflücken. In einen Topf geben, Gewürze zufügen. Mit ¼ l Flüssigkeit – Weißwein, Wasser oder klare Brühe (Suppe) – aufgießen (bei 750 g Sauerkraut) und zugedeckt bei kleiner Hitze köcheln lassen. Auch Schmalz oder etwas Fett kann zugegeben werden. Nicht länger als 20 bis 25 Minuten garen.

So schmeckt Sauerkraut

- als Salat, roh, mit Obst (Äpfeln, Orangen, Bananen, Birnen, Ananas) und Nüssen sowie mit einigen Tropfen Öl oder einer leichten Joghurtsauce.
- als Beilage, gedünstet oder geschmort, zu Geflügel oder Fisch. Selbst zu Austern passt Sauerkraut hervorragend.
- als Beilage, gegart mit Äpfeln, Ananasstücken, Weintrauben und Feigen – ebenfalls zu Geflügel und Schweinebraten.
- als Suppe, zusammen mit Tomaten und mit einem Schuss Sauerrahm.

Es müssen zu Sauerkraut also nicht immer Klassiker wie Eisbein (Geselchtes), Schweinsbraten und Knödel oder Szegediner Gulasch sein.

Küchen-Tipps

- Wenn Sauerkraut gekocht wird, kann die Flüssigkeit zum Schluss mit einer geriebenen rohen Kartoffel gebunden werden.
- Sauerkraut bekommt durch trockenen Weißwein, Sherry oder Champagner eine besondere Note.

Sauerkrautauflauf mit Kidneybohnen

Zutaten
für 4 Portionen
- *150 g Kidneybohnen (rote Bohnen), getrocknet (oder 375 g aus der Dose)*
- *½ l Wasser*
- *600 g mildes Sauerkraut*
- *6 EL Schlagsahne (Schlagobers)*
- *1 mittelgroße Kartoffel*
- *1 mittelgroße Birne*
- *2 kleine Zwiebeln*
- *2 EL Pflanzenöl*
- *Salz*
- *2 ½ Scheiben Vollkornbrot vom Vortag*
- *75 g Greyerzer, gerieben*

Zubereitung
- Die Kidneybohnen in einer Schüssel mit Wasser über Nacht einweichen. Am nächsten Tag die Bohnen in der Flüssigkeit aufkochen und 1 ½ Stunden zugedeckt garen.
- Inzwischen das Sauerkraut ohne Fett in einem Topf 10 Minuten erhitzen; bei viel Flüssigkeit etwas einkochen lassen.
- Die rohe Kartoffel reiben und mit der Sahne zufügen. Einmal aufkochen lassen.
- Die Birne schälen, reiben und unter das Sauerkraut mischen.
- Den Backofen auf 200° C (Umluft 180° C, Gas Stufe 3 ½) vorheizen.
- Die Zwiebeln abziehen und fein würfeln. Pflanzenöl in einem Topf erhitzen, die Zwiebelwürfel darin glasig werden lassen. Die Bohnen zufügen, umrühren und leicht salzen.
- Zwiebeln, Bohnen und Sauerkraut in einer Auflaufform verteilen.
- Das Brot grob zerbröseln und in einer Pfanne ohne Fett unter Wenden anrösten.
- Den geriebenen Käse mit dem Brot mischen und auf dem Auflauf verteilen. Die Form in den vorgeheizten Backofen, untere Schiene, stellen und 10 bis 15 Minuten backen. Sofort servieren.

Vorbereitungszeit
20 Minuten
(ohne Einweichzeit)

Zubereitungszeit (Kochzeit)
90 Minuten (20 Minuten, wenn Kidneybohnen aus der Dose verwendet werden)

Backzeit
10–15 Minuten

Beilageempfehlung
Chicorée- oder Feldsalat (Vogerlsalat)

Nährwert pro Portion
ohne Beilage etwa
20 g Eiweiß
18 g Fett
45 g Kohlenhydrate
16 g Ballaststoffe
1722 kJ/412 kcal

Extra-Tipps
- Wenn Kidneybohnen aus der Dose verwendet werden, sollten diese auf einem Sieb abgebraust und wie gekochte Kidneybohnen verwendet werden.
- Statt der Kidneybohnen können auch Linsen oder aus der Schote herausgelöste Dicke-Bohnen-Kerne (Saubohnen) verwendet werden.
- Sie können das Brot auch toasten oder im Backofen bei 100° C rösten.

Karibischer Krautauflauf

Zutaten
für 4 Portionen
- *600 g Bataten (Süßkartoffeln)*
- *Salz*
- *2 mittelgroße Zwiebeln*
- *1 Stück frischer Ingwer (10 g)*
- *1 rote Chilischote*
- *1 kleine Mango (250 g)*
- *500 g mildes Sauerkraut*
- *2 EL Pflanzenöl (20 g)*
- *60 g Frischkäse*
- *1 TL Honig*
- *Salz*
- *400 g küchenfertiges Lachsfilet*
- *2–3 EL Zitronensaft*
- *½ Bund Koriander*

Extra-Tipps

- Etwas weniger exotisch: Birne anstelle von Mango, weißer Pfeffer statt Chilischote, Kartoffeln statt Bataten, Melisse statt Koriander.
- Das frische Sauerkraut können Sie durch Sauerkraut aus der Dose ersetzen. Dann sollte es nur etwas geschnitten, aber nicht mehr separat gedünstet werden.
- Statt frischem Lachsfilet können Sie auch tiefgefrorene Lachsstücke (Lachstranchen) verwenden; diese vorher leicht antauen lassen. Oder: frischer Lachs als Kotelettstück oder 3 Koteletts von je 200 g. Dafür müssten die Koteletts halbiert und entgrätet werden.

Zubereitung
- Die Bataten waschen und ungeschält in einem Topf mit gesalzenem Wasser bedeckt aufsetzen und zugedeckt 20 Minuten garen. Inzwischen die Zwiebeln und den Ingwer schälen; die Zwiebeln fein würfeln, den Ingwer fein hacken.
- Die Chilischote entstielen, längs halbieren, entkernen und die Hälften in dünne Streifen schneiden.
- Die Mango schälen, das Fruchtfleisch vom Stein abschneiden und in etwa 5 cm lange Streifen schneiden. Das Sauerkraut ausdrücken, etwas klein schneiden.
- Das Öl in einem Topf erhitzen, Zwiebelwürfel und Ingwer zugeben und darin glasig werden lassen. Das Sauerkraut und Chilischoten zufügen und zugedeckt 8 Minuten garen.
- Den Backofen auf 150° C (Umluft 130° C, Gas Stufe 1) vorheizen.
- Frischkäse, etwas Honig und Salz verrühren und unter das Sauerkraut mischen.
- Die Bataten abgießen, trockendämpfen, schälen und in Scheiben schneiden. Restliches Öl in einer großen Pfanne erhitzen, die Batatenscheiben darin anbraten und unter Wenden goldgelb braten und leicht salzen.
- Lachsfilet entgräten und mit etwas Zitronensaft beträufeln. Leicht salzen und in fingerlange Stücke schneiden.
- In eine feuerfeste Porzellan-Auflaufform schichtweise Sauerkraut, Lachs und Batatenscheiben geben. Den Auflauf obenauf mit Batatenscheiben abdecken. Die Form in den vorgeheizten Backofen, 2. Schiene von unten, setzen und 20 bis 30 Minuten (je nach Höhe und Material der Form) backen.
- Den Koriander abbrausen, trockenschwenken, die Blätter hacken und vor dem Servieren auf den Auflauf streuen.

Vorbereitungszeit
20 Minuten

Zubereitungszeit
25 Minuten

Backzeit
20–30 Minuten

Nährwert pro Portion
etwa
27 g Eiweiß
21 g Fett
30 g Kohlenhydrate
6 g Ballaststoffe
1 720 kJ/ 410 kcal

Grünkohl ist je nach Region auch unter den Namen Braunkohl, Krauskohl, Blätterkohl, Federkohl, Winterkohl, Oldenburger oder Lippersche Palme bekannt. Grünkohl – ein Herbst- und Wintergemüse – war ursprünglich im Mittelmeergebiet zu Hause. Heute findet man ihn hauptsächlich im Norden und Westen Deutschlands.

Hier gibt es auch eine Reihe von Schlemmertraditionen, z. B. „Grünkohl- und-Pinkel-Fahrten" (Pinkel ist eine recht fettreiche und kräftig gewürzte Wurst) sowie die Verleihung des Grünkohl-Ordens an honorige Menschen aus Politik und Wirtschaft.

Frühe Sorten sind hellgrün und leicht gekraust, spätere Sorten dunkel- bis blaugrün mit krauseren Blättern. Grünkohl braucht einige frostreiche Nächte. Dann entfaltet sich sein Geschmack voll, denn Stärke hat sich dann in Zucker umgewandelt. Zugleich lockert der Frost das Zellgewebe auf, der Kohl wird bekömmlicher und milder.

Grünkohl
Krauskohl

Hat viel Ballast zu bieten

Grünkohl enthält eine ansehnliche Menge Ballaststoffe. Außerdem stecken in Grünkohl in Hülle und Fülle sekundäre Pflanzenstoffe, denen eine krankheitsvorbeugende Wirkung zugeschrieben wird. Dazu gehören bestimmte Phenolsäuren und diverse Schwefelverbindungen. Sie sorgen auch für das typische Kohlaroma.

Nennenswert ist auch der Gehalt an Mineralstoffen wie Kalzium, Magnesium, Kalium und Eisen. Grünkohl ist reich an Vitamin K und Folsäure.

Nach Karotten ist Grünkohl der zweitwichtigste Lieferant von Beta-Karotin (gut für Augen, Haut und Schleimhäute). Beta-Karotin ist fettlöslich und benötigt, um seine Wirkung entfalten zu können, stets ein wenig Fett bei der Zubereitung. Der Vitamin-C-Gehalt von Grünkohl rangiert gleich hinter dem von Paprika und Brokkoli. Er enthält reichlich Ascorbigen, das durch Kochen gespalten wird und Vitamin C entwickelt.

Einkauf und Aufbewahrung

Die Angebotszeit reicht von Ende September bis März, am besten schmeckt dieser Kohl von Dezember bis Februar. Alternative: Tiefkühl- und Konservenware in guter Qualität.

Grünkohl wird in Deutschland meist küchenfertig, das heißt grob gerupft und in Plastikbeuteln verpackt, angeboten. Die Blätter müssen frisch, knackig und grün sein. Eis an den Blättern schadet nicht, im Gegenteil.

Gelbe und welke Ansätze deuten auf zu lange Lagerung hin.

Rechnen Sie bei ungeputztem Grünkohl mit bis zu 50 % Abfall. Für ein Essen mit vier Personen benötigen Sie etwa 2 kg Rohware.

Grünkohl kann im Kühlschrank (Gemüsefach) bis zu 2 Tagen aufgehoben werden. Er ist sehr gut gefriergeeignet.

Allgemeine Zubereitung

Grünkohl gründlich waschen, die Blätter von den Rippen zupfen, in Salzwasser blanchieren, abgetropft je nach Geschmack grob oder fein hacken, würzen und zugedeckt dünsten.

So schmeckt Grünkohl

- als Suppe mit Tomaten und Fleischklößchen oder fein püriert, eventuell mit Einlage von Lachsstreifen oder mit Sahne (Obers) verfeinert.
- als Eintopf mit Maronen (Maroni).
- als Beilage zu Kasseler (Geselchtem) und durchwachsenem Bauchspeck, Bratwurst, Gänse- oder Entenbraten und kleinen karamellisierten Kartoffeln.
- als vegetarische Vorspeise mit Spätzle.
- als vegetarischer Auflauf, mit vorgegarten Kartoffelscheiben und Käsesauce überbacken.
- Frische kleine Grünkohlblättchen kann man auch als Salat essen. Sie werden ohne Stiel fein gehackt und mit einer süß-sauer abgeschmeckten Salatsauce zubereitet.

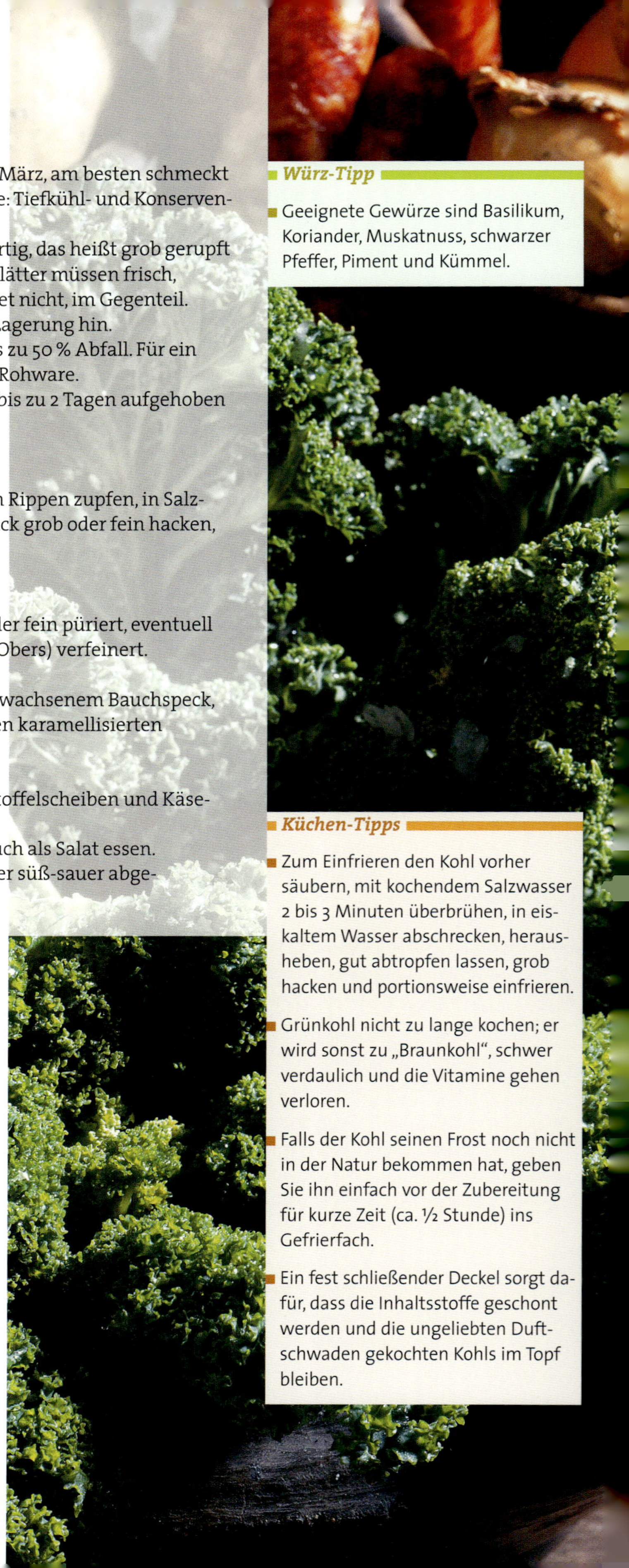

Würz-Tipp

- Geeignete Gewürze sind Basilikum, Koriander, Muskatnuss, schwarzer Pfeffer, Piment und Kümmel.

Küchen-Tipps

- Zum Einfrieren den Kohl vorher säubern, mit kochendem Salzwasser 2 bis 3 Minuten überbrühen, in eiskaltem Wasser abschrecken, herausheben, gut abtropfen lassen, grob hacken und portionsweise einfrieren.
- Grünkohl nicht zu lange kochen; er wird sonst zu „Braunkohl", schwer verdaulich und die Vitamine gehen verloren.
- Falls der Kohl seinen Frost noch nicht in der Natur bekommen hat, geben Sie ihn einfach vor der Zubereitung für kurze Zeit (ca. ½ Stunde) ins Gefrierfach.
- Ein fest schließender Deckel sorgt dafür, dass die Inhaltsstoffe geschont werden und die ungeliebten Duftschwaden gekochten Kohls im Topf bleiben.

Grünkohlsuppe mit Gänsebrust

Zutaten
für 4 Portionen
- *3 l Wasser*
- *Salz*
- *600 g Grünkohl (Krauskohl)*
- *2 große Zwiebeln*
- *4 EL Margarine*
- *1 l Gemüsebrühe (klare Gemüsesuppe)*
- *2 Kartoffeln (200 g)*
- *100 ml Schlagsahne (Schlagobers)*
- *Salz*
- *Pfeffer, frisch gemahlen*
- *1 TL Honig*
- *200 g geräucherte Gänsebrust*

Zubereitung
- In einem großen Topf 3 l Wasser und Salz aufkochen lassen. Den Grünkohl gründlich waschen, die Blätter von den Rippen zupfen und in Salzwasser blanchieren, das heißt, portionsweise hineingeben, 3 Minuten darin ziehen lassen, mit dem Schaumlöffel herausnehmen, in eiskaltes Wasser geben, gut abtropfen lassen und die Blätter fein schneiden.
- Die Zwiebeln abziehen und fein würfeln. Die Margarine in einem Topf erhitzen, die Zwiebelwürfel darin glasig werden lassen. Den geschnittenen Grünkohl zufügen, unter Wenden zusammenfallen lassen, mit Brühe aufgießen und 10 bis 15 Minuten zugedeckt garen.
- Inzwischen die Kartoffeln schälen, auf einer Rohkostreibe fein reiben und zum Grünkohl geben. Einmal aufkochen lassen.
- Die Schlagsahne in die Suppe rühren, mit Salz, Pfeffer und Honig abschmecken.
- Die Gänse- oder Entenbrust in feine Streifen schneiden und portionsweise in die Suppe geben.

Vorbereitungszeit
15 Minuten

Zubereitungszeit
20 Minuten

Nährwert pro Portion
(ohne Geflügelhaut) etwa
22 g Eiweiß
21 g Fett
14 g Kohlenhydrate
7 g Ballaststoffe
1 370 kJ/328 kcal

Extra-Tipps

- Statt frischem Grünkohl können Sie auch 450 g tiefgefrorenen verwenden.
- Zum Eintopf als sättigendes Hauptgericht wird die Suppe, wenn Sie eine Kartoffel mehr nehmen und die Grünkohlmenge auf etwa 1 kg erhöhen.
- Statt Gänsebrust können Sie auch geräucherte Entenbrust verwenden. Schlankheitsbewusste können die fette Außenhaut der geräucherten Gänse- oder Entenbrust entfernen.

Grünkohlauflauf

Zutaten

für 4 Portionen

- *500 g kleine, gekochte Kartoffeln*
- *1–1,5 kg frischer Grünkohl (Krauskohl) oder 600 g Tiefkühlware*
- *250 g Zwiebeln*
- *2 EL Pflanzenöl*
- *1 EL Haferflocken*
- *3 Möhren (Karotten)*
- *60 g Kasseleraufschnitt (Selchkarree) oder Mettwurst*
- *Salz*
- *Pfeffer, frisch gemahlen*
- *1 Prise Kümmel, gemahlen*

Eiersahne

- *2 Eier (Kl. M)*
- *100 g Schlagsahne (Schlagobers)*
- *Salz*
- *Pfeffer, frisch gemahlen*
- *60 g mittelalter Gouda, fein gerieben*

Zubereitung

- Den Grünkohl gründlich waschen, die Blätter von den Stielen zupfen und in einen Topf mit kochendem Salzwasser geben. Einmal aufkochen lassen, dann mit der Schaumkelle herausheben und in einer großen, mit sehr kaltem Wasser gefüllten Schüssel abschrecken. Portionsweise herausnehmen, sehr gut abtropfen lassen und den Kohl grob schneiden.
- Die Zwiebeln abziehen und fein würfeln. 1 ½ Esslöffel Öl in einem großen Topf erhitzen, die Zwiebelwürfel darin zugedeckt glasig werden lassen. Portionsweise den Grünkohl hineingeben und unter Wenden andünsten. Tiefgefrorener Kohl kann unaufgetaut zu den Zwiebeln gegeben und bei kleiner Hitze zugedeckt 20 Minuten gegart werden.
- Inzwischen die Haferflocken in einer beschichteten Bratpfanne ohne Fett unter Wenden leicht anrösten, rausnehmen und beiseite stellen.
- Die Möhren waschen, schälen und grob raspeln. Ebenfalls beiseite stellen.
- Fleisch oder Wurst in Scheiben schneiden und zusammen mit den geraspelten Möhren und den gerösteten Haferflocken unter den Grünkohl heben. Mit Salz, Pfeffer und Kümmel abschmecken.
- Den Backofen auf 200° C (Umluft 180° C, Gas Stufe 3 ½) vorheizen.
- Die Kartoffeln schälen und in dünne Scheiben schneiden. Abwechselnd mit dem Grünkohl in eine mit dem restlichen Öl eingefettete Auflaufform geben.
- Die Eier, Sahne, etwas Salz, Pfeffer und den geriebenen Gouda verrühren und über die Grünkohlmischung gießen.
- Den Auflauf im vorgeheizten Backofen, untere Schiene, etwa 30 Minuten backen.

Vorbereitungszeit
20 Minuten

Zubereitungszeit
20 Minuten

Backzeit
30 Minuten

Nährwert pro Portion
etwa
21 g Eiweiß
23 g Fett
30 g Kohlenhydrate
12 g Ballaststoffe
1 775 kJ/425 kcal

Jahrelang trat die Rote Bete hierzulande nur als essigsaure Zutat auf. Jetzt wiederentdeckt, macht die gesunde Rübe auch in anderen Zubereitungsvarianten von sich reden.

Die braunrote, kugelrunde oder längliche Knolle mit dem purpurroten Fleisch wird auch Rande, Rahne oder Rote Rübe genannt. Rote Bete ist saftig, mit fein-aromatischem Eigengeschmack.

Rote Bete
Rote Rübe

Rot wie Blut?

Wegen des rot färbenden Pflanzenfarbstoffs hielt man den Saft lange Zeit für blutbildend. Heute stehen der Geschmack und der Nährwert im Vordergrund. Rote Bete liefert eine Reihe von Mineralstoffen wie Kalzium, Kalium, Magnesium, Vitamine der B-Gruppe, Folsäure sowie Vitamin C. 100 g Rote Bete haben 173 kJ/41 kcal.

Das sollten Sie wissen

Rote Bete speichert leider Nitrat. Vorteilhaft ist es darum, das Gemüse mit Vitamin-C-haltigen Lebensmitteln (z. B. mit Zitronensaft) zuzubereiten oder einen Vitamin-C-haltigen Fruchtsaft zu trinken. So lässt sich eine mögliche Umwandlung von Nitrat in krebserregendes Nitrosamin vermeiden.

Einkauf und Aufbewahrung

Die Haupterntezeit der Roten Rübe ist im Oktober. Sie überwintert in kühlen Lagerräumen. Im Frühjahr und Frühsommer gibt es im Handel zarte, apfelgroße Exemplare mit Grün, die unter Glas oder Folie gezogen wurden.

Kaufen Sie pralle Knollen ohne Schadstellen. Schwarze Flecken deuten auf zu kalte Lagerung hin. Die Knollen wiegen zwischen 100 und 600 g. Grüne, saftige Blätter – sofern noch vorhanden – sind ein Zeichen von Frische. Zarte Blätter können mitverwendet werden.

Rohe Ware hält sich in unbedrucktem Papier eingewickelt im Kühlschrank (Gemüsefach) etwa 1 Woche. Reste von gekochter Roter Bete sollten sofort kühl und luftdicht verpackt aufbewahrt und spätestens am nächsten Tag verbraucht werden.

Fleck lass' nach!

- Die sehr intensive Farbe entsteht durch die Farbstoffe Betanin und Anthozyan. Sie verursachen hartnäckige rote Flecke.
- Zum Verarbeiten ziehen Sie am besten Gummihandschuhe an. Andernfalls vermeiden Sie rote Flecken an den Händen weitgehend, wenn Sie die Roten Bete nach dem Kochen in einer Schüssel mit kaltem Wasser schälen.
- Wenn Sie das Schneidebrett vorher in kaltes Wasser tauchen, kann der rote Saft nicht so sehr einziehen.
- Sollte es doch zu Flecken an Händen oder Stoff kommen, waschen Sie die Flecken sofort mit Waschmittel in heißem Wasser aus. Der Farbstoff ist nicht sehr hitzebeständig.

Küchen-Tipps

- Eine ganze Rote-Bete-Knolle (etwa 125 bis 200 g) gart etwa 50 bis 60 Minuten. Junge Knollen benötigen nur 25 bis 30 Minuten. Mit einem Schnellkochtopf verkürzen Sie die Kochzeit um etwa zwei Drittel.
- Damit der rote Saft ein Gericht, z. B. einen Heringssalat, nicht völlig rosa färbt, sollte die gekochte Rote Bete nach dem Würfeln kurz in etwas Öl gewendet werden.

Allgemeine Zubereitung

Die Rote-Bete-Knolle unter fließendem Wasser waschen. Weder Wurzel noch Blattansätze abschneiden. Ganze Blätter abdrehen. Auf keinen Fall die Schale verletzen, sonst „blutet" die Rote Rübe aus, verliert beim Garen den wertvollen Saft und das Aroma. Je nach Rezept garen, mit kaltem Wasser abschrecken, dann schälen und weiterverarbeiten.

So schmecken Rote Bete

- als Salat, roh geraspelt, mit Zitronensaft, mit Zitrusfrüchten oder in Kombination mit Äpfeln, Nüssen und Zwiebeln.
- gekocht als Zutat für Heringssalat.
- als Gemüse, gegart und gewürzt mit Zwiebeln, Zucker, Essig und einem Schuss Rotwein als Beilage zu gebratenem Fisch oder Fleisch.
- als klassische Beilage, gekocht und eingelegt, zu Königsberger Klopsen, anderen gekochten oder gebratenen Fleischgerichten, wie Ochsenbrust, Tafelspitz, Rindsbraten oder Wild.
- gekocht in Suppen, z. B. in Borschtsch.
- als Saft mit frisch gepresstem Zitronen-, Orangen- oder Apfelsaft.

Würz-Tipps

- Mit frischem geriebenem Ingwer, gemahlenem Koriander, gestoßenem Kümmel oder mit Nelken, geriebenem Meerrettich (Kren), zerdrückten Senfkörnern oder mit Zitronensaft.
- Mit verschiedenen Kräutern, vor allem mit Schnittlauch, Dill, Petersilie und Kerbel.

Rote Rüben – gebacken

Zutaten

für 4 Portionen

- *8 Rote-Bete-Knollen (etwa 1 kg)*

Sauce

- *200 g Dickmilch (Sauermilch)*
- *200 g Crème fraîche*
- *1–2 TL Meerrettich (Kren), gerieben (frisch oder aus dem Glas, nicht geschwefelt)*
- *1 Apfel*
- *4 TL Kräuter, gehackt (Petersilie, Dill, Schnittlauch)*
- *Salz*
- *Pfeffer, frisch gemahlen*

Zubereitung

- Den Backofen auf 200° C (Umluft 180° C, Gas Stufe 3 ½) vorheizen.
- Die Rote Bete gründlich waschen, leicht trockentupfen und jede Knolle fest in ein Stück Alufolie wickeln. Auf dem Rost im vorgeheizten Backofen, mittlere Schiene, 60 bis 70 Minuten backen.
- Inzwischen für die Sauce den geriebenen Meerrettich, die Dickmilch und die Crème fraîche verrühren. Den Apfel schälen, in die Sauce raspeln und die Kräuter hinzufügen. Gut umrühren und mit Salz und Pfeffer abschmecken.
- Nach der Garzeit die Folienpäckchen oben kreuzweise einritzen, die Alufolie aufreißen und die Knollen mit der Sauce servieren.

Vorbereitungszeit
20 Minuten

Zubereitungszeit
10 Minuten

Backzeit
60–70 Minuten

Beilageempfehlung
Roggenbrot mit Butter, Kartoffelpuffer oder Rösti mit Matjesfilet

Nährwert pro Portion
ohne Beilage etwa
5 g Eiweiß
17 g Fett
20 g Kohlenhydrate
5 g Ballaststoffe
1180 kJ/282 kcal

Extra-Tipps

- Wenn Sie auf Alufolie verzichten möchten, können Sie die gewaschene, ungeschälte Rote Bete (Rote Rüben) auch etwa 50 Minuten in Wasser bei geschlossenem Deckel garen, danach schälen, vierteln und mit der Meerrettichsauce anrichten. Der Geschmack ist jedoch völlig anders.
- Bleibt von der frischen geriebenen Meerrettichwurzel etwas übrig, lässt sie sich in einem Schraubglas mit Zitronensaft beträufelt oder mit Zitronenscheiben bedeckt etwa 1 Woche aufbewahren.
- Eine angeschnittene, nicht geschälte Meerrettichwurzel bleibt im Gemüsefach etwa 2 bis 3 Tage frisch, wenn sie in Frischhaltefolie gewickelt ist. Eine nicht angeschnittene Wurzel hält sich in einem Glas mit Wasser bis zu 1 Woche.

Kleiner Borschtsch

Zutaten

für 8 Portionen

- *1 Bund Suppengrün (2 Möhren/Karotten, 1 Petersilienwurzel, 1 Stück Knollensellerie, 1 kleine Stange Lauch)*
- *2 EL Pflanzenöl*
- *1 Knoblauchzehe*
- *400 g Rote-Bete-Knollen (Rote Rüben) mit Blättern*
- *1 Lorbeerblatt*
- *1 l Gemüsebrühe (klare Gemüsesuppe)*
- *1–2 EL Balsamessig (dunkel)*
- *Salz*
- *1–2 TL Honig oder Fruchtgelee (z. B. von Johannisbeeren/Ribiseln)*
- *200 g Crème fraîche*

Zubereitung

- Das Suppengrün putzen und waschen. Die Möhre, Petersilienwurzel und Sellerieknolle schälen und in dünne Streifen schneiden. Die Lauchstange längs halbieren und in dünne Streifchen schneiden.
- Die Roten Bete gründlich waschen, die Blätter abschneiden, die Knollen schälen und in feine Streifen schneiden. Die groben Blattrippen entfernen, die zarten Blätter ebenfalls fein schneiden. Knoblauch abziehen und zerdrücken.
- Das Öl in einem großen Topf erhitzen, das Suppengrün zugeben, bei kleiner Hitze unter Wenden andünsten, Rote-Bete-Streifen, Knoblauch und Lorbeerblatt zufügen und 5 Minuten zugedeckt garen. Die Gemüsebrühe nach und nach zugießen und alles aufkochen lassen. Die Rote-Bete-Blätter unterheben. Das Lorbeerblatt entfernen.
- Die Suppe mit Balsamessig, Salz, Honig oder Fruchtgelee abschmecken und Crème fraîche obenauf geben.

Vorbereitungszeit
15 Minuten

Zubereitungszeit
10 Minuten

Beilageempfehlung
Roggenbrot mit Butter

Nährwert pro Portion
ohne Beilage etwa
2 g Eiweiß
11 g Fett
6 g Kohlenhydrate
2 g Ballaststoffe
580 kJ/138 kcal

Extra-Tipps

- Wenn Sie die Sellerieknolle reiben statt schneiden, verliert sich der strenge Selleriegeschmack.
- Asiatisch wird der Eintopf, wenn Sie Ingwer und gemahlenen Koriander zugeben. Dann sollten Sie auf Crème fraîche verzichten.
- Und hier die Kurzfassung des klassischen Borschtsch: 500 g Rindfleisch mit Suppengrün in 1 ½ l Wasser mit Salz, Pfeffer und Lorbeerblatt aufsetzen und 90 Minuten garen. 30 Minuten vor Ende der Garzeit 300 g klein geschnittenes Weißkraut zugeben, 15 Minuten später 500 g in Streifen geschnittene Roten Bete unterheben. Das Fleisch herausnehmen und klein würfeln, wieder in die Suppe geben, etwas Tomatenmark einrühren. Alles mit Essig abschmecken. Auch hier eventuell die Roten-Bete-Blätter 10 Minuten vor Ende der Garzeit zugeben. Zum Servieren mit Sauerrahm anrichten.

Eierkuchen mit Rote-Bete-Füllung

Zutaten
für 4 Portionen

Eierkuchen (Palatschinken)
- *250 g Mehl*
- *4 Eier (Kl. M)*
- *abgeriebene Schale von ½ Zitrone (unbehandelt)*
- *⅜ l Milch*
- *¼–⅜ l Mineralwasser*
- *1 Prise Salz*

Füllung
- *5 Rote-Bete-Knollen (Rote Rüben), ca. 600 g*
- *1 TL Margarine*
- *1 EL Crème fraîche*
- *eventuell 2–3 EL Milch*
- *1 TL Meerrettich (Kren), gerieben (frisch oder aus dem Glas, ungeschwefelt)*
- *Salz*
- *schwarzer Pfeffer, grob geschrotet*
- *einige Tropfen Zitronensaft*

Außerdem
- *40 g Butter oder Margarine zum Ausbacken*

Zubereitung
- Für die Eierkuchen (Palatschinken) Mehl, Eier und die abgeriebene Zitronenschale mit etwas Milch verrühren. Die restliche Milch hinzufügen und den Teig 30 Minuten quellen lassen.
- Vor dem Ausbacken das Mineralwasser und eine Prise Salz hinzufügen. Der Teig sollte zähflüssig, aber nicht zu dünn sein.
- Inzwischen die Rote-Bete-Knollen waschen, schälen, halbieren und grob reiben.
- 1 Teelöffel Margarine in einem Topf erhitzen, die Roten Bete darin unter Wenden zugedeckt etwa 3 Minuten andünsten. Crème fraîche unterrühren, eventuell noch etwas Milch zugeben, damit das Gemüse nicht ansetzt. Mit Meerrettich, Salz und etwas Pfeffer würzen und abschmecken. Einige Tropfen Zitronensaft zufügen.
- Den Eierkuchenteig in etwas Fett in einer beschichteten Bratpfanne (19 cm Durchmesser) beidseitig backen.
- Die Eierkuchen (etwa 12 Stück) mit jeweils 1 Esslöffel Roter Bete füllen.

Vorbereitungszeit
20 Minuten
(ohne Quellzeit)

Zubereitungszeit
30 Minuten

Beilageempfehlung
Feldsalat (Vogerlsalat) mit einer Zitronensaft-Öl-Sauce

Nährwert pro Portion
ohne Beilage etwa
19 g Eiweiß
22 g Fett
50 g Kohlenhydrate
9 g Ballaststoffe
2 032 kJ/486 kcal

Extra-Tipps
- Statt Mehl können Sie auch fein gemahlene Weizenkörner verwenden. Dann beträgt die Quellzeit für den Eierkuchenteig 2 Stunden und braucht mehr Flüssigkeit.
- Fügen Sie den Meerrettich erst nach dem Dünsten hinzu, sonst leidet der Geschmack.
- Wenn die Roten Bete frisch sind, lässt sich die Schale gut mit einem Sparschäler entfernen.
- Rote Rüben lassen sich auch sehr gut in der Küchenmaschine (Rohkostreibe) raffeln.
- Probieren Sie als Füllung folgende Varianten: 200 g Schmant oder Crème fraîche mit 6 Esslöffeln geschnittenem Kerbel oder einer Tomaten-Paprikaschoten-Mischung. Auch Hackfleisch-Tomaten-Füllungen schmecken sehr gut.
- Gefüllte Eierkuchen können mit einer Bechamelsauce übergossen und/oder mit Käse überbacken werden. Gemüsefüllungen wie Spinat oder Mangold sollte ein rohes Ei untergerührt werden, dies bindet die Flüssigkeit besser.
- Eierkuchen lassen sich gut auf Vorrat backen und abgekühlt einfrieren. Dazu zwischen jedes Teigstück – als Fladen oder eingerollt – ein Stück Pergamentpapier legen. So lassen sich die Palatschinken später gut portionsweise voneinander lösen.

Nach den Kriegsjahren, in denen sie als Allround-Produkt den Speiseplan beherrschten, mochte sie niemand mehr. Seit einiger Zeit gehören Steckrüben wieder fest zum Gemüseangebot.

Die Steck- oder Kohlrübe hat regional unterschiedliche Namen, ob nun Schmalz- oder Erdrübe, Wruke, Bodenrübe, Unterkohlrabi, Dorsche oder Dotsche. Angebaut wird sie weltweit. Diese Speiserüben sind nahezu kugelrund und haben ein Gewicht von 1 ½ bis 2 kg, neue Züchtungen sind zum Teil leichter. Man isst nicht die Blätter, sondern die verdickte Wurzel, also die Rübe. Die raue Schale ist teilweise weißlichgelb bis rötlichbraun, das Fleisch gelblich oder weiß. Die gelbfleischigen Sorten haben oft grüne bis violette Köpfe, da die Rüben teilweise über der Erde wachsen. Gegessen werden die gelben Rüben. Die weißen werden zu Viehfutter verarbeitet.

Steckrüben
Kohlrüben

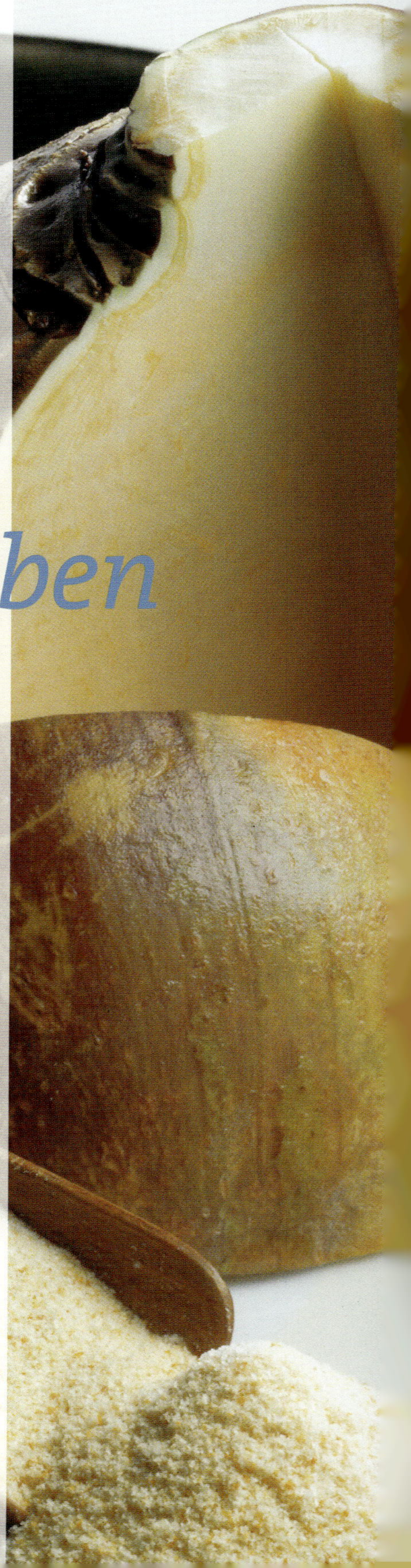

Gesund in den Wintermonaten

Steckrüben sind reich an Kohlenhydraten. Das sind Ballaststoffe, aber auch Trauben- und Fruchtzucker. Dazu liefern sie wichtige Vitamine und Mineralstoffe. 100 g enthalten 143 kJ/34 kcal.

Einkauf und Aufbewahrung

Von September bis April gibt es Steckrüben. Sie stammen hauptsächlich aus hiesiger Ernte. Der Haupterntemonat ist Oktober. Da die Rüben nicht kälteempfindlich sind, können sie problemlos in kühlen Räumen gelagert werden.

Das Fleisch sollte beim Aufschneiden glänzen, keine Wurmstiche haben und nicht holzig sein.

Kohlrüben sind ein robustes Gemüse. Im Kühlschrank (Gemüsefach) kann eine mittelgroße Rübe, in Frischhaltefolie gewickelt, damit das Aroma nicht auf die anderen Lebensmittel übergeht, etwa 1 Woche aufbewahrt werden.

Allgemeine Zubereitung

Die Steckrübe kurz kalt abspülen. Den Stiel- und Wurzelansatz gerade abschneiden. Dann die Rübe der Länge nach halbieren oder vierteln, großzügig schälen, in Scheiben schneiden und in etwa 1 cm große Würfel oder 3 bis 4 cm lange Stifte schneiden. Die Stücke 10 bis 20 Minuten in Brühe (Suppe) oder Salzwasser kochen. Sie können sie auch in Fett anbraten, mit Flüssigkeit aufgießen und zugedeckt schmoren. Aber nicht zu lang: Auf jeden Fall sollten die Rüben noch Biss haben.

So schmecken Steckrüben

- als Rohkost, mit Äpfeln oder Möhren (Karotten), grob oder fein geraspelt.
- als feine Brüh- oder Cremesuppe.
- als Eintopf, mit Fleisch, z. B. Lamm, Hammel, Kalb, Schwein, gekocht. Zusammen mit Möhren (Karotten) ergibt die geschmacksintensive Rübe eine hervorragende vegetarische Mahlzeit. Besonders beliebt ist das in Norddeutschland bekannte Lübecker National, ein Eintopf, der zusammen mit Kartoffeln, Schweinekamm und Brühe (Schopfbraten und Suppe) gekocht wird.
- als Eintopf, mit Gänseklein oder gepökelter Gänsekeule, kombiniert mit Kartoffeln, Karotten, Kohlrabi, Knollensellerie, Lauch, Suppengrün, dicken Bohnen, Weißkohl, Petersilienwurzel und Zwiebeln.
- als Püree, mit Butter und Sahne (Obers) aufgeschlagen, zart oder etwas deftig abgeschmeckt – passt zu Lamm-, Rinds- oder Kalbsbraten.
- als Gemüse, mit Sirup karamellisiert, zu gebratener Gans oder Ente, Lammrücken oder zu dünn aufgeschnittenem gekochtem oder rohem Schinken oder Hackfleischfrikadellen (faschierten Laibchen).

Würz-Tipp

- Außer mit Pfeffer harmonieren Steckrüben mit Kümmel, Kreuzkümmel, Korianderpulver und frischem Koriandergrün sowie mit Dill, Petersilie, Schnittlauch und Kerbel.

Küchen-Tipps

- Wie fast alle Kohlsorten wirken Steckrüben blähend. Wer empfindlich ist, sollte die gewürfelten Steckrübenstücke in kochendes Wasser geben, etwa 3 Minuten garen und auf einem Sieb abgießen. Danach entsprechend weiter verwenden. Oder: mit Kümmel oder Koriander würzen.
- Kohlrüben haben einen etwas dumpfen, erdigen Geschmack. Ein Spritzer Zitronensaft oder Essig im Kochwasser mildert das.
- Ein besonders sanftes Aroma bekommen die Rüben, wenn Sie dem Kochwasser etwas Zucker zufügen.

Kohlrüben-Laibchen

Zutaten
für 4 Portionen
- *1 Steckrübe (Kohlrübe) 800–1 000 g*
- *70 g Butter oder Margarine*
- *200 g Pellkartoffeln (gekochte Erdäpfel), geschält*
- *200 g Magerquark (Magertopfen)*
- *Salz*
- *Pfeffer, frisch gemahlen*
- *Blätter von 2–3 Stielen frischem Majoran, gehackt oder ersatzweise 1 kräftige Prise gerebelter Majoran*
- *2 EL Petersilie, gehackt*
- *40 g Semmelbrösel*

Zubereitung
- Die Kohlrübe waschen, schälen, vierteln und grob raffeln.
- 20 g Fett in einem Topf erhitzen, die geraffelte Rübe darin unter Wenden 3 bis 5 Minuten andünsten und abkühlen lassen.
- Die Kartoffeln fein reiben oder durch eine Kartoffelpresse geben und mit dem lauwarmen Gemüse mischen. Den Quark zufügen und alles zu einer geschmeidigen Masse verarbeiten. Mit Gewürzen und Kräutern pikant abschmecken.
- Etwa 12 flache Bratlinge (Laibchen) formen und in Semmelbröseln wenden.
- Restliches Fett in einer Pfanne erhitzen. Die Bratlinge darin bei kleiner Hitze portionsweise von jeder Seite 5 bis 10 Minuten goldgelb braten. Zwischendurch wenden.

Vorbereitungszeit
15 Minuten

Zubereitungszeit
30 Minuten

Beilageempfehlung
gedünsteter Blattspinat oder grüner Salat in einer Essig-Öl-Marinade

Nährwert pro Portion
ohne Beilage etwa
10 g Eiweiß
20 g Fett
28 g Kohlenhydrate
5 g Ballaststoffe
1 515 kJ/363 kcal

Hülsenfrüchte sind die an der Luft getrockneten, essbaren Samen verschiedener Pflanzen (Leguminosen), wie z. B. Bohnen, Erbsen, Kichererbsen und Linsen. Botanisch gehören sie zu den Schmetterlingsblütlern. Sie reifen in den Fruchthülsen oder Schoten heran und trocknen auf dem Feld. Hülsenfrüchte zählen zu den ältesten Kulturpflanzen der Menschheit.

Dicke Bohnen und Erbsen gibt es nicht nur getrocknet, sondern auch frisch. Und auch weiße Bohnenkerne werden gleich nach der Ernte für nur kurze Zeit frisch angeboten.

Die Sortenvielfalt bei Hülsenfrüchten ist groß. Hier die wichtigsten:

- **Rote Bohnen (Kidneybohnen):** Eine in Amerika und Afrika angebaute Bohnensorte; sie ist mittelgroß, nierenförmig, mit kräftig roter Schale und mehliger Konsistenz.

Hülsenfrüchte

- **Weiße Bohnen:** Es gibt große (Lima-Bohnen), mittlere (Cannellini-Bohnen) und kleine (Perlbohnen) getrocknete Bohnenkerne, die alle weiß bis cremefarben aussehen. Sie werden für Suppen, Eintöpfe, aber auch für Salate verwendet. Wenn weiße Bohnen (im Juli/August) geerntet werden, kann man sie frisch kaufen, aber nur für kurze Zeit. Danach werden sie welk, fleckig und faulen leicht. Die Kochzeit beträgt dann, je nachdem, wie viele Tage sie alt sind, zwischen 20 und 45 Minuten. 100 g weiße Bohnen enthalten 994 kJ/238 kcal.
- **Kichererbsen:** Sie sind etwa haselnussgroß, beigegelb bis hellrötlich. Ihr Geschmack ist leicht nussartig, mild. Sie verdanken ihren Namen einer ungenauen Übertragung ihrer botanischen Bezeichnung, die da lautet: Cicer arietinum. In Spanien heißen sie Garbanzos, in Indien Bengal Gram und in englischsprachigen Ländern Chick-Peas. Kichererbsen stammen aus Vorderasien und sind verwandt mit unserer Erbse. Vorwiegend werden sie in Mexiko, Spanien und in den Ländern des Mittleren Orients angebaut. Kaufen kann man sie als Nasskonserve oder getrocknet. Von Letzteren gibt es zwei Sorten: die kleinen, dunklen, runzeligen Samen aus Indien und den „Kabuli-Typ". Diese größeren, rundlichen, beigegelben Samen vom Mittelmeer werden bei uns bevorzugt. 100 g enthalten 1 279 kJ/306 kcal.
- **Erbsen:** Bei den getrockneten Erbsen wird zwischen gelben und grünen unterschieden. Man erhält sie geschält und ungeschält, als ganze und halbe. Geschälte Erbsen lassen sich problemlos, das heißt schneller, zubereiten. Ballaststoffreicher jedoch sind die ungeschälten. 100 g enthalten 870 kJ/210 kcal. (Frische Erbsen, → Seite 78.)

- **Linsen:** Das sind die getrockneten Samen einer mit der Wicke verwandten Pflanze. Sie tragen den netten Namen Lens culinaris. Es gibt Riesenlinsen (7 mm Durchmesser), Tellerlinsen (6 bis 7 mm Durchmesser), Mittellinsen (5 bis 6 mm Durchmesser) und Zuckerlinsen (4 mm Durchmesser).
  Rote Linsen (Frankreich, Orient) und gelbe Linsen (Übersee) gibt es geschält; ihre Konsistenz ist mehlig; die Kochzeit liegt bei 8 Minuten. Sie sind für Suppen und Pürees geeignet.
  Ganze rote und auch halbierte rote Linsen verändern ihre Farbe beim Kochen von orangerot zu gelblich.
  Berglinsen, braungrün, behalten auch nach dem Kochen ihre Farbe. Ihr Geschmack: nussig, würzig.

Sehr sättigend

Hülsenfrüchte haben von allen pflanzlichen Produkten den höchsten Eiweißgehalt und gehören zu den wichtigsten Eiweißlieferanten. Pflanzliches Eiweiß hat zwar gegenüber tierischem Eiweiß eine geringere Wertigkeit. Mischungen verschiedener Eiweißarten haben jedoch eine höhere biologische Wertigkeit als einzelne Eiweißträger. So kann auch die biologische Wertigkeit des Eiweißes von Hülsenfrüchten durch andere eiweißreiche Lebensmittel tierischer oder pflanzlicher Art verbessert werden. Da Hülsenfrüchte nicht alle essentiellen Aminosäuren (lebenswichtige Eiweißbausteine, die dem Organismus mit der Nahrung zugeführt werden müssen) enthalten, sollten sie durch Fleisch-, Fisch-, Ei-, Molkerei- und Getreideprodukte und natürlich Obst und Gemüse ergänzt werden.

Außerdem haben Hülsenfrüchte reichlich Ballaststoffe (besonders, wenn sie ungeschält sind) und wenig Fett – von den Sojabohnen abgesehen. Mit 100 g getrockneten Bohnen oder Erbsen deckt man schon mehr als die Hälfte des täglichen Ballaststoffbedarfs (mindestens 25 bis 30 g Ballaststoffe pro Tag für Erwachsene).

Das sollten Sie wissen

- Hülsenfrüchte blähen. Sie enthalten Stachyose, die im oberen Verdauungstrakt nicht aufgespalten werden kann und unverdaut im Dickdarm ankommt, wo sie von Darmbakterien abgebaut wird. Dabei entstehen Gärungsgase aus Stickstoff und Kohlendioxyd.

Bekannte Gerichte

- **Rote Bohnen (Kidneybohnen):** Chili con carne.
- **Weiße Bohnen:** Minestrone, Antipasti, bzw. marinierte Gemüse, Toskanische Bohnensuppe (Ribolita), Pasta e fagioli (Bohnensuppe mit Nudeln), Fagioli nel fiasco (Weiße Bohnen in der Flasche), Cassoulet (französischer Bohneneintopf), Baked Beans.
- **Linsen:** Zuppa di lenticchie (Linsensuppe mit Maronen/Maroni), Lauwarmer Linsensalat mit Entenbruststreifen, Linseneintopf mit Backpflaumen (Westfalen), Linsen mit Rotwurst (Thüringen), Linsen mit Spätzle (Schwaben).
- **Kichererbsen:** Kichererbsenpaste (Hummus), Kichererbsensuppe.

- Auch wenn es in manchen Kochbüchern noch anders steht: Das Einweichwasser von Hülsenfrüchten kann verwendet werden. Eine Ausnahme bildet allerdings die Lima-Bohne (weiße Riesenbohne, auch Madagaskar-Bohne). Ihr Einweichwasser sollte auf jeden Fall weggegossen werden. Sie enthält bestimmte Stoffe (cyanogene Glycoside), aus denen Blausäure freigesetzt werden kann.
- Wer ein Nierenleiden hat oder an akuter Magen- und Darmerkrankung leidet, sollte mit Hülsenfrüchten vorsichtig sein, da sie oft Unverträglichkeit auslösen.
- Linsen, Erbsen und Bohnen enthalten Purine, die den Harnsäurespiegel erhöhen können. Bei erhöhtem Harnsäurespiegel (Gicht) sollten sie daher nur in Maßen gegessen werden.
- Hülsenfrüchte sollten nie roh geknabbert werden. Sie enthalten im Rohzustand Eiweißstoffe, die zur Verklumpung der roten Blutkörperchen führen können.

Einkauf und Aufbewahrung

Einwandfreie Hülsenfrüchte sehen sauber und glänzend aus. Sie sollten keine kleinen kreisrunden oder halbmondförmigen Löcher an den Rändern und dunkle Stellen haben. Matte, runzelige Haut bedeutet Überlagerung, die Hülsenfrucht wird nicht mehr weich. Solche Früchte schwimmen beim Einweichen oben, das heißt, sie sind „taub". Hülsenfrüchte sind im Allgemeinen lange lagerfähig. Kühl, trocken und dunkel aufbewahrt, halten sie sich 1 Jahr; geschält halten sie sich etwa 6 Monate. Die Verpackungen von Hülsenfrüchten sind mit Mindesthaltbarkeitsdatum gekennzeichnet.

Allgemeine Zubereitung

Hülsenfrüchte erst verlesen (taube aussortieren), dann auf jeden Fall waschen, sie werden nach der Ernte nicht gewaschen, sondern nur auf Schüttelsieben gereinigt.

Ungeschälte Hülsenfrüchte (Erbsen und Bohnen) haben eine längere Garzeit als geschälte (Erbsen, ganze und halbe rote und gelbe Linsen) und sollten – außer Linsen – immer (über Nacht in kaltem, möglichst kalkarmem Wasser) eingeweicht werden.

Für Linsen gilt: Frisches, kalkarmes Wasser (oder Brühe, je nach Rezept) aufkochen, Linsen zugeben und bei kleiner Hitze weiterköcheln lassen.

Kein Natron

Die Empfehlung früherer Jahre, Hülsenfrüchten Natron zuzufügen, ist überholt, obgleich es die Garzeit verkürzt. Natron zerstört Vitamine und beeinflusst den Geschmack.

Würz-Tipps

- Durch Kräuter und Gewürze können Hülsenfrüchte „entbläht", das heißt bekömmlicher gemacht werden. Diese kräftigen Kräuter und Gewürze passen zu ihnen: Majoran (Oregano), Kümmel, Fenchel, Koriander, Thymian, Rosmarin, Liebstöckel, Tripmadam, Salbei, Lorbeer.
- Geeignet sind auch: Zitronenschale, Knoblauch, Muskatnuss, Sternanis.
- Für fertig zubereitete Linsengerichte ist eine gewisse „süße" Säuerung beliebt. Die Säuerung kann durch einen Schuss Essig, die Süße durch eine Prise Zucker oder auch durch gewürfelte Trockenpflaumen (Dörrzwetschken), Aprikosen (Marillen) oder Äpfel erzielt werden.

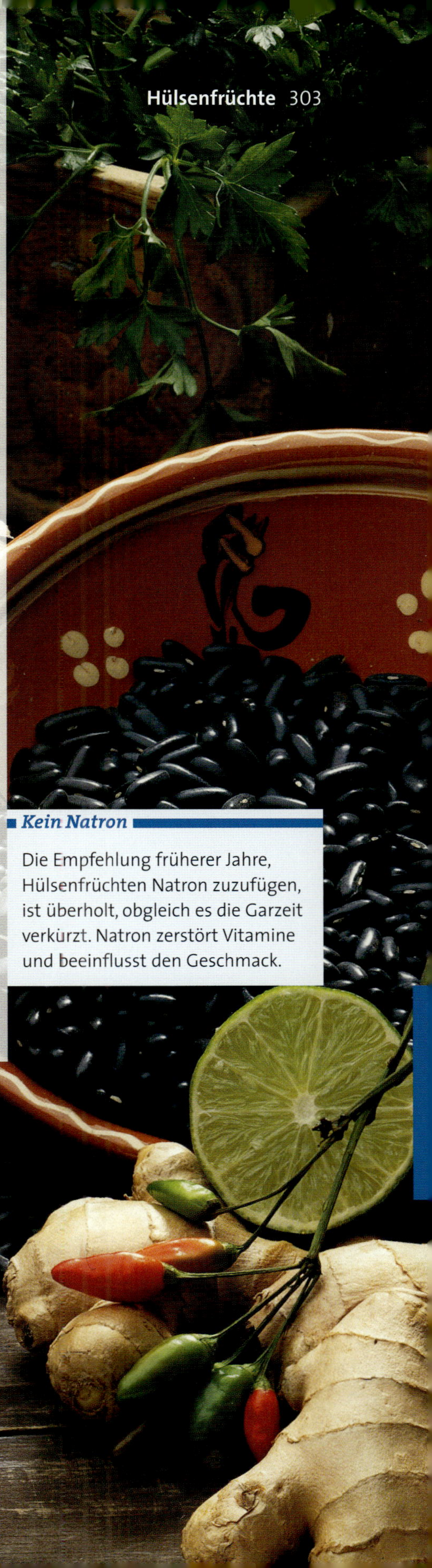

Einweichzeiten für Hülsenfrüchte

Sojabohnen, weiße Bohnen, ungeschälte Erbsen und Kichererbsen etwa 10 bis 12 Stunden.

Hülsenfrüchte sind kochfertig, wenn sie ihr Volumen verdoppelt bis verdreifacht haben. Das Einweichwasser kann zum Kochen verwendet werden (Ausnahme Lima-Bohne, → Seite 303).

Zum Einweichen immer kaltes (möglichst kalkarmes) Wasser verwenden (pro 100 g 0,2 l). Warmes oder heißes Wasser lässt die Eiweißstoffe der Außenhaut gerinnen und die Hülsenfrüchte werden nicht weich – egal wie lange man sie kocht. Die gleiche Wirkung haben auch Salz und Säure.

Garzeiten vorher eingeweichter Hülsenfrüchte

Die Garzeiten können nicht ganz genau festgelegt werden, weil sie von Qualität und Alter der Hülsenfrüchte abhängen. Je länger sie gelagert sind, desto länger die Garzeit. Wichtig: stets die Packungsaufschrift beachten.

- Bohnen (weiß, rot/braun, schwarz, gesprenkelt): 1 bis 1 ½ Stunden.
- Erbsen (ungeschält), Kichererbsen: 1 ½ bis 2 Stunden.
- Erbsen, grün und gelb (ganze und halbe, geschält): ¾ bis 1 Stunde.

Die Garzeit für Linsen:

- Braune Tellerlinsen: 40 bis 60 Minuten.
- Puy-Linsen: 20 bis 40 Minuten.
- Rote Linsen: 8 bis 10 Minuten.

So schmecken Hülsenfrüchte

- als Suppe, klar oder püriert.
- als Vorspeise, lauwarm mit eingeweichten Rosinen, beträufelt mit Balsamessig und Walnussöl (Linsen und weiße, kleine Perlbohnen).
- als Eintopf, mit Kartoffeln, Tomaten, Paprikaschoten, Zwiebeln, Möhren (Karotten), Suppengrün und eventueller Fleischeinlage.
- als Beilage, püriert zu gebratenem oder geräuchertem Fleisch, z. B. Speck (Linsen und weiße Bohnen).
- als Salat, kombiniert mit Blattsalaten und Tomaten, in einer Essig-Öl-Sauce bereitet.

Küchen-Tipps

- Gesalzen werden alle Hülsenfrüchte erst nach dem Garen. Sie werden sonst schwerer weich, das heißt, die Garzeit verlängert sich um 5 bis 8 Minuten. Sofern Gemüsebrühe (als Würfel, Paste oder in Instantform) im Rezept verwendet wird, kann davon die Hälfte mit den gequollenen Hülsenfrüchten zum Kochwasser gegeben werden. Die restliche Gemüsebrühe kommt dann an das fertige Gericht.
- Wasser, das besonders kalkhaltig ist, sollte vor dem Einweichen unbedingt abgekocht werden.
- Damit die Schalen der Hülsenfrüchte beim Kochen nicht platzen, kaum oder nur wenig umrühren.
- Im Schnellkochtopf verkürzt sich die Garzeit um etwa zwei Drittel.

Gemüsebrühe

In den folgenden Rezepten wird Gemüsebrühe verwendet. Diese selbst herzustellen ist recht aufwendig – wenn auch lohnenswert (→ Seite 21). Wer aber nicht so viel Zeit aufbringen kann oder möchte, ist mit den Gemüsebrühen in pastenartiger, streufähiger oder Würfelform gut bedient. Wir haben in unseren Rezepten die Angaben für die Instantform gemacht: Generell 1 Teelöffel Instant-Brühe für ¼ l Wasser. Je nach Rezept kann die Mengenangabe variieren. Wer Würfel oder Pasten vorzieht, kann die Mengen entsprechend der jeweiligen Packungsangaben entnehmen.

Edler, feiner, aber auch teurer als Würfel oder Instant-Brühe sind die flüssigen Gemüsefonds im Glas. Sie haben den Vorteil, dass sie einen niedrigen Salzgehalt haben und Sie daher besser selbst bestimmen können, wie kräftig nachgesalzen werden soll.

Zutaten
für 4 Portionen
- *200 g getrocknete, weiße Bohnen (Cannellini-Bohnen)*
- *1 Rosmarinzweig*
- *2 Knoblauchzehen*
- *1 l Wasser*
- *4 TL Instant-Gemüsebrühe (klare Gemüsesuppe)*
- *2 Bund Frühlingszwiebeln*
- *3 Paprikaschoten*
- *500 g Fleischtomaten*
- *2 kleine Chilischoten*
- *2 EL Olivenöl*
- *1 Messerspitze Zimt*
- *4 gehäufte TL Schmant*
- *1 Bund glatte Petersilie*

Vorbereitungszeit
5 Minuten
(ohne Einweichzeit)

Zubereitungszeit (Kochzeit)
60–90 Minuten
(nur 30–40 Minuten im Schnellkochtopf)

Nährwert pro Portion
etwa
14 g Eiweiß
9 g Fett
37 g Kohlenhydrate
14 g Ballaststoffe
1 250 kJ/300 kcal

Weiße Bohnen in Gemüse-Chili

Zubereitung
- Die Bohnen waschen und in 1 l kaltem Wasser 10 bis 12 Stunden oder über Nacht einweichen und quellen lassen.
- Am nächsten Tag den Rosmarinzweig abspülen, die Knoblauchzehen abziehen und grob hacken.
- Die Bohnen, die Knoblauchzehen und den Rosmarinzweig in der Flüssigkeit aufkochen, 2 Teelöffel Gemüsebrühe zufügen und alles bei mittlerer Hitze 60 bis 90 Minuten zugedeckt garen.
- Inzwischen das Gemüse und die Chilischoten putzen und waschen, die Frühlingszwiebeln in 2 cm lange Stücke schneiden. Die Paprikaschoten vierteln, dabei die Stiele, die weißen Kerne und die Trennwände entfernen. Die Paprikaschotenstücke in Streifen schneiden.
- Die Tomaten obenauf kreuzweise einritzen, mit kochendem Wasser übergießen, häuten und die Stielansätze entfernen. Die Tomatenstücke grob würfeln. Die Chilischoten entstielen, halbieren, die weißen Kerne entfernen und die Hälften in dünne Streifen schneiden.
- Das Olivenöl in einer Pfanne erhitzen und darin die Paprikastreifen und die Zwiebelstücke 3 bis 4 Minuten unter Wenden dünsten. Zimt, Chilistreifen und Tomaten zufügen, umrühren und alles unter die weißen Bohnen heben. Mit den restlichen 2 Teelöffeln Gemüsebrühe, Salz und Pfeffer abschmecken.
- Die Petersilie abbrausen, trockenschwenken und die Blätter fein hacken.
- Zum Servieren den Eintopf in vorgewärmten tiefen Tellern anrichten, obenauf Schmant oder Crème fraîche und gehackte Petersilie geben.

Würz-Tipp
- Statt Chilischote 2 kräftige Messerspitzen Chilipulver verwenden.

Extra-Tipps
- Wenn die weißen Bohnen im Schnellkochtopf zubereitet werden, brauchen sie nur ¾ l Wasser.
- Weiße Bohnen (Cannellini-Bohnen) gibt es auch als Konserve. Für unser Rezept benötigen Sie 500 bis 600 g Doseneinwaage.
- Die getrockneten weißen Bohnen, ob groß oder klein, schmecken mild und werden beim Kochen leicht mehlig, aber zerfallen nicht.
- Im Winter können die frischen Tomaten durch Tomaten aus der Dose (Parmatomaten) ersetzt werden.

Kidneybohnenpfanne

Zutaten

für 4 Portionen

- *250 g rote Bohnen (Kidneybohnen)*
- *¾ l Wasser*
- *6 TL Instant-Gemüsebrühe (klare Gemüsesuppe)*
- *750 g Lauch*
- *2 Äpfel (250 g, z. B. Boskop)*
- *50 g Margarine*
- *1 TL Honig*
- *etwas Tabascosauce*
- *1 Prise Zimt*
- *Salz*
- *eventuell 1 Spritzer Essig*

Zubereitung

- Die roten Bohnen in einer Schüssel mit dem Wasser 10 bis 12 Stunden, am besten über Nacht, einweichen und quellen lassen.
- Am nächsten Tag die Bohnen in einem Topf mit ¾ l Wasser aufkochen, 3 Teelöffel Gemüsebrühe zufügen, darin auflösen und zugedeckt bei schwacher Hitze etwa 60 bis 90 Minuten weich kochen.
- Inzwischen Lauch putzen, längs halbieren, gründlich waschen und quer in dünne Streifen schneiden.
- Die Äpfel schälen, vierteln, das Kerngehäuse dabei entfernen und die Viertel quer in Scheiben schneiden.
- Margarine in einem großen Topf erhitzen, portionsweise die Lauchstreifen zugeben, andünsten und zugedeckt etwa 5 Minuten dünsten.
- Dann die Apfelstücke zum Lauch geben. Etwas Bohnenbrühe zugeben, die restlichen 3 Teelöffel Gemüsebrühe zufügen und in der Flüssigkeit auflösen. Weitere 2 bis 3 Minuten zugedeckt garen und unter die fertig gegarten Bohnen geben. Honig und die Gewürze zugeben und pikant abschmecken.

Vorbereitungszeit

15 Minuten
(ohne Einweichzeit)

Zubereitungszeit

90 Minuten (nur 30 Minuten im Schnellkochtopf)

Servierempfehlung

mit knusprigem Baguette oder Fladenbrot, vorweg ein grüner Salat aus Eskariol (glatte Endivie) oder Chinakohl mit einer Joghurtsauce

Nährwert pro Portion

ohne Beilage etwa
16 g Eiweiß
11 g Fett
42 g Kohlenhydrate
16 g Ballaststoffe
1 417 kJ/339 kcal

Extra-Tipp

- Statt der getrockneten Kidneybohnen können Sie auch gequollene weiße Bohnen oder 1 große Dose (480 g Einwaage) Kidneybohnen verwenden.

Zutaten
für 4 Portionen
- *300 g Kichererbsen, getrocknet*
- *1 ½ l Wasser*
- *1 mittelgroße Zwiebel (100 g)*
- *3 ½ EL Pflanzenöl*
- *2–3 TL Kreuzkümmel (Kumin), ganz grob gestoßen*
- *1 Prise Kurkuma*
- *5–6 TL Instant-Gemüsebrühe (klare Gemüsesuppe)*
- *2 Äpfel (etwa 300 g)*
- *80 g Frischkäse*
- *2 Bund glatte Petersilie, gehackt*

Kichererbsensuppe

Zubereitung
- Kichererbsen über Nacht in einer Schüssel mit gut 1 Liter Wasser einweichen.
- Am nächsten Tag die Zwiebel schälen und fein würfeln. Pflanzenöl erhitzen, Kreuzkümmel und Kurkuma einrühren. Die Kichererbsen im Einweichwasser zugeben, aufkochen, 3 Teelöffel Gemüsebrühe zugeben, darin auflösen und zugedeckt 1 ½ Stunden garen.
- Inzwischen die Äpfel schälen, vierteln, das Kerngehäuse entfernen und die Apfelstücke würfeln. Alles noch 3 Minuten köcheln lassen und mit dem Pürierstab zerkleinern.
- 3 Teelöffel Gemüsebrühe zugeben und je nach Sämigkeit das restliche Wasser zufügen. Den Frischkäse unterrühren, mit gehackter Petersilie bestreuen.

Extra-Tipps

- Wenn Sie Kichererbsen aus der Dose verwenden (Einwaage: 900 g), sollten Sie etwas vorsichtiger mit der Gemüsebrühe würzen, denn die Konserven enthalten Salz.
- Sie müssen nicht alles pürieren, sondern können einige ganze, gekochte Kichererbsen beiseite stellen und diese in die Suppe geben. Auch frisch gekeimte Kichererbsen oder ausgelöste, angeröstete Sonnenblumenkerne schmecken gut auf dieser Suppe.

Vorbereitungszeit
10 Minuten
(ohne Einweichzeit)

Zubereitungszeit
90 Minuten (nur 30 Minuten im Schnellkochtopf, ebenso bei Kichererbsen aus der Dose)

Beilageempfehlung
knuspriges Roggen-Baguette

Nährwert pro Portion
ohne Beilage etwa
17 g Eiweiß
16 g Fett
38 g Kohlenhydrate
7 g Ballaststoffe
1 550 kJ/372 kcal

Linsengemüse mit Apfel

Zutaten

Für 4 Portionen

- *250 g braune Tellerlinsen*
- *gut 1 ¼ l Wasser*
- *5 TL Instant-Gemüsebrühe (klare Gemüsesuppe)*
- *1 Bund Suppengrün (400 g)*
- *750 g Kartoffeln*
- *2 Zwiebeln (100 g)*
- *2 EL Margarine oder Pflanzenöl*
- *1 große Paprikaschote (250 g)*
- *1 großer Apfel oder 2 kleine Äpfel (180 g)*
- *Salz*
- *Pfeffer, frisch gemahlen*
- *einige Tropfen Worcestersauce*
- *½ Bund Schnittlauch, geschnitten*
- *½ Bund Petersilie, gehackt*
- *120 g Schmant oder Crème fraîche*

Zum Garnieren

- *4 kleine Radicchioblätter*

Zubereitung

- Linsen waschen und in einem Topf in 1 l Wasser aufkochen; 3 Teelöffel Instant-Gemüsebrühe zufügen und alles 30 Minuten zugedeckt garen.
- Inzwischen das Suppengrün putzen, waschen und klein schneiden. Kartoffeln schälen, waschen, ebenfalls klein schneiden. Die Zwiebeln abziehen und würfeln.
- Margarine oder Pflanzenöl in einem Topf erhitzen, die Zwiebelwürfel darin glasig werden lassen, das Gemüse und die Kartoffeln zufügen und darin wenden. Die restlichen ¼ l Wasser zugießen, aufkochen und weitere 10 Minuten zugedeckt garen.
- Inzwischen die Paprikaschote waschen, vierteln, den Stielansatz und die weißen Kerne entfernen. Die Paprikaschotenviertel klein schneiden und 3 Minuten vor Ende der Garzeit unter das Gemüse mischen. Die Linsen und das Gemüse mischen.
- Den Apfel abspülen, trockentupfen und mit der Schale grob in eine Schüssel reiben. Das Linsengemüse mit den restlichen 2 Teelöffeln Gemüsebrühe, wenig Salz, Pfeffer und Worcestersauce abschmecken.
- Zum Servieren das Linsengemüse auf einen vorgewärmten Teller geben, Schnittlauch oder Petersilie darüber streuen und obenauf jeweils 1 gehäuften Esslöffel geriebenen Apfel und 1 Esslöffel Schmant oder Crème fraîche setzen. Mit einem Radicchioblatt garnieren.

Vorbereitungszeit
10 Minuten

Zubereitungszeit
40 Minuten

Beilageempfehlung
Vollkornbrot

Nährwert pro Portion
ohne Beilage etwa
23 g Eiweiß
14 g Fett
66 g Kohlenhydrate
18 g Ballaststoffe
2 112 kJ/505 kcal

Würz-Tipp

- Die indische Küche kennt Linsen in vielen, für uns ungewohnten Kombinationen, so z. B. gewürzt mit Curry oder Cayennepfeffer. Gut passen dazu Ananas, Ingwer oder Rosinen.

Extra-Tipps

- Linsen mögen weiches Wasser. Ab Härtegrad III sollten Sie zuvor aufgekochtes verwenden.
- Gekochte Linsen benötigen Säure. Das macht die Hülsenfrüchte verträglicher und der Geschmack entfaltet sich gut. Essig, Zitronensaft oder auch Wein aber stets erst zum Schluss drangeben. Es kann auch ein säuerlicher Apfel sein, den Sie klein geschnitten, ohne Schale, kurz vor Ende der Garzeit unterheben.

Rote Linsensuppe in drei Varianten

Zutaten
für 4 Portionen

Grundrezept
- *2 Möhren (Karotten), 150 g*
- *2 EL Pflanzenöl*
- *120 g Zwiebeln, gewürfelt*
- *2 Knoblauchzehen, gewürfelt*
- *200 g rote Linsen*
- *1 ¼ l Wasser*
- *5 TL Instant-Gemüsebrühe (klare Gemüsesuppe)*
- *Salz*
- *Pfeffer, frisch gemahlen*

Orientalisch
- *150 g Joghurt, 3,5 % Fett*
- *1 EL Zitronensaft*
- *3 Stiele Zitronenmelisse, gehackt*
- *Pfeffer, frisch gemahlen*

Asiatisch
- *½ feste Mango (etwa 150 g)*
- *1 kleine Banane (100 g)*
- *1 TL Erdnussöl*
- *1–2 TL Curry (Indischer Curry)*
- *1 TL Zitronensaft*
- *Salz*
- *Pfeffer, frisch gemahlen*

Mediterran
- *200 g Tomaten*
- *2 Stiele Thymian, gehackt*
- *6–8 Basilikumblätter, gehackt*
- *Salz*
- *Pfeffer, frisch gemahlen*

Zubereitung
- Die Möhren putzen, waschen, schälen und grob reiben.
- Das Öl in einer Deckelpfanne oder einem Topf erhitzen, die Zwiebel- und Knoblauchwürfel zugeben, glasig werden lassen. Die Möhren zufügen und 5 Minuten unter Wenden dünsten. Die Linsen unterheben, mit 1 ¼ l Wasser auffüllen, 3 Teelöffel Gemüsebrühe zugeben und bei kleiner Hitze etwa 8 bis 10 Minuten zugedeckt köcheln lassen.
- Die Suppe mit dem Pürierstab sehr fein zerkleinern, die restlichen 2 Teelöffel Gemüsebrühe zufügen und (wenn die Suppe nicht für eine andere Variante weiterverarbeitet wird) mit Salz und Pfeffer abschmecken.
- **Orientalisch:** Joghurt und Zitronensaft mischen und alles mit der Linsensuppe und den Zitronenmelisseblättern verrühren. Leicht mit Pfeffer abschmecken.
- **Asiatisch:** Die Mango schälen, das Fruchtfleisch vom Stein in Streifen abschneiden; die Banane schälen, das Fruchtfleisch in Scheiben schneiden. Das Erdnussöl in einem Topf bei kleiner Hitze erhitzen, den Curry einrühren, die Mango- und Bananenstücke zufügen und alles mit dem Pürierstab zerkleinern. Die Linsensuppe zugeben, nochmals erhitzen und mit Zitronensaft, Salz und Pfeffer abschmecken.
- **Mediterran:** Die Tomaten obenauf kreuzweise einritzen, mit kochendem Wasser übergießen, häuten und dabei den Stielansatz keilförmig herausschneiden. Die Tomaten vierteln, die Kerne entfernen, die Tomatenstücke in feine Streifen schneiden und in die Linsensuppe geben. Die Suppe erhitzen, die Kräuter unterrühren, mit Salz und Pfeffer abschmecken.

Vorbereitungszeit
10 Minuten

Zubereitungszeit
15–20 Minuten

Nährwert pro Portion
durchschnittlich etwa
16 g Eiweiß
8 g Fett
35 g Kohlenhydrate
2 g Ballaststoffe
1 250 kJ/300 kcal

Extra-Tipp
- Statt mild-fruchtigem Indischem Curry schmeckt auch der mild-aromatische Madras-Curry oder der scharf-würzige Bombay-Curry.

Erst seit Beginn des 20. Jahrhunderts wird der Feldsalat kultiviert und roh als Salat aufgetischt. Früher wuchs das Kraut aus der Familie der Baldriangewächse wild, meistens auf den Feldern zwischen dem Wintergetreide.

Feldsalat wird auch Rebkresse, Ackerlattich und Mäuseöhrchen genannt. In der Schweiz kennt man ihn als Nüsslisalat und in Österreich als Vogerlsalat.

Feldsalat
Vogerlsalat

Feldsalat besteht aus 3 bis 5 cm langen lanzettenförmigen Blättern, die zu einer Rosette zusammengewachsen sind. Es gibt die großblättrige und die kleinblättrige Sorte. Letztere schmeckt viel aromatischer.

Konkurrenzlos wertvoll

Dieser Salat mit dem nussigen Geschmack hat einen recht hohen Gehalt an den Mineralstoffen Kalium und Eisen. Er enthält fünfmal so viel Provitamin A (Beta-Karotin) und dreimal so viel Vitamin C wie Kopfsalat (Häuptelsalat). Feldsalat hat von allen Salatarten den höchsten Vitamin-C-Gehalt (35 mg/100 g). Außerdem erwähnenswert: Vitamin B_6 und Folsäure. Wurzeln und Blätter enthalten ätherisches Baldrianöl, das magenberuhigend wirkt. In 100 g Feldsalat stecken 48 kJ/12 kcal.

Einkauf und Aufbewahrung

Die winterharte Pflanze kann auf dem Feld bis zu –15° C vertragen. Bis Mitte Januar wird sie vom Feld geerntet. Danach angebotene Ware ist unter Folie oder Glas gewachsen. Freiland-Salat hat kräftigere Blätter und ein intensiveres Nussaroma.

Wegen geringer Flächenerträge und hohem Ernteaufwand zählt der Feldsalat zu den teuersten Gemüsearten. Der grüne „Luxus-Salat" wird meist 100-grammweise verkauft. 200 g reichen für 4 Portionen. Bevorzugen Sie kleine kompakte Rosetten mit straffen Blättern.

Die Feldsalat-Rosetten lassen sich trockengeschleudert und in einem aufgeblasenen, zugebundenen Plastikbeutel im Kühlschrank (Gemüsefach) ungefähr 1 Woche aufbewahren.

Allgemeine Zubereitung

Beim Putzen des kleinblättrigen Feldsalats soll die Blatt-Rosette erhalten bleiben. Wurzelende und eventuell unansehnliche Blättchen entfernen. Dann zwei- bis dreimal in reichlich kaltem, stehendem Wasser gründlich schwenken, um den Sand zu entfernen. Anschließend in einem sauberen Küchentuch, einem Drahtkorb oder einer Salatschleuder trockenschleudern.

Beim kleinblättrigen Feldsalat wird das ganze Pflänzchen verwendet, bei der großblättrigen Pflanze nur die Blätter.

So schmeckt Feldsalat

- als Salatbeilage mit einer Essig-Öl-Sauce, die aus kräftigen Essigsorten, Pflanzenöl, davon einem Schuss Nussöl bestehen darf. Auch Joghurt- oder Sahnesaucen mit vielen Kräutern schmecken.
- mit dünn geschnittenen roten Zwiebeln, roh oder gebraten, ausgelassenem Speck und gerösteten Brotwürfeln obenauf gestreut.
- als sättigender Salat mit hart gekochten Eiern, gegartem oder geräuchertem Geflügelfleisch (Hähnchen, Ente oder Pute), oder mit Nordsee- oder Tiefseekrabben sowie Orangen, Mandarinen oder Pfirsichen.
- mit anderen Blattsalaten wie z. B. Kopf-, Radicchio- oder Römersalat (Kochsalat), dazu z. B. Champignons, Sellerie, Tomaten, Karotten, Fenchel.
- In Frankreich und Süddeutschland wird Feldsalat mit gekochten und in Scheiben geschnittenen Kartoffeln in einer Essig-Öl-Sauce bereitet. In Österreich eine besondere Delikatesse: Die Kombination Vogerlsalat mit gekochten Erdäpfeln, am besten der Sorte Naglerner Kipfler, Salz, Essig und Kürbiskernöl.

Feldsalat mit Möhren

Zutaten
für 4 Portionen

Salat
- *200 g Möhren (Karotten)*
- *250 g Feldsalat (Vogerlsalat)*
- *1 Ei (Kl. M), hart gekocht*

Salatsauce
- *1 Spritzer Balsamessig*
- *1 TL Dijonsenf*
- *Salz*
- *Pfeffer, frisch gemahlen*
- *1 EL Sesamöl*
- *4–6 Walnusshälften*

Zubereitung
- Die Möhren putzen, waschen, schälen und in sehr feine Streifen schneiden oder grob raspeln.
- Den Feldsalat verlesen, die kleinen Wurzeln entfernen, den Salat gründlich waschen, gut abtropfen lassen oder trockenschleudern. Mit den Möhren mischen. Das Ei würfeln.
- Für die Salatsauce Essig, Senf, Gewürze und Öl verrühren und mit den Eiwürfeln unter den Salat heben. Zum Servieren mit Walnusshälften anrichten.

Vorbereitungszeit
15 Minuten

Zubereitungszeit
10 Minuten

Beilageempfehlung
Austernpilze, gedünstet (→ Seite 172) und knuspriges Vollkorn-Baguette

Nährwert pro Portion
ohne Beilage etwa
4 g Eiweiß
7 g Fett
4 g Kohlenhydrate
2 g Ballaststoffe
420 kJ/100 kcal

Als Gemüse ist die Gewürzpflanze Fenchel bei uns erst seit gut 30 Jahren verbreitet. Ihre Heimat sind die Mittelmeerländer. Die weißgrüne Knolle mit dem leicht süßlichen Anisgeschmack ist nicht jedermanns Sache, aber es gibt auch ausgesprochene Fans.

Die bekannteste der drei Fenchelarten ist der Gartenfenchel, dessen Samen als Tee und Gewürz zum Backen verwendet werden. In Italien ist der Gewürz- und Wildfenchel besonders beliebt. Seine trockenen Äste dienen zum Würzen von Fisch und Fleisch.

Fenchel

Die Knollen des Gemüsefenchels – genauer die fleischig verdickten Blattansätze – haben je nach Sorte unterschiedliche Formen: schmal, langgestreckt und rundlich, fast kugelförmig. Sie unterscheiden sich nicht im Geschmack. Die Blätter der Knolle sind fest gerippt, an der Basis fleischig und umschließen das Herz fest. An den röhrenförmigen Blattstielen treibt ein zartes, grünes Kraut aus, das dem Dill ähnlich sieht. Schon bei der Ernte werden der Stiel und das Kraut etwa eine Handbreit oberhalb der Knolle abgeschnitten.

Mehr Vitamin C als in Orangen

Fenchel enthält Menthol-Öl, Anathol und kampferartigen Fenchon. Außerdem ist das Gemüse reich an Mineralstoffen wie Eisen, Magnesium, Kalium und Kalzium. Darüber hinaus stecken in Fenchel große Mengen Provitamin A (Beta-Karotin), Vitamin C, Vitamin E und Folsäure. Der Gehalt an Vitamin C ist sogar doppelt so hoch wie von Orangen. 100 g Fenchel enthalten 98 kJ/ 24 kcal.

Einkauf und Aufbewahrung

Früher war vom Winter bis zum Frühjahr Fenchel-Saison. Heute kann das Gemüse fast ganzjährig gekauft werden. Von Oktober bis Mai gibt es Ware aus Italien, Frankreich und Spanien. Lediglich in den Sommermonaten ist das Angebot nicht so üppig.

Fenchelknollen müssen fest, hell und ohne braune Druckstellen sein. Je heller die Knolle, desto zarter sind die Blätter. Das fedrige Fenchelkraut in der Mitte, das auch zum Würzen geeignet ist, sollte kräftig grün sein. Die Schnittflächen an den Stielen dürfen nicht eingetrocknet aussehen. Die Knollen wiegen zwischen 150 und 300 g.

Fenchel hält sich in einem luftgefüllten, verschlossenen Frischhaltebeutel im Kühlschrank (Gemüsefach) bis zu 1 Woche. In dünne Scheiben geschnitten lässt er sich in einem Gefrierbeutel einfrieren.

Allgemeine Zubereitung

Die Knollen waschen, die grünen Stengel und den Wurzelansatz abschneiden; nicht ganz frische Schuppenblätter entfernen. Die feinen Fäden von der Schnittstelle ausgehend nach oben hin abziehen.

Die Knolle je nach Verwendung halbieren oder vierteln, und zwar immer längs vom Blattwerk zur Wurzel hin; dann den harten Kern keilförmig so entfernen, dass die Blätter noch zusammenhalten.

Die Garzeit beträgt etwa 8 bis 12 Minuten. Das feine dillartige Kraut kann frisch gehackt über das Gericht gestreut werden.

So schmeckt Fenchel

- roh, in Streifen geschnitten, mit feinen Saucen zum Dippen.
- als Salat, pur oder mit anderen Zutaten wie Tomaten, Möhren (Karotten), Zucchini, Frühlingszwiebeln und Oliven in einer Essig-Öl-Sauce oder mit Orangen, Ananas, mürben Äpfeln, Birnen, Weintrauben und Nüssen oder mit Radicchio oder Lollo rosso.
- als Gemüse, gedünstet und mit einer Käsesauce (gut geeignet: Blauschimmelkäse) angerichtet.
- als Beilage, in Streifen oder Viertel geschnitten, gedünstet und eventuell mit geriebenem Käse bestreut. Auch köstlich zu kurz gebratenem Fleisch oder Fisch.
- eingelegt, dafür kurz dünsten, mit Salz, Pfeffer, etwas Zucker würzen, mit Essig marinieren, in ein Glas geben und mit Olivenöl begießen. Zugedeckt im Kühlschrank aufbewahren.

Würz-Tipp

Fenchel braucht wenig Würzung; es genügen Zitronensaft, Salz und frisch gemahlener Pfeffer.

Fenchelsalat mit Käse

Zutaten
für 4 Portionen
- *2 Fenchelknollen mit Grün*
- *1 rosa Grapefruit*
- *1 Apfel (Boskop oder Cox Orange)*
- *200 g Hartkäse (Emmentaler, Appenzeller)*

Salatsauce
- *200 g Joghurt, 3,5 % Fett*
- *Ingwerpulver*
- *Salz*
- *2 EL Pflanzenöl*

Zubereitung
- Den Fenchel putzen und waschen. Das Fenchelgrün abschneiden und beiseite legen. Fenchelknollen halbieren und längs in feine Streifen schneiden.
- Die Grapefruit schälen, dabei die weiße Haut entfernen. Mit einem scharfen Messer die Filets zwischen den Trennwänden herausschneiden. Die Filets halbieren.
- Den Apfel abspülen, trockentupfen und achteln. Das Kerngehäuse entfernen. Die Apfelstücke streifig, den Käse in etwa 3 cm lange, feine Streifen schneiden. Alle Zutaten mischen.
- Für die Salatsauce Joghurt, Gewürze und Öl verrühren und unter die Zutaten heben. Das Fenchelgrün kurz abbrausen, trockentupfen, eventuell grob schneiden und über den Salat streuen.

Vorbereitungszeit
20 Minuten

Zubereitungszeit
5 Minuten

Beilageempfehlung
Vollkorn-Baguette

Nährwert pro Portion
ohne Beilage etwa
19 g Eiweiß
22 g Fett
19 g Kohlenhydrate
6 g Ballaststoffe
1 710 kJ/409 kcal

Extra-Tipps

- Anstelle von Grapefruit können Sie 1 bis 2 filetierte Orangen verwenden. Statt Käsestreifen richten Sie auf dem Salat 200 g in grobe Streifen geschnittenen gebeizten (graved) Lachs an. Auch Bündner Fleisch oder Parmaschinken mit etwas gehobeltem Pecorino-Käse bestreut bieten sich als Alternative an.
- Wer mag, kann in die Salatsauce anstelle von Ingwerpulver 1 kleines Stück (2 cm) geschälte und gehackte Ingwerknolle rühren.
- Hier noch ein Suppenrezept: 750 g Fenchel klein schneiden, in etwas Fett dünsten, mit knapp ½ l Gemüsebrühe (klare Gemüsesuppe) aufgießen und etwa 12 Minuten garen. Alles pürieren, 40 g Frischkäse einrühren und mit Salz, Pfeffer und Zitronensaft abschmecken. Das grob gehackte Fenchelgrün darüber streuen.

Die Azteken nannten die Avocado die „Butter des Waldes". Bei uns war sie bis vor 30 Jahren nur als Luxusartikel zu finden.

Die Früchte haben je nach Sorte hell- bis dunkelgrüne oder auberginefarbene bis braune, leicht gerunzelte Schalen. Das Fruchtfleisch ist weißlichgrün oder gelblich und birgt einen großen, bräunlichen Stein, der mit einer ledrigen Haut überzogen ist. Sie schmeckt leicht süß und nussig und wiegt etwa 200 bis 400 g.

Avocados

Fett, aber gesund

Die Avocado ist das fetthaltigste Obst. Je nach Sorte schwankt der Fettwert zwischen 15 und 30 %.

Das Avocadofett ist leicht bekömmlich und enthält einfach ungesättigte Fettsäuren. Die Avocado ist reich an Vitamin E und Kalium. Das aus der Frucht gewonnene Avocado-Öl wird auch in der Kosmetikindustrie verwendet. 100 g Avocado enthalten 923 kJ/221 kcal.

Einkauf und Aufbewahrung

Von September bis Mai sind vorwiegend Avocados aus Israel auf dem Markt: die glatten, glänzenden hellgrünen Ettinger. Es folgt die etwas rauschalige, dunkelgrüne Fuerte, danach die Frühjahrs-Avocado, die runde Nabal und abschließend die kleine, längliche Hass mit runzeliger, fast ledriger, tiefvioletter bis schwarzer Schale. Im Sommer werden die Früchte aus Südamerika und Südafrika importiert.

Die meisten Avocados müssen nach dem Kauf nachreifen. Bei Raumtemperatur dauert dies zwischen 2 und 5 Tagen. In Zeitungspapier eingepackt und an einem warmen Ort aufbewahrt, geht es schneller. Die Frucht ist reif, wenn sie bei leichtem Fingerdruck nachgibt und man den Kern beim Schütteln hört.

Eine reife Avocado hält sich im Kühlschrank (Gemüsefach) etwa 8 Tage. Avocados sind gefriergeeignet. Dazu am besten pürieren und mit Zitronensaft beträufeln.

Allgemeine Zubereitung

Die Avocado der Länge nach bis zum Stein aufschneiden. Dann die Hälften vorsichtig gegeneinander drehen, bis sich der Stein ganz löst. Oder: Die Frucht im Ganzen mit einem Sparschäler schälen, halbieren, entsteinen und beliebig zurechtschneiden. Zum Pürieren das Fruchtfleisch mit einem Teelöffel aus den entsteinten Fruchthälften herauslösen.

Küchen-Tipps

- Bereiten Sie Avocados erst kurz vor dem Servieren zu, weil der Luftsauerstoff das Fruchtfleisch bräunlich färbt. Das Beträufeln der Schnittflächen mit einigen Tropfen Zitronen- oder Orangensaft verhindert die Verfärbung.
- Legt man den Kern in die fertige Speise, wird der Verfärbungsprozess verlangsamt.
- Gerichte mit pürierter Avocado lassen sich einfrieren.
- Für Suppen und Saucen das zerkleinerte Avocadofleisch erst zum Schluss zugeben, wenn das eigentliche Kochen beendet ist. Sonst schmeckt es bitter.

So schmecken Avocados

- als Vorspeise, aufgeschnitten, mit Zitronensaft beträufelt und mit Salz und Pfeffer gewürzt oder halbiert, mit Krabben-, Geflügel- oder Gemüsesalat gefüllt.
- als Guacamole: Avocadopüree mit Essig, Olivenöl, Tomaten, Zwiebeln, gewürzt mit Knoblauch, Chilis, Koriander.
- als Brotaufstrich, zerdrückt, mit Salz, Pfeffer und Zitronensaft gewürzt, mit gehacktem Ei und/oder gewürfeltem gekochtem Schinken vermischt.
- als Sauce, mit saurer Sahne (Sauerrahm) oder Quark (Topfen) und Kräutern.
- als Salat, mit Obst (Orangen, mürben Äpfeln, Bananen), mit Gemüse (Staudensellerie, Fenchel, Champignons, grünen Salaten), Fleisch (Kalb, Huhn, Pute, Schinken) oder Fisch.
- in Suppe, püriert unter eine bereits fertige Suppe, z. B. eine Sahnesuppe, gerührt.
- als Dessert, mit Sahne- oder Fruchtcremes, mit frischem Obst gefüllt.

Avocado-Walnuss-Creme

Zutaten

für 4 Portionen

- *1 Avocado*
- *200 g körniger Frischkäse oder Speisequark (Topfen), 20 % Fett*
- *20 g Walnusskerne*
- *Salz*
- *Pfeffer, frisch gemahlen*

Extra-Tipps

- Avocadocreme kann über Nacht in einem Porzellangefäß zugedeckt im Kühlschrank aufbewahrt werden. Die Braunfärbung des Pürees verhindern Sie durch einige Tropfen Zitronensaft.
- Pürierte Avocados, die mit etwas Zitronensaft, Salz und Pfeffer, eventuell mit etwas zerdrücktem Knoblauch und gehackten Kräutern, verrührt werden, sind eine beliebte Sauce zu kaltem Braten, Fisch oder frittierten Auberginenscheiben.

Zubereitung

- Die Avocado halbieren, den Stein entfernen. Das Fruchtfleisch mit einem Teelöffel aus den Schalen lösen, mit einer Gabel zerdrücken und mit dem Frischkäse oder Speisequark mischen.
- Die Walnusskerne fein hacken und unter die Avocadomasse geben.
- Mit Salz und Pfeffer würzen.

Vorbereitungszeit
10 Minuten

Zubereitungszeit
5 Minuten

Servierempfehlung
als Aufstrich auf getoastetem Hafer- oder Mehrkornbrot oder als Dip z. B. zu rohem, zartem Stangensellerie

Nährwert insgesamt
ohne Beilage etwa
31 g Eiweiß
56 g Fett
11 g Kohlenhydrate
6 g Ballaststoffe
2 850 kJ/682 kcal

Avocadosalat

Zutaten

für 4 Portionen

- *3 Orangen*
- *1 große Avocado*
- *4–5 mittelgroße Rukola-blätter*
- *160 g Mozzarella*

Salatsauce

- *½ TL Essig*
- *Salz*
- *1 TL Pflanzenöl*
- *Pfeffer, grob gemahlen*

Zubereitung

- Zwei Orangen schälen, dabei die weiße Haut entfernen. Die Früchte quer zu den Segmenten in Scheiben schneiden und diese halbieren. Die dritte Orange halbieren und den Saft auspressen.
- Die Avocado halbieren, den Stein entfernen und die Frucht-hälften mit einem Sparschäler dünn schälen. Die Schnitt-flächen mit einigen Tropfen Orangensaft beträufeln. Die Avocadohälften in Scheiben schneiden.
- Rukolablätter abbrausen und trockenschwenken. Größere Blätter klein zupfen. Die Blätter beiseite stellen.
- Den Mozzarella in dünne Scheiben schneiden und mit den anderen Zutaten schuppenförmig auf einem großen Teller zu einem Kreis anordnen.
- Für die Salatsauce Orangensaft, Essig, Salz und Öl verrühren und über die Salatzutaten träufeln.
- Zum Anrichten mit Pfeffer bestreuen und mit den Salat-blättern garnieren.

Vorbereitungszeit
10 Minuten

Zubereitungszeit
10 Minuten

Beilageempfehlung
knuspriges Baguette

Nährwert pro Portion
ohne Beilage etwa
9 g Eiweiß
18 g Fett
8 g Kohlenhydrate
2 g Ballaststoffe
1 025 kJ/246 kcal

Extra-Tipps

- Anstelle von Rukola kann auch Radicchio oder Lollo-Rosso-Salat verwendet werden.
- Statt mildem Mozzarella können Sie auch würzigen, geraspelten Pecorino-Käse verwenden.

Diesem Gemüse eilt schon seit Homers Zeiten der Ruf voraus, ein „Männerfreund“ zu sein, also die Liebeskraft zu stärken. Dies ist allerdings Legende.

Zwei Sorten Sellerie werden auf dem Markt angeboten:

- **Knollensellerie** (auch Wurzelsellerie) ist eine verdickte, etwa faustgroße Wurzel. Die Blätter können frisch oder getrocknet zum Würzen verwendet werden. Dank verbesserter Züchtungen bleiben die Knollen nach dem Kochen weißfleischig.
- **Staudensellerie** (auch Bleich- oder Stangensellerie) wächst oberirdisch. Die Staude besteht aus mehreren gerippten, dickfleischigen und zarten Blattstielen, die weiß, gelblich und zartgrün sind.

Sellerie
Zeller

Würzig durch ätherische Öle

Sellerie verfügt über einen hohen Gehalt an ätherischen Ölen. Diese sorgen für den typischen, würzigen Geschmack. Knollensellerie enthält vor allem Kalium, Kalzium, Vitamin E, B_6 und Folsäure; Stangensellerie Provitamin A (Beta-Karotin), Kalium, Kalzium und Vitamin E. Aufgrund des Kaliumgehalts wirkt Sellerie harntreibend. 100 g Knollensellerie enthalten 92 kJ/22 kcal, Staudensellerie 49 kJ/12 kcal.

Einkauf und Aufbewahrung

Knollensellerie ist ganzjährig erhältlich. Bereits im Mai wird aus heimischem Unterglasanbau kleinknolliger Sellerie mit Blattlaub angeboten. Noch nicht voll ausgereifte Knollen aus dem Freilandanbau sind als Bündelware ab Juli/August auf dem deutschen Markt. Die Haupterntezeit beginnt im September und endet für Einlagerungsware im November. Importe, unter anderem aus den Niederlanden, Belgien, Frankreich und Dänemark, ergänzen das Frischmarktangebot.

Knollensellerie wird stückweise (etwa 500 bis 1 000 g) verkauft. Er sollte eine straffe Oberfläche haben und sich fest anfühlen, das heißt, innen nicht hohl und pelzig sein.

Knollensellerie hält sich, in feuchtes Papier eingeschlagen, bis zu 14 Tagen im Kühlschrank (Gemüsefach).

Staudensellerie aus dem Freilandanbau gibt es von Juli bis Ende Oktober. Importe aus Israel, Italien, Spanien, Großbritannien und den Niederlanden ergänzen das Angebot in der übrigen Zeit.

Staudensellerie wird staudenweise in Klarsichtfolie (500 bis 1 000 g) verkauft. Er muss knackige Stangen und frische, grüne (keine gelben) Blätter haben. Die oberen Schnittstellen sollten hell und saftig, nicht bräunlich sein. Ist das Grün welk, sind die Stangen zäh. Staudensellerie kann kühl und in einem geschlossenen Frischhaltebeutel bis zu 8 Tagen aufbewahrt werden.

Lagern Sie Sellerie nicht zusammen mit Äpfeln, Birnen und Avocados, er verdirbt sonst schneller.

Allgemeine Zubereitung

Vom Knollensellerie zuerst Blatt- und Wurzelansatz abtrennen, die Knolle knapp ½ cm dick schälen und in dicke Scheiben schneiden. In gesalzenem Wasser mit etwas Zitronensaft etwa 15 Minuten zugedeckt garen. Eine ganze Sellerieknolle benötigt etwa 50 Minuten Garzeit.

Vom Staudensellerie das untere Ende entfernen und die Stangen lösen. Eventuell äußere Stangen mit einem Sparschäler entfasern. In Stücke schneiden und in etwas Butter 5 bis 15 Minuten zugedeckt gar dünsten.

So schmeckt Knollensellerie

- roh geraffelt, zusammen mit Möhren (Karotten), Äpfeln, Ananas, Orangen, Nüssen.
- als Gemüse, gekocht – mit wenig Salz, Pfeffer, Zitronensaft und viel gehackter Petersilie.
- als Salat, gekocht, in Scheiben oder Würfel geschnitten in Essig-Öl-Sauce.
- im Kartoffelsalat, sehr dünn geschnitten, zusammen mit Gewürzgurkenscheiben und Apfelwürfeln.
- als Püree, mit gebräunten Zwiebeln.
- als gegarte Scheiben, paniert und gebraten.
- als Cremesuppe.

... und so Staudensellerie

- roh in fingerlange Stücke geschnitten und in eine lauwarme Sauce aus Olivenöl, Knoblauch und gehackten Anchovis gedippt.
- mit Roquefort-Creme gefüllt.
- als Gemüse, gekocht, mit einer Tomaten- oder Käsesauce.
- als Eintopf oder als Salat mit anderen Gemüsesorten (Paprika, Tomaten, Erbsen, Pilze) zubereitet.

Küchen-Tipps

- Knollensellerie bleibt hell, wenn Sie ihn nach dem Schälen mit etwas Zitronensaft beträufeln oder diesen ins Kochwasser geben. In einem Dampfdruckkochtopf ist seine Garzeit kürzer.
- Das Knollensellerie-Aroma wird umso intensiver, je kleiner man den Sellerie schneidet: Rauten oder Würfel (Brunoise) für eine Suppeneinlage, feine Stifte (Julienne) für asiatische Gerichte, geraspelt für Rohkostgerichte.
- Staudensellerie eignet sich hervorragend für die Zubereitung im Wok.

Zellerpüree zu Lammrücken

Zutaten
für 4 Portionen

Selleriepüree
- *2 Sellerieknollen (Zellerknollen), etwa 1 kg*
- *1 TL Zitronensaft oder Essig*
- *¼ l Wasser*
- *1 kg Kartoffeln (mehlig kochend)*
- *25 g Butter oder Margarine*
- *¼ l Gemüsebrühe (klare Gemüsesuppe)*
- *¼ l Milch*
- *Salz*
- *Pfeffer, frisch gemahlen*
- *Muskatnuss, gerieben*
- *1 gehäufter EL Kürbiskerne, fein gehackt*

Lammrücken
- *400 g Lammrücken, ausgelöst*
- *25 g Butterschmalz*

Extra-Tipp

Das Lammfleisch wird durch eine Öl-Marinade besonders saftig, zart und schmackhaft. Für die Marinade 1 sehr fein gewürfelte Zwiebel, 2 bis 3 Esslöffel gehackte Kräuter (Petersilie, Dill, Schnittlauch, Zitronenmelisse), Salz, Pfeffer, 1 Prise Zucker, 2 Esslöffel Rotwein und 1 Esslöffel Olivenöl verrühren. Das Fleisch 1 bis 2 Stunden vor dem Braten damit bestreichen und in einem gut schließenden Gefäß im Kühlschrank aufbewahren. Danach das Fleisch wahlweise in Olivenöl oder Butterschmalz braten.

Zubereitung
- Sellerieknollen putzen, waschen und schälen. In etwa 2 cm große Würfel schneiden und in Zitronen- oder Essigwasser legen, damit sie sich nicht verfärben.
- Kartoffeln waschen, schälen und ebenfalls würfeln.
- In einem Topf Butter oder Margarine zerlassen. Die trockengetupften Sellerie- und Kartoffelwürfel darin unter Wenden andünsten. Mit Gemüsebrühe ablöschen. Zugedeckt 15 bis 20 Minuten kochen lassen.
- Die Milch zur Sellerie-Kartoffel-Mischung geben, mit dem Pürierstab zerkleinern; mit Salz, Pfeffer und Muskatnuss würzen und die Kürbiskerne unterrühren, warm stellen.
- Den ausgelösten Lammrücken abspülen und sehr gut trockentupfen. Butterschmalz in einer beschichteten Pfanne erhitzen; den Lammrücken darin rundherum anbraten, sehr wenig salzen und pfeffern und bei mittlerer Hitze 10 bis 15 Minuten braten. Hin und wieder wenden.
- Das Lammfleisch noch 10 Minuten ruhen lassen, damit sich der Fleischsaft setzt. Zum Anrichten mit dem Bratensaft in der Pfanne kurz erwärmen. Das Fleisch schräg in Scheiben schneiden und mit dem Selleriepüree und dem Bratensaft anrichten.

Vorbereitungszeit
15 Minuten

Zubereitungszeit
30 Minuten

Beilageempfehlung
grüner Salat in einer Essig-Öl-Sauce

Nährwert pro Portion
ohne Beilage etwa
30 g Eiweiß
17 g Fett
37 g Kohlenhydrate
13 g Ballaststoffe
1765 kJ/426 kcal

Vorbereitungszeit
15 Minuten

Zubereitungszeit
15 Minuten

Beilageempfehlung
knuspriges Vollkorn-Baguette

Nährwert pro Portion
ohne Beilage etwa
15 g Eiweiß
18 g Fett
39 g Kohlenhydrate
16 g Ballaststoffe
1530 kJ/366 kcal

Selleriegemüse

Zutaten
für 4 Portionen
- *2 mittelgroße Zwiebeln*
- *4 EL Pflanzenöl*
- *1 kg Staudensellerie*
- *400 g Möhren (Karotten)*
- *1 Dose Tomaten (450 g Füllmenge)*
- *2–3 EL Kapern (aus dem Glas)*
- *Salz*
- *Pfeffer, frisch gemahlen*
- *1 Prise Zucker*
- *1–2 Knoblauchzehen*
- *einige Basilikumblätter*
- *100 g Vollkorntoast*
- *75 g alter Gouda, gerieben*

Zubereitung
- Die Zwiebeln abziehen und in dünne Ringe schneiden. Die Hälfte des Pflanzenöls erhitzen; die Zwiebelringe darin unter Wenden glasig werden lassen.
- Staudensellerie putzen und waschen; dabei die zarten Blättchen abschneiden und beiseite legen. Die Selleriestangen schräg in etwa 1 cm breite Stücke schneiden.
- Die Möhren (Karotten) putzen, waschen und in dünne Scheiben oder Stifte schneiden.
- Sellerie und Möhren zu den Zwiebeln geben, etwas Tomatensaft zugießen und alles zugedeckt 5 Minuten dünsten.
- Inzwischen die Tomaten in Stücke schneiden. Mit den Kapern und der restlichen Flüssigkeit zum Gemüse geben. Mit Salz, Pfeffer und einer Prise Zucker würzen und abschmecken. Warm stellen.
- Die Knoblauchzehen abziehen, fein hacken oder zerdrücken.
- Die Brotscheiben würfeln. Das restliche Fett in einer beschichteten Pfanne erhitzen, den Knoblauch und die Brotwürfel darin unter ständigem Wenden goldgelb rösten.
- Den geriebenen Käse mit dem gerösteten Brot mischen und zum Servieren mit dem Gemüse vermengen. Grob geschnittene Basilikum- und Sellerieblättchen über das Gericht streuen.

Extra-Tipps

- Sie können die Möhren auch durch kleine, gewürfelte Auberginen (Melanzani) ersetzen. Dann jedoch länger dünsten.
- Deftiger wird das Gemüse, wenn statt Vollkorntoast Vollkornbrot verwendet wird.
- Wer mag, kann etwa 50 g entsteinte schwarze oder grüne Oliven zufügen.
- Dieses Gericht lässt sich gut vorbereiten. Die Sellerie- und Basilikumblättchen in einem luftdicht verschlossenen Plastikbeutel im Kühlschrank (Gemüsefach) aufbewahren. Erst nach dem Erwärmen die Blättchen und die gerösteten Brotwürfel mit dem Gemüse mischen.

Pastinaken

Die Wildform der Pastinake (Hammelmöhre, Gartenpastinak, Pasterna, Balstenak) kam vermutlich aus Richtung Kaukasus in unsere Breiten. Als Wildgemüse wuchs es in fast ganz Europa und Westasien auf Wiesen, Schuttplätzen und an Wegesrändern. Im Mittelalter konnte man Pastinaken in fast jedem Kochtopf finden. Sie waren beliebt bis in die Renaissance – dann wurden sie von der Kartoffel verdrängt. Anfang des 19. Jahrhunderts bereitete man Saft, Honig, Pudding und Kuchen aus diesem Wurzelgemüse.

In England, Frankreich, den Niederlanden und Skandinavien wird die Pastinake gern und viel gegessen. Bei uns wird sie in geringerem Umfang angebaut und meist nur auf Märkten oder in Bioläden verkauft.

Die Pastinake sieht einer zu groß geratenen Petersilienwurzel ähnlich. Sie ist außen gelblich oder gelblich-bräunlich, mit dunklen Ringstreifen, innen fleischig. Der Geschmack ist eigenwillig: nussig-süßlich und doch würzig. Pastinaken sind meist 20 cm lang, 6 cm dick und um 300 g schwer.

Machen schön satt

Pastinaken enthalten mehr Kohlenhydrate als viele andere Gemüsesorten, darunter Pektin, ein löslicher Ballaststoff. Außerdem liefern sie Kalium, etwas Kalzium und Vitamin C. Durch ihren Gehalt an ätherischen Ölen (1,5 bis 3,6 %) riechen und schmecken sie aromatisch, leicht maggiartig. Pastinaken sind leicht verdaulich und machen schön satt. 100 g Pastinaken haben 244 kJ/58 kcal.

Einkauf und Aufbewahrung

Die Haut der Pastinaken sollte straff, fest und nicht welk und verschrumpelt sein. Pastinaken werden von November bis Mai verkauft. Sie sind lagerfähig wie Kartoffeln: dunkel, luftig und kühl.

Allgemeine Zubereitung

Pastinaken waschen oder abbürsten, dünn schälen, würfeln oder in Scheiben oder Stifte schneiden und in Salzwasser zugedeckt 8 bis 12 Minuten garen.

So schmecken Pastinaken

- roh, fein geraspelt in grünem Salat.
- in Alufolie gewickelt, im Backofen (bei 200° C) 40 Minuten gebacken; dazu Sahnemeerrettich (Oberskren).
- geschält, in dünne Scheiben geschnitten, in heißem Öl in der Bratpfanne, wie Bratkartoffeln gebraten.
- geschält, in Scheiben geschnitten, eventuell leicht vorgekocht, paniert und gebraten oder mit einer Nusskruste überbacken.
- als Püree oder Soufflé.
- in Gemüseeintöpfen, zusammen mit Kartoffeln, Möhren (Karotten), Kürbis, Rüben, ohne oder mit Fleisch, wie z. B. in Pot-au-feu.
- als Beilage zu Braten oder kurz gebratenem Fleisch oder auch zu Bratfisch.

Pastinaken – gebacken

Zutaten

für 4 Portionen

- *800 g Pastinaken*
- *gut 2 EL Pflanzenöl*
- *½ Bund Petersilie*
- *200 g Ricotta*
- *3–5 EL Milch*
- *Salz*
- *20 g Sesamsamen*

Extra-Tipps

- Statt Petersilie schmeckt auch gehackter Koriander sehr gut. Dies verleiht dem Gericht einen fernöstlichen Anstrich.
- Anstelle von Ricotta können Sie auch Frischkäse (50 % Fett i. Tr.) verwenden.
- Pastinaken-Puffer: 500 g Pastinaken, je 250 g Möhren (Karotten) und Kartoffeln roh reiben, mit 2 Eiern (Kl. M), etwas Mehl, Salz, 1 Prise gemahlenem Koriander, etwas gehacktem Koriandergrün und ein wenig Honig mischen. In heißem Pflanzenöl kleine Plätzchen knusprig backen.

Zubereitung

- Den Backofen auf 200° C (Umluft 180° C, Gas Stufe 3 ½) vorheizen.
- Die Pastinaken waschen, sehr große Exemplare längs halbieren oder vierteln, dünn schälen, mit etwas Öl bestreichen und auf ein mit Backpapier ausgelegtes Backblech legen. In den vorgeheizten Backofen, 2. Schiene von unten, setzen und 40 Minuten backen. Zwischendurch einmal wenden und mit restlichem Öl bestreichen.
- Die Petersilie abbrausen, trockenschwenken, die Blätter fein hacken. Ricotta und Milch verrühren, Petersilie unterheben und mit Salz würzen.
- Sesamsamen in einer Pfanne ohne Fett unter Wenden goldgelb rösten. Zum Servieren die Pastinaken mit der Ricottamasse anrichten und mit den Sesamsamen bestreuen.

Vorbereitungszeit
10 Minuten

Zubereitungszeit
5 Minuten

Backzeit
40 Minuten

Beilageempfehlung
mit kernigem Vollkornbrot oder zu Wild, Lamm oder Kurzgebratenem

Nährwert pro Portion
ohne Beilage etwa
12 g Eiweiß
24 g Fett
28 g Kohlenhydrate
9 g Ballaststoffe
1 590 kJ/380 kcal

Ihren Ursprung hat die Topinamburknolle in Nordamerika. Sie wurde von den Indianern im heutigen Neuengland kultiviert und als Viehfutter verwendet. Später gelangte sie in den Süden Amerikas.

Die Topinambur (Erdbirne, Erdartischocke, Erdschocke, Knollensonnenblume, Jerusalemartischocke, Zuckerkartoffel, Ewigkeitskartoffel, Wildkartoffel, Indianerknolle) wurde von Seefahrern im 17. Jahrhundert nach Europa gebracht. Topinambur heißt sie nach einem brasilianischen Indianerstamm.

Nach dem 30-jährigen Krieg wurde die Topinambur von der in Deutschland eingeführten Kartoffel verdrängt. In der Hungerszeit während des Zweiten Weltkriegs kam sie wieder auf den Tisch, aber danach wollte man von den Indianerknollen nichts mehr wissen. Heute sind sie wieder hochaktuell.

Topinambur

Die Knollen – etwa 8 bis 10 cm lang mit einem Durchmesser von 3 bis 5 cm – haben eine sehr dünne Schale, durch die das Fleisch je nach Sorte weiß, gelb, hellbraun, rot bis violett schimmert. Der Geschmack ist erdig, etwas fad, gegart schmecken Topinambur nach Nuss und Artischocke.

Ballaststoffreich

Topinambur enthält bis zu 16 % Inulin, einen Ballaststoff, der anhaltend sättigt. Außerdem stecken in Topinambur etwa 3 % Eiweiß, weniger als 1 % Fett, die Mineralstoffe Kalium und Eisen sowie viel Vitamin B_1. 100 g Topinambur enthalten 127 kJ/30 kcal.

Einkauf und Aufbewahrung

Topinambur gibt es von Ende Oktober bis Mai. Sie werden nicht in Massen gezüchtet, daher sind sie meistens nur in Spezialgeschäften (guten Gemüsegeschäften, Märkten oder Bioläden) erhältlich. Sie sollten klein und fest sein und eine makellose Schale haben. Nicht zu empfehlen sind grünliche Knollen oder solche, die zu keimen beginnen.

Topinambur sind extrem empfindlich; sie schrumpeln schnell, werden jedoch in Wasser wieder straff. Nach dem Einkauf sofort in ein feuchtes Tuch wickeln oder einen zugebundenen Frischhaltebeutel stecken. So eingepackt halten sie sich 2 bis 4 Tage im Kühlschrank (Gemüsefach).

Allgemeine Zubereitung

- Die Knollen gründlich waschen, abbürsten, dünn schälen, ganz lassen oder in Scheiben oder Würfel schneiden, mit Wasser bedeckt aufsetzen und zugedeckt 7 bis 10 Minuten kochen. Danach wie Salzkartoffeln abgießen, trockendämpfen und weiterverarbeiten.
- Oder die Topinamburknollen mit Schale kochen, abgießen, kurz kalt abschrecken. Die dünne Haut der Topinambur ist gut verdaulich, man kann, muss sie aber nicht entfernen. Das Schälen ist recht mühsam, weil die Knolle stark gekrümmt ist.

So schmecken Topinambur

- als Suppe mit Steinpilzen, püriert und mit Sahne (Obers) verfeinert.
- als Rohkostsalat, mit Feldsalat (Vogerlsalat) in einer Essig-Öl-Sauce.
- als Salat von gekochten Topinambur, mit Tomaten- und Salatgurkenscheiben in einer feinen Senfsahne.
- als Beilage, gekocht und in Scheiben geschnitten, mit Bröselbutter begossen oder in einer Bechamelsauce mit oder ohne Kräuter oder in einer dunklen oder einer Zitronensauce.
- in Semmelbrösel paniert, ausgebacken.
- als Püree, zusammen mit Kartoffeln, obenauf gebratene Zwiebelringe.
- als Gratin mit Sahne oder Crème fraîche und geriebenem Käse (Gruyère) oder zusammen mit Möhren- und Kartoffelscheiben.

Küchen-Tipp

- Damit sich die zerkleinerte, geschälte Topinamburknolle nicht rasch verfärbt, bei Rohkost gleich in Marinade wenden oder vorab etwas Zitronensaft zufügen.

Topinambur-Puffer mit Avocadocreme

Zutaten

Für 4 Portionen

Puffer

- *¼ l Buttermilch*
- *½ Würfel frische Hefe (Germ), 20 g*
- *2 Eier (Kl. M)*
- *200 g Mehl*
- *200 g Topinamburknollen*
- *Salz*
- *1 Prise Thymian, gemahlen*

Creme

- *1 Knoblauchzehe*
- *1 reife Avocado*
- *100 g Schmant, 24 % Fett, ersatzweise Crème fraîche*
- *Salz*
- *Pfeffer, frisch gemahlen*
- *½ Tablett Kresse*
- *2 EL Butterschmalz zum Ausbacken*

Extra-Tipps

- Anstelle der Kresse können Sie auch andere frische Kräuter verwenden.
- Topinambur-Puffer können auch süß serviert werden. Statt der Avocadocreme passt süß angerührter Quark (Topfen), Apfelmus oder Konfitüre.
- Sie können die Topinambur-Puffer auch wie Kartoffelpuffer bereiten, mit mehr Topinambur, nur wenig Mehl und ohne Hefe: z. B. 1 kg geschälte und geraspelte Topinambur mit 2 Eigelb, 3 Esslöffeln Mehl, Salz und Pfeffer verrühren.

Zubereitung

- Die Buttermilch nur sehr leicht erwärmen. Die Hefe in ein Gefäß geben und mit 3 Esslöffeln lauwarmer Buttermilch verquirlen. Die Eier, Mehl und restliche Buttermilch mischen und mit der Hefemischung verrühren. Den Teig 15 Minuten ruhen lassen.
- Inzwischen die Topinamburknollen putzen, waschen, dünn schälen; auf der Rohkostreibe fein reiben und mit der Teigmischung, Salz und Thymian verrühren.
- Die Knoblauchzehe abziehen und zerdrücken. Die Avocado halbieren, den Kern entfernen und die Hälften schälen. Das Avocadofruchtfleisch, Schmant, Knoblauchzehe mit dem Pürierstab zerkleinern und mit Salz und Pfeffer abschmecken.
- Die Kresse mit der Schere oberhalb der Wurzeln abschneiden, in einem Sieb abbrausen, gut trockenschwenken, grob schneiden und mit der Avocadocreme mischen. Eventuell noch einmal pikant abschmecken.
- Etwas Butterschmalz in einer beschichteten Pfanne erhitzen. Nacheinander den Topinamburteig mit einer Schöpfkelle in die Pfanne geben und beidseitig 8 Puffer ausbacken, oder im Waffeleisen backen.
- Die Topinambur-Puffer mit der Avocadocreme anrichten.

Vorbereitungszeit

20 Minuten

Zubereitungszeit

15 Minuten

Nährwert pro Portion

etwa
15 g Eiweiß
28 g Fett
42 g Kohlenhydrate
10 g Ballaststoffe
2 050 kJ/490 kcal

Es wird vermutet, dass der Granatapfel aus Vorderasien stammt. Schon 2500 v. Chr. wurde er im gesamten Mittelmeerraum angebaut. In Spanien benannte man die Stadt und die Provinz Granada nach dieser Frucht, und sie ist sogar im spanischen Staatswappen abgebildet. Der Granatapfel ist auf Münzen und Teppichmustern verewigt und diente als Vorlage für das Zwiebelmuster auf dem weltberühmten Meißner Porzellan.

Granatapfel

Granatäpfel wachsen an 5 bis 8 m hohen Sträuchern oder Bäumen. Sie ähneln großen, rotbackigen Äpfeln und werden bis zu 500 g schwer. Die gelbbraune oder orangegelbe bis scharlachrote Frucht hat eine dicke, glatte, ledrige Schale. An einer Seite ragen kronenartig 5 bis 6 verhärtete Kelchblattzipfel heraus. Im geleeartigen Fruchtfleisch liegen Kerne eingebettet, die eine glashelle bis rosafarbene, weichfleischige, saftige, süß-aromatische Samenschale haben. Diese Samenschalen sind der essbare Teil des Granatapfels. Sie schmecken säuerlich-süß und erinnern an Johannisbeeren.

Keine besonderen Vorkommnisse

Der Anteil an energieliefernden Nährstoffen im Granatapfel ist unbedeutend. Das gleiche gilt für den Vitamingehalt. Lediglich Kalium findet sich in nennenswerter Menge. 100 g haben 267 kJ/63 kcal.

Das sollten Sie wissen

Vorsicht: Die gerbsäurehaltige Schale und der Saft hinterlassen auf Kleidung und Tischdecke bräunliche Flecken, gegen die selbst Fleckenwasser machtlos ist.

Einkauf und Aufbewahrung

Von Juni bis Dezember sind Granatäpfel aus Israel, der Türkei, Spanien, Italien und Übersee im Handel.

Reife Früchte – direkt vom Baum – haben eine rissige Schale. Für den Import werden sie etwas früher gepflückt, die Schale ist dann glatt und glänzend.

Granatäpfel können Sie kühl, auch im Kühlschrank, monatelang aufbewahren. Die ledrige Haut, die dann etwas bräunlich wird, hält die Kerne frisch.

Allgemeine Zubereitung

Es gibt verschiedene Methoden, um an die mit dem Saftmantel umgebenen Kerne heranzukommen:

- Die Schale des Granatapfels mehrere Male vom Kelch bis zum Stielansatz einritzen. Die Frucht auseinander brechen. Die spitzen Enden der Segmente nach außen biegen. Dabei fallen die Kerne heraus.
- Den Granatapfel halbieren. Die Fruchthälften mit der Schnittfläche über ein Gefäß halten und mit dem Messerrücken darauf klopfen, bis sich die Kerne lösen.

- Die Früchte vierteln und in ein Gefäß mit Wasser geben. Mit den Fingern die Kerne lösen. Schalenteile und Trennhäute schwimmen dann oben und können entfernt werden.
- Zur Saftgewinnung die Früchte halbieren und die Hälften wie eine Zitrone auspressen.
- Zum Rohessen die Hälften auslöffeln.

So schmecken Granatapfelkerne

- in einem grünen Blattsalat, eventuell mit gebratenen Streifen vom Hasenrücken.
- als Dessert, mit weißem Portwein mariniert und mit Schlagsahne (Schlagobers) garniert.
- im Obstsalat, z. B. mit Bananen, Orangen und Kiwis gemischt.
- mit Eis.

Granatapfel-Drink

Zutaten

für 4 Portionen

- *4 reife Granatäpfel*
- *6 EL Grenadine-Sirup*
- *2 EL Zitronensaft*
- *8 Eiswürfel*

Zubereitung

- Die Granatäpfel aufschneiden. Jeweils eine Hälfte beiseite legen. Die andere auspressen. Den Saft mit Grenadine-Sirup und Zitronensaft verrühren. Kühl stellen.
- In 4 Gläser jeweils 2 Eiswürfel geben. Den Saft darüber gießen. Die beiseite gelegten Hälften vierteln und in eine Schüssel mit Wasser geben. Dann mit den Fingern die Kerne auslösen. Trennhäute und Schalenreste schwimmen oben und können abgegossen werden; die fruchtigen Kerne auf einem Sieb abgießen.
- Die Kerne in die Gläser verteilen. Mit einem langstieligen Löffel servieren.

Vorbereitungszeit

15 Minuten

Zubereitungszeit

5 Minuten

Nährwert pro Portion

etwa
0 g Eiweiß
0 g Fett
22 g Kohlenhydrate
2 g Ballaststoffe
386 kJ/92 kcal

Extra-Tipp

- Der Drink kann auch mit Sekt oder einem Schuss Wodka aufgegossen werden.

Granatapfel-Dessert

Zutaten
für 4 Portionen

- *3 unbehandelte Blutorangen*
- *1 Granatapfel*
- *10 g Butter*
- *4 EL Grenadine-Sirup*
- *4 EL Orangenlikör*

Zubereitung

- Die Orangen heiß waschen, sehr gut trockentupfen. Mit einem Zestenreißer oder einem scharfen Messer von ¼ Orange kleine Streifen abziehen. Beiseite legen.
- Alle Orangen schälen, die weiße Haut dabei entfernen. Mit einem scharfen Messer die Segmente zwischen den Trennwänden herausschneiden; eventuelle Kerne entfernen.
- Den Granatapfel mit den Fingern weich kneten, dann halbieren. Eine Granatapfelhälfte auf einer Zitronenpresse auspressen, den Saft durch ein Sieb gießen und beiseite stellen. Die andere Hälfte mit der Schnittfläche auf einen Teller stellen, mit einem Messerrücken darauf klopfen. So fallen die Kerne aus den weißen Zwischenhäuten. Die Kerne beiseite stellen.
- Die Butter in einer Pfanne leicht erhitzen, den Grenadine-Sirup, die Orangenschalenstreifen und den Granatapfelsaft zufügen, einmal aufkochen lassen.
- Die Orangenscheiben in den heißen Sud legen, wenden und mit Orangenlikör beträufeln. Dann herausnehmen, auf vorgewärmten Tellern anrichten, die Granatapfelkerne darüber streuen und heiß servieren.

Vorbereitungszeit
15 Minuten

Zubereitungszeit
10 Minuten

Nährwert pro Portion
etwa
1 g Eiweiß
2 g Fett
20 g Kohlenhydrate
3 g Ballaststoffe
470 kJ/114 kcal

Extra-Tipps

- Auch ohne Alkohol schmeckt das Dessert vorzüglich; verwenden Sie statt des Likörs ½ Orange mehr.
- Wenn Sie keinen Zestenreißer haben, schneiden Sie von einer Orange die Schale rundum in einem dünnen Streifen (ohne die weiße Haut) ab. Diesen Streifen in hauchdünne Streifchen schneiden.
- Kalorienreicher ist das Dessert, wenn es mit Pistazien- oder Walnusseis oder Vanillecreme angerichtet wird.
- Ein Granatapfel ergibt eine ¾ Tasse Kerne und etwa ½ Tasse Saft.

Hirse ist der Sammelbegriff für verschiedene Getreidepflanzen mit kleinen, runden Körnern. Zahlreiche Arten sind bekannt, wobei Rispen-, Perl- und Kolbenhirse sowie Sorghumhirse die bedeutendsten sein dürften. Hierzulande wird die Rispenhirse verwendet.

Hirse

Küchen-Tipps

- Wenn ein vegetarisches Essen aus Hirse zubereitet wird, sollte eine eiweißreiche Beilage serviert werden, z. B. ein Salat aus Hülsenfrüchten.
- Der Zusatz von frisch gemahlenem Hirsemehl macht Vollkorngebäck noch knuspriger.

Eisen & Co.

Hirse enthält, wie alle Getreide, hauptsächlich Kohlenhydrate – fast 70 %. Außerdem stecken rund 11 % Eiweiß und 4 % Fett (mit reichlich mehrfach ungesättigten Fettsäuren) in ihr. Das kleine Korn zeichnet sich durch einen hohen Gehalt an B-Vitaminen aus und enthält Magnesium sowie Kalium. Der Eisengehalt ist mit 9 mg je 100 g dreimal höher als bei Weizen. Zudem liefert Hirse Fluor und Kieselsäure. Fluor ist unter anderem wichtig für die Gesunderhaltung der Zähne. Hirse ist leicht verdaulich. 100 g des Getreides enthalten 1 479 kJ/354 kcal.

Einkauf und Aufbewahrung

Im Handel wird Hirse als ganzes, geschältes (entspelztes) Korn angeboten, denn die Schale des Hirsekorns (Spelzen) ist ungenießbar. Außerdem gibt es Hirseflocken und Hirsemehl.

Das ganze Korn ist bei dunkler Lagerung mehrere Jahre haltbar. Hirsemehl und -flocken müssen gut verschlossen aufbewahrt und innerhalb von 4 bis 8 Wochen verbraucht werden.

Allgemeine Zubereitung

Hirsekörner werden von allen Getreidesorten am schnellsten gar und sie müssen nicht vorquellen.

Das Korn vor der Zubereitung immer (am besten in einem feinen Haarsieb) unter fließendem, heißem Wasser abspülen. So werden anhaftende winzige Fetttröpfchen, die beim Schälen der Körner austreten und Gerichte bitter oder ranzig schmecken lassen können, entfernt. Pro Portion rechnet man mit 50 bis 70 g. Einen Teil Hirse und zwei Teile Wasser langsam aufkochen und bei kleinster Hitze etwa 15 Minuten ausquellen lassen.

Das ganze Korn wird meist mit Milch zu Brei verarbeitet oder für Suppen, Aufläufe, Pfannkuchen (Palatschinken), Füllungen, Bratlinge (Laibchen), Pudding und als Beilage gegart. Die Flocken (Flöckli) werden wie Haferflocken verwendet.

So schmeckt Hirse

- als Beilage zu Fleisch oder Fisch.
- als Auflauf, pikant mit Lauch, Möhren (Karotten) oder Fenchel, oder süß zubereitet mit Kirschen, Rosinen, Trockenobst, Äpfeln oder Birnen.
- als Füllung, → z. B. Mangoldröllchen mit Hirse, Seite 193.
- als Salat, z. B. mit Tomaten, Paprikaschoten, Karotten oder Staudensellerie.
- als Gebäck.

Hirseauflauf

Zutaten

für 4 Portionen

- *150 g Hirse*
- *3/8 l heiße Gemüsebrühe (klare Gemüsesuppe)*
- *500 g Möhren (Karotten)*
- *300 g Staudensellerie*
- *25 g Butter oder Margarine*
- *100 g Schnittkäse (Raclette) im Stück*
- *2 Eier (Kl. M)*
- *1/4 l Milch*
- *1/8 l Schlagsahne (Schlagobers)*
- *2 TL Kräuter (Petersilie, Kerbel, Dill)*
- *etwas Salz*
- *Pfeffer, frisch gemahlen*
- *20 g Sonnenblumen- oder Kürbiskerne*

Zubereitung

- Die Hirsekörner mit heißem Wasser abspülen, in einen Topf geben und mit der heißen Gemüsebrühe etwa 15 Minuten bei kleiner Hitze quellen, nicht kochen lassen.
- Inzwischen die Möhren und den Staudensellerie putzen und waschen. Möhren schälen. Die zarten Blättchen des Staudenselleries beiseite legen. Das Gemüse in feine Scheiben schneiden.
- Den Backofen auf 200° C (Umluft 180° C, Gas Stufe 3) vorheizen.
- In einem Topf 20 g Butter oder Margarine zerlassen und erst die Möhren, dann den Sellerie darin unter Wenden andünsten, zudecken und 5 Minuten bissfest dünsten.
- Inzwischen den Käse reiben. In einer großen Schüssel Eier, Milch, Sahne und Käse mit dem Handrührgerät verrühren. Das Gemüse, die Hirse und die Kräuter zugeben und mit der Eier-Milch-Käse-Mischung gut verrühren. Mit Salz und Pfeffer kräftig abschmecken.
- Eine feuerfeste Auflaufform mit restlicher Butter oder Margarine einfetten und die Masse gleichmäßig darin verteilen.
- Im vorgeheizten Backofen, untere Schiene, 45 Minuten backen. 10 Minuten vor Ende der Backzeit die Kürbis- oder Sonnenblumenkerne darüber streuen. Nach dem Backen mit gehackten Sellerieblättchen bestreuen und sofort anrichten.

Vorbereitungszeit
15 Minuten

Zubereitungszeit
5 Minuten

Backzeit
45 Minuten

Beilageempfehlung
Feldsalat (Vogerlsalat) mit Karotten (→ Seite 311)

Nährwert pro Portion
ohne Beilage etwa
21 g Eiweiß
31 g Fett
34 g Kohlenhydrate
7 g Ballaststoffe
1 840 kJ/440 kcal

Extra-Tipps

- Statt Staudensellerie können Sie auch kurz blanchierten Rosenkohl (Kohlsprossen) oder Zucchinischeiben verwenden.
- Mit etwas Selleriesalz wird das Sellerieearoma noch unterstrichen.
- Die Kürbis- oder Sonnenblumenkerne erst kurz vor Ende der Backzeit obenauf streuen, sonst werden sie zu hart.
- Wer eine Käsekruste mag, gibt zusätzlich zu den Kürbis- oder Sonnenblumenkernen etwas geriebenen Käse obenauf.

Polenta ist ein beliebtes italienisches Gericht, ein dicker Maisbrei. Aber auch der Maisgrieß, aus dem dieser Maisbrei zubereitet wird, heißt Polenta. Seit Cäsars Zeiten wurde bereits in Italien Polenta gegessen, auch wenn damals das Grundprodukt Dinkel oder Hirse war. Erst als die ersten Schiffe aus der Neuen Welt nach Venedig zurückkamen, wurde die Polenta aus dem mitgebrachten „neuen“ Getreide Mais hergestellt.

Archäologische Funde belegen, dass bereits 3000 Jahre v. Chr. in Peru und Mexiko Mais angebaut wurde. Damit wäre der „Mahiz“, wie die indianischen Ureinwohner ihn nannten, die einzige Getreideart in Europa, die aus Amerika stammt.

Polenta

Maisgerichte als Köstlichkeit

Heute spielt Polenta in den Küchen Norditaliens, in Südtirol, im Trentino, Venetien, Friaul, in der Lombardei und im Tessin, der italienischen Schweiz, eine große Rolle. Maisprodukte sind auch die Grundlage anderer wichtiger Nationalgerichte, wie z. B. der Mamaglia (ein steifer Maisbrei mit Milch und Quark) in Rumänien oder der Tortillas (Maisfladen) in Mittel- und Südamerika.

Maisgrieß wird außer für köstlichen Maisbrei, der Polenta, auch für Crêpes, Kuchen, Gebäck und Brot oder auch für Klöße, Pfannkuchen und Kroketten verwendet. Zum Backen eignet sich Maisgrieß (auch Maismehl) nicht ohne weiteres. Das Klebereiweiß (Gluten) fehlt, deshalb muss Weizenmehl beigemischt werden. Für Blitzpolenta wurde der Maisgrieß vorher einem Dampfdruckverfahren unterzogen und sozusagen vorgekocht. Das verkürzt die Zubereitungszeit.

Auf den Keim kommt es an

Das an dicken Kolben wachsende Maiskorn enthält gesunde mehrfach und einfach gesättigte Fettsäuren, Kohlenhydrate, Mineralstoffe und Eiweiß, das allerdings in der biologischen Wertigkeit hinter den übrigen Getreidearten zurückbleibt. Da die Fettsäuren zum größten Teil im Keim stecken, gehen sie, zusammen mit dem fettlöslichen Vitamin E, für die meisten Maisprodukte verloren. Polenta (Maisgrieß) wird wie das feine Maismehl in der Regel aus dem entkeimten Korn gewonnen, um die Haltbarkeit zu verbessern. In manchen Produkten ist der wertvolle Keim aber zumindest weitgehend erhalten (auf die Angaben auf der Verpackung achten). Vollkommen erhalten ist er in Mais-Vollkornmehl.

Einkauf und Aufbewahrung

Maisgrieß – fein oder grob – wird meist in durchsichtigen Tüten verkauft. Den Inhalt sollten Sie in einen lichtundurchlässigen, gut schließenden Vorratsbehälter umfüllen (das Etikett mit dem Mindesthaltbarkeitsdatum ausschneiden und mit hineingeben!) und dunkel und trocken lagern (bei 15 bis 20° C). Die Lagerzeit sollte 6 Monate nicht überschreiten.

Allgemeine Zubereitung

Wasser oder Brühe (auch gemischt mit Milch oder Buttermilch) aufkochen und – je nach gewünschter Dicke – auf 1 l Flüssigkeit 200 bis 300 g Polenta (je nach Packungsaufschrift) einrieseln lassen. Dabei ständig rühren. Die Hitze herunterschalten und weiterrühren.

- **Für weiche Polenta** (als Beilage, ähnlich wie Kartoffelpüree): 200 g Polenta auf 1 l reichen. Je länger gerührt wird, desto zarter wird der Brei. 15 Minuten sind Minimum. Feinschmecker rühren 45 Minuten und länger.
- **Für Polentaschnitten:** Die Polenta nach 10 bis 15 Minuten Rühren 10 Minuten ausquellen lassen, 1 cm dick auf ein mit kaltem Wasser abgespültes Holzbrett streichen und (1 bis 2 Stunden) fest werden lassen. Dann mit einem angefeuchteten Messer in die gewünschten Formen schneiden und weiterverarbeiten, z. B. braten oder mit anderen Zutaten überbacken.

So schmeckt Polenta

- als Beilage zu Fleisch-, Pilz- oder Gemüseragout.
- als Süßspeise, warm oder kalt, z. B. mit Quarkspeise (Topfencreme) oder Kompott.
- Polenta mit Käse: Den Maisgrieß mit etwas mehr Brühe zubereiten, sodass die Polenta schön feucht ist. 150 g Fontina-Käse stückchenweise untermischen und so lange unter Rühren erwärmen, bis der Käse geschmolzen ist. Mit frisch gemahlenem Pfeffer abschmecken.
- Polenta mit Mascarpone: Die Polenta wie beschrieben mit Brühe garen. Zum Schluss 150 g Mascarpone untermischen. Mit Salz und frisch gemahlenem Pfeffer abschmecken.

Polenta-Variationen

Zutaten

für 4–6 Portionen (entweder als Hauptgericht oder Beilage)

Grundrezept
- *1 l schwach gewürzte Gemüsebrühe (klare Gemüsesuppe)*
- *300 g grober Maisgrieß*

Klassisch
- *30 g Butter*
- *50 g Parmesan, frisch gerieben*

Mit Kräutern
- *1 Bund Estragon oder Salbei*
- *80 g Butter*

Mediterran
- *1 Bund Basilikum*
- *2 Knoblauchzehen*
- *50 g Pinienkerne*
- *50 g Pecorino-Käse, frisch gerieben*
- *2 EL Crème fraîche*

Zubereitung
- Die Brühe in einem möglichst hohen Topf aufkochen, den Grieß langsam einstreuen. Unter ständigem Rühren bei ganz milder Hitze 10 bis 15 Minuten kochen und 10 Minuten bei ausgeschalteter Hitze ausquellen lassen. Die Polenta ist fertig, wenn sich die Masse beim Rühren leicht vom Topfrand löst.
- Die Masse gut 1 cm dick auf ein leicht gefettetes Backblech streichen, abkühlen lassen und in 8 Rauten (6 bis 7 cm Kantenlänge) schneiden.
- **Klassisch:** Die Polenta mit Butter bestreichen oder diese flöckchenweise auf den Polentaschnitten verteilen und mit Käse bestreuen; etwa 5 Minuten unter dem vorgeheizten Grill übergrillen.
- **Mit Kräutern:** Den Estragon oder den Salbei abspülen, trockenschwenken und die Blätter fein schneiden. Die Kräuter in der Butter andünsten und auf den Polentastücken verteilen. Das Blech unter den vorgeheizten Grill setzen und wenige Minuten übergrillen.
- **Mediterran:** Die Basilikumblätter fein schneiden. Die Knoblauchzehen abziehen und zerdrücken. Die Pinienkerne fein hacken. Basilikum, Knoblauch, Pecorino und Crème fraîche verrühren und die Polentastücke damit bestreichen. Auf ein mit Backpapier ausgelegtes Backblech setzen und im vorgeheizten Backofen bei 200° C (Umluft 180° C, Gas Stufe 3 ½) etwa 20 Minuten überbacken.

Vorbereitungszeit
5 Minuten

Zubereitungszeit
10–20 Minuten
+ 10 Minuten Quellzeit

Grillzeit
5–7 Minuten
(Variante 1 und 2)

Backzeit
20 Minuten (Variante 3)

Servierempfehlung
als Hauptgericht mit einem herzhaften Blattsalat, z. B. Rukola in einer Essig-Öl-Sauce

Nährwert pro Portion
Grundrezept für 4 Portionen (6 Portionen) ohne Beilage
etwa 6,6 (4,4) g Eiweiß
0,9 (0,6) g Fett
56 (37) g Kohlenhydrate
4 (2,5) g Ballaststoffe
1 112 kJ/266 kcal
(740 kJ/177 kcal)

Extra-Tipps

- Ideal für Gäste: Polentastücke können Sie schon einen Tag vorher zubereiten. Dazu mit Frischhaltefolie abdecken, damit die Feuchtigkeit nicht entweicht.
- Die Zubereitung von Polenta ist relativ aufwendig, denn man muss ununterbrochen rühren. Daher lohnt es sich, die doppelte Menge zu kochen. Die erste Hälfte bereiten Sie z. B. als weiche Polenta. Den Rest können Sie am nächsten Tag in Scheiben oder Dreiecke geschnitten in Öl oder Butterschmalz braten und etwas Parmesan darüber streuen.
- Schmeckt auch gut: Polentastücke und Tomatenscheiben in einer feuerfesten Form schuppenförmig einschichten, mit Butter beträufeln und mit geriebenem Käse bestreuen; im Backofen 15 bis 20 Minuten überbacken.

Im Altertum schätzte man Schwarzwurzeln als Medizin gegen Schlangenbisse, Knochenbrüche und Wundfieber. Erst im 17. Jahrhundert wurde das Gemüse küchenfähig. Äußerlich unscheinbar, belohnt die Schwarzwurzel mit feinem Geschmack.

Schwarzwurzeln, mit Huflattich und Löwenzahn verwandt, heißen auch Winterspargel, weil sich unter der borkigen, schwarzen Schale weißes Fleisch befindet. Die Konsistenz des Fleisches ist markig und weich, der Geschmack herzhaft herb-würzig und erdig, leicht nussig.

Schwarzwurzeln

Innere Werte

Das Wintergemüse liefert reichlich Mineralstoffe, die für den Stoffwechsel wichtig sind, vor allem Kalium und Eisen. Dazu die Vitamine E, B1, Folsäure sowie Spurenelemente. Hervorzuheben ist der Gehalt an Inulin, einem Ballaststoff, der sich aus Fruktose zusammensetzt. Die enthaltenen Bitterstoffe wirken schweiß- und harntreibend. Schwarzwurzeln sind leicht verdaulich. 100 g haben 67 kJ/16 kcal.

Das sollten Sie wissen

Auch in diesem Gemüse ist Nitrat enthalten. Um die Bildung schädlicher Nitrosamine zu verhindern, sollte bei der Zubereitung Zitronensaft zugefügt werden.

Die Vorbereitung von Schwarzwurzeln ist recht zeitaufwendig.

Einkauf und Aufbewahrung

In den Wintermonaten Oktober bis April wird vor allem aus den Anbauländern Belgien, Frankreich und den Niederlanden importiert. Die Anbaufläche in Deutschland – vornehmlich in Bayern – ist nur etwa 50 Hektar groß; in Österreich sind es maximal 5 Hektar.

Sie sollten beim Kauf möglichst ungewaschenen, unbeschädigten, dicken, festen Wurzeln den Vorzug geben. Achten Sie auf eine Mindestlänge von rund 20 cm und ein Gewicht von zirka 65 g. Pro Bund (500 g) sind das etwa 7 bis 8 Stangen. Das Fleisch sollte weiß und nicht faserig sein. Planen Sie auf jeden Fall 40 % Abfall ein, das heißt, aus 250 g Rohware werden 150 g geputzte Ware.

Zur Aufbewahrung die Schwarzwurzeln dick in Zeitungspapier einwickeln und in einem kühlen und trockenen Raum oder im Gemüsefach des Kühlschranks etwa 2 bis 3 Tage lagern.

Vorsicht Flecken!

Schwarzwurzeln geben einen milchigen, klebrigen Saft ab. Er ist der eigentliche Geschmacksträger, hinterlässt aber hartnäckige bräunliche Flecken. Deshalb tragen Sie beim Schälen der Wurzeln am besten Gummihandschuhe.

Allgemeine Zubereitung

Da die Wurzeln meist völlig mit Erde bedeckt sind, müssen sie vorsichtig und gründlich abgeschrubbt werden. Anschließend gibt es folgende Möglichkeiten:

- Die gewaschenen rohen Schwarzwurzeln unter fließendem Wasser mit einem Sparschäler vom dicken zum dünnen Ende hin schälen. Sofort in eine Schüssel mit Wasser, Zitronensaft oder Essig geben; etwas Mehl einrühren. Damit wird vermieden, dass der beim Schälen austretende Milchsaft, der schon nach wenigen Minuten oxidiert, das Wurzelfleisch braun färbt.
- Gründlich gereinigte, ungeschälte Schwarzwurzeln in Wasser mit Salz etwa 20 bis 30 Minuten garen. Danach die Haut abziehen und je nach Rezept weiterverarbeiten.

Zum Kochen von geschälten Schwarzwurzeln Salzwasser mit Zitronensaft oder Essig (pro Kilogramm Gemüse 1 Liter Wasser und den Saft von 1 Zitrone oder 3 Esslöffel Essig) in einen flachen, breiten Topf geben und aufkochen. Die Wurzeln darin etwa 20 Minuten zugedeckt garen.

So schmecken Schwarzwurzeln

- als kleine Vorspeise, roh, gerieben und mit Zitronensaft.
- gekocht, als Salat mit Karotten, Äpfeln, Nüssen.
- als Beilage zu gekochtem oder gebratenem Rind- oder Schweinefleisch oder gebratenem Fischfilet; wahlweise auch als Gemüse in heller Senfsauce.
- gegart, als Auflauf mit Käse überbacken.
- in Semmelbröseln paniert oder in Bierteig getaucht (für 1 kg Gemüse: 250 g Mehl, 1 Esslöffel Speisestärke, 2 Eier, ¼ l helles Bier, Salz, 1 Prise Zucker) und schwimmend im heißen Fett ausgebacken.
- als sättigende Suppe, mit Geflügel- oder Kalbfleischklößchen.
- als deftiger Eintopf, zusammen mit Karotten oder Steckrüben, Suppengemüse – mit oder ohne Fleischeinlage.

Würz-Tipp

Zu Schwarzwurzeln passen geriebene Muskatnuss, Paprikapulver edelsüß, gehackte Petersilie und frischer Kerbel.

Schwarzwurzeln im Teigmantel

Zutaten
für 4 Portionen

Füllung
- *1 l Wasser*
- *3 EL Essig*
- *etwas Mehl*
- *Salz*
- *2 kg Schwarzwurzeln (ergibt nach dem Waschen und Schälen etwa 1 200 g)*
- *200 g Möhren (Karotten)*
- *20 g Butter oder Margarine*
- *½ Bund Petersilie, gehackt*
- *60 g mittelalter Gouda, fein gerieben*
- *Pfeffer, frisch gemahlen*
- *Muskatnuss, gerieben*

Quark-Öl-Teig
- *150 g Mehl*
- *2 gestrichene TL Backpulver*
- *75 g Magerquark (Magertopfen)*
- *4–5 EL Milch*
- *1 Prise Salz*
- *3 EL Pflanzenöl*

Zum Ausrollen
- *etwas Mehl*

Zum Bestreichen
- *1 Ei (Kl. M), getrennt*
- *2 TL Milch*

Extra-Tipps

- Falls der Quark sehr feucht ist, empfiehlt es sich, ihn in einem Tuch gut auszupressen.
- Der Quark-Öl-Teig darf weder zu lange geknetet werden noch zu lange stehen; er wird sonst klebrig.
- Stechen Sie den Teig obenauf unregelmäßig mit einer Nadel ein, sodass die Feuchtigkeit entweichen kann.

Zubereitung
- Für die Füllung 1 l Wasser, Essig und etwas Mehl verrühren und wenig salzen. Die Schwarzwurzeln gründlich waschen, schälen, wieder waschen und in das Essig-Mehl-Wasser legen, damit sie nicht braun werden.
- Die Karotten putzen, waschen, schälen und grob reiben. Die Schwarzwurzelstangen aus dem Wasser herausnehmen und gut trockentupfen.
- Die Hälfte des Fettes in einem Topf erhitzen; darin die Schwarzwurzeln unter Wenden 10 Minuten zugedeckt bissfest dünsten. Anschließend abkühlen lassen.
- Restliches Fett in den Topf geben. Die geriebenen Karotten darin unter Wenden etwa 4 Minuten ebenfalls bissfest dünsten. In eine Schüssel geben und die Petersilie sowie den Käse unterrühren. Mit Salz, Pfeffer und Muskatnuss würzen. Abkühlen lassen.
- Den Backofen auf 200° C (Umluft 180° C, Gas Stufe 3) vorheizen.
- Mehl und Backpulver in einer Schüssel mischen. Magerquark, Milch, Salz und Öl darüber geben. Mit dem Löffel untermischen und zu einem geschmeidigen Teig verkneten.
- Auf leicht bemehlter Arbeitsfläche aus dem Teig zwei rechteckige Teigscheiben ausrollen.
- Die völlig abgekühlte Karotten-Käse-Mischung in der Mitte der beiden Teigstreifen verteilen. Die Schwarzwurzeln der Länge nach darauf legen. Die Teigränder mit Eiweiß bestreichen, den Teig über die Gemüsefüllung schlagen und seitlich zusammendrücken.
- Eigelb und Milch verrühren. Die Teigtaschen mit der Naht nach unten auf ein mit Backpapier ausgelegtes Backblech setzen und mit der Milch-Ei-Mischung bepinseln.
- Im vorgeheizten Backofen, mittlere Schiene, etwa 20 Minuten backen.
- Zum Servieren die Teigtaschen halbieren und sofort anrichten.

Vorbereitungszeit
30 Minuten

Zubereitungszeit
30 Minuten

Backzeit
20 Minuten

Beilageempfehlung
grüner Salat mit einer Essig-Öl- oder Joghurtsauce (→ Seite 49 und 50)

Nährwert pro Portion
ohne Beilage etwa
12 g Eiweiß
17 g Fett
28 g Kohlenhydrate
17 g Ballaststoffe
1 781 kJ/426 kcal

Service

Beim Einkauf fängt alles an

Bei uns gibt es alles, was das Herz begehrt: Exotische Früchte und Gemüse aus aller Welt. Dieses Angebot ist verlockend, doch ist die Auswahl eine Überlegung wert: Die Lebensmittel sollen nahrhaft, gesund und bekömmlich sein – schmecken sollten sie und auch der Preis muss stimmen, und zwar zu jeder Jahreszeit. Brauchen wir also wirklich Spargel im Winter, Himbeeren im Frühling und Erdbeeren im Dezember? All dies ist von weither eingeflogen, oft im Treibhaus gezogen und nur halbreif gepflückt. Das tut der Umwelt nicht gut.

Als kritische Verbraucher sollten wir qualitäts-, gesundheits- und umweltbewusst denken.

Augen auf beim Einkauf

Fast alle Lebensmittel sind mit einem Haltbarkeits- oder einem Verbrauchsdatum versehen. Nicht nur verpackte Lebensmittel unterliegen der Kennzeichnungspflicht. Auch lose Waren müssen gekennzeichnet werden. So gibt es z. B. bei Obst und Gemüse folgende Angaben:

- Warenname, zum Teil Sorte und Ursprung
- Güteklasse
- Preis
- Behandlung der Ware (z. B. bei frischen Zitrusfrüchten, Melonen, Äpfeln und Birnen eine Oberflächenbehandlung durch die Angabe „gewachst“).

Handels- und Güteklassen bieten zwar Hilfen, machen aber keine Aussage über den Geschmack und die Inhaltsstoffe, sondern nur über Gewicht und Größe.

- **Extra:** höchste Qualität; fehlerfreie Ware mit allen sortentypischen Eigenschaften.
- **Klasse I:** gute Qualität. Leichte Fehler sind zulässig; Aussehen, Qualität und Haltbarkeit dürfen dadurch jedoch nicht beeinträchtigt sein.
- **Klasse II:** marktfähige Qualität. Die Ware darf Fehler haben, muss aber die Mindesteigenschaften aufweisen.

Saisongerecht einkaufen

Heimisches Obst und Gemüse schmeckt in der Saison am besten, weil es dann reif geerntet und ohne größere Transportwege angeboten werden kann. Meist ist es dann auch preiswerter. Und: Früchte, die reif geerntet wurden, enthalten auch mehr wertvolle Inhaltsstoffe.

Die Saison-Kalender geben Auskunft über die Hauptangebotszeit von Obst und Gemüse und darüber, wann einheimische Ware im Freiland geerntet wird (→ Seite 341–343).

Nur reifes Obst und Gemüse ist in Form, Farbe, Duft, Geschmack sortentypisch. Es gibt Früchte, die nach der Ernte noch nachreifen, sofern ihre Form, Größe und Farbe erkennen lassen, dass sie ausreichend ent-

Tipp

Auch wenn es diese EU-Handelklassen gibt: Die Größe eines Apfels beispielsweise ist keine Garantie für den Geschmack. Gerade kleine Äpfel haben oft ein wunderbares Aroma – und ein kleines Madenloch schadet da nicht.

wickelt sind. Andere Arten reifen nach der Ernte nicht mehr nach. Auch wenn diese Früchte noch lange gelagert werden: Ihre typische Konsistenz bekommen sie nicht mehr, und es fehlt an Aroma.

Nachreifende Früchte

Äpfel, Aprikosen (Marillen), Avocados, Bananen, Birnen, Feigen, Guaven, Kiwis, Mangos, Nektarinen, Papayas, Passionsfrucht, Pfirsiche, Pflaumen (Zwetschken), Tomaten, Wassermelonen, Zuckermelonen.

Nicht nachreifende Früchte

Ananas, Auberginen (Melanzani), Brombeeren, Clementinen, Erdbeeren, Gemüsepaprika, Granatäpfel, Grapefruit, Gurken, Heidelbeeren, Himbeeren, Kirschen, Limetten, Limonen, Litchis, Mandarinen, Orangen, Trauben, Zitronen.

Saison-Kalender Obst

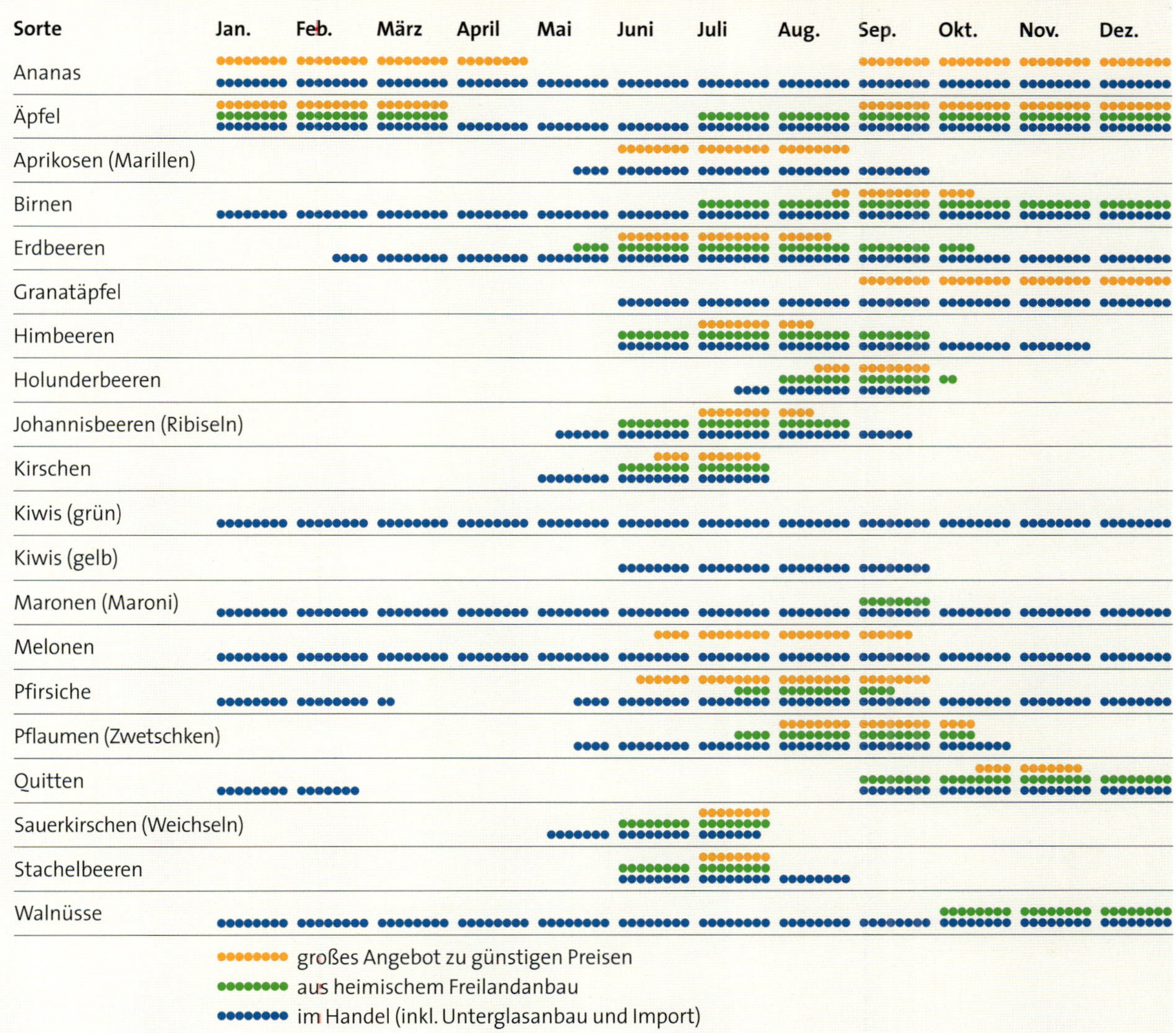

Saison-Kalender Wildfrüchte

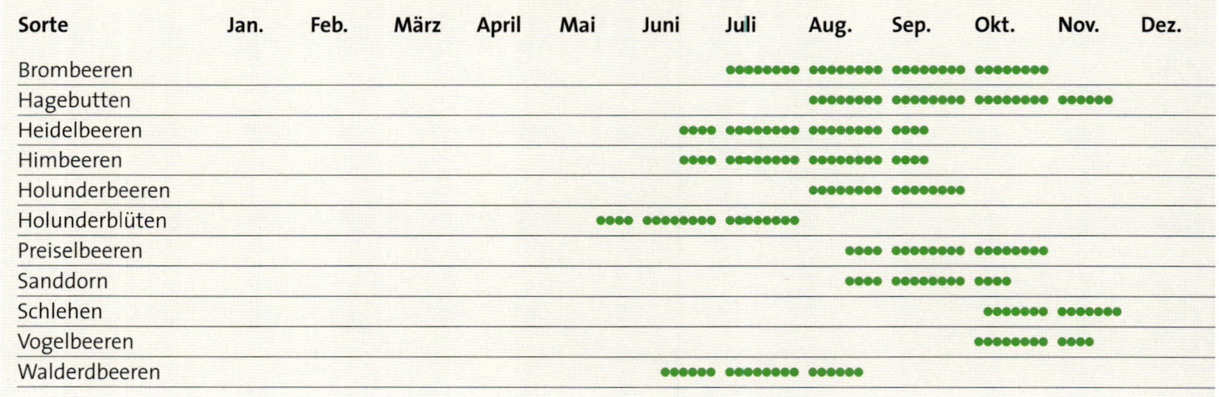

Saison-Kalender Gemüse und Pilze

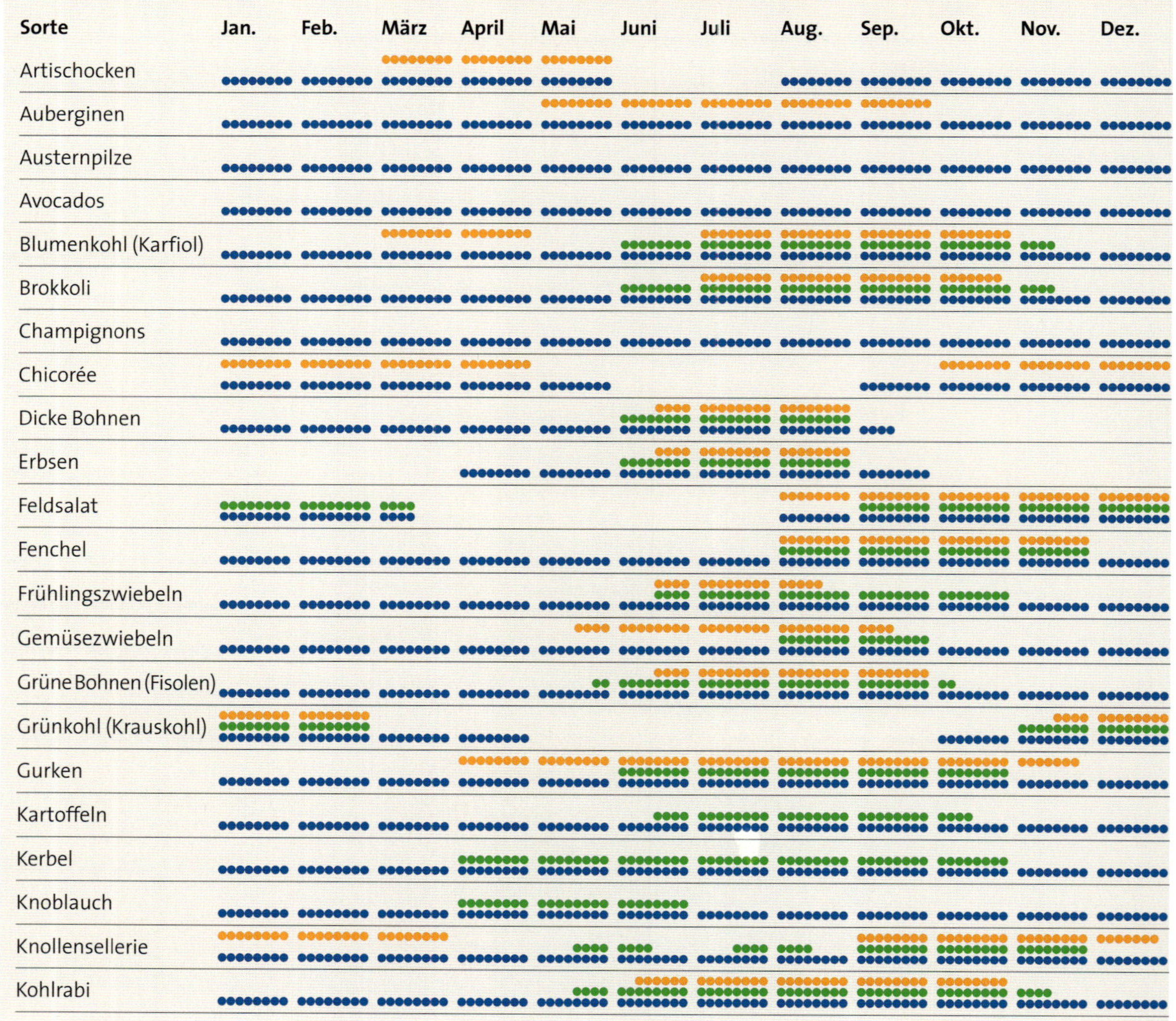

Saison-Kalender Gemüse und Pilze *Fortsetzung*

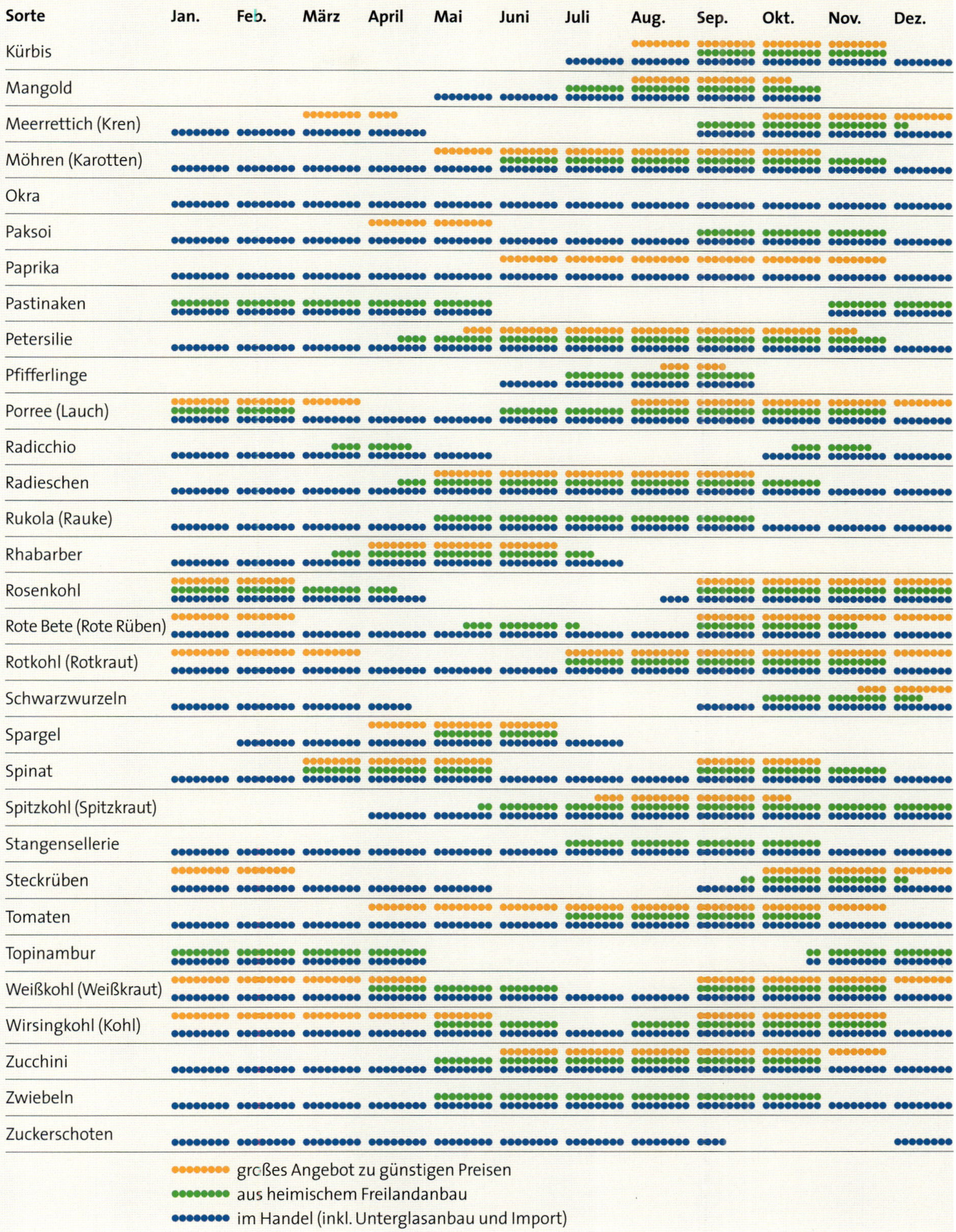

Umweltbewusst einkaufen

Verpackungen müssen sein, schon aus hygienischen Gründen, denn viele Lebensmittel wie Käse, Butter, Joghurt können nicht lose im Selbstbedienungs-Kühlregal liegen. Aber es gibt Verpackungen, die überflüssig sind und unnötig die Umwelt belasten. Daher:

- Bevorzugen Sie Mehrwegverpackungen, wie z. B. Pfandflaschen.
- Kaufen Sie Nachfüllpackungen, z. B. bei Gewürzen.
- Kaufen Sie wenn möglich unverpackte Produkte, wie bei Obst und Gemüse.
- Denken Sie daran, zum Einkaufen einen Korb oder eine Tasche mitzunehmen, damit Sie Ihre Einkäufe nicht in Plastiktüten transportieren müssen.
- Lassen Sie Kartonagen, Folienverpackungen von Schachteln im Geschäft zurück; das dürfen Sie laut Gesetzgeber seit dem 1. Januar 1993, denn diese Verpackungen sammelt vor Ort das Duale System ein.

Bioprodukte und alternativer Landbau

Eine gesunde Ernährung ist nur möglich, wenn Boden, Wasser und Luft, und damit unsere Lebensmittel, möglichst frei von Umweltschadstoffen sind. Nahrung kann nur so unbelastet sein wie die Umwelt, aus der sie kommt.

Viele Verbraucher suchen aus diesem Grund nach Alternativen zu konventionell angebauten Produkten und setzen auf Ware aus der ökologischen Landwirtschaft. In der Hoffnung, auf diese Weise keine Rückstände von Pestiziden oder Tierarzneimitteln in Kauf nehmen zu müssen, wird der meist höhere Preis für Bioprodukte akzeptiert. Zwar können auch in diesen Lebensmitteln trotz spezieller Vorschriften über Standorte und Wasserqualität in geringen Mengen Umweltschadstoffe aus der Luft und dem Wasser enthalten sein, aber Öko-Pflanzenkost ist fast immer nitratärmer als konventionell angebautes Obst und Gemüse, und sie enthält in der Regel keine synthetischen Pestizide.

Schnäppchenpreise sind bei Bioprodukten nicht zu erwarten. Doch seit diese auch im Supermarkt Einzug gehalten haben, ist die Preisdifferenz zu konventioneller Ware nicht mehr so gewaltig. Insbesondere Lebensmittel, die aus der Region kommen, können preislich durchaus interessant sein – und lange Transportwege sollten ohnehin möglichst vermieden werden.

Seit 1993 sind die Begriffe „bio“ und „öko“ EU-weit geschützt. Seit August 2000 gilt die Verordnung auch für tierische Produkte.

Auf europäischer Ebene gibt es seit Anfang 2000 ein einheitliches Siegel für die Kennzeichnung ökologisch erzeugter Produkte. Das Zeichen (Abbildung links) garantiert, dass diese Produkte der EU-Verordnung für den ökologischen Landbau entsprechen. Mit dem EU-Öko-Siegel dürfen nur Waren gekennzeichnet werden, deren Rohstoffe in der Europäischen Union erzeugt und kontrolliert werden und die zu mindestens 95 % aus ökologischer Erzeugung stammen.

Bio-Siegel in Deutschland

AGÖL – sieben auf einen Streich

Langjährigen Bio-Fans aus Deutschland sind die nebenstehenden Siegel bekannt. In der Arbeitsgemeinschaft Ökologischer Landbau (AGÖL) haben sich die sieben Verbände zusammengeschlossen. Die Marken dieser Verbände sind auch in Supermärkten zu finden. Wenn Sie mit diesen Warenzeichen gekennzeichnete Produkte kaufen, ist Ihnen eine tatsächlich alternativ produzierte Ware garantiert.

Demeter und Bioland

Demeter und Bioland – die größten Bio-Anbauverbände – sind seit 2001 aus der AGÖL ausgeschieden.

- Der Bundesverband Bioland ist sowohl von der Anzahl der Betriebe als auch von der bewirtschafteten Fläche her der größte deutsche Anbauverband des ökologischen Landbaus. Die Landwirte, die dort Mitglied sind, verpflichten sich zu organisch-biologischer Anbauweise.
- Die von den Demeter-Betrieben praktizierte biologisch-dynamische Wirtschaftsweise ist bereits seit 1924 bekannt und damit die älteste aller ökologischen Landbauformen. Wichtige Unterschiedsmerkmale zu anderen Verbänden sind die Beachtung kosmischer Rhythmen und die Anwendung von Präparaten aus Heilkräutern, Mineralien und Kuhdung zur Förderung der Bodenfruchtbarkeit.

IFOAM accredited

Die Internationale Vereinigung biologischer Landbaubewegungen vergibt über eine Tochtergesellschaft das Logo IFOAM accredited. Dieses Logo zeichnet ein Öko-Produkt indirekt aus, indem es der eigentlichen Zertifikationsstelle – also beispielsweise dem Anbauverband – die Einhaltung von Mindeststandards bescheinigt. Das Zeichen ermöglicht, ausländische Öko-Lebensmittel und vor allem solche aus Ländern außerhalb der Europäischen Union zu erkennen.

Nationales Bio-Siegel

Die verschiedenen Warenzeichen der Anbauverbände und eine Vielzahl von Markenzeichen, die im Lebensmittelhandel auf Bio-Produkte hinweisen – alles in allem so um die hundert – machen es dem Verbraucher beim Einkauf nicht leicht, sich für das richtige Produkt zu entscheiden. Ist wirklich „öko" drin, wo „öko" draufsteht?

Diese Verunsicherung führte teilweise dazu, dass keine Lebensmittel aus ökologischem Anbau gekauft wurden.

Um Klarheit zu schaffen und den Absatz ökologischer Produkte zu fördern und damit dem ökologischen Landbau zu nachhaltigem Wachstum zu verhelfen, hat sich die deutsche Bundesregierung dazu entschlossen, ein einheitliches, neues Bio-Siegel zu schaffen, das 2001 eingeführt wurde.

Organisch-biologisch und biologisch-dynamisch

Organisch-biologisch bedeutet, dass keine synthetisch hergestellten Dünger und keine chemischen Pflanzenschutzmittel im Pflanzenbau verwendet werden. Die Methoden der Wahl sind Fruchtfolge, standortangepasste Sortenwahl oder Förderung der Nützlinge. Angestrebt wird ein geschlossener Ökokreislauf, in den die Tierhaltung integriert ist. In diesem Kreislauf sind die Tiere sowohl Schlachtvieh, Futterverwerter als auch Lieferanten von organischem Dünger. Zunehmend spezialisieren sich viele Betriebe jedoch entweder auf Tierhaltung oder auf Obst- und Gemüseanbau.

Die biologisch-dynamische Wirtschaftsweise verfolgt die gleichen Richtlinien wie die organisch-biologische. Zusätzlich werden hier unter anderem bestimmte Präparate eingesetzt, die zum Teil mit den homöopathischen Mitteln der Naturheilkunde vergleichbar sind. Sie sollen der Aktivierung des Bodenlebens dienen.

Handelsketten verkaufen Ökoprodukte

Auch in den herkömmlichen Supermärkten gibt es mittlerweile Öko-Produkte. Große Handelsketten haben dafür eigene Marken entwickelt. Bei Tengelmann, Kaiser's, Grosso/Magnet und Plus heißt die Marke **Naturkind**. Rewe (Rewe, HL, Minimal, Toom, Idea) führt die Marke **Füllhorn**. Und mit **Grünes Land** versorgt Metro (Kaufhof, Kaufhalle, Extra, Real) seine Kunden. Die Edeka bietet **Bio-Wertkost** an. Außerdem gibt es in Reformhäusern Produkte mit dem grünen **Bio-Blattsiegel**.

Bio-Siegel in Österreich

AMA Kontrollzeichen/ Österreichisches Biozeichen

Produkte mit diesem Zeichen stammen aus biologischem Landbau. Das rote Zeichen garantiert, dass 100 % der im Inland herstellbaren Rohstoffe aus Österreich stammen, das schwarze Zeichen kennzeichnet Bioprodukte, die, beziehungsweise deren Zutaten aus dem Ausland stammen.

Bio Ernte Austria

Der seit 1979 bestehende Verband hat etwa 10 500 landwirtschaftliche Mitgliedsbetriebe und über 250 Partner im verarbeitenden Gewerbe. Damit ist Ernte heute der größte Partner für den Handel und die größte derartige Organisation nicht nur in Österreich, sondern auch in Europa.

Österreichischer Demeter-Bund

Demeter – biologisch-dynamische Landwirtschaft
Der österreichische Demeter-Bund wurde 1969 gegründet. Wichtig ist nicht nur die Schonung natürlicher Ressourcen und Lebensprozesse, sondern auch die gezielte Förderung des Zusammenwirkens von irdischen und kosmischen Kräften.

Weitere Öko-Siegel

Weitere österreichische Siegel, die biologischen Anbau beziehungsweise ökologisch-artgerechte Tierhaltung garantieren sind KT-Freiland, die Förderungsgemeinschaft für gesundes Bauerntum ORBI, die Biolandwirtschaft Ennstal, BAF – Verein der biologisch wirtschaftenden Ackerbaubetriebe und die Hofmarke Bioverband.

Öko-Siegel österreichischer Handelsketten

JA! Natürlich kennzeichnet Biowaren von Billa, Merkur, Emma.

Spar – Natur – Pur wird von der Spar-Gruppe angeboten.

Die richtige Lagerung

Frische Lebensmittel sollten so schnell wie möglich verbraucht werden. So schmecken sie am besten, und alle wertvollen Inhaltsstoffe sind noch enthalten.

Aber nicht alles lässt sich täglich frisch kaufen. Dann kommt es auf die richtige Lagerung an.

Wo lagert was?

Es ist nicht immer ganz einfach, Lebensmittel unter geeigneten Bedingungen aufzubewahren, denn die modernen Wohnungen sind zu warm, der Keller eventuell zu feucht, und selten ist eine Speisekammer vorhanden, in der frische Ware gut aufgehoben wäre. Als Faustregel gilt:

Lebensmittel grundsätzlich möglichst kühl (bei 0 bis 12° C), trocken, lichtgeschützt, frostsicher und bei guter Belüftung aufbewahren.

Auf verpackten Lebensmitteln sind meistens Hinweise zur Lagerung angegeben:

- Tiefgefrierlagerung: Im Tiefkühlschrank oder in der Tiefkühltruhe bei Temperaturen von –18° C und kälter.
- Gekühlt lagern: Im Kühlschank oder in Kühlgeräten bei Temperaturen zwischen 2 und 8° C.
- Kühl lagern: An einem kühlen Ort, nicht im Kühlschrank, bei Temperaturen bis maximal 18° C.
- Bei Zimmertemperatur lagern: Bei Temperaturen zwischen 18 und 22° C, wobei keine weiteren Bedingungen, wie z. B. die Luftfeuchtigkeit, zu beachten sind.
- Vor Wärme schützen: Die Ware verträgt grundsätzlich höhere Temperaturen als Raumtemperatur, darf aber nicht, auch nicht kurzfristig, in unmittelbarer Nähe einer Wärmequelle (Heizung, direkte Sonneneinstrahlung) lagern.
- Trocken lagern: Lagerung bei maximal 70 % relativer Luftfeuchtigkeit.
- Lichtgeschützt lagern: Vor direktem Lichteinfall geschützt aufbewahren.

Kühlschrank und Co.

Der Kühlschrank ist vor allem für die kurzfristige Lagerung von frischen Lebensmitteln und Resten von Mahlzeiten gedacht.

Alle Lebensmittel im Kühlschrank sollten gut verpackt sein. Verpackungen schützen vor Austrocknen, Geruchsübertragung, Farb-, Aroma- und Geschmacksveränderungen sowie Übertragung von Keimen.

Im Gefriergerät (Schrank oder Truhe) können tiefgefrorene Lebensmittel für mehrere Monate aufbewahrt werden.

Mehrzonengeräte, auch als Vorratszentren bezeichnet, ermöglichen die Aufbewahrung in verschiedenen Temperaturbereichen. Temperatur und Luftfeuchtigkeit lassen sich einstellen. Sie können damit eine Alternative für Haushalte ohne Speisekammer und Keller sein; allerdings verbrauchen sie mehr Strom als Kühl-Gefrier-Kombinationen und sind teurer.

Tipp

Kühl- und Tiefkühlgeräte sollten regelmäßig abgetaut und gereinigt werden. Das hilft, Energie zu sparen, und beseitigt Verunreinigungen, Geruch und Bakterien. Eine Ausnahme beim Abtauen sind Geräte mit automatischer Abtauvorrichtung. Aber auch diese sollten Sie von Zeit zu Zeit mit Essigwasser säubern. Nicht vergessen: Lüftungsöffnungen und -gitter von Staub befreien.

Extra-Tipps

- Beerenfrüchte am besten in einem Porzellanbehälter zugedeckt im Gemüsefach aufbewahren.
- Frische Kräuter, locker in einen zugebundenen Frischhaltebeutel geben und im Seitenfach oder Gemüsefach des Kühlschranks unterbringen.
- Fleisch, Geflügel (auch Teile) und Fisch aus der Folie nehmen. In einem Porzellangefäß zugedeckt am besten an der kältesten Stelle des Kühlschranks, das heißt unten direkt über dem Gemüsefach (Glasplatte) lagern. Fisch hält sich höchstens 1 Tag; Fleisch und Geflügel nicht mehr als 2 Tage.
- Butter oder Margarine in das Innenfach der Kühlschranktür legen.
- Fette und Öle sollten gut verschlossen lagern, damit sie keine fremden Gerüche annehmen.
- Eier sollten immer frisch sein und im Kühlschrank lagern. Frische Eier innerhalb von 2 Wochen verbrauchen.

Es gibt Drei- und Vierzonengeräte:

- Dreizonengerät: Gefrierzone (–18° C oder kälter), Kühlzone (4 bis 8° C) und Kellerzone (8 bis 12° C)
- Vierzonengerät: Gefrierzone (–18° C oder kälter), Frischhaltezone (0 bis 1° C), Kühlzone (4 bis 8° C) und Kellerzone (8 bis 12° C).

Was nicht in den Kühlschrank gehört

- Käse, der noch reifen soll.
- Tomaten verändern im Kühlschrank den Geschmack.
- Zitrusfrüchte trocknen aus.
- Bananen mögen keine Kälte; sie werden braun und verlieren ihren Geschmack. 12° C (Kellerzone im Mehrzonengerät) ist für sie die beste Lagertemperatur.
- Beerenfrüchte verlieren gekühlt ihr Aroma.

Im Mehrzonengerät (etwa 8° C bis 12° C) fühlen sich wohl:

- Exotische Früchte (z. B. Ananas), Weintrauben, Zitrusfrüchte, Auberginen (Melanzani), Avocados, Tomaten, Gurken, Kartoffeln.

Wie lange hält sich was?

Es gibt kaum ein verpacktes Lebensmittel, das nicht ein Mindesthaltbarkeitsdatum trägt. Dieses gibt den Zeitpunkt an, bis zu dem es bei angemessener Lagerung aufbewahrt werden kann. Nach Ablauf der Frist sind diese Lebensmittel nicht sofort verdorben, sollten jedoch möglichst umgehend verbraucht werden. Bei Fleisch und Fisch sollte man die Frist keinesfalls überschreiten.

Je nachdem, wie lange die Lebensmittel haltbar sind, tragen sie Tages-, Monats- und Jahresangabe. Bei einer Mindesthaltbarkeit von weniger als 3 Monaten kann die Jahresbezeichnung entfallen, bei mehr als 3 Monaten die Angabe des Tages. Bei leicht verderblichen Lebensmitteln, wie z. B. Hackfleisch (Faschiertem), ist das Verbrauchsdatum angegeben. Es heißt dann: „verbrauchen bis …“, gefolgt von dem entsprechenden Datum.

Dabei unbedingt beachten: Mindesthaltbarkeits- und Verbrauchsdatum gelten nur für ungeöffnete Verpackungen. Wenn sie angebrochen ist, verderben die Produkte zum Teil wesentlich schneller.

Die Lagerdauer von Trockenvorräten und Konserven liegt im Allgemeinen zwischen 6 Monaten und 2 Jahren. Selbst Eingemachtes, wie Obstkonfitüren oder eingelegtes Gemüse, sollte nicht länger als 1 bis 2 Jahre aufbewahrt werden.

Viele Obst- und Gemüsesorten sind am besten im Kühlschrank untergebracht; dort sind sie vor Licht und Wärme geschützt. Ein feuchtes Tuch oder ein luftdichter, manchmal auch mit Luftlöchern versehener Beutel verhindern das Austrocknen. So verpackt kommen etliche Produkte (Eisbergsalat, Möhren/Karotten, Petersilie, Spargel oder Kirschen) bis zu 10 Tage (bei 1 bis 5° C) über die Runden.

Ei-Frische-Test

Legen Sie das Ei in eine Glasschüssel mit kaltem Wasser. Bleibt es am Boden, ist es frisch. Nimmt das Ei eine leichte Schräglage ein, ist es etwa 7 bis 8 Tage alt.

Schwimmt das Ei oben, sollte es nicht mehr verwendet werden. Grund: Durch die Schale ist Wasser aus Eigelb und Eiweiß verdunstet und die fehlende Masse wurde durch Luft ersetzt.

Konservieren durch Kälte

Einfrieren ist in der Regel die schonendste Art, Lebensmittel zu konservieren. Die wichtigsten Nährstoffe bleiben so gut wie vollständig erhalten, die Vitaminverluste sind gering.

Ganz frisch und besonders schnell und schonend eingefroren sind die industriellen Tiefkühlprodukte. So ist Tiefkühlkost eine sehr gute Alternative, wenn nichts Frisches im Haus ist oder wenig Zeit zum Kochen bleibt, denn das Putzen, Schneiden und Waschen vor der Zubereitung entfällt.

Im Haushalt lohnt sich Einfrieren beispielsweise, wenn Sie Selbstgeerntetes oder Sonderangebote nicht zügig verbrauchen können. Denn meist ist dies für den Nährstofferhalt besser als eine längere Lagerung bei Raumtemperatur oder im Kühlschrank.

Einfrieren ist aber auch ganz einfach praktisch: Für Berufstätige, die unter der Woche wenig Zeit haben, bietet es sich an, am Wochenende einmal die doppelte Menge zu kochen. Dann können Sie, wenn wieder einmal alles schnell gehen muss, auf den Vorrat statt auf die Fertigpizza zurückgreifen. Auch Reste finden meist dankbarere Abnehmer, wenn sie erst zwei, drei Wochen in der Tiefkühltruhe geruht haben, als wenn sie gleich am folgenden Tag wieder serviert werden.

Tipps für erfolgreiches Einfrieren

Schneller ist besser

- Je schneller der Einfriervorgang abgeschlossen ist, desto besser. Das heißt: flache Pakete und möglichst tiefe Temperaturen. Sonst können sich im Inneren des Lebensmittels größere Eiskristalle bilden, die die Zellwände zerstören und zu reichlich Saftverlust beim Auftauen führen.
- Kleinere Einfrier-Portionen sind günstiger: Sie frieren rascher durch, tauen schneller wieder auf und lassen sich besser portionieren.
- Beim Einfrieren kleinerer Mengen genügen die üblichen –18° C. Vor dem Einfrieren größerer Mengen, wenn vorhanden, die Superschaltung des Gefriergeräts betätigen.

Gekochtes einfrieren

- Gekochte Lebensmittel sollten vor dem Einfrieren erst abkühlen.
- Wenn auf Vorrat gekocht wird, ist es günstiger, die Tiefkühlportion nur schwach zu würzen, und sie mit Mehl statt mit Stärke zu binden. Der Grund: Im Eis kann sich Würzaroma stark verändern und Stärke verliert an Bindekraft.

Gemüse und Obst einfrieren

- Gemüse und Obst werden geputzt, gewaschen und zerkleinert. Gemüse und bestimmte Obstsorten wie Äpfel und Birnen sollten vor dem Einfrieren blanchiert werden (→ Seite 350).

So wird blanchiert

Blanchieren (→ Seite 353) ist eine kurze Hitzebehandlung in kochendem Wasser oder Wasserdampf. Dadurch werden Oberflächenenzyme unwirksam gemacht und Veränderungen in den Lebensmitteln, die zu Verfärbung und Geschmacksveränderung führen, vermieden.

- Zum Blanchieren das Gemüse putzen, reinigen, klein schneiden und in reichlich kochendes Wasser geben. Dann je nach Gemüse- oder Obstsorte 2 bis 5 Minuten kochen lassen.
- Anschließend sofort in eine große Schüssel mit eiskaltem Wasser, eventuell mit Eiswürfeln, geben und darin abschrecken. Das Gemüse oder Obst gut abtropfen lassen, verpacken und einfrieren. Das heiße Blanchierwasser kann für weitere Portionen verwendet werden.

- Beerenfrüchte und kleineres Gemüse sollten zunächst einzeln auf ein Tablett gelegt und so auch eingefroren werden, anschließend kommen sie in einen Behälter.
- Frisches Gefriergut, das einzeln vorgefroren wird, sollte nicht in Kontakt mit bereits Eingefrorenem kommen. Hier helfen getrennte Fächer oder das Abteilen durch Styropor oder mit Alufolie umwickelte Pappe.

Die richtige Verpackung

- Eine einwandfreie Verpackung ist wichtig. Sonst kann das Gefrorene austrocknen (Gefrierbrand) oder fremden Geschmack annehmen. Geeignet sind spezielle Beutel und Behälter sowie extrastarke Alufolie (normale reißt leichter).
- In der Verpackung sollte möglichst wenig Luft bleiben. Aber Behälter sollten auch nicht randvoll gefüllt werden, denn Flüssigkeiten dehnen sich beim Gefrieren aus.
- Die Originalverpackungen von Fleisch oder Wurst sind nicht alle gefriergeeignet. Daher besser umfüllen.
- Beschriften hilft bei der Übersicht: Packungsinhalt und Abpackdatum sollten vermerkt sein. Eine Vorratsliste verhindert, dass Oldtimer übersehen werden.

Was lässt sich einfrieren?

Zum Einfrieren eignet sich vieles, insbesondere auch zubereitete Speisen, Backwaren und die meisten Obst- und Gemüsesorten.

Für die Vorratshaltung oder Resteverwertung können Sie beispielsweise auch einfrieren: Nüsse und Kaffee (gemahlen und ungemahlen), Milch (außer Rohmilch), Fruchtsaft, geschlagene Sahne, geriebenen Käse, Aufschnitt, Kartoffelpüree, Brötchen, Eiweiß und Eigelb (leicht gesalzen und verrührt), geriebenen Meerrettich (Kren) oder Ingwer, frisches Tomaten- oder Fruchtpüree, Spargel (roh und geschält).

Im Haushalt nicht tiefgekühlt werden sollte z. B. stark Wasserhaltiges wie Gurken, Tomaten, Radieschen und Salat.

Wie lange lässt sich was lagern?

Die Lagerzeiten von Tiefkühlkost variieren stark. Bei Fertigpackungen sind sie meist länger, weil die Industrie mit viel tieferen Temperaturen (schock)frostet. Auf den Packungen finden Sie ein Mindesthaltbarkeitsdatum; danach sind die Lebensmittel aber nicht „verfallen", sondern weiter genießbar, allerdings mit abnehmender Qualität, vor allem von Konsistenz und Geschmack.

Wie lange Sie Selbsteingefrorenes im Gefrierschrank lagern können, hängt unter anderem von der Art des Lebensmittels ab, dem Zustand beim Einfrieren, den Gewürzen, der Lagertemperatur. Generelle Angaben zu den Lagerzeiten lassen sich daher kaum machen. Orientieren kann man sich an Kochbüchern und Erfahrungswerten. Und eine Faustregel besagt: Gemüse, Obst und mageres Fleisch lässt sich bis zu einem Jahr gut aufbewahren, fettes Fleisch und Selbstgekochtes besser nur 3 bis 4 Monate.

Dabei gilt aber:

- Je frischer die Lebensmittel in die Gefriertruhe kommen, desto länger dauert es, bis die Qualität abnimmt. Wenn Sie z. B. Fleisch oder Aufschnitt aus dem Kühlschrank durch Einfrieren im letzten Moment noch retten wollen, sollten Sie es bald wieder auftauen und verzehren.

- Tiefere Temperaturen verlängern die Lagerzeit. Für den Haushalt wären Temperaturen unter –18° C jedoch unwirtschaftlich. Ist es im Gefriergerät aber einige Zeit wärmer, verkürzt sich die Lagerzeit, zum Teil sogar erheblich. Zum Beispiel bei –12° C anstelle von –18° C: Pommes frites 9 statt 24 Monate, Pute 8 statt 15 Monate.
- Das Tiefkühlfach mit drei Sternen kommt auf –18° C. Sie können es durchaus zum Einfrieren kleinerer Mengen – etwa 1 bis 1½ kg – nutzen, vor allem für weniger Empfindliches (Suppenreste etc.). Möglichst selten und kurz öffnen, damit die Kälte gut erhalten bleibt.
- Bei zu langer Lagerung, zu wenig Minusgraden oder schlechter Verpackung leiden Vitamine, Geschmack, Geruch und Konsistenz. Besonders anfällig ist Fettreiches. Gefriertemperaturen stoppen den bakteriellen Verderb, aber die chemischen Prozesse gehen weiter, wenn auch je nach Temperatur erheblich reduziert. Überlagertes ist zwar nicht gesundheitsgefährdend, jedoch ungenießbar, weil es einfach nicht mehr schmeckt.

Auftauen

Am längsten dauert das Auftauen im Kühlschrank, am schnellsten geht es im Mikrowellengerät; Empfindliches kann dabei aber bereits angaren. Rasch geht das Auftauen auch im Umluftherd oder im Wasserbad bei jeweils etwa 50° C.

Viele zubereitete Speisen kann man ohne Auftauen direkt erhitzen. Gemüse darf gefroren in den Topf, dünnere Fleischstücke sofort in die Pfanne, Brotscheiben tauen beim Toasten auf.

Fleisch, Geflügel, Fisch und Speisen mit rohem Ei sollten allerdings am besten im Kühlschrank aufgetaut werden. Denn Mikroorganismen, die den Kälteschlaf überleben (z. B. Salmonellen), werden nach dem Auftauen wieder aktiv, besonders bei Zimmertemperatur.

Aufgetautes sofort weiterverarbeiten; nicht wieder kühl stellen.

Die Auftauflüssigkeit von Geflügel und Wild gleich nach dem Auftauen wegen der Salmonellengefahr wegschütten. Auch von so genannten glasierten Produkten, wie z. B. Krabbensorten, die beim Tiefgefrieren kurz in Wasser getaucht werden und so mit einem „Eispanzer" einen zusätzlichen Produktschutz bekommen, muss das Auftauwasser weggeschüttet werden.

Auftauzeiten für 1 kg Fleisch und Geflügel:
- Kühlschrank (5° C): 20 bis 30 Stunden
- Raumtemperatur (20° C): 12 bis 24 Stunden

An- oder auftauen?

Angetaut wird:
- was zu formen ist, wie Rouladen oder Forellen, die geringelt oder gerollt werden.
- was sich voneinander lösen muss, wie Fischfilets.
- was gewürzt werden muss, wie Fleischstücke und Geflügel.
- was gesäubert oder entsteint werden muss, wie Früchte.

Aufgetaut wird:
- was groß ist, z. B. ganze Fische, Garnelen, große Fleischstücke und ganzes Geflügel.
- was zum Rohverzehr bestimmt ist, wie z. B. Obst, Obstsäfte, Milcherzeugnisse, Kuchen.
- was weiterverarbeitet werden soll.
- was ohne erneutes Garen verzehrt werden soll, wie Garnelen.
- was verrührt, geknetet, ausgerollt oder geformt werden soll, wie Hackfleisch (Faschiertes) oder Teige.

Nicht wieder einfrieren?

Experten meinen heute: Im Kühlschrank Aufgetautes, das keine Veränderungen an Aussehen, Geruch und Geschmack zeigt, darf man wieder einfrieren, auch Fleisch. Das kann dann sogar weit sinnvoller sein als alles noch ein, zwei Tage im Kühlschrank zu lassen.

Tipps zum Kauf von Tiefkühlkost

- Kaufen Sie nur unbeschädigte Packungen.
- Schüttfähige Produkte wie Erbsen oder Beeren müssen in der Verpackung „rappeln"; andernfalls war die Ware zwischendurch schon angetaut.
- Fleisch und Geflügel dürfen keine weißen oder bräunlich-roten Verfärbungen haben. Zwischen Fleisch und Verpackungsfolie darf sich kein Schnee und Eis gebildet haben.
- Verwenden Sie zum Transport Zeitungspapier oder eine isolierende Kühltasche, wenn das Lebensmittel wieder in das Tiefkühlgerät gelegt werden soll.
- Geflügel zum Auftauen aus der Verpackung nehmen, nach dem Auftauen mit kaltem Wasser abspülen.

Wichtige Vorarbeiten

Lebensmittel schmecken am besten, wenn sie möglichst schnell nach dem Einkauf zubereitet und verzehrt werden. Vorher gibt es allerdings einige Arbeiten, die notwendig sind. Für die meisten Gemüsesorten gelten die folgenden Arbeitsgänge:

Beim **Putzen** von Gemüse und Obst werden Schmutz, verdorbene, welke, nicht essbare und harte Bestandteile entfernt. Außerdem werden Wurzelgemüse unter fließendem Wasser grob abgebürstet. Durch das Entfernen nitratreicher Stiele und Strünke wird zugleich der Nitratgehalt der Speisen gesenkt.

Das **Waschen** von Obst und Gemüse beseitigt Staub, Schmutz, Krankheitskeime und oberflächlich anhaftende Schadstoffe.

Das sollten Sie beachten:

- Geputztes Gemüse nur im Ganzen waschen; dazu nur kaltes Wasser verwenden.
- Gründlich waschen, aber so kurz wie möglich, und keinesfalls im Wasser für längere Zeit liegen lassen.
- Empfindliche Früchte wie Erdbeeren in stehendes Wasser tauchen.
- Salatblätter durch stehendes Wasser ziehen.

Beim **Schälen** oder **Schaben** werden beispielsweise bei Wurzel- und Knollengemüsen ungenießbare oder harte Schalen und Häute entfernt.

Das sollten Sie beachten:

- Obst und Gemüse möglichst dünn schälen; manchmal reicht bereits das Abschaben.
- Manche Gemüsesorten werden, abweichend von der Regel, erst nach dem Garen geschält, zum Beispiel Rote Bete (Rote Rüben).
- Geschältes Obst und Gemüse nicht länger als nötig an der Luft liegen lassen; die sauerstoffempfindlichen Vitamine gehen dabei leicht verloren.

Durch **Zerkleinern** lassen sich Lebensmittel besser verdauen, und der Körper kann die Nährstoffe leichter aufnehmen. Gemüse und manche Obstsorten (Äpfel, Melonen) bekommen durch verschiedene Schnitt-Techniken ein dekoratives Aussehen.

- **Scheiben:** Auberginen (Melanzani), Champignons, Gurken, Kartoffeln, Knollensellerie (Zeller), Karotten, Tomaten, Zucchini.

- **Würfel und Rhomben:** Auberginen, Gurken, Karotten, Kartoffeln, Knollensellerie (Zeller), Kohlrabi, Kürbis, Melonen, Rote Bete (Rote Rüben), Zucchini.
- **Kugeln:** Äpfel, Birnen, Gurken, Kartoffeln, Kürbis, Melonen, Rote Bete, Zucchini.
- **Raspel:** Gurken, Karotten, Kartoffeln, Knollensellerie, Rote Bete (Rote Rüben).
- **Olivenschnitt (Tournierschnitt, kugelförmig):** Gurken, Karotten, Kartoffeln, Knollensellerie, Kohlrabi.
- **Stäbchen und Julienne (sehr dünne Streifen):** Lauch, Karotten, Knollensellerie, Kohlrabi, Rote Bete, Zucchini.
- **Buntschnitt (mit dem Buntmesser) in Stäbchen, Scheiben, Würfel:** Gurken, Karotten, Kartoffeln, Knollensellerie, Kohlrabi. Auch für Waffelkartoffeln: Erst mit dem Buntmesser in Scheiben schneiden, dann die Kartoffel um 90 Grad drehen und wieder in Scheiben schneiden.
- **Chiffonaden** sind aufgerollte und in dünne Streifen geschnittene Salatblätter, die zum Dünsten mit feinen Erbsen vermischt werden oder als Einlage in Brühe (klare Suppe) gegeben werden können.

Küchen-Tipps

- Zerkleinertes Gemüse und Obst schnell weiterverarbeiten. Beim Zerkleinern vergrößert sich die Oberfläche. Je kleiner die Stücke sind, desto größer ist die Angriffsfläche für Licht und Luft, sodass mehr Vitamine verloren gehen.
- Sollten zerkleinerte Gemüse übrig bleiben, zugedeckt im Kühlschrank bis zum nächsten Tag aufbewahren.
- Ein Spritzer Zitronensaft oder Essig schützt Obstschnittflächen (z. B. Äpfel) vor dem Braunwerden und verringert den Verlust an Vitamin C.
- Gemüse für Rohkost am besten in die vorbereitete Marinade raspeln.

Garmethoden von A bis Z

Schonende Zubereitungs- und Garverfahren tragen zur Erhaltung von Vitaminen und Mineralstoffen bei. Zwar wird im Allgemeinen immer vom Kochen gesprochen, doch sind mitunter ganz unterschiedliche Techniken gemeint:

Backen

Das Garen von Teig in heißer, trockener Luft bei 150 bis 250° C.

Beim Backen mit Ober- und Unterhitze, bei der nur mit einer Einschubleiste gearbeitet wird, werden flache Backformen in die mittlere Einschubleiste, hohe Kuchen in die untere oder die 2. Schiene von unten gesetzt. Die Temperatur richtet sich nach der Art des Gebäcks.

Im Umluftbackofen kann das Backen auf mehreren Ebenen (Einschubleisten) gleichzeitig stattfinden. Die Backtemperaturen verringern sich durchschnittlich um etwa 20 bis 30 Prozent.

Vorheizen ist in Backöfen mit Ober- und Unterhitze für Hefe-, Biskuit-, Brot- und Blätterteig nötig.

Blanchieren

- **Kurzes Kochen** von rohen Nahrungsmitteln in siedendem Wasser (1 bis 5 Minuten). Anschließend in eiskaltem Wasser abschrecken.

Geeignet für Gemüse, um es anschließend weiterzuverarbeiten (z. B. Vorgaren von Kohlblättern für Rouladen) oder um es anschließend einzufrieren.

- **Kurzes Erhitzen** von rohen Lebensmitteln im Siebeinsatz über Wasserdampf.

Braten im Backofen

Bräunen und Garen im eigenen Fett oder in wenig zusätzlichem Fett im offenen oder geschlossenen Bräter. Die Temperatur im Backofen liegt zwischen 160 und 250° C.

Diese Methode eignet sich für mittlere und große Bratenstücke wie Geflügel und Wild.

Braten in der Pfanne

Bräunen und Garen im eigenen Fett oder mit wenig zusätzlichem Fett. Die Temperaturen liegen um 180° C.

Gebraten werden Fleischstücke (Koteletts, Schnitzel, Steaks), Eierspeisen, Fisch, Fleischteige, Geflügelbrust und -keulen, Gemüse, Pilze, Kartoffeln, Zwiebeln.

- Bratpfanne mit wenig Fett erhitzen.
- Trockengetupftes Lebensmittel hineinlegen und rundherum anbraten.
- Temperatur eventuell verringern und bis zur gewünschten Bräune fertig braten.
- Herausnehmen und salzen.
- Eventuell Bratensatz mit Flüssigkeit ablöschen und eine Sauce bereiten.

Die Pfanne sollte gut erhitzt sein, sonst klebt das Bratgut an. Alle Fleischstücke, die nicht paniert oder mehliert sind, werden erst nach dem Braten gesalzen; Salz entzieht dem Bratgut Flüssigkeit, das Fleisch wird trocken. Während des Bratens sollte das Fleisch beim Wenden nicht eingestochen werden, damit der Fleischsaft nicht herausläuft. Am besten einen oder zwei Bratenwender benutzen.

Dämpfen

Garen im Wasserdampf über kochender Flüssigkeit. Die Temperatur liegt um 100° C. Man benötigt einen Topf mit Siebeinsatz (Drahtkorb) und fest schließendem Deckel.

Geeignet für Gemüse, Kartoffeln, Fisch und zarte Fleischstücke. Ideal für Diätzubereitungen.

- Kochtopf mit wenig Wasser füllen.
- Siebeinsatz mit Lebensmittel einsetzen und
- in fest verschlossenem Topf ankochen.
- Wärmezufuhr verringern und
- bei Siedetemperatur fortgaren.

Gemüse sollte erst nach dem Dämpfen gewürzt werden. Blumenkohl (Karfiol) nicht dämpfen; er wird sonst grau. Die Dämpfflüssigkeit kann später für Saucen oder Suppen verwendet werden.

Druckgaren

Druckgaren, das heißt Kochen, Dämpfen, Dünsten oder Schmoren in einem fest verschlossenen, druckdichten Topf bei 100 bis 120° C. Die hohe Temperatur, die durch erhöhten Druck (0,5 bis 0,9 bar) erreicht wird, verkürzt die Garzeit bei Gerichten mit kurzer Garzeit (Gemüse) um etwa 30 bis 35 % und bei solchen mit langer Garzeit (Fleisch, Hülsenfrüchte, Huhn) um 70 bis 75 %. Im Dampfdrucktopf kann mit verschiedenen Einsätzen gegart werden. Achten Sie auf die Hinweise des Herstellers, wenn Sie einen solchen Dampfdrucktopf verwenden. Besondere Vorsicht ist beim Öffnen des Topfes geboten: Er darf erst geöffnet werden, wenn er druckfrei ist.

Dünsten

Garen im eigenen Saft, unter Zugabe von wenig Fett und/oder Flüssigkeit, bei einer Siedetemperatur von 100° C im geschlossenen Topf. Hierfür können Sie einen flachen Topf oder eine Pfanne mit fest schließendem Deckel, einen Tontopf, spezielle Brat- oder Aluminiumfolie verwenden.

Gedünstet werden: zartes Gemüse, Obst, Zwiebeln, Fisch und Fleisch mit wenig Bindegewebe (Kalb, Huhn).

Wasserarme Lebensmittel werden unter Zugabe von wenig Flüssigkeit, wasserreiche ohne Flüssigkeit (nur tropfnass) gedünstet. Die Fettzugabe verbessert den Geschmack und sorgt dafür, dass die fettlöslichen Vitamine besser für den Körper verfügbar sind.

Wasserarme Lebensmittel

- Lebensmittel mit wenig Flüssigkeit im geschlossenen Topf ankochen.
- Wärmezufuhr verringern und
- bei Siedetemperatur fortkochen.

Wasserreiche Lebensmittel

- Wenig Fett erhitzen.
- Lebensmittel anschwitzen.
- Wenn sich Flüssigkeit gesammelt hat, die Temperatur verringern.
- Topf mit Deckel schließen und um den Siedepunkt fortgaren.

Frittieren

Schnelles Ausbacken und Bräunen in reichlich heißem Fett bei 170 bis 200° C. Das Frittieren erfolgt auf dem Herd in einem tiefen Topf oder einer Fritteuse. Es bilden sich Röst- und Aromastoffe. Die Lebensmittel bekommen eine knusprige Hülle.

Geeignet für kleine Fleischstücke, in Teig gewendetes Gemüse, panierte Geflügelstücke sowie Gebäckstücke (Berliner, Krapfen).

- Das Frittiergut trockentupfen, eventuell in Mehl wenden, panieren oder durch dünnen Teig ziehen.
- Portionsweise in das Fett geben.
- Ausbacken – das Frittiergut muss oben schwimmen.
- Mit einem Schaumlöffel herausheben.
- Auf Küchenkrepp zum Abtropfen legen und würzen.

Es darf nur hitzebeständiges Fett (Butterschmalz) oder Öl verwendet werden. Das Fett ist heiß, wenn sich an einem Holzstiel, den Sie in das heiße Fett tauchen, kleine Bläschen bilden.

Wenn Sie Kartoffeln (Pommes frites) frittieren, sollten Sie diese nicht über 175° C erhitzen, sonst bildet sich viel Acrylamid, das im Verdacht steht krebserregend zu sein.

Garen im Tontopf

Garen im geschlossenen Tontopf, eventuell unter Zugabe von etwas Fett und Flüssigkeit, bei einer Temperatur von 225° C. Vor Gebrauch muss der Tontopf in kaltes Wasser gesetzt werden. Die Garzeit entspricht der in anderen Töpfen. Zum Bräunen den Topf öffnen.

Garziehen

Garen (Köcheln) in viel Flüssigkeit bei 80 bis 95° C. Diese Methode erfordert einen Topf mit großem Durchmesser und Deckel. Beim Garziehen quillt die Stärke in den

Lebensmitteln und verkleistert, die Eiweißstoffe gerinnen. Garziehen eignet sich für Klöße, Teigwaren, Würstchen, Eierspeisen und Obst. Auch Garen in Sauce ist möglich (z. B. Fleischklößchen in Sauce).

- Reichlich Flüssigkeit aufkochen.
- Lebensmittel zufügen.
- Wärmezufuhr verringern, die Flüssigkeit darf nicht mehr kochen.

Gratinieren

Überbacken, z. B. von Aufläufen, bei 150 bis 250° C. Die Oberfläche des Gerichts verkrustet durch Einwirkung starker Oberhitze.

Grillen

Bräunen durch Strahlungs- oder Kontakthitze in einem geöffneten Grillraum.

Diese Methode ist besonders schnell. Das Eiweiß gerinnt sofort, es gibt keinen Saftverlust. Hitzeempfindliche Vitamine werden allerdings teilweise zerstört. Beim Grillen kann auf die Zugabe von Fett verzichtet werden.

Geeignet für Fleisch, Fisch, Geflügel, Gemüse. Nicht geeignet für gepökelte Wurst- und Fleischwaren (z. B. Kasseler), da sich krebserregende Nitrosamine bilden können. Das Fett des Grillgutes sollte nicht in die Glut tropfen.

Kochen

Garen in viel siedender Flüssigkeit (das Gargut ist bedeckt) bei etwa 100° C im geschlossenen Topf. Auf diese Weise wird auch blanchiert. Der Unterschied liegt in der Garzeit. Für beide Methoden benötigt man einen hohen Topf mit fest schließendem Deckel. Außer in Wasser kann auch in Brühe, Milch, Wein oder Sud (Zusammensetzung aus Wein, Brühe, Wasser und Gewürzen) gegart werden.

Gekocht werden Brühen, Eintopfgerichte, Saucen, Suppen, Fleisch, Eier und wasserarme Lebensmittel, die Flüssigkeit aufnehmen sollen, z. B. Teigwaren, Reis, Getreide und Hülsenfrüchte.

Mit kaltem Wasser werden Hülsenfrüchte, Trockenobst, Graupen, Fleisch und Knochen (für Brühe) angesetzt. Nach dem Ankochen in reichlich Wasser reduziert man die Hitze und lässt die Lebensmittel bei Siedetemperatur weiterkochen. So wird Wasser aufgenommen, die Stärke quillt, wasserlösliche Inhaltsstoffe werden herausgelöst.

Teigwaren und Grieß sollten mit sprudelnd kochendem Wasser angesetzt werden. Dabei verklebt die Stärke der Teigwaren, sodass diese nicht aneinander haften können.

Pfannenrühren

Rasches Braten im heißen Wok (oder in einer hohen Pfanne) unter ständigem Schwenken der klein geschnittenen Zutaten, mit wenig Öl. Sie werden durch Rühren durcheinandergewirbelt, sodass immer ein Teil auf der vergleichsweise kleinen Bodenfläche aufliegt und brät. Der Rest gart schonend an den weniger heißen Seitenwänden.

Pochieren

Langsames Garziehen bei Temperaturen zwischen 75 und 95° C. Die Flüssigkeit darf also nicht mehr kochen. Eignet sich z. B. für Eier und Fisch.

Reduzieren

Flüssigkeit durch Einkochen unter Rühren im offenen Topf verdampfen lassen.

Beispiel: Bratenfond, Chutneys.

Sautieren

Beim Sautieren wird das dünn geschnittene Gargut in einer Stielpfanne (Sauteuse) in mäßig heißem Fett geschwenkt. Hierzu ist nur wenig Fett erforderlich. Feste Gemüse werden zuvor kurz blanchiert, dann abgekühlt und in der Sauteuse warm geschwenkt. Immer erst im Anschluss würzen.

Geeignet für Gemüse, Pilze, Innereien, Fisch und Fleischstreifen.

Schmelzen

Verflüssigen von festen Lebensmitteln bei niedrigen Temperaturen.

Beispiel: Schokolade, Butter, Margarine.

Schmoren im Topf

Ein kombiniertes Garverfahren: Anbraten in wenig heißem Fett im offenen Topf bei etwa 180° C; anschließend auf der Kochstelle oder im Backofen im geschlossenen Topf unter Zugabe von wenig heißer Flüssigkeit bei 80° C bis 100° C weitergaren.

Dazu braucht man einen flachen Bratentopf mit fest schließendem Deckel, einen Bräter oder eine Pfanne

mit Deckel (ohne Plastikgriffe). Durch das Anbraten und die Einwirkung von Fett bildet sich eine braune, schmackhafte Kruste; die Röststoffe ergeben eine wunderbare Sauce.

Geeignet für Kohl, gefüllte Zwiebeln, Paprikaschoten oder Zucchini, Fleischstücke (Schweinenacken/Schopfbraten, Schulter), Rouladen, Gulasch, Kohlrouladen.

Wasserbad

Das Garen im Wasserbad ist ein formschonendes, langsames Garverfahren. Es eignet sich für die Zubereitung von Cremes, Saucen, Pudding und Terrinen, die Eier, Butter oder Sahne (Schlagobers) enthalten, also leicht gerinnen oder anbrennen könnten.

Bei der Wasserbad-Methode wird ein kleiner Topf in einen größeren, mit Wasser gefüllten Topf gestellt. Cremes und Saucen werden, sobald das Wasser eine Temperatur zwischen 75 und 85° C erreicht, im offenen kleinen Topf unter ständigem Schlagen gegart.

Im Backofen erfolgt das Wasserbad-Garen in ausgebutterten, abgedeckten Gefäßen (Steingut, Porzellan, Metall). Dazu sollte der Backofen eine Temperatur von 120 bis 150° C haben.

Tipps

So lassen sich Vitamine und Mineralstoffe schonen:

- Obst und Gemüse gründlich, aber nur kurz waschen, kurz vor dem Zubereiten zerkleinern und im Siebeinsatz dämpfen.
- Obst und Gemüse mit wenig Flüssigkeit garen, am besten nur dünsten.
- Das Gemüse-Kochwasser für Suppen oder Saucen verwenden (Ausnahme: nitratreiche Speisen).
- Möglichst im geschlossenen Topf garen.
- Gegarte Gerichte besser rasch abkühlen lassen und dann wieder erwärmen, statt sie lange warm zu halten.

So lässt sich Energie sparen:

- Herdplatte und Kochtopf sollten den gleichen Durchmesser haben.
- Die Kochempfehlung des Geräteherstellers und auch die Rezeptangabe genau beachten.
- Die Töpfe müssen am Boden sauber, plan und trocken sein.
- Mit wenig Flüssigkeit garen.
- Den Deckel während des Kochvorgangs möglichst selten abnehmen.

Gewürze und Kräuter

Lange Zeiten waren Salz und Pfeffer tonangebend als Gewürzbasis in unseren Küchen. Raffinesse bekommt ein Gericht jedoch erst, wenn man andere Gewürze und Kräuter hinzuzieht. Zum Glück haben sich die unterschiedlichsten Gewürze seit einigen Jahren durchgesetzt und die Experimentierfreude lässt nicht nach.

Gewürze helfen zudem Salz sparen. Immer noch nehmen wir im Durchschnitt mehr als das Doppelte der empfohlenen Salzmenge zu uns. Deshalb ist es nicht nur aus Geschmacksgründen von Vorteil, sich einer größeren Gewürzpalette zu bedienen.

Kleine Gewürzkunde

Anis

Das sind die Samenkörner eines einjährigen Doldengewächses, das vor allem im Mittelmeerraum zu Hause ist. Der Geschmack ist intensiv süßherb. Anis wird sparsam ganz oder gemahlen verwendet. Geeignet für Gebäck, Süßspeisen, Likör, Brot, Zwieback, Fischsuppen. Es hilft in Süßspeisen Zucker zu sparen.

Curry

Curry ist eine indische Gewürzmischung, die heute noch in indischen Haushalten individuell zusammengestellt wird. Meist enthält diese Mischung zwölf Gewürze: Pfeffer, Paprika, Ingwer, Kardamom, Nelken, Koriander, Kurkuma, Kreuzkümmel (Kumin), Muskatblüte, Muskatnuss, Piment und Zimt. Kurkuma (Gelbwurz) verleiht Curry die gelbe Farbe.

Curry eignet sich für Reis, Geflügel-, Lamm- und Kalbfleisch, Fisch, Meeresfrüchte (Krabben, Hummer, Langusten), Paprikaschoten, Linsen, weiße Bohnen. Darüber hinaus passt es zu fruchtigen Gerichten mit Banane, Pfirsich, Mango, Orange.

Gelbwurz → Kurkuma

Gewürznelken

Die getrockneten Blütenknospen des Gewürznelkenbaumes gibt es ganz und gemahlen. Der Geschmack ist recht intensiv; deshalb ist Vorsicht bei der Dosierung geboten. Geeignet sind Gewürznelken für

Anis

Curry

Gewürznelken

Rotkohl (Rotkraut), Eingemachtes, Birnenkompott, Wild, für die gespickte Zwiebel im Fischsud, Schweine- und Rinderbraten, Geflügel- und Fleischbrühe (-suppe), eingelegtes Gemüse, Punsch und Glühwein.

Ingwer

Ingwer ist die knollenartige Wurzel einer in China beheimateten schilfartigen Staude. Der dickere Teil kommt meist kandiert in den Handel, die fingerdicken Seitentriebe in Stücken und die jungen, zarten Schößlinge werden in Sirup oder neutral eingelegt angeboten. Ingwer gibt es auch gemahlen zu kaufen. Ingwer schmeckt scharf-würzig, mit einem leicht süßlichen Einschlag. Er passt zu süßen und pikanten Gerichten. Ingwer wird eine appetitanregende Wirkung zugesprochen.

Geeignet für Marinaden, Saucen, eingelegtes Gemüse und Obst (Ingwerstücke), chinesische Pilz- und Gemüse-, Fisch- und Geflügelgerichte, japanischen Sushi und Maki, Backwaren, Marmelade (Ingwerpulver), als Einlage in Tee und für Gebäck, Pralinen (kandierter Ingwer).

Kapern

Die Blüten des im Mittelmeer beheimateten Kapernstrauches werden im geschlossenen Zustand geerntet, getrocknet und salzig oder sauer eingelegt. Je kleiner die Knospen sind, umso feiner schmecken sie.

Kapern eignen sich für Königsberger Klopse, helle Saucen, Thunfisch mit Kalbfleischsauce (Vitello tonnato), Schnitzel Holstein, Tatar, Geflügelgerichte, Remouladensauce.

Ingwer

Kapern

Kardamom

Gewonnen wird Kardamom aus einer Schilfpflanze, die aus der Familie der in Indien beheimateten Ingwergewächse stammt. Die getrockneten Fruchtkapseln enthalten die winzigen rötlich-grauen Samen, aus denen das Pulver gemahlen wird. Es duftet sehr aromatisch und hat einen feurig-würzigen Geschmack.

Es ist geeignet für Suppen, Saucen, pikante Reisgerichte aus der indischen Küche, Gemüsegerichte, Fleischteige (Pastetenfüllungen und für Leberwurstherstellung), Lamm- und Fischgerichte, Pudding, Kompott, Getränke (Kaffee, Punsch), Weihnachtsbäckerei.

Kardamom

Koriander

Koriander

Das Gewürz wird aus den kugelförmigen, braunen Samen der aus dem Orient stammenden Pflanze gewonnen. Sein Geruch und Geschmack ist aromatisch, süßlich. Es gibt Koriandersamen ganz und gemahlen. Getrockneter Koriander wird meist mit anderen Gewürzen, z. B. zum Curry gemischt.

Geeignet ist Koriandersamen für Marinaden, Rote Bete, Gurken (dann ganze Körner), Kohlsorten, Avocado-Creme (Guacamole), Hülsenfrüchte, Schweinefleisch, Fisch, Brotteig, Weihnachtsgebäck.

Auch das frische Korianderkraut wird zum Würzen verwendet. Es verleiht orientalischen und asiatischen Gerichten wie Wokgerichten und Glasnudelsalat einen ganz eigenen Geschmack.

Kümmel

Bei Kümmel handelt es sich um die Spaltfrüchte des Kümmelkrautes. Kümmel schmeckt aromatisch herzhaft und sollte vorsichtig benutzt werden. Ganz und gemahlen macht

Kümmel

er fette Speisen und auch blähenden Kohl bekömmlicher.

Kümmel eignet sich für Weißkohl, Sauerkraut, Wirsingkohl, gekochte oder Bratkartoffeln, Gulasch, Speisequark (Topfen) und zum Brotbacken.

Kumin (Kreuzkümmel)

Kumin ist der etwas längere und dickere Verwandte des europäischen Kümmels.

Kreuzkümmel wird in heißen Ländern angebaut. Er ist auch unter den Namen Mutterkümmel, Haferkümmel oder Pfefferkümmel zu finden. Es gibt ihn ganz oder pulverisiert. Sein Aroma erinnert an eine Mischung aus Zitrone und Nelken.

Das Gewürz wird in Mexiko ebenso verwendet wie in Indien, Indonesien und in arabischen Ländern. Es sollte

Kumin (Kreuzkümmel)

Kurkuma (Gelbwurz)

in Currys oder Chili con carne nicht fehlen und passt gut zu Auberginen, Kichererbsen und zu Linsen.

Kurkuma

Dieses Gewürz wird auch Gelbwurz, gelber Ingwer oder indischer Safran genannt.

Die dem Ingwer verwandte Wurzel gedeiht überall in den Tropen. Sie ist leuchtend gelb und hat einen brennend-würzigen, leicht bitteren Geschmack. Kurkuma verleiht seine gelbe Färbung z. B. der Gewürzmischung Curry und Senfsorten. Außerdem wird es in Worchestersauce und in Essiggemüsen benutzt.

Muskatnuss

Muskatnüsse sind Fruchtkerne aprikosenähnlicher Früchte des

Muskatnuss

Paprika

in Westindien und Südafrika beheimateten Muskatbaumes. Sie haben einen kräftigen Geschmack, vor allem, wenn sie frisch gerieben werden. Feiner schmeckt der orangerote Samenmantel, die Muskatblüte, auch Macis genannt.

Geeignet ist Muskatnuss für Pasteten, Blumenkohl (Karfiol), Rosenkohl (Kohlsprossen), Kohlrabi, Spinat und Kartoffelpüree sowie für Punsch und Weihnachtsgebäck.

Paprikapulver

Paprikapulver wird aus den Schoten des reifen kleinen länglichen Gewürzpaprika gewonnen. Diese werden vollreif geerntet, getrocknet und gemahlen. Das Gewürz wird in Schärfegrade unterteilt:

- **Delikatess-Paprika** ist mild, aromatisch und leuchtend rot; er wird hauptsächlich aus dem Fruchtfleisch gewonnen.
- **Edelsüß-Paprika** schmeckt vergleichsweise mild, ist dunkler als Delikatess-Paprika und hat nur einen Hauch von Schärfe. Für diese Variante werden auch die Samenkörner verwendet.
- **Rosenpaprika** (rosenscharf oder scharf) ist das schärfste Paprikapulver hierzulande. Es werden die gesamten Früchte gemahlen. Seine Farbe geht ins dunkelrot-bräunliche.

Paprikapulver ist geeignet für Gemüse, Quark (Topfen), Käse, Kartoffel- und Fischgerichte, Fleisch- und Geflügelgerichte (Gulasch, Paprikaschnitzel, Paprikahuhn), Saucen, Suppen, pikantes Gebäck.

Pfeffer

Schwarzer, weißer und grüner Pfeffer werden gleichermaßen zum Würzen geschätzt.

- **Schwarzer Pfeffer** ist der getrocknete, unreife Pfeffer mit Schale. Er schmeckt würzig-scharf.
- **Weißer Pfeffer** ist die geschälte, reife Frucht der Pfefferpflanze. Er schmeckt scharf und fein.
- **Grüner Pfeffer** ist unreif geernteter Pfeffer. Dieser wird meist in Lake angeboten. Der Geschmack ist mild-aromatisch.
- **Rosa Pfeffer** trägt seinen Namen eigentlich zu unrecht, denn er gehört nicht in die Pfefferfamilie. Rosa Pfeffer ist der Same eines Efeugewächses aus Peru und schmeckt ähnlich wie Wacholder.

Pfeffer gibt es in Form von ganzen Körnern, geschrotet und gemahlen. Er ist z. B. geeignet für helle Saucen und Suppen, dunkle Speisen oder zu grünem Salat mit Erdbeeren oder Melone.

Piment

Diese Beeren des immergrünen, bis zu zehn Meter hohen Pimentbaumes werden auch Nelkenpfeffer, Gewürzkörner oder Allgewürz genannt. Sie haben die Schärfe von Pfeffer und das Aroma von Nelken, Zimt und Muskat. Piment gibt es gemahlen und als ganze Frucht.

Er ist geeignet für Suppen, Saucen, Ragouts, Fleisch- und Fischbrühen (-suppen), Fischsud, Gemüsegerichte (speziell Kohl), Marinaden, Wurstherstellung, Weihnachtsgebäck.

Safran

Safran besteht aus den orangefarbenen Blütennarben einer krokusähnlichen Pflanze aus dem Mittelmeerraum. Für 1 kg Safran müssen 200 000 Blüten von Hand gesammelt werden. Kein Wunder, dass es das teuerste Gewürz der Welt ist und nur grammweise in winzigen Fäden oder gemahlen verkauft wird.

Geeignet ist er für Reis, Paella, Bouillabaisse, indische und persische Geflügel- und Lammspezialitäten.

Schwarzer Pfeffer

Grüner Pfeffer

Piment

Weißer Pfeffer

Rosa Pfeffer

Safran

Senfkörner

Senfkörner

Senfkörner sind die Samen der krautartigen, gelbblühenden Senfpflanze. Sie schmecken würzig-scharf, ähnlich wie Meerrettich (Kren). Aus den gemahlenen Samen wird Senfpulver hergestellt. Senfkörner eignen sich zum Würzen von Einlegegurken und Kürbis, Mixed Pickles, Fleisch- und Fischmarinaden.

Vanille

Lilienhaft rankt sich die Kletterorchidee, an der die etwa 20 cm langen Vanilleschoten wachsen. Früher kamen sie aus Mexiko, heute hauptsächlich von Madagaskar. Die grünen Vanilleschoten werden kurz vor der Reife geerntet, in Tücher gewickelt und in der Sonne gereift. Dadurch bekommen sie ihre braunschwarze Farbe und das intensive und betörende Vanillearoma. Um dieses zu erhalten, wird jede Schote nach der Endtrocknung luftdicht in ein Glasröhrchen verpackt und so im Handel angeboten.

Für die Zubereitung wird die Schote aufgeschlitzt und das dunkle feinkörnige Vanillemark herausgekratzt. Die Schote kann in Milch zusätzlich noch mitziehen; danach wird sie entfernt.

Vanille ist geeignet für Gebäck und feine Süßspeisen – neuerdings wird es auch für zart gewürzte pikante Speisen verwendet.

Künstliche Vanille wird „Vanillin" genannt. Echten Vanillezucker können Sie herstellen, indem Sie Zucker und eine aufgeschlitzte Vanilleschote in ein Gefäß geben und so gut verschlossen aufbewahren.

Vanille

Wacholderbeeren

Wacholderbeeren haben einen bitteren, leicht harzigen Geschmack.

Sie eignen sich zum Würzen von Sauerbraten, Wildgerichten, Gulasch, Schweine- und Lammfleisch, für Fischsud, Kartoffelsuppe, Geflügel- und Fleischbrühe (-suppe), Marinaden und Sauerkraut.

Wacholderbeeren

Zimt

Zimt wird aus dem Inneren der getrockneten Rinde des Zimtbaumes hergestellt.

Es gibt Zimt in rindenähnlicher Form, als Stangen und gemahlen.

Er ist geeignet für Kompott, süße Fruchtsaucen, Gebäck, Glühwein und Punsch sowie zum Bestreuen von Milchreis und Crêpes. Auch pikanten Gerichten kann er das gewisse Etwas verleihen.

Zimt

Küchen-Tipps

- Kaufen Sie möglichst ganze, ungemahlene Gewürze.
- Mahlen Sie Pfeffer am besten frisch mit der Pfeffermühle oder zerstoßen Sie ihn grob im Mörser; Muskatnuss reiben Sie mit der Muskatreibe.
- Bewahren Sie Gewürze stets in fest verschlossenen, lichtgeschützten Gefäßen auf und nicht länger als 12 Monate. Der Geschmack verflüchtigt sich.
- Verwenden Sie nicht zu viele Gewürze gleichzeitig; sie verlieren ihre Wirkung und heben sich geschmacklich gegenseitig auf.

Mit Kräutern würzen

Während jahrelang nur Petersilie, Schnittlauch und Dill standardmäßig verwendet wurden, rücken inzwischen auch Basilikum, Thymian, Estragon, Kerbel, Kresse, Rosmarin und Salbei in das gängige Kräuterrepertoire auf.

Hier ein paar Tipps zum Würzen mit Kräutern:

- Frische oder getrocknete Kräuter sollten den Geschmack nur unterstreichen, nicht überdecken.
- Frische Kräuter haben eine feinere Würzkraft als getrocknete. Getrocknete Kräuter am besten einige Minuten mitkochen, damit sich ihr Aroma entfaltet.
- Besonders feine frische Kräuter wie Basilikum, Kerbel, Dill und Schnittlauch erst zum Schluss an die Speisen geben. Ihr Geschmack verflüchtigt sich während des Kochens. Etwas robustere Kräuter wie Thymian, Oregano oder Bohnenkraut dürfen bereits zur Hälfte beim Dünsten zugegeben werden. Die andere Hälfte zum Schluss zufügen. Den Thymian vorher zwischen den Fingern zerreiben.
- Noch kräftiger schmecken Thymian und Rosmarin, wenn Sie die Stiele mitkochen. Diese werden nach der Garzeit entfernt.

Beifuß

- Wenn Sie Kräuter in einem Stoffbeutel (oder einem Tee-Ei) mitkochen, lassen sie sich anschließend problemlos entfernen.
- Getrocknete Kräuter verleihen Grillgut wie Fleisch oder Fisch einen guten Geschmack, wenn sie auf die Glut geworfen werden.

Basilikum
Aromatisch, erfrischend.

Geeignet für Tomaten, Auberginen (Melanzani), Bohnen, Huhn- und Hackfleischgerichte (Faschiertes). Nicht mitkochen.

Beifuß
Pikant, aromatisch, herb, leicht bitter, passt gut zu fetthaltigen Speisen.

Geeignet für Eintopf, Kohl, Gans, Ente.

Estragon

Borretsch
Erfrischendes Gurkenaroma.

Geeignet für Kartoffel- und Gurkensalat, Fisch, Fleischfüllungen, Kräutersaucen. Nicht mitkochen.

Estragon
Anisartig und sehr würzig.

Geeignet für helle Fleisch- und Fischspeisen, helle Saucen, Eierspeisen, Salate.

Kerbel
Stark aromatisch, leicht süßlich, anisähnlich, enthält Vitamin C.

Geeignet für Salate, Suppen (→ Seite 51), Karotten, Grüne Bohnen (Fisolen), Butterbrote, Fisch- und Eintopfgerichte.

Koriander → Seite 359

Basilikum

Borretsch

Kerbel

Kresse (Beet- und Bachkresse)

Mild-pfeffrig, nussig, vitaminreich, erfrischend.

Geeignet für Salate, Suppen, Saucen, Butterbrote.

Kresse

Liebstöckel

Würzig bis lieblich.

Geeignet für kräftige Eintöpfe, Suppen, Salate (ein bis zwei Blätter reichen).

Majoran

Würzig, kräftig, minzig, fast blumig.

Geeignet für Kartoffel-, Fleisch- und Gemüsegerichte, Pasteten.

Minze

Pfeffrig, kühl.

Geeignet für Lammbraten, Kartoffeln, Erbsen, Hackfleisch (Faschiertes), Salate, englische Minzsauce.

Oregano (wilder Majoran)

Würzig, schärfer als Majoran.

Geeignet für Gerichte der italienischen Küche.

Pimpernelle (kleiner Wiesenknopf, Bibernelle, Pimpinelle)

Leicht brennender Geschmack, gurkenähnlich.

Ergibt mit Essig, Zitrone und Öl ein ideales Salatkraut. Geeignet auch für Eiergerichte, Kräutersuppen.

Portulak

Erfrischend salzig, leicht säuerlich.

Geeignet für Gurken- und Tomatensalate, Kräutersaucen und -suppen. Nur frisch verwenden.

Rosmarin

Harzig, bitterwürzig.

Geeignet für Tomaten, Kartoffeln, Lamm, Hammel, Schwein, Kalb, Wild.

Liebstöckel

Minze

Pimpernelle

Majoran

Oregano

Portulak

Salbei
Würzig, bitter.
Geeignet für Fisch, Fleisch, Geflügel, Kartoffeln, Salbeibutter.

Sauerampfer
Würzig, aromatisch, bitter und sauer.
Geeignet für Salate, Kalbfleisch- oder Schweinefleischgerichte, Fisch- und Eierspeisen, Spinat- und Mangoldgemüse (→ Seite 31).

Thymian
Würzig, scharf, majoranähnlich.
Geeignet für Bratkartoffeln, Tomaten, Käse- Fleisch-, Wild- und Geflügelgerichte sowie Pizza.

Tripmadam
Säuerlich, erfrischend, mild pfeffrig, kühlend.
Geeignet für Salate, Dressings, Aalgerichte, Mixed Pickles, Gurken, Kräuteressig.

Ysop
Aromatisch, süß-würzig, leicht bitter.
Geeignet für Kartoffel- und Bohnensuppe, Bohnengemüse, Kräutersauce. Roh und sehr frisch verwenden.

Zitronenmelisse
Zitronenähnlicher Geschmack.
Geeignet für Rohkost, Lammfleisch, Kräutersaucen. Nicht mitkochen.

Tripmadam

Rosmarin

Sauerampfer

Ysop

Salbei

Thymian

Zitronenmelisse

Lebensmittel-Wörterbuch

Viele Lebensmittel haben in den verschiedenen Regionen Deutschlands, von Norden nach Süden und von Westen nach Osten, sowie in Österreich unterschiedliche Bezeichnungen.

Hier zum besseren Verständnis, vielleicht auch für die nächste Urlaubsreise, eine Übersicht:

Gemüse, Kartoffeln, Pilze

Auberginen
Eieräpfel
Eierfrüchte
Melanzani

Austernpilz
Austernseitling

Backkartoffeln
Gebackene Erdäpfel

Blumenkohl
Karfiol

Brechbohnen
Fisolen

Brokkoli
Spargelkohl

Chicorée
Bleichzichorien
Brüssler Endivien
Salatzichorien
Witloof

Chinakohl
Chinesischer Kohl
Pekingkohl
Selleriekohl

Dicke Bohnen
Große Bohnen
Pferdebohnen
Puffbohnen
Saubohnen

Eisbergsalat
Bummerlsalat
Eissalat

Endiviensalat
Eskariol
Frisée-Salat
Krause Endivie

Feldsalat
Ackersalat
Rebkresse
Rapunzelsalat
Rapünzelchen
Schafsmaul
Vogerlsalat

Fenchel
Bologneser Fenchel
Knollenfenchel
Speisefenchel

Frühlingszwiebeln
Schluppen

Frühkartoffeln
Heurige

Gelbe Wachsbohnen
Spargelfisolen

Gemüsebrühe
Klare Gemüsesuppe

Grüne Bohnen
Fisolen

Grünkohl
Blattkohl
Braunkohl
Krauskohl
Winterkohl

Junge Erbsen
Brockele
Schoten

Karotten
Babykarotten

Kartoffeln
Aapern
Erdäpfel
Erdäppl

Kartoffelbrei
Aapernmauke
Kartoffelmus
Kartoffelpüree

Kartoffelklöße
Erdäpfelknödel
Kartoffelknödel

Kartoffelpuffer
Kartoffelpfannkuchen
Klitscher
Reibekuchen
Reiberdatschi
Riewekauken
Tratzen

Knollensellerie
Zeller

Kohl
Kraut

Kohlrabi
Oberkohlrabi
Oberrübe
Rübkohl

Kopfsalat
Grüner Salat
Häuptelsalat

Lauch
Breitlauch
Porree

Mais
Kukuruz
Türkischer Weizen
Welschkorn

Maronen
Maroni

Meerrettich
Kren

Möhren
Gelbe Rüben
Karotten
Mohrrüben
Wurzeln

Okra
Essbarer Eibisch
Gombo
Ladyfinger
Rosenpappel

Paksoi
Chinesischer Senfkohl

Paprikaschoten
Peperoni

Pastinake
Hammelmöhre
Pasterna

Pellkartoffeln
In der Schale gekochte Erdäpfel

Pfifferlinge
Dotterpilz
Eierschwämme
Eierschwammerl
Gelbling
Reherl
Rehfüßchen
Rehling

Pilze
Schwämme
Schwammerln

Pimpernelle
Bibernelle
Kleiner Wiesenknopf
Pimpinelle

Porree
Breitlauch
Lauch

Radieschen
Monatsrettich
Radi
Radies
Rettich

Römersalat
Kochsalat
Romana
Römischer Salat

Rosenkohl
Kohlsprossen
Sprossenkohl

Rote Bete
Rahne
Rande
Rohne
Rote Rübe
Salatrübe

Rotkohl
Blaukraut
Rotkraut

Rukola
Rauke

Salatgurken
Schlangengurken

Schmorgurken
Feldgurken

Schnittbohnen
Butterfisolen

Schwarzwurzeln
Falsche Haferwurzeln
Winterspargel

Spitzkohl
Spitzkraut

Staudensellerie
Bleichsellerie
Stangensellerie

Steckrüben
Bodenrüben
Erdrüben
Kohlrüben
Schmalzrüben
Unterkohlrabi
Wruken

Suppengrün
Wurzelwerk

Tomaten
Paradeiser
Paradiesäpfel

Topinambur
Erdbirne

Weinkraut
Weinsauerkraut

Weiße Rüben
Herbstrüben
Speiserüben

Weißkohl
Kappes
Kraut
Weißkraut

Wirsingkohl
Kabis
Kelch
Kohl
Welschkohl
Welschkraut
Wirsing
Wirz

Zuckerschoten
Junge Zuckererbsen
Kefen

Zucchini
Courgette
Gurkenkürbis
Zucchetti

Obst

Aprikosen
Marillen

Avocados
Alligatorbirnen

Backobst
Dörrobst
Trockenfrüchte

Backpflaumen
Dörrpflaumen
Dörrzwetschken

Fruchtgrütze
Fruchtmus
Fruchtpüree

Heidelbeeren
Besinge
Bickbeeren
Blaubeeren
Schwarzbeeren
Waldbeeren

Holunderbeeren
Fliederbeeren
Hollerbeeren

Kiwis
Chinesische Stachelbeere

Kurpflaume
Dörrzwetschke

Litschis
Chinesische Haselnüsse
Litschipflaumen
Lyschees

Papayas
Baummelonen
Kressenfeigen

Pflaumen
Zwetschen
Zwetschgen
Zwetschken

Preiselbeeren
Kronbeeren
Moosbeeren
Steinbeeren

Renekloden
Reineclauden
Ringlotten

Rote Grütze
Rote Fruchtsauce
mit Beeren

Rote Johannisbeeren
Rote Ribiseln
Träuble

Sauerkirschen
Schattenmorellen
Weichseln

Schwarze Johannisbeeren
Ahlbeeren
Gichtbeeren
Schwarze Ribiseln

Stachelbeeren
Agraseln

Trockenfrüchte
Dörrobst

Fleisch, Geflügel

Brathuhn
Brathendl
Poulet

Bratlinge
Laibchen

Filet
Lungenbraten

Gänseklein
Ganseljunges

Geflügelbrühe
Hühnersuppe

Gehacktes
Faschiertes
Hackfleisch

Geräuchertes
Geselchtes

Hackfleischfrikadellen
Brisolette
Bulette
Faschierte Laibchen
Fleischlaberl
Fleischlaibchen
Hackplätzli
Hacksteak

Hähnchen
Huhn
Poulet

Hähnchenbrustfilet
Hühnerbrust

Hammel
Schaf
Schöpsernes

Kalbsmilch
Bries
Milken

Kasseler
Rippenspeer
Rippli
Selchkarree

Klops
Fleischklops
Fleischkloß
Fleischknödel

Mett
Brät
Hackepeter

Poulardenbrust
Hühnerbrust

Pute
Truthahn

Rinderbrühe
Rindsuppe

Rinderschmorbraten
Rindsbraten

Selchfleisch
Geselchtes

Tatar
Beefsteak-Hack
Schabefleisch

Fisch

Bückling
Bücking
Pökling

Flunder
Butt

Hecht
Hengste
Schnöck

Kabeljau
Dorsch

Karpfen
Karpe

Krabben
Crevetten

Plötze
Rotauge
Weißfisch

Rotbarsch
Goldbars
Goldbarsch
Rotbars
Seebarsch

Schleie
Schlei
Schleihe
Schuster

Scholle
Goldbutt
Rotzunge

Seeteufel
Angler

Zander
Fogosch
Schiel
Schill

Eier, Milch und Milchprodukte

Dickmilch
Sauermilch
Saure Milch

Eierkuchen
Palatschinken
Pfannkuchen

Eierkuchenstreifen
Flädle
Flädli
Fritatten

Eigelb
Dotter

Eiweiß
Eiklar
Weißei

Frischkäse
Alle Käsesorten, die keinen Reifeprozess brauchen, z. B. Gervais, Topfen

Körniger Frischkäse
Cottage Cheese
Hüttenkäse
Landfrischkäse
Löffelkäse

Magerquark
Magertopfen

Quark
Topfen

Rührei
Eierspeise

Sahne
Obers

Sahnejoghurt
Rahmjoghurt mit 10 % Fett

Sahnequark
Topfen mit 40 % Fett

Saure Sahne
Sauerrahm
Saurer Rahm

Schlagsahne
Schlagobers

Speisequark
Speisetopfen

Verschiedenes

Bratlinge
Laibchen

Brötchen
Rundstücke
Schlesinger
Schrippen
Semmeli
Semmeln
Weck
Wecken
Weckerln
Weggli

Brühe
Bouillon
Klare Suppe

Dunkle Sauce
Dunkle Einmach

Graubrot
Roggenmischbrot

Hefe
Bärme
Germ
Gest

Hefevorteig
Dampfel
Vorteig

Helle Sauce
Béchamel
Lichte Einmach

Kloß
Knödel

Klößchen
Knöderl
Nockerl

Mehlschwitze
Buttermehl
Einbrenn

Napfkuchen
Bäbe
Guglhupf
Rodonkuchen
Topfkuchen

Puderzucker
Staubzucker

Semmelmehl
Geriebene Semmel
Paniermehl
Semmelbrösel
Weckmehl

Spätzle
Nockerln

Tannenhonig
Waldhonig

Vanillestange
Vanilleschote

Waffelröllchen
Hohlhippen

Maße und Gewichte

Abkürzungen

ccm	Kubikzentimeter
cm	Zentimeter
cl	Zentiliter
dl	Deziliter
EL	Esslöffel
Fett i. Tr.	Fett in Trockenmasse (→ Seite 55)
g	Gramm
kcal	Kilokalorien
kg	Kilogramm
kJ	Kilojoule
l	Liter
ml	Milliliter
TL	Teelöffel
µg	Mikrogramm (ein Millionstel Gramm)

Manchmal kommt es auf ein Gramm mehr oder weniger durchaus an. Eine Küchenwaage ist daher für jeden Haushalt recht nützlich.

Aber nicht alle Lebensmittel müssen genau abgewogen werden, im alltäglichen Küchengeschäft wird Vieles in Tassen, Ess- und Teelöffeln gemessen. Weniger Geübte können sich die Arbeit sparen, wenn sie einige Gewichtsangaben im Kopf haben und z. B. wissen, wie viel Gramm eines bestimmten Nahrungsmittels ein Tee- oder Esslöffel fasst.

Umrechnungstabelle

1 kg	1 000 g
¾ kg	750 g
½ kg	500 g
¼ kg	250 g
⅛ kg	125 g
⅒ kg	100 g

1 l	10 dl	100 cl	1 000 ml	1 000 ccm
¾ l	7,5 dl	75 cl	750 ml	750 ccm
½ l	5 dl	50 cl	500 ml	500 ccm
¼ l	2,5 dl	25 cl	250 ml	250 ccm
⅛ l	1,25 dl	12,5 cl	125 ml	125 ccm
⅒ l	1 dl	10 cl	100 ml	100 ccm
1/100 l	0,1 dl	1 cl	10 ml	10 ccm

Übersicht der Lebensmittel-Gewichte

	Esslöffel	Teelöffel
Backpulver	10 g	3 g
Bienenhonig, flüssig	22 g	8 g
Butter	10 g	4 g
Essig	12 g	4 g
Gelatine, gemahlen	10 g	3 g
Getreidekörner	15 g	5 g
Graupen	18 g	6 g
Grieß	13 g	3 g
Haferflocken	9 g	3 g
Kaffee, gemahlen	6 g	3 g
Kakao	6 g	2 g
Käse, gerieben	15 g	5 g
Kondensmilch	18 g	6 g
Mandeln, gehackt	10 g	5 g
Mandeln, gerieben	8 g	3 g
Margarine	10 g	4 g
Mayonnaise	15 g	5 g
Mehl	8 g	4 g
Meerrettich, gerieben	12 g	4 g
Milchpulver	6 g	2 g
Nüsse, gehackt	10 g	5 g
Nüsse, gerieben	8 g	3 g
Öl	10–12 g	3–4 g (je nach Sorte)
Paprikapulver	7 g	3 g
Preiselbeeren	24 g	8 g
Puderzucker	10 g	3 g
Reis	15 g	6 g
Rosinen	12 g	5 g
Sahne (Schlagsahne)	12 g	4 g
Sahne, saure	16 g	6 g
Salz	8 g	6 g
Semmelmehl	10 g	4 g
Senf	15 g	5 g
Sonnenblumenkerne	10 g	5 g
Speisestärke	10 g	5 g
Tee	6 g	2 g
Tomatenketchup	20 g	7 g
Tomatenmark	20 g	7 g
Zucker	12 g	5 g

Grammangaben der Lebensmittel pro gestrichenem Tee- oder Esslöffel (Mittelwerte)

Außerdem

1 mittelgroße Kartoffel	100 g
1 mittelgroße Karotte	70–100 g
1 mittelgroße Tomate	60 g
1 mittelgroße Zwiebel	40 g
1 Esslöffel gehackte Kräuter	3 g (1 Bund)

Faustregeln

3 gestrichene Teelöffel sind etwa 1 gestrichener Esslöffel
2 gestrichene Esslöffel sind etwa 1 gehäufter Esslöffel
1 Messerspitze sind knapp 2 g
1 Prise ist knapp 1 g (die Menge, die zwischen Daumen und Zeigefinger passt)

1 Bund Suppengrün (Wurzelwerk) enthält 1 Karotte, 1 Stück Sellerie (Zeller), Lauch, Petersilienwurzel.

1 Gewürzdosis enthält ein Stückchen Lorbeerblatt, 3 Pfefferkörner, 1 Stück Zwiebel und etwas Salz

Rezepte von A bis Z

Halbfette Begriffe verweisen auf die jeweilige Warenkunde

Halbfette Begriffe verweisen auf die jeweilige Warenkunde

Halbfette Begriffe verweisen auf die jeweilige Warenkunde

Halbfette Begriffe verweisen auf die jeweilige Warenkunde

Halbfette Begriffe verweisen auf die jeweilige Warenkunde

Allgemeines Stichwortverzeichnis

Halbfette Begriffe verweisen auf die jeweilige Warenkunde

Halbfette Begriffe verweisen auf die jeweilige Warenkunde

Halbfette Begriffe verweisen auf die jeweilige Warenkunde

Halbfette Begriffe verweisen auf die jeweilige Warenkunde

Halbfette Begriffe verweisen auf die jeweilige Warenkunde

Impressum

Herausgeber und Verlag
Stiftung Warentest
Lützowplatz 11–13
10785 Berlin
Tel. 0 30/26 31-0
Fax 0 30/26 31-25 25
www.test.de

Vorstand
Dr. jur. Werner Brinkmann

Weiteres Mitglied der Geschäftsleitung
Hubertus Primus (Publikationen)

Mitherausgeber
Verein für Konsumenteninformation (VKI)
Mariahilfer Straße 81
1060 Wien
Tel. 01/588 770
Fax 01/588 77 73
www.konsument.at

Geschäftsführung VKI
Ing. Franz Floss
Dr. Josef Kubitschek

Autorin
Karin Iden, Hamburg

Lektorat
Niclas Dewitz (Leitung)
Ursula Rieth
Heike Plank
Für Österreich:
Dr. Elisabeth Spanlang (Leitung)
Patricia Davis

Fachliche Beratung
Mag. Birgit Beck, Wien
Mag. Silvia Czingraber, Wien
Vera Kaftan-Namyslowski
Barbara Letkemann, Berlin
Dorothee Soehlke-Lennert

Rezeptideen
Karin Iden
Barbara Letkemann
Vera Kaftan-Namyslowski
Margrit Porzelt
Dorothee Soehlke-Lennert

Layout und Produktion
punkt 8, Berlin
www.punkt8-berlin.de

Titel
Susann Unger, Berlin
Fotos: Stockfood/Eising; Foodcollection;
Armin Zogbaum; Rauzier-Riviere

Bildbeschaffung
Margrit Porzelt

Bildnachweis
Rezepte: Nicole Fortin
Augustus/Ulrich Kerth: S. 68
Christel Eberle: S. 251 (7)
Klaus Iden: S. 25, 358-363
Ralph Kaiser: S. 358-365
Ketchum Public Relation: S. 167, 168, 251 (4)
Lavendelfoto: S. 29, 87
Matjesbüro: S. 91/92
Mauritius/Hänel: S. 74/75
/Reinhard: S. 284
Plainpicture/Bareis: S. 276
Prince de Bretagne: S. 67
Stockfood/Eising: S. 18, 36/37, 46/47, 184, 259/260, 349, 350/352
/Michael Brauner: S. 46
/Ulrike Köb: S. 53/54/55
/Jörg Lehmann: S. 158/159
/Nicolas Leser: S. 40
/Michael Meisen: S. 19
/Antje Plewinski: S. 356
/Peter Rees: S. 46
/R. Schmitz: S. 355
/Maxim. Stock: S. 15, 340, 358
/Friedhelm Volk: S. 350
/Ralph Wachler: S. 16
Studio Teubner: S. 51, 94, 135, 310, 354, 357
The Greenery International: S. 229
Zefa/M. Botzek: S. 29
/H. Reinhard: S. 280

Verlagsherstellung
Rita Brosius

Litho
C.R.I.S., Berlin

Druck
Offizin Andersen Nexö Leipzig GmbH, Zwenkau